会计专业岗位实操系列教材

关注改革前沿 体现鲜明特色

全面 时效 专业 实用

GOVERNMENT ACCOUNTING PRACTICES

U0792093

政府会计实务

（第二版）

田高良 曹文莉 主编

黄书娟 常莹 张县平 党江艳 隋春侠 副主编

东北财经大学出版社 Dongbei University of Finance & Economics Press 大连

图书在版编目（CIP）数据

政府会计实务 / 田高良，曹文莉主编．—2版．—大连：东北财经大学出版社，2023.8
（会计专业岗位实操系列教材）
ISBN 978-7-5654-4924-6

Ⅰ.政…　Ⅱ.①田…②曹…　Ⅲ.预算会计-岗位培训-教材　Ⅳ.F810.6

中国国家版本馆CIP数据核字（2023）第147672号

东北财经大学出版社出版
（大连市黑石礁尖山街217号　邮政编码　116025）
网　　址：http://www.dufep.cn
读者信箱：dufep@dufe.edu.cn

大连永盛印业有限公司印刷　　东北财经大学出版社发行

幅面尺寸：185mm×260mm　字数：674千字　印张：28　插页：1
2023年8月第2版　　2023年8月第1次印刷

责任编辑：包利华　　责任校对：何　群
封面设计：原　皓　　版式设计：原　皓

定价：59.00元

教学支持　售后服务　联系电话：（0411）84710309

如有印装质量问题，请联系营销部：（0411）84710711

编写组成员

主　　编

田高良　曹文莉

副 主 编

张县平　党江艳　隋春侠

编写人员　（按姓氏笔画排序）

王　烁　王冀茹　仝永刚　黄书娟　常　莹　韩丹丹

第二版前言

党的二十大报告明确提出，从现在起，中国共产党的中心任务就是团结带领全国各族人民全面建成社会主义现代化强国、实现第二个百年奋斗目标，以中国式现代化全面推进中华民族伟大复兴。中央经济工作会议强调，要坚持稳字当头、稳中求进，继续实施积极的财政政策和稳健的货币政策，加大宏观政策调控力度，加强各类政策协调配合，形成共促高质量发展合力。此外，习近平总书记高度重视财政工作，明确提出财政是国家治理的基础和重要支柱。财务活动作为财政体系运行中重要的管理工作和管理手段，通过贯彻财政政策，执行财务法规，最终将财政目标呈现为具体的财务指标和信息，为国家治理提供决策依据。准确进行财务活动，规范财务管理，提高财务工作绩效，把思想和行动统一到习近平总书记重要讲话精神和党的二十大提出的目标任务上来，是广大财务工作者应该身体力行的政治责任和担当。

为了加快建立现代财政制度，更好地发挥财政在国家治理中的基础和重要支柱作用，党的十八届三中全会明确提出要求"建立权责发生制的政府综合财务报告制度"，行政事业单位会计制度改革拉开了新的大幕。2014年12月12日，国务院同意批转财政部《权责发生制政府综合财务报告制度改革方案》，加快推进政府会计改革，建立具有中国特色的政府会计准则体系和权责发生制政府综合财务报告制度。2015年10月，财政部颁发了《政府会计准则——基本准则》，根据基本准则制定的相关具体准则截至目前已相继发布了10项。2017年10月，财政部发布了《政府会计制度——行政事业单位会计科目和报表》，自2019年1月1日起在全国行政事业单位全面实施，原有的行政单位会计制度、事业单位会计制度及各个事业单位的行业会计制度都不再执行。2022年，财政部根据深化预算管理制度改革、政府会计改革工作要求，研究制定了《财政总会计制度》（财库〔2022〕41号），自2023年1月1日起施行。至此，我国政府会计改革目标已基本实现，形成了具有鲜明特色的统一的准则制度体系。

与原有制度相比较，新的政府会计制度具有的最鲜明特点，集中表现在创新性地构建"财务会计和预算会计适度分离并相互衔接"的会计核算模式。"适度分离"是指适度分离政府预算会计和财务会计功能，决算报告和财务报告功能，全面反映政府会计主体的预算执行信息和财务信息，主要体现在三个方面：一是"双功能"，在同一会计核算系统中实现财务会计和预算会计双重功能，通过资产、负债、净资产、收入、费用五个要素进行财务会计核算，通过预算收入、预算支出和预算结余三个要素进行预算会计核算。二是"双基础"，一般来说财务会计采用权责发生制，预算会计采用收付实现制。三是"双报告"，通过财务会计核算形成财务报告，通过预算会计核算形成决算报告。"相互衔接"是指在同一会计核算系统中政府预算会计要素和相关财务会计要素相互协调，决算报告和财务报告相互补充，共同反映政府会计主体的预算执行信息和财务信息，主要体现在两个方面：一是对纳入部门预算管理的现金收支进行"平行记账"。对于纳入部门预算管理的现金收支业务，在进行财务会计核算的同时也应当进行预算会计核算，对于其他业务，仅需要进行财务会计核算。二是财务会计报表与预算会计报表之间存在勾稽关系。通过编制“本期预算结余与本期盈余差异调节表”并在附注中进行披露，反映单位财务会计和预算会计因核算基础和核算范围不同所产生的本年盈余数与本年预算结余数之间的差异，从而揭示财务会计和预算会计的内在联系。这种会计核算模式兼顾了现行部门决算报告制度的需要，又能满足部门编制权责发生制财务报告的要求，对于规范政府会计行为、夯实政府会计主体预算和财务管理基础、强化政府绩效管理具有深远的影响。

为了加快推进政府会计制度顺利实施，加强对准则制度的学习和会计人才的培养无疑具有重要的现实意义。本书根据政府会计准则的基本准则、具体准则和政府会计制度及相关补充与衔接规定，结合现行财政管理相关制度和财务管理实践，按照高等院校学生的学习特点和会计教学用书的要求进行编写，是高等院校财经类、管理类专业学习政府会计制度的首选教学用书，也可作为会计人员学习新制度的参考用书。在本书的编写过程中，着重关注财政制度环境实际、对最新准则制度的汲取和实务操作的应用指导。

另外，本书还有以下几个方面的特点：

1. 全面性。本书的内容既包括行政事业单位适用的政府会计，也包括财政部门适用的财政总会计。同时，在政府会计知识之外，对政府会计应用的财政管理环境也进行了必要阐述，使读者对行政事业单位的会计全貌获得系统认知。

2. 时效性。本书贯彻会计改革与发展“十四五”规划，并将财政总会计制度、政府会计制度及不同行业的补充与衔接规定、已出台的1至10号具体准则等相关内容融入本书，体现了政府会计改革的最新精神。

3. 专业性。本书在体系构架、文字叙述的基础上，大量采用表格列示的方式对相关知识进行讲解，将财务会计和预算会计的业务处理相互对照，简明清晰，更加便于读者学习、理解和掌握。

4. 实用性。本书在内容安排上，注重会计业务的实际操作，列举例题切合实际，尤其是第二十二章的会计实务案例，以某事业单位12月份发生的业务为例，采用完整的会计业务流程对会计实际工作（包括会计分录编写、月结、年结和报表编制等）进行全真模拟，对会计实际工作有较强的指导意义。

本书由田高良、曹文莉担任主编，负责设计框架结构、拟定编写提纲、审定最终内容等；由黄书娟、常莹、张县平、党江艳、隋春侠担任副主编，负责部分章节撰写、统纂各章内容等工作。各章的执笔情况具体如下：党江艳撰写第一、二章，黄书娟撰写第三、九章，常莹撰写第四、五章，王烁撰写第七、十三、十四章，曹文莉撰写第八、十五章，仝永刚撰写第六、十六章，王冀茹撰写第十一、十七、十八章，张县平撰写第十、十九、二十章，隋春侠、韩丹丹共同撰写第十二、二十一、二十二章。全书由田高良总纂定稿。

由于编者经验和水平有限，本书难免存在不足与疏漏之处，敬请广大读者批评指正。

编　者
2023年8月

目 录

第一篇
政府会计总论

第一章　政府会计改革概述

第一节　政府会计改革的背景和意义

长期以来，我国政府会计领域实施的是以收付实现制为基础的预算会计制度体系，是为适应财政预算管理的要求建立和逐步发展起来的，并不是真正意义上的政府会计。预算会计制度体系的建立、发展和完善，为我国政府会计的发展和政府职能的履行提供了坚实的会计保障，在宏观经济决策和财政资金运行管理过程中发挥了重要作用，但是它的缺陷也逐渐突显出来。

一、政府会计改革的背景

随着我国政府职能的转变和公共财政体制的建立和完善，采用收付实现制为主、提供反映预算收支执行情况决算报告的政府预算会计制度，越来越难以适应新形势的需要。这主要表现为以下几个方面：

1.不能反映政府资产负债的"家底"，不利于政府加强资产负债管理

政府预算会计制度主要核算资金的收支结余情况，它所核算的经济业务内容较窄，不能够将政府各项业务活动所形成的财政资源和财政责任都纳入会计核算、监督和报告范围，无法真正地反映政府的资产负债情况。例如，对于政府投资的公共基础设施、保障性住房等项目，未纳入行政事业单位政府资产的核算内容中；对于一些已经发生的，需要在以后期间支付的现时义务并没有确认为政府负债，导致部分资产、负债的情况无法在资产负债表中反映。

2.不能客观反映政府的运行成本，不利于客观评价政府的运营绩效

政府预算会计制度体系下，各个会计期间，以收付实现制为基础的决算报告所反映的收入、支出与当期实现的收入和实际发生的费用都存在一定的差异，且决算报告只反映有关预算收入、支出及资金余缺情况，一般不核算成本，不计算盈亏，无法客观反映政府进行公共管理的运行成本，也难以对政府会计主体的运营绩效和受托责任的履行情况进行科学评价。

3.缺乏规范、统一的政府会计标准体系，不能提供准确、客观、完整的政府财务报告

政府预算会计制度体系下，既有《财政总预算会计制度》《行政单位会计制度》《事业单位会计制度》等制度，同时针对医院、医疗卫生机构、高等学校、中小学校、科学事业单位、彩票机构等不同行业，又分别制定了不同的行业特色会计制度。这些制度核算口径不一致、核算内容交叉，导致各单位财务报表提供的会计信息可比性差，最终经汇总、调整编制而成的政府财务报告信息质量偏低，不能准确、客观、完整地反映政府性资金和资源的整体运行情况。

因此，对政府预算会计制度体系进行根本性变革，建立统一、科学、规范的政府会计制度规范迫在眉睫。

二、政府会计改革的历程及“十四五”时期重点任务

2013年11月，党的十八届三中全会从全面深化改革的战略高度，通过了《中共中央关于全面深化改革若干重大问题的决定》，提出“建立权责发生制的政府综合财务报告制度”的改革举措。2014年12月，国务院批转了财政部《权责发生制政府综合财务报告制度改革方案》（简称《方案》），正式拉开了我国政府会计改革的序幕。《方案》明确提出，权责发生制政府综合财务报告制度改革是基于政府会计规则的重大改革，其前提和基础任务就是要建立健全政府会计核算标准体系，包括制定政府会计基本准则、具体准则及应用指南，健全完善政府会计制度。

（一）“十三五”时期政府会计改革成果丰硕

“十三五”期间，财政部按照党中央、国务院决策部署，立足中国国情，坚持问题导向，积极、稳妥、有序推进政府会计改革，基本建成具有中国特色的政府会计准则制度体系并推动其全面有效实施，圆满完成《会计改革与发展“十三五”规划纲要》确定的各项任务，在服务财政中心工作和促进经济社会健康发展等方面取得积极成效。

1.政府会计准则制度体系基本建成

在2015年出台的《政府会计准则——基本准则》基础上，相继印发了存货、投资、固定资产、无形资产、公共基础设施、政府储备物资、负债、会计调整、财务报表编制和列报、政府和社会资本合作项目合同等10项具体准则及2项具体准则应用指南，1项统一适用于行政事业单位的《政府会计制度——行政事业单位会计科目和报表》（以下简称《政府会计制度》），7项行业事业单位执行《政府会计制度》的补充规定及11项新旧会计制度衔接规定，3项政府会计准则制度解释以及事业单位成本核算基本指引，构建了政府预算会计和财务会计适度分离又相互衔接的政府会计核算模式，基本建立起一套与我国现代财政制度相适应的具有中国特色的政府会计准则制度体系。

2.政府会计准则制度全面实施并取得积极成效

政府会计准则制度自2019年1月1日起在全国各级各类行政事业单位全面实施，取得了积极成效：一是更加准确反映预算执行情况，提高了部门决算编报质量；二是更加完整反映政府财务状况，为政府财务报告编制奠定了核算基础；三是进一步摸清了政府资产负债“家底”，夯实了行政事业性国有资产报告的编制基础；四是准确反映成本费用信息，为预算单位推进成本核算、完善绩效管理提供了支撑；五是显著提升了行政事业单位财务会计人员的专业素质，促进了单位财务管理水平的提升。

（二）“十四五”时期政府会计改革面临的形势和挑战

随着国家财税体制改革的不断深入和经济社会的不断发展，政府会计改革面临更多机遇和挑战，政府会计准则制度体系建设与实施有待进一步加强。

1.预算管理制度改革要求政府会计改革持续向深推进

2021年初，印发的《国务院关于进一步深化预算管理制度改革的意见》就进一步深化预算管理制度改革，更好发挥财政在国家治理中的基础和重要支柱作用提出要求。意见指出，要“推动预算单位深化政府会计改革，全面有效实施政府会计标准体系，完善权责发生制会计核算基础”，这就需要进一步完善政府会计准则制度体系，扎实推进政府会计准则制度全面有效实施，更好地为深化预算管理制度改革、推进权责发生制政府综合财务报告制度等工作奠定基础。

2.深化国有资产管理对加强政府资产核算提出更高要求

近年来，随着国有资产报告工作的深入开展和《行政事业性国有资产管理条例》等法规制度的出台，对于准确核算和完整反映政府资产“家底”信息提出更高要求。这就需要进一步推进交通、水利和市政等公共基础设施的会计核算，确保增量和存量公共基础设施资产“应计尽计”；深入研究自然资源资产、文物文化资产等传统上仅按照实物量进行统计的资产的计量计价问题，适时出台相关会计准则规范其会计处理，为进一步加强行政事业性国有资产管理提供支撑，不断夯实政府财务报告和国有资产报告编制基础。

3.全面实施预算绩效管理对政府成本核算提出新要求

2018年中共中央、国务院发布了《关于全面实施预算绩效管理的意见》，提出力争用3~5年时间基本建成全方位、全过程、全覆盖的预算绩效管理体系。随着全面预算绩效管理的建立和实施，政府成本核算问题亟待研究解决。目前，我国尚未建立一套完整的政府成本核算指引体系，需要以事业单位成本核算指引体系建设为基础，积极研究推进政府行政成本核算。

4.财会监督对政府会计准则制度的建设与实施提出新要求

会计准则制度是财会监督的重要依据和准绳，更是党和国家财经纪律在会计领域的具体体现。健全完善政府会计准则制度并推动其全面有效实施，有利于贯彻落实财会监督的相关要求，准确反映财税政策落实情况及政府财务状况，为更好发挥财会监督效能提供制度保障。

（三）“十四五”时期政府会计改革工作重点及具体举措

在总结成绩、分析形势的基础上，《会计改革与发展“十四五”规划纲要》明确了“十四五”期间政府会计准则制度体系建设的主要举措。

1.全面系统梳理政府会计准则制度体系并确立体系维护机制

立足当前，着眼长远，坚持问题导向和系统思维，全面梳理现存的各类政府会计标准，及时清理已实质失效或不再适用的政府会计标准文件，确立政府会计准则制度体系整体框架及各类会计标准的维护机制，形成“建设－实施－修订”的完整闭环，确保各类准则制度内容完整、相互协调、功能明确、定位清晰。在准则制度体系框架下，持续完善各类会计标准。

2.研究制定有关政府会计具体准则

在立足我国国情、借鉴国际公共部门会计准则基础上，结合国务院有关部门对自然资源资产和文物文化资产管理的规定和相关改革需要，深入研究自然资源资产、文物文化资产的确认、计量和报告问题，适时出台相关具体会计准则，进一步规范会计科目和账务处理，妥善处理存量资产的新旧会计政策衔接，积极推进自然资源资产、文物文化资产入账核算。进一步研究财务会计中政府收入的分类问题，以及权责发生制基础下各类收入的确认和计量问题，适时制定并出台政府收入会计准则。根据改革需要制定或修订其他政府会计具体准则。

3.研究制定行政事业单位成本核算具体指引

在《事业单位成本核算基本指引》基础上，研究制定针对公立医院、高等学校、科学事业单位等行业的成本核算具体指引，就相关行业的成本核算对象、成本项目、成本范围、成本归集和分配方法、成本报告内容等作出具体规定，以提高成本核算指引的指导性和操作性。会同有关行业主管部门扎实推进事业单位开展成本核算，推动有关各方加强对单位成本会计信息的分析应用。同时，积极探索研究行政单位成本核算的相关问题，为准确核算机关运行经费、全面反映行政成本奠定基础。

4.做好政府会计准则制度解释和咨询工作

政府会计准则制度解释是及时回应和解决政府会计准则制度实施相关问题、健全完善政府会计准则制度体系的必要举措，根据工作需要每年至少发布1项。在制定政府会计准则制度解释时，需要通过多种渠道、广泛收集整理政府会计准则制度实施过程中的问题，分析研究后对影响面广、现有准则制度尚未明确的问题及时作出具体规定，以确保政府会计准则制度平稳有效实施。对于未纳入政府会计准则制度解释的其他问题，建立咨询问题库。

5.扎实推动公共基础设施入账核算

针对存量公共基础设施入账难的现实情况，在深入开展调查研究基础上，根据《政府会计准则第5号——公共基础设施》和其他相关政府会计准则制度规定，会同有关行业主管部门研究制定进一步加强水利基础设施、市政基础设施和其他公共基础设施政府会计核算的通知，进一步明确核算范围、记账主体、资产分类及明细核算、存量资产初始入账方法等，积极推动交通、水利、市政等公共基础设施在“十四五”期间全部入账核算。

6.持续推动政府会计准则制度全面有效实施

在总结政府会计准则制度实施经验基础上，进一步加强对准则制度的宣传培训和实务指导，着力解决会计人员学习不及时、理解有偏差、操作不规范等问题，切实提高政府会计准则制度实施的全面和有效性。

7.健全完善政府会计准则制度建设与实施机制

一是根据工作需要调整政府会计准则委员会组成人员，适时编发简报，继续发挥委员会在准则制度建设和实施中的协调机制作用。二是做好政府会计准则委员会咨询专家选聘和日常管理、评价工作，完善工作机制，充分发挥咨询专家的“智库”作用。三是调整充实政府会计准则制度建设和实施工作联系点单位，加强调研和互动，充分发挥联系点单位的辐射引领作用。四是建立政府会计准则制度建设和实施部门沟通联系机制，合力推进准则制度在各部门、各行业领域全面有效实施。五是加强与各地会计管理机构的沟通与联系，积极指导各地做好准则制度实施工作。通过上述措施，形成部门紧密协作、财政上下联动、单位点面结合、社会广泛参与的政府会计准则制度建设与实施机制。

三、政府会计改革的意义

全面推进政府会计改革，对于建立现代财政制度、建设法治政府、提升国家治理体系和治理能力的现代化都具有重要的意义。

1.推进政府会计改革，是建立现代财政制度的迫切需要

财政是国家治理的基础和重要支柱，政府会计是财政管理的一项重要基础工作。通过政府会计改革，在政府领域引入权责发生制理念，对资产、负债等会计要素的概念、信息质量特征，都重新做了界定，从而保证政府资产、负债等信息得以如实记录、完整反映，有利于全面反映政府财务状况、财政能力和财政责任，有利于进一步加强政府的资产管理和债务风险控制，有利于健全预算管理基础。对于建立全面规范、公开透明的现代预算制度，促进财政可持续发展，具有重要的基础性作用。

2.推进政府会计改革，是建设法治政府的内在要求

通过政府会计改革，在政府综合财务报告中引入成本、绩效等先进理念，能够合理归集、反映政府的运行费用和履职成本，科学评价政府、部门、单位等耗费公共资源、成本边际等情况，有利于建立并有效实施预算绩效评价制度，有利于合理界定中央与地方政府间的财政关系，有利于科学评价政府履行责任情况和更好地接受公众监督，从而为政府依法理财、依法履行职责奠定基础。

3.推进政府会计改革，是促进国家治理体系和治理能力现代化的重要基础

通过政府会计改革，建立健全政府财务报告体系、政府财务报告审计和公开机制，能够全面、清晰地反映政府预算执行信息和财务状况，满足权力机关、社会公众等对政府财政信息全面性、准确性和及时性的需求，并为制订财政中长期规划、国民经济和社会发展中长期规划、国家相关宏观政策提供依据，从而有利于改进和加强财政管理，进一步规范政府行为和提高政府决策能力，促进国家治理体系和治理能力的现代化。

第二节 政府会计的基本内容

一、政府会计的概念

根据所服务的社会组织，我国的会计分为企业会计、政府会计和民间非营利组织会计。一般来说，企业会计以营利为目的，以资本循环为中心，适用于各类企业。政府会计以经济和社会事业发展为目的，主要以财政资金运动为中心，适用于政府和各类行政事业单位。民间非营利组织会计不以营利为目的，服务其组织目标，以财务收支活动为核心，适用于各种民间非营利组织。

国际会计准则委员会规定："政府会计是指用于确认、计量、记录和报告政府和政府单位财务收支活动及受托责任履行情况的会计体系。"由于各个国家的政治经济体制和管理体制不同，政府会计的内涵也有一定的差别。

在我国，《政府会计准则——基本准则》对政府会计的概念没有作出界定，但明确规定中国政府会计是由财务会计和预算会计构成。政府财务会计，是指以权责发生制为基础对政府发生的各项经济业务和事项进行会计核算，反映和监督政府财务状况、运行情况（含运行成本，下同）和现金流量等信息的会计；政府预算会计，是指以收付实现制为基础对政府预算执行过程中发生的全部收入和全部支出进行会计核算，主要反映和监督预算收支执行情况的会计。

综上，我国政府会计是以货币为主要计量单位，运用专门的会计方法，对会计主体的财务状况、运行情况、现金流量、预算执行等情况进行全面的核算、监督和报告，以加强政府及组成主体的预算管理、财务管理和提高资金使用效果的会计信息系统。

二、政府会计的特点

政府提供公共产品和公共服务时，并不完全考虑成本的补偿以及经济的回报，主要追求的是公共利益或社会效益。政府会计作为我国会计系统的一个分支，有着其独特性，尤其是随着政府会计改革，政府会计的特点又呈现出新变化。这主要表现为以下几个方面：

1.“公共性”的特征

“公共性收支”主要强调政府收入和支出区别于企业和民间非营利机构的公共属性。政府的财源来自税收、政府债券、国有资产经营收益、社会捐赠、按成本补偿原则收取的服务费等。而政府支出主要用于提供国防、教育、科技、文化、卫生、社会保障等公共物品或自然垄断产品，并承担一些必须完成的责任义务等。政府经济资源受到有关法律、法规、制度约束，被限定用于特定的活动或目的，确保其财务资源的使用能有效地达到相应的公共目的。

2.“非营利性”的特征

“非营利性”是指政府建立和运营的最终目标不是营利，而是为社会提供公共产品和公共服务，满足社会及其成员各种社会性的需求。并且，政府提供这些公共产品或公共服务，并不考虑成本能否从其收费中得到补偿，或者费用的支付者是否从中受益。政府投入资源并不要求经济回报，其追求的是公共利益。政府预算会计在核算、反映和监督政府预算收支执行情况时，要核算收入、支出和结转结余情况，重视支出所实现的公共绩效。

3.会计核算基础不同

政府会计的预算会计实行收付实现制，财务会计实行权责发生制。而企业会计核算基础是以权责发生制为主。

收付实现制对于收入和费用是以其是否发生货币资金的收付为标准来确定其归属期的。凡是本期实际收进款项的收入和本期实际支出款项的费用，不论是否体现本期的劳动成果或劳动消耗，都作为本期收支计算。收付实现制的处理，同货币资金的收付紧密相关，而不考虑权利和责任是否发生。

权责发生制对于收入和费用是以其是否体现本期的经营成果和生产消耗来确定其归属期的。凡是体现本期经营成果的收入和体现本期生产消耗的支出，不论款项是否实际收进或支出，都作为本期收支计算。权责发生制的处理，是同权利和责任的形成相联系的，而不考虑货币资金的收付是否发生。

4.会计要素不同

我国政府会计包括预算会计和财务会计，采用“3+5要素”的会计核算模式。预算会计分为预算收入、预算支出与预算结余三要素；财务会计分为资产、负债、净资产、收入、费用五要素。企业会计的会计要素则是资产、负债、所有者权益、收入、费用和利润。

由于会计核算基础不同，政府会计比企业会计多了预算会计要素，而两者的财务会计要素也不尽相同：一是政府会计不存在所有者权益，而是将资产与负债的差额用净资产来确认；二是政府会计没有利润要素，政府会计投资的主要目的是追求社会效益，不以营利为目的，仅核算收支相抵的结果，因此没有利润要素。

5.会计报告不同

政府会计主体应当编制决算报告和财务报告。政府决算报告包括决算报表和报表说明书；政府财务报告包括资产负债表、收入费用表和现金流量表、附注和其他应当在财务报告中披露的相关信息和资料。而企业会计只需要编制财务报告，包括资产负债表、利润表、现金流量表、附注以及应当披露的其他相关信息和资料。

三、政府会计目标

会计目标是指会计主体对外提供会计信息的目的。它是会计的重要理论问题，许多国家把它列为会计准则理论框架中的首要问题。

1.基本目标

会计的基本目标，通常包括三方面的内容：一是会计信息满足何种需要；二是会计信息使用者是谁；三是提供哪些会计信息。

政府会计目标是提供有助于广大使用者对资源分配作出决策以及评价会计主体财务状况、运行情况和现金流量的信息，提供有助于预测持续经营所需资源、产生的风险和不确定性的信息。政府会计的信息使用者主要有各级人民代表大会及其常务委员会、各级政府及其有关部门、政府会计主体自身、债权人、审计机关和其他监督机关、社会公众以及其他利益相关者。政府会计信息使用者的信息需求主要是政府预算执行情况的信息、政府财务状况的信息、政府运行情况的信息、政府现金流量情况的信息等。

2.具体目标

政府会计为实现上述基本目标，还必须将基本目标细分为以下具体目标：

（1）核算财政财务收支情况

政府会计要利用其专门的核算方法，对政府财政资金的活动情况进行连续、全面、系统反映，为国家预算管理和单位财务管理提供可靠的数据资料。政府会计的日常核算资料，是编报财政财务收支情况和各级领导机关指导国家预算执行的重要依据。

政府会计应当提供政府会计主体在预算年度内依法取得的并纳入预算管理的现金流入、现金流出、结余资金以及历年滚存的资金余额的信息，以便报告使用者进行监督和管理，并为编制后续年度预算提供参考和依据。

（2）分析财政财务收支执行进度，合理调度资金，调节资金供需关系

经常保持资金需求与供应的协调、平衡，经常保持适当数量的财政库存和单位库存，是保证年度总预算和单位预算顺利执行的必要条件。由于各种收入和支出在年度期间内是有波动的，在年度预算安排收支平衡的条件下，每个季度、每个月份，直至每旬的收入和支出，不可能都是平衡的。收入旺季，支出可能并不很高；而收入淡季，支出却可能较高。这就需要运用会计提供的有关资金集中、分配和余存的资料，经常地分析、研究财政库存和经费存款的情况，掌握资金收入和支出的变化规律，以解决年度预算执行过程中财政资金、业务资金需求和供应之间可能出现的矛盾。

（3）检查财政财务收支计划执行结果，实行会计监督，维护国家财经纪律

国家财政资金和事业单位业务资金的收支，反映着财政、行政、事业等单位活动的范围和方向，反映着国家财经方针、政策的执行情况。政府会计在核算总预算和单位预算收支情况的同时，必须按照财政财务收支计划，以国家有关方针、政策、法令和制度为依据进行严格的检查。要认真研究收入是否及时、足额缴库，是否符合政策；支出是否按预算拨付，有无挪用预算收入、乱拉乱用预算资金，有无任意支付计划外开支、违反财经纪律等行为发生；资金结余如何分配；各项资金形成的财产物资是否安全保管和合理使用等。要充分利用会计信息反映灵敏、综合性强的特点，认真检查经济业务和财务收支的合理性、合法性和有效性，进行事先控制和事后披露，保证国家财经方针、政策的执行，保证财政财务收支具有正确的方向。

政府会计应当提供单位有关执行国家财经方针、政策和法规、制度情况的信息资料，揭露铺张浪费、贪污盗窃国家和公共资财的违法乱纪行为，以便严肃法纪、抵制不正之风。

政府会计通过其反映和监督职能对财政财务计划执行的过程、进度和结果进行核算、分析和检查，就能够起到促进预算收支实现、调节资金供需平衡、保证业务方向正确的作用。因此，政府会计在国家财政管理和单位财务管理中占有重要的地位。

（4）加强资产负债管理，客观反映政府运行成本

政府会计的财务报告除按照权责发生制的核算原则准确反映政府会计主体的运行成本外，还扩大了资产负债的核算范围，使得政府单位各项经济业务和事项的会计处理得以全面规范，准确反映政府“家底”信息，为相关决策提供更加有用的信息。

政府会计财务报告的具体目标是向财务报告使用者提供与政府的财务状况、运行情况和现金流量等有关的信息，反映政府会计主体公共受托责任履行情况，有助于财务报告使用者作出决策或者进行监督和管理。

四、政府会计核算的原则

（一）政府会计基本原则

政府会计基本原则同企业会计基本原则一样，包括会计主体、持续经营、会计分期和货币计量四个基本原则。

政府会计的主体包括各级政府、各部门、各单位，具体来说，是指与本级政府财政部门直接或者间接发生预算拨款关系的国家机关、军队、党政组织、社会团体、事业单位和其他单位，但不包括已纳入企业财务管理体系的单位和执行《民间非营利组织会计制度》的社会团体。政府会计核算应当划分会计期间，分期结算账目，按规定编制决算报告和财务报告。会计期间至少分为年度和月度，会计年度、月度等会计期间的起讫日期采用公历日期。政府会计核算应当以人民币作为记账本位币。发生外币业务时，应当将有关外币金额折算为人民币金额计量，同时登记外币金额。

（二）政府会计核算的一般原则

会计的一般原则是对会计核算提供信息的基本要求，是处理具体会计业务的基本依据。会计原则既是会计理论的概括，又是会计实践经验的总结。

会计信息质量要求是利益相关者选择适用的会计准则、程序和方法的衡量标准，从某种程度上来说是财务目标的具体化。

1.可靠性

可靠性是指政府会计主体应当以实际发生的经济业务或者事项为依据进行会计核算，如实反映各项会计要素的情况和结果，保证会计信息真实可靠。可靠性要求政府会计主体在报表中反映的各项信息不能误导信息使用者，不得进行虚假陈述或者误导性陈述。

可靠性是会计的本质属性，其在国际会计准则中的内涵为“信息没有重要错误或偏向，并且能够如实反映其拟反映或该反映的情况供使用者作依据”。该概念涵盖了可靠性的三个方面：❶“如实反映”即真实性；❷“没有重要错误”即可验证性；❸“没有偏向”即中立性。其中，真实性是可靠性的核心，其强调会计信息与实际相符，但是由于客观条件的限制以及主观专业判断的存在，会计信息的真实性具有相对性；可验证性主要针对的是会计信息的客观真实性，其要求会计反映的经济业务等由其他人员通过检查相同的

证据、数据和记录，能够得出相同的或相近的结论信息，以保证不同利益相关者均能够信赖会计信息，即对会计原始数据的获取、核算方法的选择等都是可以再次验证的；中立性要求会计反映的信息不失公允，不存在企图取得预定结果或诱发特定行为的偏向，不以任何人的主观意志为转移，不能通过刻意选择信息披露影响利益相关者的判断与决策。

2.相关性

政府会计主体提供的会计信息，应当与反映政府会计主体公共受托责任履行情况以及报告使用者决策或者监督、管理的需要相关，有助于报告使用者对政府会计主体过去、现在或者未来的情况作出评价或者预测。

当前政府会计信息主要服务于规范政府债务管理需要，权责发生制下的政府会计核算能准确反映政府的资产信息和负债信息，为国家宏观管理、单位内部管理和政府举债融资提供更加有用的信息。

3.全面性

政府会计主体应当将发生的各项经济业务或者事项统一纳入会计核算，确保会计信息能够全面反映政府会计主体预算执行情况和财务状况、运行情况、现金流量等。不全面的会计信息无法达到可靠性的质量要求，全面性要求政府会计主体在符合重要性和成本效益性的原则下，无论对其是有利还是不利的信息均进行反映，不能按照主观判断任意取舍，随意遗漏或者减少应该披露的信息。

《政府会计制度》要求对固定资产、公共基础设施、保障性住房和无形资产计提折旧或摊销，引入坏账准备等减值概念，确认预计负债、待摊费用和预提费用以及对基本建设投资按照本制度规定统一进行会计核算等，都是会计信息全面性质量要求的体现。

4.及时性

政府会计主体对已经发生的经济业务或者事项，应当及时进行会计核算，不得提前或者延后。及时性原则要求政府会计主体在收集记录会计信息、处理会计信息、传递和报告会计信息时要及时，企业在实践中往往要在及时性和可靠性中找到平衡点。及时的会计信息能够帮助管理者发现潜在问题，提早采取行动纠正偏差，滞后的会计信息会大大降低其对于信息使用者的有用性。

5.可比性

政府会计主体提供的会计信息应当具有可比性。该可比性要求包括纵向和横向的口径一致。从横向上看，同一政府会计主体不同时期发生的相同或者相似的经济业务或者事项，应当采用一致的会计政策，不得随意变更。确需变更的，应当将变更的内容、理由和对单位财务状况、预算执行情况的影响在附注中予以说明。从纵向上看，不同政府会计主体发生的相同或者相似的经济业务或者事项，应当采用统一的会计政策，确保不同行政、事业单位会计信息口径一致、相互可比。

《政府会计制度》有机整合了《行政单位会计制度》《事业单位会计制度》以及医院、基层医疗卫生机构、高等学校、中小学校、科学事业单位、彩票机构、地勘单位、测绘单位、林业（苗圃）等行业事业单位会计制度的内容：❶在科目设置、科目和报表项目说明方面，一般情况下，不再区分行政和事业单位，也不再区分行业事业单位；❷在核算内容方面，基本保留了现行各项制度中的通用业务和事项，同时根据改革需要增加各级各类行政事业单位的共性业务和事项；❸在会计政策方面，对同类业务尽可能作出同样的处理规定。

政府会计制度的统一，大大提高了政府各部门、各单位会计信息的可比性，为合并单位、部门财务报表和逐级汇总编制部门决算奠定了坚实的制度基础。

6.可理解性

政府会计主体提供的会计信息应当清晰明了，便于会计信息使用者理解和使用。可理解性要求政府会计主体提供能够使除了在该领域拥有一定知识的专业人士之外的一般人群能够看懂和运用的会计信息，只有这样才能达到会计信息的有用性，实现财务报告的目标，满足向投资者等财务报告使用者提供决策有用信息的要求。

《政府会计制度》增加了净资产变动表，简化了本年盈余与预算结余差异调节表的内容，并将该表从主表移至附注，同时细化了报表附注的内容，对于提高会计信息的可理解性有重要意义。

7.实质重于形式

实质重于形式是指政府会计主体应当按照经济业务或者事项的经济实质进行会计核算，不限于以经济业务或者事项的法律形式为依据。

新政府会计制度下计提固定资产折旧，将折旧计入成本费用而不是冲减净资产等，就是会计信息实质重于形式要求的体现。

五、政府会计的组成

按照政府会计适用主体不同，政府会计制度主要由财政总会计制度和政府单位会计制度组成。

财政总会计是各级政府财政核算、反映、监督一般公共预算资金、政府性基金预算资金、国有资本经营预算资金、社会保险基金预算资金以及财政专户管理资金、专用基金和代管资金等资金有关的经济活动或事项的专业会计。社会保险基金预算资金会计核算不适用本制度，由财政部另行规定。2022年11月，财政部研究制定了《财政总会计制度》（财库〔2022〕41号），自2023年1月1日起施行。财政总会计制度适用于中央，省、自治区、直辖市及新疆生产建设兵团，设区的市、自治州，县、自治县、不设区的市、市辖区，乡、民族乡、镇等各级政府财政部门总会计。

政府单位会计是对预算执行过程中发生的收支以及发生的各项经济业务和事项进行核算、监督和报告的会计。2017年10月24日，财政部印发的《政府会计制度——行政事业单位会计科目和报表》（财会〔2017〕25号）（简称《政府会计制度》）适用于各级各类行政单位和事业单位（不包括纳入企业财务管理体系执行企业会计准则和小企业会计准则的单位）。

本教材按照财政总会计制度和政府单位会计制度分别编写。

复习思考题

1.政府会计改革的意义是什么？

2.政府会计的特点有哪些？

3.政府会计核算的原则有哪些？

第二章　政府会计的财政制度环境

政府会计的财政制度环境是指对政府会计规范建立和完善产生影响作用的财政制度因素，主要包括政府预算管理制度、国库集中收付制度、财政拨款结转结余资金管理制度、政府债务管理制度等。

第一节　政府预算管理制度

政府预算是指政府的财政收支计划，是调节社会经济生活的主要财政手段和财政机制。政府预算具体规定计划年度内国家财政收支指标及其平衡状况，反映政府活动的范围、方向和政策。

一、政府预算及其组成体系

政府预算，是指具有法律地位、经过法定程序批准的国家年度财政收支计划。政府预算全面反映了政府财政的分配活动，体现了政府的职能范围，其具体收支的合理安排对国民经济起着重要的调控作用，是政府筹集和分配财政资金的重要工具，即集中一部分社会资源保证政府履行职能和满足社会公共需要。

政府预算按照不同标准，可以分为不同类型。

（一）按照政府级次，政府预算分为中央预算和地方预算

国家实行一级政府一级预算，设立中央，省、自治区、直辖市，设区的市、自治州，县、自治县、不设区的市、市辖区，乡、民族乡、镇五级预算。政府预算由中央预算和地方预算组成。

中央预算即中央政府预算，由中央各部门预算及中央直接组织的收入和支出预算组成。中央预算在政府预算中占主导地位。

地方预算由各省、自治区、直辖市总预算组成。地方各级总预算由本级预算和汇总的下一级总预算组成。下一级只有本级预算的，下一级总预算即指下一级的本级预算；没有下一级预算的，总预算即指本级预算。

（二）按照收支管理范围，政府预算分为总预算、部门预算和单位预算

总预算是指各级政府本行政区域的预算，包括本级政府预算和汇总的下一级政府总预算。

部门预算是指与本级政府财政部门直接发生预算拨款关系的国家机关、军队、政府组织、社会团体、事业单位和其他单位编制的预算。各部门预算收入包括本级财政安排的本部门及其所属单位的预算拨款以及合法取得的其他各项收入；各部门预算支出是与本部门预算收入相对应的支出，包括基本支出和项目支出。

单位预算是指各级政府组织部门所属单位编制的收支预算，即列入部门预算的国家机关、党政组织、社会团体和事业单位等的收支预算。各部门、各单位预算收入包括本级预算拨款收入、预算拨款结转结余、其他各项收入；支出包括基本支出和项目支出。

（三）按照预算功能，政府预算分为一般公共预算、政府性基金预算、国有资本经营预算、社会保险基金预算

1.一般公共预算

一般公共预算是对以税收为主体的财政收入，安排用于保障和改善民生、推动经济社会发展、维护国家安全、维持国家机构正常运转等方面的收支预算。中央一般公共预算包括中央各部门（含直属单位，下同）的预算和中央对地方的税收返还、转移支付预算。中央一般公共预算收入包括中央本级收入和地方向中央的上解收入。中央一般公共预算支出包括中央本级支出、中央对地方的税收返还和转移支付。

地方各级一般公共预算包括本级各部门（含直属单位，下同）的预算和税收返还、转移支付预算。地方各级一般公共预算收入包括地方本级收入、上级政府对本级政府的税收返还和转移支付、下级政府的上解收入。地方各级一般公共预算支出包括地方本级支出、对上级政府的上解支出、对下级政府的税收返还和转移支付。

2.政府性基金预算

政府性基金预算是对依照法律、行政法规在一定期限内向特定对象征收、收取或者以其他方式筹集的资金，专项用于特定公共事业发展的收支预算。政府性基金预算应当根据基金项目收入情况和实际支出需要，按基金项目编制，做到以收定支。

3.国有资本经营预算

国有资本经营预算是对国有资本收益作出支出安排的收支预算。国有资本经营预算应当按照收支平衡的原则编制，不列赤字，并安排资金调入一般公共预算。

4.社会保险基金预算

社会保险基金预算是对社会保险缴款、一般公共预算安排和其他方式筹集的资金，专项用于社会保险的收支预算。社会保险基金预算应当按照统筹层次和社会保险项目分别编制，做到收支平衡。

二、预算管理体制

预算管理体制是处理中央和地方以及地方各级之间财政分配关系的基本制度，其核心是各级政府预算收支范围及其管理职权的划分。我国的预算管理体制是分税财政管理体制，简称分税制。

分税制，是指在划分中央与地方事权的基础上，确定中央和地方财政支出的范围，并按税种划分中央与地方预算收入的财政管理体制。现行分税制，在中央和地方具体分税如下：中央税收入全部归中央财政，地方财政不参与分成；地方税收入全部归地方财政，中央财政不参与分成；中央与地方共享收入由中央财政与地方财政分成。

三、财政转移支付制度

财政转移支付制度是国家为了实现区域间各项社会经济事业的协调发展而采取的财政政策，该制度产生于中央和地方财政之间的纵向不平衡和各区域之间的横向不平衡。依据《中华人民共和国预算法》（简称《预算法》），国家实行财政转移支付制度，财政转移支付应当规范、公平、公开，以推进地区间基本公共服务均等化为主要目标。

财政转移支付包括一般性转移支付和专项转移支付。

（1）一般性转移支付，是指上级政府为了均衡地区间财力，由下级政府统筹安排使用

的预算资金。其主要包括：❶均衡性转移支付；❷上级政府因出台增支或者减收政策而给予下级政府的财力补助；❸对革命老区、民族地区、边疆地区、贫困地区的财力补助；❹按照财政体制规定应当给予下级政府的财力补助。一般性转移支付不规定具体用途，由接受转移支付的政府根据本地区实际情况统筹安排使用。

（2）专项转移支付，是指上级政府为了实现特定的经济和社会发展目标给予下级政府，由接受转移支付的下级政府按照上级政府规定的用途安排使用的预算资金。依照《预算法》，各级政府应建立健全专项转移支付定期评估和退出机制。市场竞争机制能够有效调节的事项不得设立专项转移支付。

四、政府收支分类改革

（一）政府收支分类

政府收支分类，是按一定的原则、方法对政府收入和支出进行类别与层次划分，以全面、准确、清晰地反映政府收支活动。对政府收支进行科学分类，既是客观、全面、准确反映政府收支活动的前提，也是合理编制预算、组织预算执行以及预算单位进行会计明细核算的重要依据。政府收支分类是财政预算管理的一项重要基础性工作，直接关系到财政预算管理的透明度，关系到财政预算管理的科学化和规范化，是公共财政体制建设的一个重要环节。

（二）政府收支分类科目

政府收支分类科目，也称“预算科目”，是指为全面反映政府收支活动，对预算收入和预算支出的类别和层次进行的划分。根据当年政府收支分类科目，政府收支分类科目由收入分类、支出功能分类、支出经济分类三部分构成。

五、预算管理制度对政府会计制度的影响

（一）对财政总会计制度的影响

根据自2023年1月1日起施行的《财政总会计制度》，财政总会计应当具备财务会计与预算会计双重功能，实现财务会计与预算会计适度区分并相互衔接，全面清晰反映政府财政财务信息和预算执行信息。财务会计实行权责发生制。预算会计实行收付实现制，国家法律法规等另有规定的，依照其规定。

对于纳入预算管理的财政资金收支业务，在采用预算会计核算的同时应当进行财务会计核算；对于不同预算类型资金间的调入调出、待发国债等业务，仅需进行预算会计核算；对于其他业务，仅需进行财务会计核算。

（二）对政府单位会计制度的影响

为了更好地贯彻落实《预算法》的相关规定，更加准确地反映部门和单位预算收支情况，更充分地满足部门、单位预算和决算管理的需要，《政府会计制度》规定，政府单位的预算会计在核算内容上仅需核算预算收入、预算支出和预算结余，并且在核算范围上，将依法纳入部门预算管理的现金收支均纳入预算会计的核算范围，如增设了债务预算收入、债务还本支出、投资支出等。

政府单位预算收入类和预算支出类一级科目的设置，也要与《预算法》对部门预算和单位预算内容的规定以及编制内容的规定保持一致。

第二节　国库集中收付制度

国库集中收付制度也称国库单一账户制度，包括国库集中支付制度和收入管理制度，是指由财政部门代表政府设置国库单一账户体系，所有的财政性资金均纳入国库单一账户体系收缴、支付和管理的制度。财政收入通过国库单一账户体系，直接缴入国库；实行预算管理一体化的预算单位，取消划分财政直接支付和授权支付，资金支付统一采用国库集中支付的方式；其他预算单位的财政支出通过国库单一账户体系，以财政直接支付和财政授权支付的方式，将资金支付到商品和劳务供应者或用款单位。

一、政府预算收支的组织机构

各级政府预算经过各级人民代表大会及其常务委员会审批后由本级政府组织执行，具体工作由本级政府财政部门负责。各部门、各单位是本部门、本单位的预算执行主体，负责本部门、本单位的预算执行，并对执行结果负责。

（一）预算收入的征收机构

征收机构是负责政府预算收入的征收管理的部门和单位，主要包括财政部门、税务部门和海关，以及国家规定的具有征收执法权的政府单位。

（1）财政部门。财政部门主要负责征收的是国有资本经营预算收入、部分非税收入、债务收入等。部分地方的契税和耕地占用税也由财政部门征收。

（2）税务部门。税务部门主要负责征收的是各项工商税收、企业所得税和由税务部门征收的一些非税收入（如教育费附加等）。

（3）海关。海关主要负责征收的是关税、代征的进口货物增值税和消费税等。

按照我国《预算法》的规定，预算收入征收部门和单位必须依照法律、行政法规的规定及时、足额征收应征的预算收入。不得违反法律、行政法规规定，多征、提前征收或减征、免征、缓征应征的预算收入，不得截留、占用或者挪用预算收入。

（二）预算收支的办理机构

预算收支的办理机构是国库。国库是国家金库的简称，是负责办理国家预算资金的收入和支出的专门机构，是财政总预算会计的出纳机关。按照《预算法》的规定，政府的全部收入应当上缴国家金库，任何部门、单位和个人不得截留、占用、挪用或者拖欠；对于法律有明确规定或者经国务院批准的特定专用资金，可以依照国务院的规定设立财政专户。

（三）财政国库管理机构和财政国库支付执行机构

实行国库集中收付制度，各级财政应设立财政国库管理机构和财政国库支付执行机构。

1.财政国库管理机构

财政国库管理机构是具体组织预算的执行、财政资金调度和会计核算的机构，比如财政部的国库司，地方财政部门的国库处、国库科等。财政总预算会计设在各级国库管理机构。

按照规定，各级政府财政部门应履行下列国库管理职责：❶组织拟定国库管理制度、国库集中收付制度，制定国库管理相关业务流程；❷管理本级国库单一账户体系，组织实施国库集中收付业务；❸通过政府采购选择国库集中收付代理银行，组织实施国库集中收付代理银行与中国人民银行资金清算，开展国库集中收付代理银行管理及职责履行考评工作；❹管理国库库款和财政专户资金，建立健全国库现金管理制度，承担国库现金管理工作；❺指导监督并定期检查中国人民银行经理国库业务、中国人民银行分支机构和有关银行业金融机构办理国库业务的职责履行情况；❻审核预算单位资金使用计划和财政直接支付资金的申请，建立健全内部监督制约机制。

2.财政国库支付执行机构

根据《财政国库管理制度改革试点方案》，建立财政国库支付执行机构是建立国库集中收付制度的一项必备的配套设施。

财政国库支付执行机构业务是财政部门审核、监督财政资金支付工作的延伸。各级政府财政部门应当设立专门的财政国库支付执行机构承担国库集中支付的有关具体工作，比如财政国库支付中心、地方财政部门的国库支付中心等。

二、国库集中收付制度的主要内容

（一）建立国库单一账户体系

国库单一账户体系是一个统揽财政性资金的账户体系，即所有财政性资金收入和支出都纳入该账户体系，由国库实行集中收付，各征收机关和预算单位不再设立过渡性资金账户。国库单一账户体系包括四类账户：

❶国库单一账户，指财政部门在国库业务经办机构开设，用于记录、核算和反映预算收入和预算支出及《预算法》及其实施条例规定的其他预算资金活动，并用于与零余额账户进行清算的存款账户。

❷零余额账户，指财政部门和各部门、各单位在代理国库集中支付业务的银行业金融机构开设的银行结算账户，用于办理预算资金支付业务并与国库单一账户清算，日终余额为零。零余额账户主要包括财政部门零余额账户、预算单位零余额账户和财政汇缴零余额账户三类。

❸财政专户，指财政部门为履行财政管理职能，按照规定的设立程序，在银行业金融机构开设用于管理核算特定专用资金的银行结算账户。特定专用资金包括社会保险基金、国际金融组织和外国政府贷款赠款、偿债准备金、待缴国库单一账户的非税收入、教育收费、代管预算单位资金等。银行业金融机构，是指在中华人民共和国境内依法设立的商业银行、城市信用合作社、农村信用合作社等吸收公众存款的金融机构以及政策性银行。

❹特设专户，是经国务院和省级人民政府批准或授权财政部门开设的特殊过渡性专户，用于记录、核算和反映预算单位的特殊专项支出，并与国库单一账户清算。

（二）规范政府预算收入收缴程序和方式

根据《预算法》，国家对政府全部收入实行国库集中收缴管理。国库集中收缴制度，是指预算收入按照规定的程序，通过国库单一账户体系缴入国库的办法。政府预算收入的收缴方式实行直接缴库和集中汇缴两种方式。

❶直接缴库，是指由缴款单位或缴款人按法律法规规定，直接将应缴收入缴入国库单一账户或财政专户。实行这种入库方式的有税收收入、非税收入等。税收收入，由纳税人或税务代理人提出纳税申报，经征收机关审核无误后，由纳税人通过开户银行将税款缴入国库单一账户。非税收入，由执收单位开具非税收入一般缴款书，缴款人持非税收入一般

缴款书在规定期限内将应缴款项直接缴入国库或财政专户。

❷集中汇缴，是指由征收机关和依法享有征收权限的单位按法律法规规定，将所收取的应缴收入汇总缴入国库单一账户或财政专户。实行这种入库方式的有小额零散税收和非税收入中的现金缴款。小额零散税收和法律另有规定的应缴收入，由征收机关收缴收入后在规定的期限内汇总缴入国库单一账户。非税收入中的现金缴款，由征收机关在规定的期限内将所收款项按收入项目汇总后集中缴入国库或财政专户。

（三）规范政府预算支出拨付程序和方式

根据《预算法》，国家对政府的全部支出实行国库集中支付管理。除实行预算管理一体化的预算单位外，国库集中支付是指预算支出通过国库单一账户体系，采取财政直接支付或者财政授权支付方式。

❶财政直接支付。财政直接支付是指由政府财政部门开具支付令，通过财政零余额账户支付给收款人，财政零余额账户再与国库进行资金清算的支付方式。实行财政直接支付方式的支出主要包括工资支出、工程采购支出、物品和服务采购支出、国有资本经营预算支出、转移支出等。

❷财政授权支付。财政授权支付是指预算单位根据本级政府财政部门授权，自行开具支付令，通过预算单位零余额账户支付给收款人，预算单位零余额账户再与国库进行资金清算的支付方式。实行财政授权支付的支出主要是零星采购支出、特别紧急支出和经财政部门批准的其他支出。

三、国库集中收付制度对政府会计制度的影响及改革方向

（一）国库集中收付制度对政府会计制度的影响

1.实行预算管理一体化的预算单位

实行预算管理一体化的预算单位在会计核算时，不再使用“零余额账户用款额度”科目，“财政应返还额度”和“资金结存——财政应返还额度”科目下不再设置“财政直接支付”和“财政授权支付”明细科目。取消划分财政直接支付和授权支付，资金支付统一采用国库集中支付的方式。所有资金支付都通过系统校验，既区别于财政直接支付仅对部分资金支付进行财政审核的做法，也区别于财政授权由单位直接向国库集中支付代理银行发送支付令的做法。

2.未实行预算管理一体化的预算单位

未实行预算管理一体化的预算单位，设置“零余额账户用款额度”和“财政应返还额度”科目，分别核算实行国库集中支付的政府单位根据财政部门批复的用款计划收到及支用的零余额账户用款额度和实行国库集中支付的政府单位应收财政返还的资金额度。

（二）国库集中收付制度的改革方向

为逐步解决现行国库集中收付管理中存在的问题，同时适应财政预算管理改革的新需要，下一步，国库集中收付制度将围绕现代财政国库管理“控制、运营、报告”三大功能，以国库单一账户体系制度为基础，全面优化整合政府资金采购、资金支付、工资发放、政府债券管理、国库现金管理、收入管理、账务处理、决算与财务报告等业务流程，逐步构建“资金运行高效、控制体系完整、财务报告全面、单位权责清晰、绩效导向显著”的现代财政国库管理制度。

第三节 财政拨款结转结余资金管理制度

财政拨款结转结余资金，就是接受财政拨款的单位预算年度内尚未用完的财政预算资金。

一、财政拨款结转结余资金的含义

财政拨款结转结余资金是指与财政有缴拨款关系的行政、事业单位，社会团体及企业在预算年度内，按照财政部批复的本部门预算，当年未列支出的财政拨款资金。它是财政资源的重要组成部分，对于加强和规范财政拨款结转和结余资金、深化部门预算改革、提高财政资金使用效益、规范部门财务管理等具有重要意义。

结转资金，是指预算安排项目的支出年终尚未执行完毕或者因故未执行，且下年需要按原用途继续使用的资金。结余资金，是指年度预算执行终了，预算收入实际完成数扣除预算支出和结转资金后剩余的资金。连续两年未用完的结转资金，是指预算安排的项目支出在下一年度终了时仍未用完的资金。其中：一般公共预算连续两年未用完的结转资金，应当作为结余资金补充预算稳定调节基金。政府性基金预算、国有资本经营预算连续两年未用完的结转资金，应当作为结余资金，可以调入一般公共预算。各部门、各单位基本支出的结余资金，应当在编制下一年度部门预算时统筹安排；项目支出的结余资金以及连续两年未用完的结转资金（含专项转移支付结转资金）应当由本级政府财政部门收回并统筹安排使用。

二、财政拨款结转结余资金管理制度对政府会计制度的影响

（一）对财政总会计制度的影响

为了满足财政拨款结转结余管理的要求，根据《财政总会计制度》的规定，财政总会计预算的结转结余包括一般公共预算结转结余、政府性基金预算结转结余、国有资本经营预算结转结余、财政专户管理资金结余、专用基金结余、预算稳定调节基金、预算周转金和资金结存等。

（二）对政府单位会计制度的影响

为了满足财政拨款结转结余管理的要求，根据《政府会计制度》，政府单位的预算会计应当设置“财政拨款结转”和“财政拨款结余”科目，分别核算政府单位取得的同级财政拨款结转资金的调整、结转和滚存情况与取得的同级财政拨款项目支出结余资金的调整、结转和滚存情况。

第四节 政府债务管理制度

政府债务收支是政府财政预算收支的重要构成部分，其增减变动直接影响到政府财政资产、负债和净资产的变动。随着政府债务纳入预算管理和政府债务报告以及公开制度的完善，财政预算会计核算内容也发生了重大变化。

一、政府债务的含义和分类

政府债务是指政府为筹集财政资金而按照批准的预算举借的债务。它是弥补财政赤字，并借以调控经济运行的一种方式。政府债务按照不同标准，可以分为不同类型。

（一）按照举借区域，政府债务分为政府内债和政府外债

1.政府内债

政府内债是指政府在国内举借的债务，主要是以发行政府债券等形式举借的债务。比如财政部发行的国债和省级财政部门发行的地方政府债券等。政府内债主要是用于弥补财政赤字。政府内债的债权人主要包括国内的企业、事业单位、金融机构和居民个人。

2.政府外债

政府外债，是指政府在国外举借的债务，包括主权债券和主权外债。主权债券是指经国务院审批，财政部代表国家在境外发行的债券；主权外债是指由国务院授权机构代表国家举借的、以国家信用保证对外偿还的外债，主要包括外国政府贷款、国际金融组织贷款等。政府外债的债权人主要包括国际组织，外国的政府、企业、金融机构和居民个人。

（二）按照举借主体，政府债务分为中央政府债务和地方政府债务

1.中央政府债务

中央政府债务是中央政府举借并负责偿还的债务。依据《预算法》，中央一般公共预算中必需的部分资金，可以通过举借国内和国外债务等方式筹措，举借债务应适当控制规模，保持合理的结构。

2.地方政府债务

地方政府债务是地方政府举借并负责偿还的债务。按照债务资金是否具有限定性，地方政府债务分为一般债务和专项债务。地方政府一般债务是指为无收益的公益性事业的发展举借的债务；地方政府专项债务是指为有收益的公益性事业的发展举借的债务。

（三）按照偿还期限，政府债务分为短期政府债务和长期政府债务

短期政府债务是政府举借的期限不超过1年（含1年）的债务，主要是政府财政部门以政府名义发行的期限不超过1年（含1年）的国债和地方政府债券。长期政府债务是政府举借的期限超过1年的债务，主要包括政府财政部门以政府名义发行的超过1年的国债和地方政府债券、向外国政府和国际金融组织借入的款项等。

（四）按照政府对债务的偿还责任和法律责任不同，政府性债务划分为政府负有偿还责任的债务、政府负有担保责任的债务和政府可能承担一定救助责任的债务

政府负有偿还责任的债务，是指需由财政资金偿还的债务，政府及其组成部门是法律意义上的负债主体，属于“政府债务”。

政府负有担保责任的债务，是指由政府提供担保，当某个被担保人无力偿还时，政府需承担连带责任的债务。

政府可能承担一定救助责任的债务，是指债务人为公益性项目举借，由非财政资金偿还，政府不负有法律偿还责任，但当债务人出现偿债困难时，政府可能需给予一定救助的债务。

政府负有担保责任的债务和政府可能承担一定救助责任的债务均由债务人以自身收入偿还，正常情况下无须政府承担偿债责任，属“政府或有债务”。由于或有债务属于潜在的义务，是否需要承担具有不确定性，因此，在资产负债表中，或有负债也不计入负债总额，仅在报表附注中予以披露。

二、政府债务规模确定和管理

（一）中央债务规模确定和管理

依据《预算法》，对中央一般公共预算中举借的债务实行余额管理，余额的规模不得超过全国人民代表大会批准的限额。所谓余额管理，是指中央政府在全国人民代表大会批准的中央一般公共预算债务余额的限额内，决定发债规模、品种结构、期限结构和发债时点的管理方式。财政部具体负责对中央政府债务的统一管理。

2006年起，我国参照国际通行做法，采取国债余额管理方式管理国债发行。所谓国债余额，是中央政府历年的预算差额，即预算赤字和预算盈余相互冲抵后的累计赤字额、经全国人民代表大会常务委员会批准发行的特别国债累计额、向国际金融组织和外国政府借款统借统还部分等。它是中央政府以后年度必须偿还的国债价值总额，反映中央政府债务负担情况。

（二）地方债务规模确定和管理

依据《预算法》，地方政府举借债务的规模，由国务院报全国人民代表大会或者全国人民代表大会常务委员会批准。省、自治区、直辖市依照国务院下达的限额举借的债务，列入本级预算调整方案，报本级人民代表大会常务委员会批准。举借的债务应当有偿还计划和稳定的偿还资金来源，不得用于经常性支出。除此之外，地方政府及其所属部门不得以任何方式举借债务。除法律另有规定外，地方政府及其所属部门不得为任何单位和个人的债务以任何方式提供担保。所谓举借债务的规模，是指各省、自治区、直辖市政府举借债务的总限额。该限额由财政部在各省、自治区、直辖市政府举借债务的总限额内根据各地区债务风险、财力状况等因素测算并报国务院批准。

省、自治区、直辖市政府举借的债务由本级政府财政部门统一管理，不得突破国务院下达的政府债务限额。

三、政府债务管理制度对政府会计制度的影响

政府债务管理制度主要对财政总会计制度产生影响。受政府债务管理制度的影响，《财政总会计制度》规定，总会计核算的负债具体包括应付政府债券、应付国库集中支付结余、应付及暂收款项、应付代管资金、应付利息、借入款项、应付转贷款、其他负债等。

复习思考题

1. 简述政府预算管理制度对政府会计制度的影响。
2. 简述国库集中收付制度对政府会计制度的影响。
3. 简述财政拨款结转结余资金管理制度对政府会计制度的影响。
4. 简述政府债务管理制度对政府会计制度的影响。

第二篇
财政总会计

第三章　财政总会计

第一节　财政总会计概述

一、财政总会计的概念、改革历程及特征

（一）财政总会计的概念

财政总会计是各级政府财政核算、反映、监督政府一般公共预算资金、政府性基金预算资金、国有资本经营预算资金、社会保险基金预算资金以及财政专户管理资金、专用基金和代管资金等资金有关活动的经济活动或事项的专业会计，是政府会计的重要组成部分，简称“总会计”。

财政总会计的会计主体是中央、省、自治区、直辖市及新疆生产建设兵团，设区的市、自治州，县、自治县、不设区的市、市辖区，乡、民族乡、镇等各级政府财政部门。财政总会计由各级政府财政部门负责。

根据政府级次和政府预算级次划分，我国的财政总会计体系分为中央财政总会计、省级财政总会计、市级财政总会计、县级财政总会计和乡镇级财政总会计五级。

各级政府财政部门应当根据政府会计准则（包括基本准则和具体准则）规定的原则和《财政总会计制度》（财库〔2022〕41号，自2023年1月1日起施行）的要求，对其发生的各项经济业务或事项进行会计核算。但是，各级财政部门社会保险基金预算资金的会计核算以及各级财政部门管理的国际金融组织和国外政府赠款的会计核算除外。

（二）财政总会计的改革历程

财政总会计对于保证国库安全、高效运行具有重要意义。中华人民共和国成立以来，总会计经历了多次主要改革，为经济发展作出了巨大的贡献，主要分为以下几个阶段：

（1）1949—1965年创立“总预算会计”，分设资产、负债、岁入、岁出会计要素，以“资产=负债”作为基本会计等式，实行收付实现制，采用借贷记账法，编报资产负债表、收支决算表。

（2）1966—1997年调整为“财政总会计”，改设资金来源、资金运用、资金结存会计要素，以“资金来源-资金运用=资金结存”作为基本会计等式，用资金收付记账法，编制资金活动情况表、财政收支决算总表、预算外收支决算表。

（3）1998年实行财政总会计的重大改革，分设了资产、负债、净资产、收入、支出会计要素，以“资产-负债=净资产”“收入-支出=结余”作为基本会计等式，实行收付实现制，采用借贷记账法。

（4）2000年6月，财政部成立国库司，研究和推行财政国库管理制度改革。2001年7月，成立国库支付中心，地方各级财政部门先后设立国库处（科、股）及国库支付中心，进一步强化了总会计的管理职责。随着现代财政管理制度改革的深化，陆续推行了部门预算、国库集中收付制度、政府采购、政府收支分类制度改革。

（5）2007年，对总预算会计制度收支分类和核算内容进行补充调整。

（6）2016年推行总预算会计制度改革。党的十八届三中全会明确提出，财政是国家治理的基础和重要支柱，要求深化财税体制改革，建立现代财政制度，建立权责发生制政府综合财务报告制度；新《预算法》也明确要求编制政府综合财务报告；为了适应改革需要，2015年财政部国库司下发了《财政总预算会计制度》（财库〔2015〕192号），从2016年开始施行总预算会计制度。总预算会计制度通过采用“双分录”核算方法，既核算反映政府预算收支执行情况，又核算反映政府资产负债情况，将预算会计和财务会计功能有机结合起来。

（7）2022年继续深化总会计制度改革。增加总会计的职责，总会计不但反映政府财政预算执行情况、财务状况，而且还反映运行情况和现金流量等。总会计应当具备财务会计与预算会计双重功能，实现财务会计与预算会计适度区分并相互衔接，全面清晰反映政府财政财务信息和预算执行信息。

（三）财政总会计的特征

与其他会计（包括预算单位会计和企业会计）相比，财政总会计具有以下特征：

（1）会计主体是各级政府。“一级政府，一级财政”。我国的政府预算是按照统一领导、分级管理的原则进行的，每一级政府设立一级财政总预算，每一级财政总预算都有相应的总会计。也就是说，总会计反映的是一个县、一个市、一个省的政府预算收支情况，而不是各级政府的财政部门的预算收支情况。

（2）会计核算目标是兼顾决策有用和受托责任。财政总会计的核算目标是向会计信息使用者提供政府财政预算执行情况、财务状况等会计信息，反映政府财政受托责任履行情况。其会计信息使用者包括人民代表大会、政府及其相关部门、财政部门自身、社会公众等。

（3）会计核算一般采用收付实现制，部分经济业务或者事项采用权责发生制，主要包括应付国库集中支付结余、股权投资、应收股利、应收转贷款的应收利息、应付政府债券和应付转贷款的应付利息等。

（4）不仅要遵循《会计法》和政府会计准则的要求，还要符合《预算法》的规定。总会计所提供的信息，不仅要符合《会计法》和一般的会计原则，以满足债权人、投资人和社会公众等信息使用者的需要；还要符合《预算法》的要求，以满足人大、上级财政部门及本级政府对预算管理和财政决策方面的需要。

（5）不直接办理现金收付业务，不直接使用资金，不涉及存货、固定资产等的核算业务。

（6）不进行成本核算，但要讲求经济效益和社会效益。

（7）部分资产和负债采用“双分录”核算方法。采用“双分录”核算方法的资产和负债主要包括政府持有的股权投资、发生的转贷款等债权资产，发行政府债券和举借主权外债及其转贷款形成的负债。

二、财政总会计的主要任务和基本职责

财政总会计一般由财政部门的国库管理部门的人员承担，其主要任务和基本职责包括：

（1）承担政府总会计核算。办理政府的各项财政收支、资产负债以及财政运行的会计核算工作，反映政府财政执行情况、财务状况、运行情况和现金流量。

（2）承担财政资金收支调度管理。组织办理财政资金的收支、调拨，在确保资金使用安全性、规范性、流动性的前提下，合理调度管理资金，提高资金使用效益。

（3）规范银行账户管理。加强对国库单一账户、财政专户、零余额账户和预算单位银

行账户等的管理。

（4）实行会计监督，参与预算管理和财务管理。通过会计核算和反映，进行预算执行情况、财务状况、运行情况和现金流量情况分析，并对财政、部门及其所属单位预算执行和财务管理情况实行会计监督。

（5）协调预算收入征收部门、国家金库、国库集中收付代理银行、财政专户开户银行和其他有关部门之间的业务关系。

（6）组织本地区财政总决算、部门决算、政府财务报告的编审和汇总工作。

（7）组织和指导下级财政总会计工作。

第二节 财政总会计的会计要素和会计科目

一、财政总会计的会计对象与会计要素

（一）会计对象

会计对象，即会计核算、反映和监督的内容。总会计对象包括政府财政预算资金和政府其他财政资金。政府财政预算资金有一般公共预算资金、政府性基金预算资金、国有资本经营资金；政府其他财政资金主要有财政专户管理资金、专用基金和代管资金等。现行财政总预算会计对象不包括社会保险基金预算资金。

（二）会计要素

会计要素是对会计对象的分类，是从会计角度解释构成政府经济活动的必要因素。财政总会计的会计要素包括资产、负债、净资产、收入和支出五类。

二、会计科目

为正确地核算各类会计事项，财政部统一规定了会计科目和会计核算方法。财政总会计科目包括财务会计科目和预算会计科目，共设89个科目。财务会计科目包括资产类科目14个、负债类科目11个、净资产类科目6个、收入类科目9个、费用类科目15个；预算会计科目包括预算收入类科目13个、预算支出类科目13个、预算结余类科目8个。

财政总会计科目及其核算内容见表3-1。

表3-1 财政总会计科目及其核算内容

序号	科目编号	会计科目名称	核算内容
一、财务会计科目			
（一）资产类			
1	1001	国库存款	核算政府财政存放在国库单一账户的款项
2	1002	其他财政存款	核算政府财政未列入“国库存款”科目反映的各项财政存款
3	1003	国库现金管理资产	核算政府财政将暂时闲置的国库存款存放商业银行或者投资于货币市场形成的资产
4	1011	有价证券	核算政府财政按照有关规定取得并持有的有价证券
5	1021	应收非税收入	核算政府财政应向缴款人收取但实际尚未缴入国库的非税收入款项
6	1022	应收股利	核算政府因持有股权投资应当收取的现金股利或应当分得的利润
7	1031	借出款项	核算政府财政按照对外借款管理相关规定借给预算单位临时急需，并按期收回的款项

续表

序号	科目编号	会计科目名称	核算内容
8	1032	与下级往来	核算本级政府财政与下级政府财政的往来待结算款项
9	1033	预拨经费	核算政府财政按照预拨经费管理有关规定预拨给预算单位尚未列为费用的款项
10	1034	在途款	核算报告清理期和库款报解整理期内发生的需要通过本科目过渡处理的属于上年度收入、费用等业务的款项
11	1035	其他应收款	核算政府财政临时发生的其他应收、暂付、垫付款项。项目单位拖欠外国政府和国际金融组织贷款本息和相关费用导致相关政府财政履行担保责任，代偿的贷款本息费，也通过本科目核算
12	1041	应收地方政府债券转贷款	核算本级政府财政转贷给下级政府财政的地方政府债券资金的本金及利息
13	1042	应收主权外债转贷款	核算本级政府财政转贷给下级政府财政的外国政府和国际金融组织贷款等主权外债资金的本金及利息
14	1061	股权投资	核算政府持有的各类股权投资，包括国际金融组织股权投资、政府投资基金股权投资和企业股权投资等
（二）负债类			
15	2001	应付短期政府债券	核算政府财政部门以政府名义发行的期限不超过1年（含1年）的国债和地方政府债券的应付本金，其中，国债包括中央政府财政发行的国内政府债券和境外发行的主权债券等
16	2011	应付国库集中支付结余	核算省级以上政府财政（含省级）国库集中支付中，应列为当年费用，但年末尚未支付需结转下一年度支付的款项
17	2012	与上级往来	核算本级政府财政与上级政府财政的往来待结算款项
18	2013	其他应付款	核算政府财政临时发生的暂收、应付和收到的不明性质款项和收回的结转结余资金等。税务机关代征入库的社会保险费，也通过本科目核算。
19	2014	应付代管资金	核算政府财政代为管理的使用权属于被代管主体的资金
20	2015	应付利息	核算政府财政以政府名义发行的政府债券应支付的利息，以及以政府名义借入款项本期应承担的利息等
21	2021	应付长期政府债券	核算政府财政以政府名义发行的期限超过1年的国债和地方政府债券的应付本金
22	2022	借入款项	核算政府财政部门以政府名义向外国政府和国际金融组织等借入的款项，以及经国务院批准的其他方式借入的款项
23	2031	应付地方政府债券转贷款	核算地方政府财政从上级政府财政借入的地方政府债券转贷款的本金和利息
24	2032	应付主权外债转贷款	核算本级政府财政从上级政府财政借入的主权外债转贷款的本金和利息
25	2041	其他负债	核算政府财政因有关政策明确要求其承担支出责任的事项而形成的支付义务
（三）净资产类			
26	3001	累计盈余	核算政府财政纳入一般公共预算、政府性基金预算、国有资本经营预算管理的预算资金，财政专户管理资金、专用基金历年实现的盈余滚存的金额

续表

序号	科目编号	会计科目名称	核算内容
27	3011	本期盈余	核算政府财政纳入一般公共预算、政府性基金预算、国有资本经营预算管理的资金，财政专户管理资金、专用基金本期各项收入、费用分别相抵后的余额
28	3021	预算稳定调节基金	核算本级政府财政为保持年度间预算的衔接和稳定而设置的储备性资金
29	3022	预算周转金	核算政府财政设置的用于调剂预算年度内季节性收支差额周转使用的资金
30	3041	权益法调整	核算政府财政按照持股比例计算应享有的被投资主体除净损益和利润分配以外的所有者权益变动的份额
31	3051	以前年度盈余调整	核算政府财政调整以前年度盈余的事项
（四）收入类			
32	4001	税收收入	核算政府财政筹集的纳入本级财政管理的税收收入
33	4002	非税收入	核算政府财政筹集的纳入本级财政管理的非税收入
34	4011	投资收益	核算政府股权投资所实现的收益或发生的损失
35	4021	补助收入	核算上级政府财政按照财政体制规定或专项需要补助给本级政府财政的款项，包括税收返还、转移支付等
36	4022	上解收入	核算按照体制规定由下级政府财政上交给本级政府财政的款项
37	4023	地区间援助收入	核算受援方政府财政收到援助方政府财政转来的可统筹使用的各类援助、捐赠等资金收入
38	4031	其他收入	核算政府财政除税收收入、非税收入、投资收益、补助收入、上解收入、地区间援助收入、财政专户管理资金收入、专用基金收入以外的各项收入，包括从其他渠道调入资金、豁免主权外债偿还责任以及无偿取得股权投资等产生的收入
39	4041	财政专户管理资金收入	核算政府财政纳入财政专户管理的教育收费等资金收入
40	4042	专用基金收入	核算政府财政按照法律法规和国务院、财政部规定设置或取得的粮食风险基金等专用基金收入
（五）费用类			
41	5001	政府机关商品和服务拨款费用	核算本级政府财政拨付给机关和参公单位购买商品和服务的各类费用，不包括用于购置固定资产、战略性和应急性物资储备等资本性拨款费用
42	5002	政府机关工资福利拨款费用	核算本级政府财政拨付给机关和参公事业单位在职职工和编制外长期聘用人员的各类劳动报酬及为上述人员缴纳的各项社会保险费等费用
43	5003	对事业单位补助拨款费用	核算本级政府财政拨付的对事业单位（不含参公事业单位）的经常性补助费用，不包括对事业单位的资本性拨款费用
44	5004	对企业补助拨款费用	核算本级政府财政拨付的对各类企业的补助费用，不包括对企业的资本金注入和资本性拨款费用
45	5005	对个人和家庭补助拨款费用	核算本级政府财政拨付的对个人和家庭的补助费用
46	5006	对社会保障基金补助拨款费用	核算本级政府财政拨付的对社会保险基金的补助费用，以及补充全国社会保险基金的费用
47	5007	资本性拨款费用	核算政府财政拨付给行政事业单位和企业的资本性拨款费用，不包括对企业的资本金注入

续表

序号	科目编号	会计科目名称	核算内容
48	5008	其他拨款费用	核算本级政府财政拨付的经常性赠与、国家赔偿费用、对民间非营利组织和群众性自治组织补贴等拨款费用
49	5011	财务费用	核算本级政府财政用于偿还政府债务利息费用，政府债务发行、兑付、登记费用，以外币计算的政府资产及债务由于汇率变化发生的汇兑损益等
50	5021	补助费用	核算本级政府财政按财政体制规定或专项需要补助给下级政府财政的款项，包括对下级的税收返还一般性转移支付和专项转移支付等
51	5022	上解费用	核算本级政府财政按照财政体制规定或专项需要上解给上级政府财政的款项
52	5023	地区间援助费用	核算援助方政府财政安排用于受援方政府财政统筹使用的各类援助、补偿、捐赠等
53	5031	其他费用	核算本级政府财政无偿划出股权投资时产生的投资损失、政府财政承担支出责任的其他负债等
54	5041	财政专户管理资金支出	核算本级政府财政用纳入财政专户管理的教育收费等资金安排的支出
55	5042	专用基金支出	核算本级政府财政用专用基金收入安排的支出
二、预算会计科目			
（一）预算收入类			
56	6001	一般公共预算收入	核算政府财政筹集的纳入本级一般公共预算管理的税收收入和非税收入
57	6002	政府性基金预算收入	核算政府财政筹集的纳入本级政府性基金预算管理的非税收入
58	6003	国有资本经营预算收入	核算政府财政筹集的纳入国有资本经营预算管理的非税收入
59	6005	财政专户管理资金收入	核算政府财政纳入财政专户管理的教育收费等资金收入
60	6007	专用基金收入	核算本级政府财政按照法律法规和国务院、财政部规定设置或取得的粮食风险基金等专用基金收入
61	6011	补助预算收入	核算上级政府财政按照财政体制规定或专项需要补助给本级政府财政的款项，包括税收返还、一般性转移支付和专项转移支付等
62	6012	上解预算收入	核算按照财政体制规定或专项需要由下级政府财政上交给本级政府财政的款项
63	6013	地区间援助预算收入	核算受援方政府财政收到援助方政府财政转来的可统筹使用的各类援助、捐赠等资金收入
64	6021	调入预算资金	核算政府财政为平衡某类预算收支、从其他类型预算资金及其他渠道调入的资金
65	6031	动用预算稳定调节基金	核算政府财政为弥补本年度预算资金不足，动用的预算稳定调节基金
66	6041	债务预算收入	核算政府财政根据法律法规等规定，通过发行债券、向外国政府和国际金融组织借款等方式筹集的纳入预算管理的债务收入
67	6042	债务转贷预算收入	核算省级以下（不含省级）政府财政收到上级政府财政转贷的债务收入
68	6051	待处理收入	核算本级政府财政收回的结转结余资金

续表

序号	科目编号	会计科目名称	核算内容
		（二）预算支出类	
69	7001	一般公共预算支出	核算政府财政管理的由本级政府安排使用的列入一般公共预算的支出
70	7002	政府性基金预算支出	核算政府财政管理的由本级政府安排使用的列入政府性基金预算的支出
71	7003	国有资本经营预算支出	核算政府财政管理的由本级政府安排使用的列入国有资本经营预算的支出
72	7005	财政专户管理资金支出	核算本级政府财政用纳入财政专户管理的教育收费等资金安排的支出
73	7007	专用基金支出	核算政府财政用专用基金收入安排的支出
74	7011	补助预算支出	核算本级政府财政按照财政体制规定或专项需要补助给下级政府财政的款项，包括对下级的税收返还、一般性转移支付和专项转移支付等
75	7012	上解预算支出	核算本级政府财政按照财政体制规定或专项需要上交给上级政府财政的款项
76	7013	地区间援助预算支出	核算援助方政府财政安排用于受援方政府财政统筹使用的各类援助、捐赠等资金支出
77	7021	调出预算资金	核算政府财政为平衡预算收支，在不同类型预算资金之间的调出支出
78	7031	安排预算稳定调节基金	核算政府财政安排用于弥补以后年度预算资金不足的储备资金
79	7041	债务还本预算支出	核算政府财政偿还本级政府财政承担的纳入预算管理的债务本金支出
80	7042	债务转贷预算支出	核算本级政府财政向下级政府财政转贷的债务支出
81	7051	待处理支出	核算政府财政按照预拨经费管理有关规定预拨给预算单位尚未列为预算支出的款项
		（三）预算结余类	
82	8001	一般公共预算结转结余	核算本级政府财政一般公共预算收支的执行结果
83	8002	政府性基金预算结转结余	核算本级政府财政政府性基金预算收支的执行结果
84	8003	国有资本经营预算结转结余	核算本级政府财政国有资本经营预算收支的执行结果
85	8005	财政专户管理资金结余	核算本级政府财政纳入财政专户管理的教育收费等资金收支的执行结果
86	8007	专用基金结余	核算本级政府财政专用基金收支的执行结果
87	8031	预算稳定调节基金	核算本级政府财政为保持年度间预算的衔接和稳定，在一般公共预算中设置的储备性资金
88	8033	预算周转金	核算政府财政设置的用于调剂预算年度内季节性收支差额周转使用的资金
89	8041	资金结存	核算政府财政纳入预算管理的资金流入、流出、调整和滚存的情况

三、财政总会计科目的使用要求

各级财政总会计应当按照下列规定运用会计科目：

（1）各级总会计应当对有关法律、法规允许进行的经济活动，按照《财政总会计制度》的规定使用会计科目进行核算；不得以该制度规定的会计科目及使用说明作为进行有关经济活动的依据。

（2）各级财政总会计应当按照《财政总会计制度》的规定设置和使用会计科目，不需使用的总账科目可以不用；在不影响会计处理和编报会计报表的前提下，各级财政总会计可以根据实际情况自行增设该制度规定以外的明细科目，或者自行减少、合并该制度规定的明细科目。

（3）各级财政总会计应当使用《财政总会计制度》统一规定的会计科目编号，不得随意打乱重编。

复习思考题

1.简述财政总会计的概念及特征。

2.我国的财政总会计的主要任务和基本职责是什么？

3.财政总会计科目的会计要素分为哪几类？

4.财政总会计科目有哪些？

第四章　政府财政资产的核算

在财政总会计中，政府财政资产是指政府财政占有或控制的，能以货币计量的经济资源。总会计核算的资产具体包括财政存款、国库现金管理资产、有价证券、应收非税收入、应收股利、应收及暂付款项、借出款项、预拨经费、在途款、应收转贷款、股权投资等。

总会计核算的资产按照流动性，分为流动资产和非流动资产。流动资产是指预计在1年内（含1年）耗用或者可以变现的资产，包括财政存款、国有现金管理资产、有价证券、应收非税收入、应收股利、借出款项、与下级往来、预拨经费、在途款、其他应收款等；非流动资产是指流动资产以外的资产，包括应收地方政府债务转贷款、应收主权外债转贷款、股权投资等。

第一节　流动资产

一、财政存款

（一）财政存款概述

财政存款是指政府财政部门代表国家管理的国库存款和其他财政存款等。

财政总会计对财政存款的基本管理要求包括：财政存款的支配权属于同级政府财政部门并由总会计负责管理；统一在国库或选定的银行开立存款账户，统一收付，不得透支，不得提取现金。

（二）财政存款的会计核算

1.财政存款的科目设置

为核算财政存款业务，总会计应设置“国库存款”“其他财政存款”等科目核算。

（1）“国库存款”科目。本科目核算政府财政单一账户的款项，期末借方余额反映政府财政国库存款的结存数。

国库存款增加时，按照实际收到的金额，借记本科目，贷记有关科目。国库存款减少时，按照实际支付的金额，借记有关科目，贷记本科目。

（2）“其他财政存款”科目。本科目核算政府财政未列入“国库存款”科目反映的各项财政存款。本科目应按照存款资金的性质和存款银行等进行明细核算，期末借方余额反映政府财政持有的其他财政存款。

财政专户收到款项时，按照实际收到的金额，借记本科目，贷记有关科目。

其他财政存款产生的利息收入，除规定作为专户资金收入外，其他利息收入都应缴入国库。

取得其他财政存款利息收入时，按照实际获得的利息金额，按规定作为专户资金收入的，借记本科目，贷记“应付代管资金”或有关收入科目。按规定应缴入国库的，借记本科目，贷记“其他应付款”科目。将其他财政存款利息收入缴入国库时，借记“其他应付款”科目，贷记本科目；同时，借记“国库存款”科目，贷记“非税收入”科目。

其他财政存款减少时，按照实际支付的金额，借记有关科目，贷记本科目。

2.财政存款的账务处理

（1）国库存款。

经济业务和事项	财务会计处理	预算会计处理
国库存款增加	借：国库存款 　贷：有关科目	借：资金结存—库款资金结存[①] 　贷：有关预算收入科目
国库存款减少	借：有关科目 　贷：国库存款	借：有关预算支出科目 　贷：资金结存—库款资金结存

（2）其他财政存款。

经济业务和事项	财务会计处理	预算会计处理
财政专户收到资金流入	借：其他财政存款 　贷：有关科目	借：资金结存—专户资金结存 　贷：财政专户管理资金收入/专用基金收入
财政专户发生资金流出	借：财政专户管理资金支出 　　专用基金支出 　　其他有关科目 　贷：其他财政存款	借：财政专户管理资金支出 　　专用基金支出 　贷：资金结存—专户资金结存
收到的利息按规定作为专户资金收入	借：其他财政存款 　贷：应付代管资金 　　　有关收入科目	借：资金结存—专户资金结存 　贷：专用基金收入
收到的利息应缴入国库	借：其他财政存款 　贷：其他应付款	—
将专户利息收入缴入国库	借：其他应付款 　贷：其他财政存款 借：国库存款 　贷：非税收入	借：资金结存—库款资金结存 　贷：一般公共预算收入

二、国库现金管理资产

（一）国库现金管理资产的概念

国库现金管理资产是指政府财政在确保支付需要的前提下，将暂时闲置的国库存款存放商业银行或者投资于货币市场形成的资产，包括国库现金管理商业银行定期存款以及国库现金管理其他资产。

（二）国库现金管理资产的会计核算

1.国库现金管理资产的科目设置

总会计设置“国库现金管理资产”科目核算国库现金管理资产，应按照业务种类设置“商业银行定期存款”“其他国库现金管理资产”明细科目，并可根据管理需要进行明细核算。

2.国库现金管理资产的账务处理

经济业务和事项	财务会计处理	预算会计处理
开展商业银行定期存款时，将库款转存商业银行	借：国库现金管理资产—商业银行定期存款 　贷：国库存款	—
收回国库时，按照原存入商业银行的存款本金金额	借：国库存款 　贷：国库现金管理资产—商业银行定期存款	—
收回国库时，按照实际收回的金额与原存入商业银行的存款本金金额之间的差额	借：国库存款 　贷：非税收入	借：资金结存—库款资金结存 　贷：一般公共预算收入

① 为节约篇幅和版式美观，本书表格中的会计科目统一用“—”连接。

三、有价证券

（一）有价证券的概念

有价证券是指政府财政按照有关规定取得并持有的有价证券，是政府以信用方式发行的公债。发行有价证券是政府调节宏观经济、平衡预算、筹集重点建设项目资金以及集聚财力的手段。

（二）有价证券的会计核算

1.有价证券的科目设置

为核算有价证券业务，财政总会计设置“有价证券”科目。本科目应根据有价证券种类进行明细核算，期末借方余额反映政府财政持有的有价证券金额。

2.有价证券的账务处理

经济业务和事项	财务会计处理	预算会计处理
购入有价证券	借：有价证券 贷：国库存款 其他财政存款	—
转让或到期兑付有价证券，按照有价证券的账面余额	借：国库存款 其他财政存款 贷：有价证券	—
转让或到期兑付有价证券，按照实际收到的金额与该有价证券的账面余额之间的差额（实际收到的金额大于账面余额时）	借：国库存款 贷：有关收入科目	借：资金结存—库款资金结存 贷：一般公共预算收入
转让或到期兑付有价证券，按照实际收到的金额与该有价证券的账面余额之间的差额（实际收到的金额小于账面余额时）	借：有关费用科目 贷：国库存款	借：一般公共预算支出 贷：资金结存—库款资金结存

四、应收非税收入

（一）应收非税收入的概念

非税收入是指政府财政筹集的纳入本级财政管理的非税收入，是指除税收以外，由各级国家机关、事业单位、代行政府职能的社会团体及其他组织依法利用国家权力、政府信誉、国有资源（资产）所有者权益等取得的各项收入。

应收非税收入是政府财政应向缴款人收取但实际尚未缴入国库的非税收入款项。

（二）应收非税收入的会计核算

1.应收非税收入的科目设置

为核算应收非税收入，总会计应设置“应收非税收入”科目。本科目应参照《政府收支分类科目》中“非税收入”科目进行明细核算，同时根据管理需要，参照实际情况，按照执行部门（单位）进行明细核算。本科目期末借方余额反映政府财政尚未入库的应收非税收入。

对于非税收入管理部门不能提供已开具非税收入缴款票据、尚未缴入本级国库的非税收入数据的地区，可暂不使用本科目核算。

确认取得非税收入时，按照非税收入管理部门提供的已开具缴款票据、尚未缴入本级国库的非税收入金额，借记本科目，贷记“非税收入”科目。

实际收到非税收入款项时，按照实际收到的非税收入金额，借记“国库存款”科目，按已列入应收非税收入部分的金额，贷记本科目；按未列入应收非税收入部分金额，贷记“非税收入”科目。

期末，非税收入管理部门应对未入库的应收非税收入进行全面核查，总会计根据核查结果对应收非税收入余额进行确认，确保应收非税收入核算准确。

2.应收非税收入的账务处理

经济业务和事项	财务会计处理	预算会计处理
定期按照非税收入管理部门提供的已开具缴款票据、尚未缴入本级国库的非税收入金额，确认应收非税收入	借：应收非税收入 　贷：非税收入	—
实际收到的非税收入时，能够明确其中已确认的应收非税收入部分，取得非税收入时	借：国库存款 　贷：应收非税收入 　　　非税收入	借：资金结存—库款资金结存 　贷：一般公共预算收入 　　　政府性基金预算收入 　　　国有资本经营预算收入
实际收到非税收入时，无法明确其中已确认的应收非税收入部分，取得非税收入时	借：国库存款 　贷：非税收入	借：资金结存—库款资金结存 　贷：一般公共预算收入 　　　政府性基金预算收入 　　　国有资本经营预算收入
期末确认本期应收非税收入	借：应收非税收入 　贷：非税收入	—

五、应收股利

（一）应收股利的概念

应收股利是指政府因持有股权投资应当收取的现金股利或应当分得的利润。

（二）应收股利的会计核算

1. 应收股利的科目设置

为核算应收股利，总会计应设置“应收股利”科目。本科目根据管理需要，按照投资主体进行明细核算。本科目期末借方余额反映政府财政应当收取但尚未收到的现金股利或利润。

（1）采用权益法核算。

持有股权投资期间，被投资主体宣告发放现金股利或利润的，根据股权管理部门提供的资料，按照应上缴政府财政的部分，借记本科目，贷记“股权投资（损益调整）”科目；收到现金股利或利润时，按照实际收到的金额，借记“国库存款”科目，贷记本科目；按照实际收到的金额中未宣告发放的现金股利或利润，借记本科目，贷记“股权投资（损益调整）”科目。

（2）采用成本法核算。

持有股权投资期间，被投资主体宣告发放现金股利或利润时，根据股权管理部门提供的资料，按照应上缴政府财政的部分，借记本科目，贷记“投资收益”科目；收到现金股利或利润时，按照实际收到的金额，借“国库存款”科目，贷记本科目；按照实际收到金额中未宣告发放的现金股利或利润，借记本科目，贷记“投资收益”科目。

2.应收股利的账务处理

（1）采用权益法核算。

经济业务和事项	财务会计处理	预算会计处理
持有股权投资期间，被投资主体宣告发放现金股利或利润的，根据股权管理部门提供的资料，按照应上缴政府财政的部分，确认应收股利	借：应收股利 　贷：股权投资（损益调整）	—
收到现金股利或利润时，按照实际收到的金额，冲减已确认的应收股利	借：国库存款 　贷：应收股利	借：资金结存—库款资金结存 　贷：国有资本经营预算收入
按照实际收到金额中未宣告发放的现金股利或利润	借：应收股利 　贷：股权投资（损益调整）	—

（2）采用成本法核算。

经济业务和事项	财务会计处理	预算会计处理
持有股权投资期间，被投资主体宣告发放现金股利或利润时，根据股权管理部门提供的资料，按照应上缴政府财政的部分，确认应收股利	借：应收股利 　贷：投资收益	—
收到现金股利或利润时，按照实际收到的金额，冲减已确认的应收股利	借：国库存款 　贷：应收股利	借：资金结存—库款资金结存 　贷：国有资本经营预算收入
按照实际收到金额中未宣告发放的现金股利或利润	借：应收股利 　贷：投资收益	—

六、借出款项

（一）借出款项的概念

借出款项是指政府财政按照对外借款管理有关规定借给预算单位临时急需，并按期收回的款项。借出款项仅限于政府财政对纳入本级预算管理的一级预算单位（不含企业）安排借款，不得经预算单位再转借企业。借款资金仅限于临时性资金周转或应对社会影响较大的突发事件的临时急需垫款，借款期限不得超过1年，借款时应明确还款来源。

修订后的《财政总会计制度》将原有的“暂付款”科目内容进行了细分，将属于借出款项部分转入“借出款项”科目核算，将其他部分转入“其他应收款”科目核算。

（二）借出款项的会计核算

1.借出款项的科目设置

为核算借出款项业务，财政总会计设置“借出款项”科目。本科目应按照借款单位进行明细核算。借出款项时，按照实际支付的金额，借记本科目，贷记“国库存款”“其他财政存款”科目；收回借出的款项时，按照实际收回的金额，借记“国库存款”“其他财政存款”科目，贷记本科目。

本科目期末借方余额反映政府财政借给预算单位尚未收回的款项。

2.借出款项的账务处理

经济业务和事项	财务会计处理	预算会计处理
借给本级预算单位临时急需，并需按期收回的款项	借：借出款项 　贷：国库存款	—
收回借款	借：国库存款 　贷：借出款项	—

七、与下级往来

（一）与下级往来的概念

与下级往来是指本级政府财政与下级政府财政的往来待结算款项。

（二）与下级往来的会计核算

1. 与下级往来的科目设置

财政总会计设置“与下级往来”科目，核算本级政府财政与下级政府财政的往来待结算款项。本科目按照下级政府财政进行明细核算。

拨付下级政府财政款项时，借记本科目，贷记“国库存款”科目。

有主权外债业务的财政部门，贷款资金由下级政府财政同级部门（单位）使用，且贷款的最终还款责任由本级政府财政承担的，本级政府财政部门支付贷款资金时，借记本科目或“补助费用”科目，贷记“国库存款”“其他财政存款”等科目；外方将贷款资金直接支付给供应商或用款单位时，借记本科目或“补助费用”科目，贷记“借入款项”或“应付主权外债转贷款”科目。

两级财政年终结算时，确认应当由下级政府财政上交的收入数，借记本科目，贷记“上解收入”科目；确认应补助下级政府财政的费用数，借记“补助费用”科目，贷记本科目。

收到下级政府财政缴入国库的往来待结算款项时，借记“国库存款”科目，贷记本科目。

扣缴下级政府财政资金时，借记本科目，贷记有关科目。

本科目期末借方余额反映下级政府财政欠本级政府财政的款项；期末贷方余额反映本级政府财政欠下级政府财政的款项。

2. 与下级往来的账务处理

（1）拨付资金给下级政府财政。

经济业务和事项	财务会计处理	预算会计处理
拨付资金时能明确转移支付资金性质和科目	借：补助费用 　贷：国库存款	借：补助预算支出—一般公共预算补助支出 　贷：资金结存—库款资金结存
拨付资金时暂无法明确转移支付资金性质和科目	借：与下级往来 　贷：国库存款	借：补助预算支出—调拨下级 　贷：资金结存—库款资金结存
从特设专户拨付资金给下级财政	借：与下级往来 　贷：其他财政存款	借：补助预算支出—调拨下级 　贷：资金结存—专户资金结存

（2）有主权外债业务的财政部门，贷款资金由下级政府财政同级部门（单位）使用，且贷款的最终还款责任由本级政府财政承担的。

经济业务和事项	财务会计处理	预算会计处理
本级政府财政部门将资金直接拨付给下级	借：与下级往来/补助费用 　贷：国库存款/其他财政存款	借：补助预算支出—调拨下级 　贷：资金结存—国库资金结存/专户资金结存
外方将贷款资金直接支付给供应商或用款单位	借：与下级往来/补助费用 　贷：借入款项（中央和省级财政使用） 　　应付主权外债转贷款（省以下财政使用）	借：补助预算支出—调拨下级 　贷：债务预算收入（中央和省级财政使用） 　　债务转贷预算收入（省以下财政使用）

（3）收到下级政府财政缴入国库的往来待结算款项。

经济业务和事项	财务会计处理	预算会计处理
收到下级政府财政缴入国库的往来待结算款项	借：国库存款 贷：与下级往来	借：资金结存—库款资金结存 贷：补助预算支出—调拨下级

（4）扣缴下级政府财政应偿还的政府债券本息。

经济业务和事项	财务会计处理	预算会计处理
扣缴下级政府财政应偿还的政府债券本息	借：与下级往来 贷：应收地方政府转贷款—应收本金 —应收利息	借：补助预算支出—调拨下级 贷：资金结存—上下级调拨结存

（5）扣缴下级政府财政应偿还的主权外债本息。

经济业务和事项	财务会计处理	预算会计处理
扣缴下级政府财政应偿还的主权外债本息	借：与下级往来 贷：应收主权外债转贷款—应收本金 —应收利息	借：补助预算支出—调拨下级 贷：资金结存—上下级调拨结存

（6）办理财政年终决算。

经济业务和事项	财务会计处理	预算会计处理
两级财政年终结算中确认应当由下级政府财政上交的收入数	借：与下级往来 贷：上解收入	借：补助预算支出—调拨下级 贷：上解预算收入——一般公共预算上解收入 —政府性基金预算上解收入 —国有资本经营预算上解收入
两级财政年终结算中确认应补助下级政府财政的费用数	借：补助费用 贷：与下级往来	借：补助预算支出——一般公共预算补助支出 —政府性基金预算补助支出 —国有资本经营预算补助支出 贷：补助预算支出—调拨下级

八、预拨经费

（一）预拨经费的概念

预拨经费是指政府财政在本级人民代表大会批准年度预算前拨出已经列入年度预算的资金，法律法规另有规定的除外。预拨经费（不含预拨下年度预算资金）应在年终前转列费用或清理收回。

（二）预拨经费的会计核算

1.预拨经费的科目设置

为核算预拨经费，财政总会计设置“预拨经费”科目。本科目应当按照预算单位进行明细核算。预拨经费时，借记本科目，贷记“国库存款”等科目；转列费用时，借记有关费用等科目，贷记本科目；收回预拨款项时，借记“国库存款”等科目，贷记本科目。本科目期末借方余额反映政府财政年末尚未转列费用或尚待收回的预拨经费款项。

2. 预拨经费的账务处理

经济业务和事项	财务会计处理	预算会计处理
拨出预拨经费	借：预拨经费 　贷：国库存款	借：待处理支出 　贷：资金结存—库款资金结存
预拨经费转列费用	借：有关费用科目 　贷：预拨经费	借：一般公共预算支出 　　政府性基金预算支出 　　国有资本经营预算支出 　贷：待处理支出
收回预拨款项	借：国库存款 　贷：预拨经费	借：资金结存—库款资金结存 　贷：待处理支出
期末/年末结转（仅限已纳入次年预算安排的预拨经费和应急救灾等紧急支出可以结转，其余的应全部清理处置）	—	借：资金结存—待处理结存 　贷：待处理支出

九、在途款

（一）在途款的概念

在途款是指报告清理期和库款报解整理期内发生的需要通过本科目过渡处理的属于上年度收入、费用等业务的款项。

（二）在途款的会计核算

1. 在途款的科目设置

为清理、核实当年财政收支，财政总会计设置“在途款”科目。

报告清理期和库款报解整理期内收到属于上年度收入等款项时，在上年度账务中，借记本科目，贷记有关收入科目或“应收非税收入”科目；收回属于上年度费用等款项时，在上年度账务中，借记本科目，贷记“预拨经费”或有关费用科目。

冲转在途款时，在本年度账务中，借记“国库存款”科目，贷记本科目。

本科目期末借方余额反映政府财政持有的在途款。

2. 在途款的账务处理

（1）报告清理期和库款报解整理期内收到属十上年度收入等款项时。

经济业务和事项	财务会计处理	预算会计处理
在上年度账务中，依据收到的资金金额确认在途款	借：在途款 　贷：有关收入科目 　　　应收非税收入	借：资金结存—在途资金结存 　贷：一般公共预算收入 　　　政府性基金预算收入 　　　国有资本经营预算收入

（2）报告清理期和库款报解整理期内收到属于上年度费用退回时。

经济业务和事项	财务会计处理	预算会计处理
在上年度账务中，依据收到的退回资金金额确认在途款	借：在途款 　贷：预拨经费 　　　有关费用科目	借：资金结存—在途资金结存 　贷：一般公共预算支出 　　　政府性基金预算支出 　　　国有资本经营预算支出

(3) 按照本年实际收到的金额冲减上年度确认的在途款。

经济业务和事项	财务会计处理	预算会计处理

按照本年实际收到的金额冲减上年度确认的在途款	借：国库存款
	  贷：在途款
		借：资金结存—库款资金结存
		  贷：资金结存—在途资金结存

十、其他应收款

(一) 其他应收款的概念

其他应收款是政府财政临时发生的其他应收、暂付、垫付款项。项目单位拖欠外国政府和国际金融组织贷款本息和有关费用导致有关政府财政履行担保责任，代偿的贷款本息费，也通过本科目核算。

(二) 其他应收款的会计核算

1.其他应收款的科目设置

为核算政府财政临时发生的应收、暂付、垫付款项，总会计应设置“其他应收款”科目。本科目按照资金类别、债务单位进行明细核算。

发生其他应收款项时，借记本科目，贷记“国库存款”“其他财政存款”科目；收回其他应收款项时，借记“国库存款”“其他财政存款”科目，贷记本科目；其他应收款项转列费用时，借记有关费用科目，贷记本科目。

政府财政对使用外国政府和国际金融组织贷款资金的项目单位履行担保责任，代偿贷款本息费时，借记本科目，贷记“国库存款”“其他财政存款”等科目。政府财政行使追索权，收回项目单位贷款本息费时，借记“国库存款”“其他财政存款”等科目，贷记本科目。政府财政最终未收回项目单位贷款本息费，经核准转列费用时，借记有关费用科目，贷记本科目。

本科目应及时清理结算，期末原则上应无余额。

2.其他应收款的账务处理

经济业务和事项	财务会计处理	预算会计处理
发生暂付、垫付等款项时	借：其他应收款 贷：国库存款/其他财政存款	—
收回其他应收款项	借：国库存款/其他财政存款 贷：其他应收款	—

其他应收款项转列费用、支出时	借：有关费用科目
	  贷：其他应收款
		借：一般公共预算支出
		  政府性基金预算支出
		  国有资本经营预算支出
		  贷：资金结存—库款资金结存

第二节 非流动资产

一、应收地方政府债券转贷款

(一) 应收地方政府债券转贷款的概念

政府债券，是本级政府财政发行的，主要用于交通、通信、住宅、教育、医院和污水处理系统等地方公共设施建设，一般以当地政府的税收能力作为担保。发行地方债通常有两种模式：一种为直接发债；另一种就是上级政府财政发行，再转贷给下级政府使用，即为应收地方政府债券转贷款。

（二）应收地方政府债券转贷款的会计核算

1.应收地方政府债券转贷款的科目设置

为核算应收地方政府债券转贷款的本金及利息，财政总会计设置“应收地方政府债券转贷款”科目。本科目下应当设置“应收本金”和“应收利息”两个明细科目，并按照转贷对象进行明细核算，其下应根据管理规定设置“一般债券”“专项债券”等明细科目。其中，“应收利息”科目通常应根据债务管理部门计算并提供的政府债券转贷款的应收利息情况，按期进行核算。

向下级政府财政转贷地方政府债券资金时，按照转贷的本金，借记本科目，按照实际拨付的金额或债务管理部门确认的转贷金额，贷记“国库存款”或“与下级往来”等科目，按照其差额，借记或贷记有关费用科目。

按期确认地方政府债券转贷款的应收利息时，根据债务管理部门计算确认的转贷款本期应收未收利息金额，借记本科目，贷记“财务费用——利息费用”等有关科目。

收到下级政府财政归还的地方政府债券转贷款本息时，按照收到的金额，借记“国库存款”“其他财政存款”等科目，贷记本科目。

扣缴下级政府财政应偿还的地方政府债券转贷款本息时，按照扣缴的金额，借记“与下级往来”等科目，贷记本科目。

豁免下级政府财政应偿还的地方政府债券转贷款本息时，根据债务管理部门转来的有关资料及有关预算文件，按照豁免金额，借记“补助费用”“与下级往来”等科目，贷记本科目。

本科目期末借方余额反映政府财政应收未收的地方政府债券转贷款本金及利息。

2.应收地方政府债券转贷款的账务处理

（1）向下级政府财政转贷地方政府债券资金。

经济业务和事项	财务会计处理	预算会计处理
转贷一般政府债券	借：应收地方政府债券转贷款—应收本金 借/贷：有关费用科目 　贷：国库存款 　　　与下级往来	借：债务转贷预算支出—一般债务转贷支出 借/贷：有关预算支出科目 　贷：资金结存—库款资金结存 　　　补助预算支出—调拨下级
转贷专项债券	借：应收地方政府债券转贷款—应收本金 借/贷：有关费用科目 　贷：国库存款 　　　与下级往来	借：债务转贷预算支出—专项债务转贷支出 借/贷：有关预算支出科目 　贷：资金结存—专户资金结存 　　　补助预算支出—调拨下级

（2）向下级政府财政转贷定向发行的地方政府债券资金。

经济业务和事项	财务会计处理	预算会计处理
转贷定向一般政府债券	借：应收地方政府债券转贷款—应收本金 借/贷：有关费用科目 　贷：应付长期政府债券等	借：债务转贷预算支出——一般债务转贷支出 借/贷：有关预算支出科目 　贷：债务预算收入等
转贷定向专项债券	借：应收地方政府债券转贷款—应收本金 借/贷：有关费用科目 　贷：应付长期政府债券等	借：债务转贷预算支出—专项债务转贷支出 借/贷：有关预算支出科目 　贷：债务预算收入等

（3）按期确认地方政府债券转贷款的应收利息。

经济业务和事项	财务会计处理	预算会计处理
按期确认地方政府债券转贷款的应收利息	借：应收地方政府债券转贷款—应收利息（下级承担） 贷：应付利息/应付地方政府债券转贷款—应付利息（下级承担）	—

（4）收到下级政府财政归还的地方政府债券本金和利息。

经济业务和事项	财务会计处理	预算会计处理
收到下级归还的债券本金	借：国库存款/其他财政存款等 贷：应收地方政府债券转贷款—应收本金	—
收到下级归还的债券利息	借：国库存款/其他财政存款等 贷：应收地方政府债券转贷款—应收利息	—

（5）扣缴下级政府财政应归还的地方政府债券本金和利息。

经济业务和事项	财务会计处理	预算会计处理
扣缴下级政府债券本金	借：与下级往来 贷：应收地方政府债券转贷款—应收本金	借：补助预算支出—调拨下级 贷：资金结存—上下级调拨结存
扣缴下级政府债券利息	借：与下级往来 贷：应收地方政府债券转贷款—应收利息	借：补助预算支出—调拨下级 贷：资金结存—上下级调拨结存

（6）豁免下级政府财政应归还的地方政府债券本金和利息。

经济业务和事项	财务会计处理	预算会计处理
豁免下级政府债券本金	借：补助费用/与下级往来 贷：应收地方政府债券转贷款—应收本金	借：补助预算支出—调拨下级 贷：资金结存—上下级调拨结存
豁免下级政府债券利息	借：补助费用/与下级往来 贷：应收地方政府债券转贷款—应收利息	借：补助预算支出—调拨下级 贷：资金结存—上下级调拨结存

二、应收主权外债转贷款

（一）应收主权外债转贷款的概念

应收主权外债转贷款是指政府财政将借入的外债转贷给下级政府财政的款项。主权外债属于一种政府行为，外国政府贷款、国际金融组织贷款，是主权国家对外的债务。

（二）应收主权外债转贷款的会计核算

1.应收主权外债转贷款的科目设置

"应收主权外债转贷款"科目核算本级政府财政转贷给下级政府财政的外国政府、国际金融组织贷款等主权外债资金的本金及利息。本科目应设置"应收本金"和"应收利息"明细科目，并按照转贷对象进行明细核算。其中，"应收利息"科目通常应根据债务管理部门计算并提供的主权外债转贷款的应收利息情况，按期进行核算。

向下级政府财政转贷主权外债资金，且主权外债最终还款责任由下级政府财政承担的，应当分别按照以下情况处理：

（1）本级政府财政支付转贷资金时，借记本科目，贷记"国库存款""其他财政存款"

科目。

（2）外方或上级政府财政将贷款资金直接拨付给用款单位或供应商时，根据债务管理部门转来的有关资料，按照实际拨付的金额，借记本科目，贷记“借入款项”或“应付主权外债转贷款”科目。

按期确认主权外债转贷款的应收利息时，根据债务管理部门计算确认的转贷款本期应收未收利息金额，借记本科目，贷记“财务费用——利息费用”等科目。

收到下级政府财政归还的主权外债转贷款本息时，按照收回的金额，借记“国库存款”“其他财政存款”等科目，贷记本科目。

扣缴下级政府财政应偿还的主权外债转贷款本息时，按照扣缴的金额，借记“与下级往来”等科目，贷记本科目。

债权人豁免下级政府财政应归还的主权外债转贷款本息时，根据债务管理部门转来的有关资料及有关预算文件，按照豁免转贷款的金额，借记“应付主权外债转贷款”“借入款项”“应付利息”等科目，贷记本科目。

本级政府财政豁免下级政府财政应归还的主权外债转贷款本息时，根据债务管理部门转来的有关资料及有关预算文件，按照豁免金额，借记“补助费用”“与下级往来”等科目，贷记本科目。

年末，根据债务管理部门提供的应收主权外债转贷款因汇率变动产生的期末人民币余额与账面余额之间的差额资料，借记或贷记“财务费用——汇兑损益”科目，贷记或借记本科目。

本级政府财政首次确认以前年度转贷给下级政府财政的主权外债时，根据债务管理部门提供的有关资料，按照转贷主权外债本息余额，借记本科目，贷记“以前年度盈余调整”科目。

本科目期末借方余额反映政府财政应收未收的主权外债转贷款本金及利息。

2.应收主权外债转贷款的账务处理

（1）向下级政府财政转贷主权外债资金，且还款责任由下级政府财政承担。

经济业务和事项	财务会计处理	预算会计处理
主权外债资金拨付到下级政府财政金库	借：应收主权外债转贷款—应收本金 借/贷：有关费用科目 贷：国库存款	借：债务转贷预算支出—一般债务转贷支出 借/贷：一般公共预算支出 贷：资金结存—库款资金结存
主权外债资金拨付到下级政府财政专户	借：应收主权外债转贷款—应收本金 借/贷：有关费用科目 贷：其他财政存款	借：债务转贷预算支出—专项债务转贷支出 借/贷：一般公共预算支出 贷：资金结存—专户资金结存
省级政府财政转贷市级，且外方将主权外债资金直接拨付到项目单位或供应商	借：应收主权外债转贷款—应收本金 贷：借入款项	借：债务转贷预算支出—一般债务转贷支出 贷：债务预算收入—一般债务收入
市级政府财政转贷县级，且外方或省级政府财政将主权外债资金直接拨付到项目单位或供应商	借：应收主权外债转贷款—应收本金 贷：应付主权外债转贷款—应付本金	借：债务转贷预算支出—一般债务转贷支出 贷：债务转贷预算收入—一般债务转贷收入

（2）按期确认主权外债转贷款的应收利息。

经济业务和事项	财务会计处理	预算会计处理
按期确认主权外债转贷款的应收利息	借：应收主权外债转贷款—应收利息 贷：财务费用——利息费用	—

（3）收到下级政府财政归还的主权外债转贷款本金和利息。

经济业务和事项	财务会计处理	预算会计处理
收到归还的主权外债转贷款本金	借：国库存款/其他财政存款等 贷：应收主权外债转贷款—应收本金	—
收到归还的主权外债转贷款利息	借：国库存款/其他财政存款等 贷：应收主权外债转贷款—应收利息	—

（4）扣缴下级政府财政应归还的主权外债转贷款本金和利息。

经济业务和事项	财务会计处理	预算会计处理
扣缴下级政府财政应归还的主权外债转贷款本金	借：与下级往来 贷：应收主权外债转贷款—应收本金	借：补助预算支出—调拨下级 贷：资金结存—上下级调拨结存
扣缴完毕后归还主权外债本金	借：借入款项 贷：国库存款/其他财政存款	借：资金结存—上下级调拨结存 贷：资金结存—库款资金结存/专户资金结存
扣缴下级政府财政应归还的主权外债转贷款利息	借：与下级往来 贷：应收主权外债转贷款—应收利息	借：补助预算支出—调拨下级 贷：资金结存—上下级调拨结存
扣缴完毕后支付主权外债利息	借：应付利息—应付主权外债利息 贷：国库存款/其他财政存款	借：资金结存—上下级调拨结存 贷：资金结存—库款资金结存/专户资金结存

（5）本级政府财政豁免下级政府财政应归还的主权外债转贷款本金和利息。

经济业务和事项	财务会计处理	预算会计处理
本级政府财政豁免下级政府财政主权外债转贷款本金	借：补助费用/与下级往来 贷：应收主权外债转贷款—应收本金	借：补助预算支出—调拨下级 贷：资金结存—上下级调拨结存
本级政府财政豁免下级政府财政主权外债转贷款利息	借：补助费用/与下级往来 贷：应收主权外债转贷款—应收利息	借：补助预算支出—调拨下级 贷：资金结存—上下级调拨结存
本级政府财政归还应由下级政府财政归还但已豁免的主权外债转贷款本金	借：借入款项/应付主权外债转贷款—应付本金 贷：国库存款/其他财政存款	借：资金结存—上下级调拨结存 贷：资金结存—库款资金结存/专户资金结存
本级政府财政归还应由下级政府财政归还但已豁免的主权外债转贷款利息	借：应付利息/应付主权外债转贷款—应付利息 贷：国库存款/其他财政存款	借：资金结存—上下级调拨结存 贷：资金结存—库款资金结存/专户资金结存

（6）债权人（外方）豁免下级政府财政应归还的主权外债转贷款本金。

经济业务和事项	财务会计处理	预算会计处理
省级政府财政	借：借入款项 　贷：应收主权外债转贷款—应收本金	—
市级政府财政	借：应付主权外债转贷款—应付本金 　贷：应收主权外债转贷款—应收本金	—

（7）债权人（外方）豁免下级政府财政应归还的主权外债转贷款利息。

经济业务和事项	财务会计处理	预算会计处理
省级政府财政	借：应付利息 　贷：应收主权外债转贷款—应收利息	—
市级政府财政	借：应付主权外债转贷款—应付利息 　贷：应收主权外债转贷款—应收利息	—

（8）年末因汇率变动调整期末应收主权外债转贷款本金和利息人民币余额与账面余额之间的差额。

经济业务和事项	财务会计处理	预算会计处理
期末应收主权外债转贷款本金人民币余额与账面余额的差额	借/贷：财务费用—汇兑损益 　贷/借：应收主权外债转贷款—应收本金	—
期末应收主权外债转贷款利息人民币余额与账面余额的差额	借/贷：财务费用—汇兑损益 　贷/借：应收主权外债转贷款—应收利息	—

（9）本级政府财政首次确认以前年度转贷给下级政府财政的主权外债资金（未纳入核算范围的存量主权外债资金首次确认）。

经济业务和事项	财务会计处理	预算会计处理
本级政府财政首次确认以前年度转贷给下级政府财政的主权外债资金（未纳入核算范围的存量主权外债资金首次确认）	借：应收主权外债转贷款—应收本金 　贷：以前年度盈余调整—预算管理资金 　　　以前年度盈余调整	—

三、股权投资

（一）股权投资的概念

股权投资是指政府持有的各类股权投资，包括国际金融组织股权投资、政府投资基金股权投资、企业股权投资等。

（二）股权投资的会计核算

1.股权投资的科目设置

“股权投资”科目核算政府持有的各类股权投资，包括国际金融组织股权投资、政府投资基金股权投资和企业股权投资等。股权投资在持有期间，通常采用权益法进行核算。政府无权决定被投资主体的财务和经营政策或无权参与被投资主体的财务和经营政策决策的，应当采用成本法进行核算。

本科目应当按照“国际金融组织股权投资”“政府投资基金股权投资”“企业股权投资”设置一级明细科目，在一级明细科目下，分别设置“投资成本”“损益调整”“其他权益变动”明细科目，同时应根据管理需要，按照被投资主体进行明细核算。

2.股权投资的账务处理

(1) 采用权益法核算。

❶政府财政以现金取得股权投资时，按照实际支付的金额，借记本科目（投资成本），贷记“国库存款”科目。实际支付的金额中包含的已宣告但尚未发放的现金股利，应当单独确认为应收股利。

❷政府财政以现金以外其他资产置换取得股权投资时，按照股权管理部门确认的金额，借记本科目（投资成本），贷记相关资产类科目。

❸通过清查发现以前年度取得、尚未纳入财政总会计核算的股权投资时，根据股权管理部门提供的资料，按照股权投资的投资成本，借记本科目（投资成本），按照以前年度实现的损益中应享有的份额，借记本科目（损益调整），按照二者合计金额贷记“以前年度盈余调整”科目；按照确定的其他权益变动金额，借记本科目（其他权益变动），贷记“权益法调整”科目。已宣告但尚未发放的现金股利，应当单独确认为应收股利。

❹无偿划入股权投资时，根据股权管理部门提供的资料，按照股权投资的投资成本，借记本科目（投资成本），按照以前年度实现的损益中应享有的份额，借记本科目（损益调整），按照二者合计金额贷记“其他收入”科目；按照确定的其他权益变动金额，借记本科目（其他权益变动），贷记“权益法调整”科目。

❺被投资主体实现净利润的，根据股权管理部门提供的资料，按照应享有的份额，借记本科目（损益调整），贷记“投资收益”科目。被投资主体发生净亏损的，根据股权管理部门提供的资料，按照应分担的份额，借记“投资收益”科目，贷记本科目（损益调整），但以“股权投资”的账面余额减记至零为限。发生亏损的被投资主体以后年度又实现净利润的，按照收益分享额弥补未确认的亏损分担额等后的金额，借记本科目（损益调整），贷记“投资收益”科目。

❻被投资主体宣告发放现金股利或利润的，根据股权管理部门提供的资料，按照应上缴政府财政的部分，借记“应收股利”科目，贷记本科目（损益调整）。

❼收到现金股利或利润时，按照实际收到的金额，借记“国库存款”科目，贷记“应收股利”科目；按照实际收到金额中未宣告发放的现金股利或利润，借记“应收股利”科目，贷记本科目（损益调整）。

❽被投资主体发生除净损益和利润分配以外的所有者权益变动的，根据股权管理部门提供的资料，按照应享有或应分担的份额，借记或贷记本科目（其他权益变动），贷记或借记“权益法调整”科目。

❾股权投资持有期间，被投资主体以收益转增投资的，根据股权管理部门提供的资料，按照收益转增投资的金额，借记本科目（投资成本），贷记本科目（损益调整）。

❿处置股权投资时，根据股权管理部门提供的资料，按照被处置股权投资对应的“权益法调整”科目账面余额，借记或贷记“权益法调整”科目，贷记或借记本科目（其他权益变动）；按照处置收回的金额，借记“国库存款”科目，按照已宣告尚未领取的现金股利或利润，贷记“应收股利”科目，按照被处置股权投资的账面余额，贷记本科目（投资成本、损益调整），按照其差额，贷记或借记“投资收益”科目。

⓫无偿划出股权投资时，根据股权管理部门提供的资料，按照被划出股权投资对应的

“权益法调整”科目账面余额，借记或贷记“权益法调整”科目，贷记或借记本科目（其他权益变动）；按照被划出股权投资的账面余额，借记“其他费用”科目，贷记本科目(投资成本、损益调整)。

⑫企业破产清算时，根据股权管理部门提供的资料，按照破产清算企业股权投资对应的“权益法调整”科目账面余额，借记或贷记“权益法调整”科目，贷记或借记本科目（其他权益变动）；按照缴入国库清算收入的金额，借记“国库存款”科目，按照破产清算股权投资的账面余额，贷记本科目（投资成本、损益调整），按照其差额，借记或贷记“投资收益”科目。

采用权益法核算（以企业股权投资为例）的具体账务处理如下：

❶政府财政以现金方式对企业拨付注册资本金。

经济业务和事项	财务会计处理	预算会计处理
按照实际支付的金额（不含已宣告但尚未发放的现金股利）	借：股权投资—企业股权投资（投资成本） 　贷：国库存款	借：一般公共预算支出等 　贷：资金结存—库款资金结存
按照实际支付的金额中已宣告但尚未发放的现金股利	借：应收股利 　贷：国库存款	—

❷政府财政通过非现金形式对企业进行股权投资，如有价证券。

经济业务和事项	财务会计处理	预算会计处理
按照实际投资资产价值	借：股权投资—企业股权投资（投资成本） 　贷：有价证券等	—

❸通过清查发现以前年度取得、尚未纳入核算的企业股权投资。

经济业务和事项	财务会计处理	预算会计处理
根据股权管理部门提供的资料，按照股权投资的投资成本，借记本科目（投资成本），按照以前年度实现的损益调整数借记本科目（损益调整），按照二者合计金额贷记“以前年度盈余调整”科目；按照确定的其他权益变动金额，借记本科目（其他权益变动），贷记“权益法调整”科目	借：股权投资—企业股权投资（投资成本） 　　　　　—企业股权投资（损益调整） 　贷：以前年度盈余调整 借：股权投资—企业股权投资（其他权益变动） 　贷：权益法调整	—

❹无偿划入企业股权投资。

经济业务和事项	财务会计处理	预算会计处理
根据股权管理部门提供的资料，按照股权投资成本，借记本科目（投资成本）按照以前年度实现的损益调整数，借记本科目（损益调整），按照二者合计金额贷记“其他收入”科目；按照确定的其他权益变动金额，借记本科目“其他权益变动”，贷记“权益法调整”科目	借：股权投资—企业股权投资（投资成本） 　　　　　—企业股权投资（损益调整） 　贷：其他收入 借：股权投资—企业股权投资（其他权益变动） 　贷：权益法调整	—

❺被投资企业实现净利润。

经济业务和事项	财务会计处理	预算会计处理
按照应享有的份额	借：股权投资—企业股权投资（损益调整） 　贷：投资收益	—

❻被投资企业发生净亏损。

经济业务和事项	财务会计处理	预算会计处理
按照应分担的份额，冲减已经确认的投资收益，但以本科目的账面余额减记至零为限	借：投资收益 贷：股权投资—企业股权投资（损益调整）	—

❼发生亏损的被投资企业以后年度又实现净利润。

经济业务和事项	财务会计处理	预算会计处理
如有未确认亏损分担额的，应先弥补未确认的亏损分担额，按照弥补亏损后的收益分享额	借：股权投资—企业股权投资（损益调整） 贷：投资收益	—

❽被投资企业宣告发放现金股利或利润。

经济业务和事项	财务会计处理	预算会计处理
根据股权管理部门提供的资料，按照应上缴政府财政的部分	借：应收股利 贷：股权投资—企业股权投资（损益调整）	—

❾政府财政收到现金股利或利润时。

经济业务和事项	财务会计处理	预算会计处理
按照实际收到的金额	借：国库存款 贷：应收股利	借：资金结存—库款资金结存 贷：一般公共预算收入 国有资本经营预算收入
按照实际收到金额中未宣告发放的现金股利或利润的部分	借：应收股利 贷：股权投资—企业股权投资（损益调整）	借：资金结存—库款资金结存 贷：一般公共预算收入 国有资本经营预算收入

❿被投资企业发生除净损益和利润分配以外的所有者权益变动。

经济业务和事项	财务会计处理	预算会计处理
根据股权管理部门提供的资料，按照应享有或应分担的份额	借/贷：股权投资—企业股权投资（其他权益变动） 贷/借：权益法调整	—

⓫股权投资持有期间，收益转增投资。

经济业务和事项	财务会计处理	预算会计处理
根据股权管理部门提供的资料，按照收益转增投资的金额	借：股权投资—企业股权投资（投资成本） 贷：股权投资—企业股权投资（损益调整）	—

⓬处置企业股权投资。

经济业务和事项	财务会计处理	预算会计处理
按照被处置股权投资对应的“权益法调整”科目账面余额	借/贷：权益法调整 贷/借：股权投资—企业股权投资（其他权益变动）	借：资金结存—库款资金结存 有关预算支出科目 贷：一般公共预算收入 国有资本经营预算收入

续表

经济业务和事项	财务会计处理	预算会计处理
以收到产权转让收入的方式处置股权投资，按照缴入国库产权转让收入的金额，借记“国库存款”科目，按照被转让股权投资的账面余额，贷记本科目（投资成本、损益调整），按照其差额，贷记或借记“投资收益”科目	借：国库存款 借/贷：投资收益 贷：应收股利 股权投资—企业股权投资（投资成本） —企业股权投资（损益调整）	借：资金结存—库款资金结存 有关预算支出科目 贷：一般公共预算收入 国有资本经营预算收入
以支出归回方式处置股权投资，按照处置收回的金额，借记“国库存款”科目，按照已宣告但尚未领取的现金股利或利润，贷记“应收股利”科目，按照被处置股权投资的账面余额，贷记本科目（投资成本、损益调整），按照借贷方差额，贷记或借记“投资收益”科目	借：国库存款 贷/借：投资收益 贷：股权投资—企业股权投资（投资成本） —企业股权投资（损益调整）	借：资金结存—库款资金结存 贷：有关预算支出科目（冲减资本金注入） 一般公共预算收入 国有资本经营预算收入

⑬无偿划出企业股权投资。

经济业务和事项	财务会计处理	预算会计处理
根据股权管理部门提供的资料，按照被划出股权投资对应的“权益法调整”科目账面余额	借/贷：权益法调整 贷/借：股权投资—企业股权投资（其他权益变动）	—
按照被划出股权投资的账面余额，借记“其他费用”科目，贷记本科目（投资成本、损益调整）	借：其他费用 贷：股权投资—企业股权投资（投资成本） —企业股权投资（损益调整）	—

⑭企业破产清算。

经济业务和事项	财务会计处理	预算会计处理
根据股权管理部门提供的资料，按照破产清算企业股权投资对应的“权益法调整”科目账面余额	借/贷：权益法调整 贷/借：股权投资—企业股权投资（其他权益变动）	—
按照缴入国库清算收入的金额，借记“国库存款”科目，按照破产清算股权投资的账面余额，贷记本科目（投资成本、损益调整），按照其差额，借记或贷记“投资收益”科目	借：国库存款 借/贷：投资收益 贷：应收股利 股权投资—企业股权投资（投资成本） —企业股权投资（损益调整）	借：资金结存—库款资金结存 贷：一般公共预算收入 国有资本经营预算收入

（2）采用成本法核算。

成本法是股权投资按投资的实际成本计价的方法。该方法要求当企业增加对外长期投资时才增加长期股权投资的账面价值。成本法下，投资企业账上的长期股权投资账户按投资成本入账以后（除非投资企业再次购入被投资企业的股份，或将购入被投资企业股份部分出售，或收到清算股利以及股票发生永久性跌价），其长期投权投资账户的余额始终保持不变。被投资企业报告的利润或亏损，投资企业都不予确认，直到被投资企业发放股利或分配利润时，才作为投资收益入账。

采用成本法核算（以企业股权投资为例）的具体账务处理如下：

❶政府财政以现金方式对企业拨付注册资本金。

经济业务和事项	财务会计处理	预算会计处理
按照实际支付的金额（不含已宣告但未发放的现金股利）	借：股权投资—企业股权投资（投资成本） 贷：国库存款	借：一般公共预算支出等 贷：资金结存—库款资金结存
按照实际支付的金额中已宣告但未发放的现金股利	借：应收股利 贷：国库存款	—

❷政府财政通过非现金形式对企业进行股权投资，如有价证券等。

经济业务和事项	财务会计处理	预算会计处理
按照实际投资资产价值	借：股权投资—企业股权投资（投资成本） 贷：有价证券等	—

❸通过清查发现以前年度取得、尚未纳入核算的企业股权投资。

经济业务和事项	财务会计处理	预算会计处理
根据股权管理部门提供的资料，按照其确定的投资成本	借：股权投资—企业股权投资（投资成本） 贷：以前年度盈余调整	—

❹无偿划入企业股权投资。

经济业务和事项	财务会计处理	预算会计处理
根据股权管理部门提供的资料，按照其确定的投资成本	借：股权投资—企业股权投资（投资成本） 贷：其他收入	—

❺被投资企业宣告发放现金股利或利润。

经济业务和事项	财务会计处理	预算会计处理
根据股权管理部门提供的资料，按照应上缴政府财政的部分	借：应收股利 贷：投资收益	—

❻政府财政收到现金股利或利润。

经济业务和事项	财务会计处理	预算会计处理
按照实际收到的金额，借记“国库存款”科目，按照已计入应收股利的金额，贷记“应收股利”科目，按照两者差额，贷记“投资收益”科目	借：国库存款 贷：应收股利 投资收益	借：资金结存—库款资金结存 贷：一般公共预算收入 国有资本经营预算收入等

❼处置企业股权投资。

经济业务和事项	财务会计处理	预算会计处理
以支出退回的方式处置股权投资，按照收回的金额，借记“国库存款”科目，按照已宣告尚未领取的现金股利或利润，贷记“应收股利”科目，按照股权投资账面余额，贷记本科目（投资成本），按照借贷方差额，借记或贷记“投资收益”科目	借：国库存款 贷/借：投资收益 贷：应收股利 股权投资—企业股权投资（投资成本）	借：资金结存—库款资金结存 贷：一般公共预算收入 国有资本经营预算收入 有关预算支出科目（冲减资本金注入）
以收到产权转让收入的方式处置股权投资，根据股权管理部门提供的资料，按照缴入国库产权转让收入的金额，借记“国库存款”，按照被转让股权投资的账面金额，贷记本科目（投资成本），按照其差额，贷记或借记“投资收益”科目	借：国库存款 贷/借：投资收益 贷：股权投资—企业股权投资（投资成本）	借：资金结存—库款资金结存 贷：一般公共预算收入 国有资本经营预算收入

❽无偿划出企业股权投资。

经济业务和事项	财务会计处理	预算会计处理
根据股权管理部门提供的资料，按照被划出股权投资的账面余额	借：其他费用 贷：股权投资—企业股权投资（投资成本）	—

❾企业破产清算。

经济业务和事项	财务会计处理	预算会计处理
根据股权管理部门提供的资料，按照缴入国库清算收入的金额，借记“国库存款”，按照破产清算股权投资的账面余额，贷记本科目（投资成本），按照两者差额借记或贷记“投资收益”	借：国库存款 借/贷：投资收益 贷：股权投资—企业股权投资（投资成本）	借：资金结存—库款资金结存 贷：一般公共预算收入 国有资本经营预算收入

❿政府财政代表政府认缴国际金融组织股本。

经济业务和事项	财务会计处理	预算会计处理
按照实际支付的金额	借：股权投资—国际金融组织股权投资（投资成本） 贷：国库存款	借：一般公共预算支出等 贷：资金结存—库款资金结存

⓫政府财政从国际金融组织撤出股本。

经济业务和事项	财务会计处理	预算会计处理
按照收回的金额，借记“国库存款”科目，按照股权投资账面余额，贷记本科目，按照借贷方差额，借记或贷记“投资收益”科目	借：国库存款 借/贷：投资收益 贷：股权投资—国际金融组织股权投资（投资成本）	借：资金结存—库款资金结存 贷：一般公共预算支出等

⑫政府财政对投资基金进行股权投资。

经济业务和事项	财务会计处理	预算会计处理
按照实际支付的金额	借：股权投资—政府投资基金股权投资（投资成本） 贷：国库存款	借：一般公共预算支出等 贷：资金结存—库款资金结存

⑬投资基金存续期满，清算或政府财政从投资基金退出需收回出资。

经济业务和事项	财务会计处理	预算会计处理
按照收回的金额，借记“国库存款”科目，按照已宣告尚未领取的现金股利或利润，贷记“应收股利”科目，按照股权投资账面余额，贷记本科目，按照借贷方差额贷记或借记“投资收益”	借：国库存款 贷/借：投资收益 贷：应收股利 股权投资—政府投资基金股权投资（投资成本）	借：资金结存—库款资金结存 贷：一般公共预算支出等

（3）成本法与权益法的转换（以企业股权投资为例）。

❶政府财政对某公司追加投资后，政府财政对某公司股权投资的核算由成本法改为权益法。

经济业务和事项	财务会计处理	预算会计处理
应按照成本法下本科目（投资成本）账面余额与追加投资成本的合计金额，借记本科目（投资成本），按照成本法下本科目（投资成本）账面余额，贷记本科目（投资成本），按照追加投资的金额，贷记“国库存款”科目	借：股权投资—企业股权投资（投资成本） 贷：国库存款 股权投资—企业股权投资（投资成本）	借：一般公共预算支出等 贷：资金结存—库款资金结存

❷资产发生重组、划转后，政府财政对某公司股权投资的核算由权益法改为成本法。

经济业务和事项	财务会计处理	预算会计处理
按照“权益法调整”科目账面余额，借记或贷记“权益法调整”，贷记或借记本科目（其他权益变动）	借/贷：权益法调整 贷/借：股权投资—企业股权投资（其他权益变动）	—
按照权益法下本科目（投资成本、损益调整）账面余额作为成本法下投资成本账面余额，借记本科目（投资成本），贷记本科目（投资成本、损益调整）	借：股权投资—企业股权投资（投资成本） 贷：股权投资—企业股权投资（投资成本） —企业股权投资（损益调整）	—

复习思考题

1. 什么是政府财政资产？总会计核算的政府财政资产按流动性分别包含哪些内容？
2. 简述应收股利权益法、成本法的核算流程。
3. 简述应收地方政府债券转贷款的概念和科目设置。
4. 了解股权投资的概念和两种核算方法，掌握权益法核算的具体流程。

第五章 政府财政负债的核算

总会计核算的负债是指政府财政承担的能以货币计量，需要以资产偿付的债务，按照承担的有关义务金额或实际发生金额进行计量，具体包括应付政府债券、应付国库集中支付结余、应付及暂收款项、应付代管资金、应付利息、借入款项、应付转贷款、其他负债等。总会计核算的负债按照流动性，分为流动负债和非流动负债。流动负债是指预计在1年内（含1年）偿还的负债；非流动负债是指流动负债以外的负债。

第一节 流动负债

流动负债是指预计在1年内（含1年）偿还的负债，包括应付短期政府债券、应付国库集中支付结余、应付及暂收款项、应付代管资金、应付利息等。

一、应付短期政府债券

（一）应付短期政府债券的概念

应付政府债券是指政府财政以政府名义发行的国债和地方政府债券的应付本金，包括应付短期政府债券和应付长期政府债券。应付短期政府债券为期限不超过1年（含1年）的国债和地方政府债券的应付本金。

（二）应付短期政府债券的会计核算

1.应付短期政府债券的科目设置

为了核算应付短期政府债券业务，总会计设置“应付短期政府债券”科目。本科目核算政府财政以政府名义发行的期限不超过1年（含1年）的国债和地方政府债券的应付本金。其中，国债包括中央政府财政发行的国内政府债券和境外发行的主权债券等。

本科目应设置“应付国债”“应付地方政府一般债券”“应付地方政府专项债券”明细科目。债务管理部门应当设置辅助明细账，主要包括政府债券金额、种类、期限、发行日、到期日、票面利率、偿还本金及付息情况等内容，并按期计算债券存续期应付利息情况。

实际收到短期政府债券发行收入时，按照实际收到的金额，借记“国库存款”科目，按照短期政府债券实际发行额，贷记本科目，按照发行收入和发行额的差额，借记或贷记有关费用科目。

中央财政发生国债随卖业务时，按照实际收到的金额，借记“国库存款”等科目；根据国债随卖确认文件等相关债券管理资料，按照国债随卖面值，贷记本科目或“应付长期政府债券”科目；按照其差额，借记或贷记“财务费用——利息费用”科目。

中央财政发生国债随买业务时，根据国债随买确认文件等相关债券管理资料，按照国债随买面值，借记本科目或“应付长期政府债券”科目；按照实际支付的金额，贷记“国库存款”等科目；按照其差额，借记或贷记“财务费用——利息费用”科目。

实际偿还本级政府财政承担的短期政府债券本金时，借记本科目，贷记“国库存款”等科目。

本科目期末贷方余额反映政府财政尚未偿还的短期政府债券本金。

2.应付短期政府债券的账务处理

（1）实际收到短期政府债券发行收入。

经济业务和事项	财务会计处理	预算会计处理
中央政府财政发行国债	借：国库存款 借/贷：有关费用科目 贷：应付短期政府债券—应付国债	借：资金结存—库款资金结存 借/贷：有关预算支出科目 贷：债务预算收入—国债收入
地方政府财政发行一般债券	借：国库存款 借/贷：有关费用科目 贷：应付短期政府债券—应付地方政府一般债券	借：资金结存—库款资金结存 借/贷：有关支出科目 贷：债务预算收入——般债务收入
地方政府财政发行专项债券	借：国库存款 借/贷：有关费用科目 贷：应付短期政府债券—应付地方政府专项债券	借：资金结存—库款资金结存 借/贷：有关预算支出科目 贷：债务预算收入—专项债务收入

（2）中央政府财政发生（短期）国债随卖业务。

经济业务和事项	财务会计处理	预算会计处理
中央政府财政发生（短期）国债随卖业务	借：国库存款 借/贷：财务费用—利息费用 贷：应付短期府债券—应付国债	借：资金结存—库款资金结存 借/贷：一般公共预算支出 贷：债务预算收入—国债收入

（3）中央政府财政发生（短期）国债随买业务。

经济业务和事项	财务会计处理	预算会计处理
中央政府财政发生（短期）国债随买业务	借：应付短期政府债券—应付国债 借/贷：财务费用—利息费用 贷：国库存款	借：债务还本预算支出—国债还本支出 借/贷：一般公共预算支出 贷：资金结存—库款资金结存

（4）实际偿还本级政府财政承担的短期政府债券本金。

经济业务和事项	财务会计处理	预算会计处理
中央政府财政偿还国债	借：应付短期政府债券—应付国债 贷：国库存款	借：债务还本预算支出—国债还本支出 贷：资金结存—库款资金结存
地方政府财政偿还一般债券	借：应付短期政府债券—应付地方政府一般债券 贷：国库存款	借：债务还本预算支出——般债务还本支出 贷：资金结存—库款资金结存
地方政府财政偿还专项债券	借：应付短期政府债券—应付地方政府专项债券 贷：国库存款	借：债务还本预算支出—专项债务还本支出 贷：资金结存—库款资金结存

二、应付国库集中支付结余

（一）应付国库集中支付结余的概念

应付国库集中支付结余是指省级以上政府财政（含省级）国库集中支付中，应列为当年费用，但年末未支付需结转下一年度支付的款项。

（二）应付国库集中支付结余的会计核算

1.应付国库集中支付结余的科目设置

为了核算预算单位尚未使用的国库集中支付结余资金，总会计设置“应付国库集中支付结余”科目。

本科目应按照预算单位进行明细核算；同时可根据管理需要，参照《政府收支分类科目》中支出经济分类科目进行明细核算。

年末，对当年发生的应付国库集中支付结余，借记有关费用科目，贷记本科目。

实际支付应付国库集中支付结余资金时，借记本科目，贷记“国库存款”科目。

收回尚未支付的应付国库集中支付结余时，借记本科目，贷记“以前年度盈余调整”等科目。

本科目期末贷方余额反映政府财政尚未支付的国库集中支付结余。

2.应付国库集中支付结余的账务处理

（1）省级以上政府财政（含省级）当年年末应付国库集中支付结余列为费用。

经济业务和事项	财务会计处理	预算会计处理
省级以上政府财政（含省级）当年年末应付国库集中支付结余列为费用	借：有关费用科目 　贷：应付国库集中支付结余	借：有关预算支出科目 　贷：资金结存—集中支付结余结存

（2）年度执行中实际拨付国库集中支付结余资金。

经济业务和事项	财务会计处理	预算会计处理
年度执行中实际拨付国库集中支付结余资金	借：应付国库集中支付结余 　贷：国库存款	借：资金结存—集中支付结余结存 　贷：资金结存—库款资金结存

（3）收回尚未支付的应付国库集中支付结余。

经济业务和事项	财务会计处理	预算会计处理
收回尚未支付的应付国库集中支付结余作为存量资金	借：应付国库集中支付结余 　贷：其他应付款	借：资金结存—集中支付结余结存 　贷：待处理收入
将尚未支付的应付国库集中支付结余收回预算	借：应付国库集中支付结余 　贷：以前年度盈余调整—预算管理资金以前年度盈余调整等	借：资金结存—集中支付结余结存 　贷：有关预算支出科目

（4）将收回的应付国库集中支付结余作为存量资金重新安排。

经济业务和事项	财务会计处理	预算会计处理
按原预算科目使用的	借：其他应付款 　贷：国库存款	借：待处理收入 　贷：资金结存—库款资金结存
调整预算科目使用的	借：其他应付款 　贷：以前年度盈余调整—预算管理资金以前年度盈余调整等 借：有关费用科目 　贷：国库存款	借：待处理收入 　贷：有关预算支出科目（原科目） 借：有关预算支出科目（新列科目） 　贷：资金结存—库款资金结存

三、应付及暂收款项

（一）应付及暂收款项的概念

应付及暂收款项是指政府财政业务活动中形成的支付义务，包括与上级往来和其他应付款等。应付及暂收款项应当及时清理结算。

1.与上级往来

与上级往来是指本级政府财政与上级政府财政的往来待结算款项。其与与下级往来业务相对应，是由于上下级财政之间由于财政资金借款周转或年终财政体制结算发生应上解或应补助财政资金的业务而引起的。这类业务对于下级财政来说就属于与上级往来业务。

2.其他应付款

其他应付款核算政府财政临时发生的暂收、应付和收到的不明性质的款项。此外，税务机关代征入库的社会保险费、项目单位使用并承担还款责任的外国政府和国际金融组织贷款也通过本科目核算。

（二）应付及暂收款项的会计核算

1.应付及暂收款项的科目设置

（1）与上级往来。

为核算与上级往来业务，总会计设置“与上级往来”科目。本科目可根据管理需要，按照往来款项的类别和项目等进行明细核算。

收到上级政府财政拨付的款项时，借记“国库存款”“其他财政存款”科目，贷记本科目。

有主权外债业务的财政部门，贷款资金由本级政府财政同级部门使用，且贷款的最终还款责任由上级政府财政承担的，本级政府财政收到贷款资金时，借记“国库存款”“其他财政存款”等科目，贷记本科目或“补助收入”科目；外方或上级政府财政将贷款资金直接支付给供应商或用款单位时，借记有关费用科目，贷记本科目或“补助收入”科目。

两级财政年终结算中确认的应当上交上级政府财政的款项，借记“上解费用”科目，贷记本科目。

两级财政年终结算中确认的应当由上级政府财政补助的款项，借记本科目，贷记“补助收入”科目。

上级政府财政扣缴有关款项时，借记有关科目，贷记本科目。

归还上级政府财政的往来性款项时，按照实际归还的金额，借记本科目，贷记“国库存款”“其他财政存款”等科目。

本科目期末贷方余额反映本级政府财政欠上级政府财政的款项；借方余额反映上级政府财政欠本级政府财政的款项。

（2）其他应付款。

“其他应付款”科目核算政府财政临时发生的暂收、应付、收到的不明性质款项和收回的结转结余资金等。税务机关代征入库的社会保险费，也通过本科目核算。

收到不明性质款项及收回结转结余资金时，借记“国库存款”“其他财政存款”等科目，贷记本科目。

将有关款项清理退还、划转、转作收入时，借记本科目，贷记“国库存款”“其他财政存款”或有关收入科目。

社会保险费代征入库时，借记“国库存款”科目，贷记本科目。入库的社会保险费划转社保基金专户时，借记本科目，贷记“国库存款”科目。

收回的结转结余资金，财政部门按原预算科目使用的，实际安排支出时，借记本科目，贷记“国库存款”“其他财政存款”等科目。

收回的结转结余资金，财政部门调整预算科目使用的，实际安排支出时，借记本科目，贷记“以前年度盈余调整——预算管理资金以前年度盈余调整”等科目；同时，借记有关费用科目，贷记“国库存款”等科目。

有关款项确认冲减当年费用时，借记本科目，贷记有关费用科目；有关款项确认冲减以前年度有关费用事项的，借记本科目，贷记“以前年度盈余调整——预算管理资金以前年度盈余调整”等科目。

本科目应当及时清理结算，期末贷方余额反映政府财政尚未结清的其他应付款项。

2.应付及暂收款项的账务处理

（1）与上级往来。

❶收到上级政府财政拨付的款项。

经济业务和事项	财务会计处理	预算会计处理
通过金库调拨的补助	借：国库存款 　贷：与上级往来	借：资金结存—库款资金结存 　贷：补助预算收入—上级调拨
通过特设专户调拨的补助	借：其他财政存款 　贷：与上级往来	借：资金结存—专户资金结存 　贷：补助预算收入—上级调拨
其他往来性款项	借：国库存款/其他财政存款 　贷：与上级往来	—

❷上级政府财政承担主权外债偿还责任，资金由本级政府财政同级部门使用。

经济业务和事项	财务会计处理	预算会计处理
资金拨付到本级政府财政	借：国库存款/其他财政存款 　贷：与上级往来/补助收入	借：资金结存—库款资金结存/专户资金结存 　贷：补助预算收入—上级调拨
资金直接拨付到本级政府财政项目单位或供应商	借：有关费用科目 　贷：与上级往来/补助收入	借：一般公共预算支出 　贷：补助预算收入—上级调拨

❸两级政府年终结算应当上交上级政府财政款项。

经济业务和事项	财务会计处理	预算会计处理
两级政府年终结算应当上交上级政府财政款项	借：上解费用 　贷：与上级往来	借：上解预算支出 　贷：补助预算收入—上级调拨

❹两级政府年终结算应当由上级政府财政补助本级政府财政款项。

经济业务和事项	财务会计处理	预算会计处理
两级政府年终结算应当由上级政府财政补助本级政府财政款项	借：与上级往来 　贷：补助收入	借：补助预算收入—上级调拨 　贷：补助预算收入—一般公共预算补助收入等 借：资金结存—上下级调拨结存 　贷：补助预算收入—上级调拨

❺上级政府财政扣缴有关款项。

经济业务和事项	财务会计处理	预算会计处理
上级政府财政扣缴有关款项	借：有关科目 　贷：与上级往来	借：有关科目 　贷：补助预算收入—上级调拨

❻归还上级政府财政的往来性款项。

经济业务和事项	财务会计处理	预算会计处理
归还上级政府财政的往来性款项	借：与上级往来 贷：国库存款/其他财政存款	借：资金结存—上下级调拨结存 贷：资金结存—库款资金结存/专户资金结存

（2）其他应付款。

❶收到有关款项。

经济业务和事项	财务会计处理	预算会计处理
收到不明性质资金（非收回结转结余资金）	借：国库存款/其他财政存款 贷：其他应付款	—
收到代征入库的社会保险费等	借：国库存款 贷：其他应付款	—
收到应由项目单位承担还本责任的主权外债资金	借：国库存款/其他财政存款 贷：其他应付款	—
收回结转结余资金	借：国库存款/其他财政存款 贷：其他应付款	借：资金结存—库款资金结存/专户资金结存 贷：待处理收入

❷清理有关款项。

经济业务和事项	财务会计处理	预算会计处理
退还有关款项	借：其他应付款 贷：国库存款/其他财政存款	—
转作收入	借：其他应付款 贷：有关收入科目	借：资金结存—库款资金结存/专户资金结存 贷：有关预算收入科目
收回的结转结余资金按原预算科目使用的	借：其他应付款 贷：国库存款	借：待处理收入/资金结存—待处理结存 贷：资金结存—库款资金结存/专户资金结存
收回的结转结余资金调整预算科目使用的	借：其他应付款 贷：以前年度盈余调整—预算管理资金以前年度盈余调整等 借：有关费用科目 贷：国库存款	借：待处理收入/资金结存—待处理结存 贷：有关预算支出科目（原科目） 借：有关预算支出科目（新列科目） 贷：资金结存—库款资金结存/专户资金结存
冲减当年费用	借：其他应付款 贷：有关费用科目	借：资金结存—库款资金结存/专户资金结存 贷：有关预算支出科目
冲减以前年度盈余	借：其他应付款 贷：以前年度盈余调整—预算管理资金以前年度盈余调整等	借：资金结存—库款资金结存/专户资金结存 贷：有关预算支出科目
划转到社保专户	借：其他应付款 贷：国库存款	—
将项目单位承担还本责任的主权外债资金划拨给项目单位	借：其他应付款 贷：国库存款/其他财政存款	—

四、应付代管资金

（一）应付代管资金的概念

应付代管资金是指政府财政代为管理的，使用权属于被代管主体的资金。

（二）应付代管资金的会计核算

1.应付代管资金的科目设置

为核算应付代管资金，财政总会计设置“应付代管资金”科目。

本科目应根据管理需要进行相关明细核算。

收到代管资金时，借记“其他财政存款”等科目，贷记本科目。

支付代管资金时，借记本科目，贷记“其他财政存款”等科目。

代管资金产生的利息收入按照有关规定仍属于代管资金的，借记“其他财政存款”等科目，贷记本科目。

本科目期末贷方余额反映政府财政尚未支付的代管资金。

2.应付代管资金的账务处理

（1）收到应付代管资金。

经济业务和事项	财务会计处理	预算会计处理
收到应付代管资金	借：其他财政存款 　贷：应付代管资金	—

（2）支付应付代管资金。

经济业务和事项	财务会计处理	预算会计处理
支付应付代管资金	借：应付代管资金 　贷：其他财政存款	—

（3）代管资金产生的利息收入等仍属于代管资金。

经济业务和事项	财务会计处理	预算会计处理
代管资金产生的利息收入等仍属于代管资金	借：其他财政存款 　贷：应付代管资金	—

五、应付利息

（一）应付利息的概念

应付利息是指政府财政以政府名义发行的政府债券及借入款项应支付的利息。

（二）应付利息的会计核算

1.应付利息的科目设置

“应付利息”科目核算政府财政以政府名义发行的政府债券应支付的利息，以及以政府名义借入款项本期应承担的利息等。本科目应根据管理需要设置“应付国债利息”“应付地方政府债券利息”“应付地方政府主权外债利息”明细科目。本科目应根据债务管理部门计算并提供的政府债券及借入款项的应付利息情况，按期进行核算。

根据债务管理部门计算确定的本期应付未付利息金额，借记“财务费用——利息费用”科目，贷记本科目。

实际支付利息时，支付金额中已计提的部分，借记本科目，未计提的部分，借记“财务费用——利息费用”科目，贷记“国库存款”“其他财政存款”等科目。

提前赎回已发行的政府债券、豁免政府财政承担的主权外债应付利息时，按照减少的当年已计提应付利息金额，借记本科目，贷记“财务费用——利息费用”等科目。减少以前年度已计提但尚未支付的利息金额，借记本科目，贷记“以前年度盈余调整”科目。

期末，政府发行的以外币计价的政府债券及借入款项由于汇率变化产生的应付利息折算差额，借记或贷记“财务费用——汇兑损益”科目，贷记或借记本科目。

本科目期末贷方余额反映政府财政应付未付的利息金额。

2.应付利息的账务处理

（1）省级以上政府财政（含省级）根据债务管理部门计算确定的本期应付未付利息金额。

经济业务和事项	财务会计处理	预算会计处理
中央政府财政计算本期应付国债利息	借：财务费用—利息费用 贷：应付利息—应付国债利息	—
省级政府财政计算本期应付地方政府债券利息	借：财务费用—利息费用（本级承担部分） 应收地方政府债券转贷款—应收利息（下级财政承担部分） 贷：应付利息—应付地方政府债券利息	—
省级以上（含省级）财政计算本期主权外债应付利息	借：财务费用—利息费用（本级承担部分） 应收主权外债转贷款—应收利息（下级财政承担部分） 贷：应付利息—应付主权外债利息	—

（2）省级以上政府财政（含省级）实际支付利息。

经济业务和事项	财务会计处理	预算会计处理
支付本级利息	借：应付利息 贷：国库存款/其他财政存款	借：一般公共预算支出/政府性基金预算支出 贷：资金结存—库款资金结存/专户资金结存
市县缴款，由省级代市县归还利息	借：国库存款/其他财政存款 贷：应收地方政府债券转贷款—应收利息 应收主权外债转贷款—应收利息 借：应付利息 贷：国库存款/其他财政存款	—
省级扣款且代市县归还利息	扣款时： 借：与下级往来 贷：应收地方政府债券转贷款—应收利息 应收主权外债转贷款—应收利息 归还时： 借：应付利息 贷：国库存款/其他财政存款	扣款时： 借：补助预算支出—调拨下级 贷：资金结存—上下级调拨结存 归还时： 借：资金结存—上下级调拨结存 贷：资金结存—库款资金结存

（3）中央政府财政提前收回已发行的国债，实际支付利息与计提的应付利息的差额。

经济业务和事项	财务会计处理	预算会计处理
当年计提与实际支付的差额	借：应付利息—应付国债利息 贷：财务费用—利息费用	—
以前年度计提与实际支付的差额	借：应付利息—应付国债利息 贷：以前年度盈余调整—预算管理资金以前年度盈余调整	—

（4）省级政府财政提前收回已发行的地方政府债券，实际支付利息与计提的应付利息的差额。

经济业务和事项	财务会计处理	预算会计处理
当年计提与实际支付的差额	借：应付利息—应付地方政府债券利息 贷：财务费用—利息费用	—
以前年度计提与实际支付的差额	借：应付利息—应付地方政府债券利息 贷：以前年度盈余调整—预算管理资金以前年度盈余调整	—

（5）债权人（外方）豁免政府财政应归还的主权外债转贷款利息，实际支付利息与计提的应付利息的差额。

经济业务和事项	财务会计处理	预算会计处理
当年计提与实际支付的差额	借：应付利息—应付主权外债利息 贷：财务费用—利息费用	—
以前年度计提与实际支付的差额	借：应付利息—应付主权外债利息 贷：以前年度盈余调整—预算管理资金以前年度盈余调整	—

第二节 非流动负债

非流动负债是指流动负债以外的负债，包括应付长期政府债券、借入款项、应付转贷款、其他负债等。

一、应付长期政府债券

（一）应付长期政府债券的概念

应付长期政府债券是指政府财政部门以政府名义发行的，期限超过 1 年的国债和地方政府债券等。本科目核算应付长期政府债券的应付本金和利息。其中，国债包括中央政府财政发行的国内政府债券和境外发行的主权债券等。

（二）应付长期政府债券的会计核算

1.应付长期政府债券的科目设置

“应付长期政府债券”科目核算政府财政以政府名义发行的期限超过 1 年的国债和地方政府债券的应付本金。本科目应设置“应付国债”“应付地方政府一般债券”“应付地方政府专项债券”明细科目。债务管理部门应设置辅助明细账，主要包括政府债券金额、种类、期限、发行日、到期日、票面利率、实际偿还本金及付息情况等内容，并按期计算债券存续期应负担的利息金额。

实际收到长期政府债券发行收入时，按照实际收到的金额，借记“国库存款”“其他财政存款”科目，按照长期政府债券实际发行额，贷记本科目，按照其差额，借记或贷记有关费用科目。

中央财政发生国债随卖业务时，按照实际收到的金额，借记“国库存款”等科目；根据国债随卖确认文件等相关债券管理资料，按照国债随卖面值，贷记“应付长期政府债券”科目；按照其差额，借记或贷记“财务费用——利息费用”科目。

中央财政发生国债随买业务时，根据国债随买确认文件等相关债券管理资料，按照国债随买面值，借记“应付长期政府债券”科目；按照实际支付的金额，贷记“国库存款”等科目；按照其差额，借记或贷记“财务费用——利息费用”科目。

政府财政以定向承销方式发行长期政府债券时，根据债务管理部门转来的债券发行文件等有关资料，借记“以前年度盈余调整”“应收地方政府债券转贷款”等科目，按照长期政府债券实际发行额，贷记本科目，按照发行收入和发行额的差额，借记或贷记有关费用科目。

实际偿还长期政府债券本金时，借记本科目，贷记“国库存款”“其他财政存款”等科目。

本科目期末贷方余额反映政府财政尚未偿还的长期政府债券本金。

2.应付长期政府债券的账务处理

（1）省级以上政府财政（含省级）实际收到长期政府债券发行收入。

经济业务和事项	财务会计处理	预算会计处理
中央政府财政发行国债	借：国库存款 借/贷：有关费用科目 贷：应付长期政府债券—应付国债	借：资金结存—库款资金结存 借/贷：一般公共预算支出 贷：债务预算收入—国债收入
中央政府财政在境外发行主权债券	借：其他财政存款 借/贷：有关费用科目 贷：应付长期政府债券—应付国债	借：资金结存—专户资金结存 借/贷：一般公共预算支出 贷：债务预算收入—国债收入
地方政府财政发行一般债券	借：国库存款 借/贷：有关费用科目 贷：应付长期政府债券—应付地方政府一般债券	借：资金结存—库款资金结存 借/贷：一般公共预算支出 贷：债务预算收入——一般债务收入
地方政府财政发行专项债券	借：国库存款 借/贷：有关费用科目 贷：应付长期政府债券—应付地方政府专项债券	借：资金结存—库款资金结存 借/贷：政府性基金预算支出 贷：债务预算收入—专项债务收入

（2）中央政府财政发生国债随卖业务。

经济业务和事项	财务会计处理	预算会计处理
中央政府财政发生国债随卖业务	借：国库存款 借/贷：财务费用—利息费用 贷：应付长期政府债券—应付国债	借：资金结存—库款资金结存 借/贷：一般公共预算支出 贷：债务预算收入—国债收入

（3）中央政府财政发生国债随买业务。

经济业务和事项	财务会计处理	预算会计处理
中央政府财政发生国债随买业务	借：应付长期政府债券—应付国债 借/贷：财务费用—利息费用 贷：国库存款	借：债务还本预算支出—国债还本支出 借/贷：一般公共预算支出 贷：资金结存—库款资金结存

（4）省级以上政府财政（含省级）以定向承销方式发行长期政府债券。

经济业务和事项	财务会计处理	预算会计处理
置换本级政府一般债务	借：以前年度盈余调整—预算管理资金以前年度盈余调整 借/贷：有关费用科目 贷：应付长期政府债券—应付地方政府一般债券	借：债务还本预算支出—一般债务还本支出 借/贷：有关预算支出科目 贷：债务预算收入—一般债务收入
置换本级政府专项债务	借：以前年度盈余调整—预算管理资金以前年度盈余调整 借/贷：有关费用科目 贷：应付长期政府债券—应付地方政府专项债券	借：债务还本预算支出—专项债务还本支出 借/贷：有关预算支出科目 贷：债务预算收入—专项债务收入
转贷下级政府财政一般债务	借：应收地方政府债券转贷款—应收本金 贷：应付长期政府债券—应付地方政府一般债券	借：债务转贷预算支出—一般债务转贷支出 贷：债务预算收入—一般债务收入
转贷下级政府财政专项债务	借：应收地方政府债券转贷款—应收本金 贷：应付长期政府债券—应付地方政府专项债券	借：债务转贷预算支出—专项债务转贷支出 贷：债务预算收入—专项债务收入

（5）省级以上政府财政（含省级）实际偿还长期政府债券本金。

经济业务和事项	财务会计处理	预算会计处理
支付国债本金	借：应付长期政府债券—应付国债 贷：国库存款	借：债务还本预算支出—一般债务还本支出 贷：资金结存—库款资金结存
支付本级承担还款责任的一般债券本金	借：应付长期政府债券—应付地方政府一般债券 贷：国库存款/其他财政存款	借：债务还本预算支出—一般债务还本支出 贷：资金结存—库款资金结存/专户资金结存
支付本级承担还款责任的专项债券本金	借：应付长期政府债券—应付地方政府专项债券 贷：国库存款/其他财政存款	借：债务还本预算支出—专项债务还本支出 贷：资金结存—库款资金结存/专户资金结存
市县缴款，由省级代市县归还本金	缴款时： 借：国库存款/其他财政存款 贷：应收地方政府债券转贷款—应收本金 归还时： 借：应付长期政府债券 贷：国库存款/其他财政存款	—
省级通过扣款方式从市县扣回转贷款本金	借：与下级往来 贷：应收地方政府债券转贷款—应收本金	借：补助预算支出—调拨下级 贷：资金结存—上下级调拨结存
省级扣款完毕后，代市县归还本金	借：应付长期政府债券—应付地方政府一般债券 —应付地方政府专项债券 贷：国库存款/其他财政存款	借：资金结存—上下级调拨结存 贷：资金结存—库款资金结存/专户资金结存

二、借入款项

（一）借入款项的概念

借入款项是指政府财政以政府名义向外国政府和国际金融组织等借入的款项，以及经国务院批准的其他方式借入的款项。

（二）借入款项的会计核算

1.借入款项的科目设置

为核算政府财政以政府名义向外国政府、国际金融组织等借入的款项，以及经国务院批准的其他方式借入的款项，总会计设置“借入款项”科目。本科目应按照债权人进行明细核算。债务管理部门应设置辅助明细账，主要包括借入款项对应的项目、期限、借入日期、实际偿还及付息情况等内容，并按期计算借款存续期应负担的利息金额。

（1）本级政府财政收到借入的主权外债资金时，按照实际收到的金额借记“国库存款”“其他财政存款”科目，按照实际承担的债务金额贷记本科目，按照实际收到的金额与承担的债务之间的差额，借记或贷记有关费用科目。

（2）本级政府财政借入主权外债，且由外方或上级政府财政将贷款资金直接支付给用款单位或供应商时，应根据以下情况分别处理：

❶本级政府财政承担还款责任，贷款资金由本级政府财政同级部门使用的，根据债务管理部门转来的有关资料，按照实际承担的债务金额，借记有关费用科目，贷记本科目。

❷本级政府财政承担还款责任，贷款资金由下级政府财政同级部门使用的，根据债务管理部门转来的有关资料及有关预算文件，借记“补助费用”科目或“与下级往来”科目，贷记本科目。

❸下级政府财政承担还款责任，贷款资金由下级政府财政同级部门使用的，根据债务管理部门转来的有关资料，借记“应收主权外债转贷款”科目，贷记本科目。

（3）偿还主权外债本金时，按照实际支付的金额，借记本科目，贷记“国库存款”“其他财政存款”等科目。

（4）债权人豁免本级政府财政承担偿还责任的借入主权外债本金时，根据债务管理部门转来的有关资料，按照被豁免的本金，借记本科目，贷记“其他收入”等科目。

（5）债权人豁免下级政府财政承担偿还责任的借入主权外债本金时，根据债务管理部门转来的有关资料，按照被豁免的本金，借记本科目，贷记“应收主权外债转贷款”科目。

（6）年末，根据债务管理部门提供借入款项因汇率变动产生的期末人民币余额与账面余额之间的差额资料，借记或贷记“财务费用——汇兑损益”科目，贷记或借记本科目。

（7）其他借入款项账务处理参照借入主权外债业务的账务处理。本级政府财政首次确认以前年度借入的主权外债时，根据债务管理部门提供的有关资料，按照借入主权外债的余额，借记“以前年度盈余调整”科目，贷记本科目。

本科目期末贷方余额反映本级政府财政尚未偿还的借入款项本金。

2.借入款项的账务处理

（1）省级以上政府财政（含省级）实际收到借入的主权外债资金。

经济业务和事项	财务会计处理	预算会计处理
省级以上政府财政（含省级）实际收到借入的主权外债资金	借：国库存款/其他财政存款 借/贷：有关费用科目 贷：借入款项	借：资金结存—库款资金结存/专户资金结存 借/贷：有关预算支出科目 贷：债务预算收入——一般债务收入

（2）省级以上政府财政（含省级）借入主权外债，且由外方将贷款资金直接支付给用款单位或供应商。

经济业务和事项	财务会计处理	预算会计处理
本级政府财政承担还款责任，贷款资金由本级政府财政同级部门使用	借：有关费用科目 　贷：借入款项	借：一般公共预算支出 　贷：债务预算收入——一般债务收入
本级政府财政承担还款责任，贷款资金由下级政府财政同级部门使用	借：补助费用/与下级往来 　贷：借入款项	借：补助预算支出—调拨下级 　贷：债务预算收入——一般债务收入
下级政府财政承担还款责任，贷款资金由下级政府财政同级部门使用	借：应收主权外债转贷款—应收本金 　贷：借入款项	借：债务转贷预算支出——一般债务转贷支出 　贷：债务预算收入——一般债务收入

（3）省级以上政府财政（含省级）偿还主权外债本金。

经济业务和事项	财务会计处理	预算会计处理
归还本级承担还款责任的主权外债本金	借：借入款项 　贷：国库存款/其他财政存款	借：债务还本预算支出——一般债务还本支出 　贷：资金结存—库款资金结存/专户资金结存
市县缴款，由省级代市县归还本金	缴款时： 借：国库存款/其他财政存款 　贷：应收主权外债转贷款—应收本金 归还时： 借：借入款项 　贷：国库存款/其他财政存款	—
省级通过扣款方式从市县扣回主权外债本金	借：与下级往来 　贷：应收主权外债转贷款	借：补助预算支出—调拨下级 　贷：资金结存—上下级调拨结存
省级扣款完毕后，代市县归还主权外债本金	借：借入款项 　贷：国库存款/其他财政存款	借：资金结存—上下级调拨结存 　贷：资金结存—库款资金结存/专户资金结存

（4）债权人豁免省级以上政府财政（含省级）承担偿还责任的借入主权外债本金。

经济业务和事项	财务会计处理	预算会计处理
债权人豁免省级以上政府财政（含省级）承担偿还责任的借入主权外债本金	借：借入款项 　贷：其他收入	—

（5）债权人豁免下级政府财政承担偿还责任的借入主权外债本金。

经济业务和事项	财务会计处理	预算会计处理
债权人豁免下级政府财政承担偿还责任的借入主权外债本金	借：借入款项 　贷：应收主权外债转贷款—应收本金	—

（6）年末因汇率变动调整省级以上政府财政（含省级）主权外债期末人民币余额与账面余额之间的差额。

经济业务和事项	财务会计处理	预算会计处理
年末因汇率变动调整省级以上政府财政（含省级）主权外债期末人民币余额与账面余额之间的差额	借/贷：财务费用—汇兑损益 贷/借：借入款项	—

（7）省级以上政府财政（含省级）首次确认以前年度借入的主权外债。

经济业务和事项	财务会计处理	预算会计处理
省级以上政府财政（含省级）首次确认以前年度借入的主权外债	借：以前年度盈余调整—预算管理资金以前年度盈余调整 贷：借入款项	—

三、应付转贷款

应付转贷款是指政府财政从上级政府财政借入的债务转贷款的本金和利息，包括应付地方政府债券转贷款和应付主权外债转贷款等。

（一）应付地方政府债券转贷款

1.应付地方政府债券转贷款的概念

应付地方政府债券转贷款是指地方政府财政从上级政府财政借入地方政府债券转贷款的本金和利息。

2.应付地方政府债券转贷款的会计核算

（1）应付地方政府债券转贷款的科目设置。

“应付地方政府债券转贷款”科目核算地方政府财政从上级政府财政借入地方政府债券转贷款的本金和利息。本科目应设置“应付本金”和“应付利息”明细科目，其下可根据管理规定设置“地方政府一般债券”“地方政府专项债券”等明细科目。其中，“应付利息”科目通常应根据债务管理部门计算并提供的政府债券转贷款的应付利息情况，按期进行核算。

上级政府财政转贷地方政府债券资金时，按照实际收到的金额或债务管理部门转来的相关资料，借记“国库存款”或“与上级往来”等科目，按照转贷本金金额，贷记本科目，按照其差额，借记或贷记有关费用科目。

按期确认地方政府债券转贷款的应付利息时，根据债务管理部门计算确定的本期应付未付利息金额，借记“财务费用——利息费用”科目，贷记本科目。

偿还本级政府财政承担的地方政府债券转贷款本息时，借记本科目，贷记“国库存款”等科目。

上级政府财政扣缴地方政府债券转贷款本息时，借记本科目，贷记“与上级往来”等科目。

上级政府财政豁免转贷款本息时，根据债务管理部门转来的有关资料及有关预算文件，按照豁免金额，借记本科目，贷记“补助收入”或“与上级往来”等科目。

本科目期末贷方余额反映本级政府财政尚未偿还的地方政府债券转贷款本金和利息。

（2）应付地方政府债券转贷款的账务处理。

❶收到上级政府财政转贷的地方政府债券资金。

经济业务和事项	财务会计处理	预算会计处理
收到一般债券本金	借：国库存款/与上级往来 借/贷：有关费用科目 贷：应付地方政府债券转贷款—应付本金	借：资金结存—库款资金结存/补助预算收入—上级调拨 借/贷：一般公共预算支出 贷：债务转贷预算收入—一般债务转贷收入
收到专项债券本金	借：国库存款/与上级往来 借/贷：有关费用科目 贷：应付地方政府债券转贷款—应付本金	借：资金结存—库款资金结存/补助预算收入—上级调拨 借/贷：政府性基金预算支出 贷：债务转贷预算收入—专项债务转贷收入

❷按期确认地方政府债券转贷款的应付利息。

经济业务和事项	财务会计处理	预算会计处理
按期确认地方政府债券转贷款的应付利息	借：财务费用—利息费用 贷：应付地方政府债券转贷款—应付利息	—

❸偿还本级政府财政承担的地方政府债券转贷款本息。

经济业务和事项	财务会计处理	预算会计处理
偿还债券本金	借：应付地方政府债券转贷款—应付本金 贷：国库存款/其他财政存款	借：债务还本预算支出—一般债务还本支出/专项债务还本支出 贷：资金结存—库款资金结存/专户资金结存
偿还债券利息	借：应付地方政府债券转贷款—应付利息 贷：国库存款/其他财政存款	借：一般公共预算支出/政府性基金预算支出 贷：资金结存—库款资金结存/专户资金结存

❹上级政府财政扣缴本级政府财政地方政府债券转贷款本息。

经济业务和事项	财务会计处理	预算会计处理
上级财政扣回本金	借：应付地方政府债券转贷款—应付本金 贷：与上级往来	借：债务还本预算支出—一般债务还本支出/专项债务还本支出 贷：补助预算收入—上级调拨
上级财政扣回利息	借：应付地方政府债券转贷款—应付利息 贷：与上级往来	借：一般公共预算支出/政府性基金预算支出 贷：补助预算收入—上级调拨

❺上级政府财政豁免本级政府财政承担的转贷款本息。

经济业务和事项	财务会计处理	预算会计处理
上级财政豁免本金	借：应付地方政府债券转贷款—应付本金 贷：与上级往来/补助收入	借：债务还本预算支出—一般债务还本支出/专项债务还本支出 贷：补助预算收入—上级调拨
上级财政豁免利息	借：应付地方政府债券转贷款—应付利息 贷：与上级往来/补助收入	借：一般公共预算支出/政府性基金预算支出 贷：补助预算收入—上级调拨

（二）应付主权外债转贷款

1.应付主权外债转贷款的概念

应付主权外债转贷款是指本级政府财政从上级政府财政借入主权外债转贷资金而形成的负债。

2.应付主权外债转贷款的会计核算

（1）应付主权外债转贷款的科目设置。

为核算本级政府财政从上级政府财政借入主权外债转贷款的本金和利息，总会计设置“应付主权外债转贷款”科目。本科目应设置“应付本金”和“应付利息”明细科目。债务管理部门应当设置辅助明细账，主要包括应付主权外债对应的项目、期限、借入日期、实际偿还及付息情况等内容，并按期计算外债存续期应负担的利息金额。

收到上级政府财政转贷的主权外债资金时，按照实际收到的金额借记“国库存款”“其他财政存款”科目，按照实际承担的债务金额贷记本科目，按照实际收到的金额和承担的债务金额之间的差额，借记或贷记有关费用科目。

从上级政府财政借入主权外债转贷款，且由外方或上级政府财政将贷款资金直接支付给用款单位或供应商时，应根据以下情况分别处理：

❶本级政府财政承担还款责任，贷款资金由本级政府财政同级部门使用的，根据债务管理部门转来的有关资料，借记有关费用科目，贷记本科目。

❷本级政府财政承担还款责任，贷款资金由下级政府财政同级部门使用的，根据债务管理部门转来的有关资料及有关预算文件，借记“补助费用”或“与下级往来”等科目，贷记本科目。

❸下级政府财政承担还款责任，贷款资金由下级政府财政同级部门使用的，根据债务管理部门转来的有关资料，借记“应收主权外债转贷款”科目，贷记本科目。

按期确认主权外债转贷款的应付利息时，根据债务管理部门计算确认的转贷款本期应付未付利息金额，借记“财务费用——利息费用”科目，贷记本科目。

偿还主权外债转贷款的本息时，借记本科目，贷记“国库存款”“其他财政存款”等科目。

上级政府财政扣缴借入主权外债转贷款的本息时，借记本科目，贷记“与上级往来”科目。

上级政府财政豁免主权外债转贷款本息时，根据以下情况分别处理：

❶豁免本级政府财政承担偿还责任的主权外债转贷款本息时，根据债务管理部门转来的有关资料及有关预算文件，按照豁免转贷款的金额，借记本科目，贷记“补助收入”或“与上级往来”等科目。

❷豁免下级政府财政承担偿还责任的主权外债转贷款本息时，根据债务管理部门转来的有关资料及有关预算文件，按照豁免转贷款的金额，借记本科目，贷记“应收主权外债转贷款”科目，同时借记“补助费用”或“与下级往来”等科目，贷记“补助收入”或“与上级往来”科目。

年末，根据债务管理部门提供的应付主权外债转贷款因汇率变动产生的期末人民币余额与账面余额之间的差额资料，借记或贷记“财务费用——汇兑损益”科目，贷记或借记本科目。

本级政府财政首次确认以前年度转贷的主权外债时，根据债务管理部门提供的有关资料，按照转贷主权外债本息余额，借记“以前年度盈余调整”科目，贷记本科目。

本科目期末贷方余额反映本级政府财政尚未偿还的主权外债转贷款本金和利息。

（2）应付主权外债转贷款的账务处理。

❶本级政府财政收到上级政府财政转贷的主权外债资金。

经济业务和事项	财务会计处理	预算会计处理
本级政府财政收到上级政府财政转贷的主权外债资金	借：国库存款/其他财政存款 借/贷：有关费用科目 贷：应付主权外债转贷款—应付本金	借：资金结存—库款资金结存/专户资金结存 借/贷：有关预算支出科目 贷：债务转贷预算收入——一般债务转贷收入

❷本级政府财政从上级政府财政借入主权外债转贷款，且由外方或上级政府财政将贷款资金直接支付给用款单位或供应商。

经济业务和事项	财务会计处理	预算会计处理
本级政府财政承担还款责任，贷款资金由本级政府财政同级部门使用	借：有关费用科目 贷：应付主权外债转贷款—应付本金	借：一般公共预算支出 贷：债务转贷预算收入——一般债务转贷收入
本级政府财政承担还款责任，贷款资金由下级政府财政同级部门使用	借：补助费用/与下级往来 贷：应付主权外债转贷款—应付本金	借：补助预算支出—调拨下级 贷：债务转贷预算收入——一般债务转贷收入
下级政府财政承担还款责任，贷款资金由下级政府财政同级部门使用	借：应收主权外债转贷款—应收本金 贷：应付主权外债转贷款—应付本金	借：债务转贷预算支出——一般债务转贷支出 贷：债务转贷预算收入——一般债务转贷收入

❸本级政府财政按期确认主权外债转贷款的应付利息。

经济业务和事项	财务会计处理	预算会计处理
本级政府财政按期确认主权外债转贷款的应付利息	借：财务费用—利息费用 贷：应付主权外债转贷款—应付利息	—

❹本级政府财政偿还主权外债转贷款的本息。

经济业务和事项	财务会计处理	预算会计处理
偿还主权外债转贷款本金	借：应付主权外债转贷款—应付本金 贷：国库存款/其他财政存款	借：债务还本预算支出——一般债务还本支出 贷：资金结存—库款资金结存/专户资金结存
偿还主权外债转贷款利息	借：应付主权外债转贷款—应付利息 贷：国库存款/其他财政存款	借：一般公共预算支出 贷：资金结存—库款资金结存/专户资金结存

❺上级政府财政扣缴本级政府财政借入主权外债转贷款的本息。

经济业务和事项	财务会计处理	预算会计处理
扣缴主权外债本金	借：应付主权外债转贷款—应付本金 贷：与上级往来	借：债务还本预算支出——一般债务还本支出 贷：补助预算收入—上级调拨
扣缴主权外债利息	借：应付主权外债转贷款—应付利息 贷：与上级往来	借：一般公共预算支出 贷：补助预算收入—上级调拨

❻上级政府财政豁免主权外债转贷款本息。

经济业务和事项	财务会计处理	预算会计处理
豁免本级政府财政承担偿还责任的主权外债转贷款本金	借：应付主权外债转贷款—应付本金 　贷：与上级往来/补助收入	借：债务还本预算支出—一般债务还本支出 　贷：补助预算收入—上级调拨
豁免本级政府财政承担偿还责任的主权外债转贷款利息	借：应付主权外债转贷款—应付利息 　贷：与上级往来/补助收入	借：一般公共预算支出 　贷：补助预算收入—上级调拨
豁免下级政府财政承担偿还责任的主权外债转贷款本金	借：应付主权外债转贷款—应付本金 　贷：应收主权外债转贷款—应收本金 借：与下级往来/补助费用 　贷：与上级往来/补助收入	借：补助预算支出—调拨下级 　贷：资金结存—上下级调拨结存 借：资金结存—上下级调拨结存 　贷：补助预算收入—上级调拨
豁免下级政府财政承担偿还责任的主权外债转贷款利息	借：应付主权外债转贷款—应付利息 　贷：应收主权外债转贷款—应收利息 借：与下级往来/补助费用 　贷：与上级往来/补助收入	借：补助预算支出—调拨下级 　贷：资金结存—上下级调拨结存 借：资金结存—上下级调拨结存 　贷：补助预算收入—上级调拨

❼债权人（外方）豁免本级政府财政应承担的主权外债转贷款本息。

经济业务和事项	财务会计处理	预算会计处理
豁免本级政府财政承担偿还责任的主权外债转贷款本金	借：借入款项/应付主权外债转贷款—应付本金 　贷：其他收入	—
豁免本级政府财政承担偿还责任的主权外债转贷款利息	借：应付利息/应付主权外债转贷款—应付利息 　贷：财务费用—利息费用 　　以前年度盈余调整—预算管理资金以前年度盈余调整	—
豁免下级政府财政承担偿还责任的主权外债转贷款本金	借：借入款项/应付主权外债转贷款—应付本金 　贷：应收主权外债转贷款—应收本金	—
豁免下级政府财政承担偿还责任的主权外债转贷款利息	借：应付利息/应付主权外债转贷款—应付利息 　贷：应收主权外债转贷款—应收利息	—

❽年末因汇率变动调整本级政府财政（含省级）主权外债期末人民币余额与账面余额之间的差额。

经济业务和事项	财务会计处理	预算会计处理
外债转贷款本金的差额	借/贷：财务费用—汇兑损益 　贷/借：应付主权外债转贷款—应付本金	—
主权外债转贷款利息的差额	借/贷：财务费用—汇兑损益 　贷/借：应付主权外债转贷款—应付利息	—

❾本级政府财政首次确认以前年度转贷的主权外债。

经济业务和事项	财务会计处理	预算会计处理
本级政府财政首次确认以前年度转贷的主权外债	借：以前年度盈余调整—预算管理资金以前年度盈余调整 　贷：应付主权外债转贷款—应付本金	—

四、其他负债

其他负债是指政府财政因有关政策明确要求其承担支出责任的事项而形成的支付义务。

1.其他负债的科目设置

财政总会计应设置“其他负债”科目，核算政府财政因有关政策明确要求其承担支出责任的事项而形成的支付义务。本科目可根据管理需要，按照项目等进行明细核算。

政策明确由政府财政承担支出责任的其他负债，按照确定应承担的负债金额，借记“其他费用”科目，贷记本科目。

期末，根据债务管理部门转来的其他负债期末余额与账面余额的差额，借记或贷记本科目，贷记或借记“其他费用”科目。

本科目贷方余额反映政府财政承担的尚未支付的其他负债余额。

2.其他负债的账务处理

（1）政策明确由政府财政承担支出责任的其他负债。

经济业务和事项	财务会计处理	预算会计处理
政策明确由政府财政承担支出责任的其他负债	借：其他费用 　贷：其他负债	—

（2）期末，根据债务管理部门转来的其他负债期末余额与账面余额的差额。

经济业务和事项	财务会计处理	预算会计处理
期末，根据债务管理部门转来的其他负债期末余额与账面余额的差额	借/贷：其他负债 　贷/借：其他费用	—

复习思考题

1.什么是政府财政负债？总会计核算的负债包括哪些内容？

2.简述应付短期政府债券核算的内容。债务管理部门的辅助明细有哪些？

3.简述收回的应付国库集中支付结余作为存量资金重新安排的预算会计处理。

4.简述应付利息省级及以上政府财政（含省级）实际支付利息的会计处理。

5.准确掌握上级政府财政豁免主权外债转贷款的会计处理。

第六章　政府财政净资产的核算

净资产是指本级政府财政总会计核算的资产扣除负债后的净额。总会计核算的净资产包括累计盈余、本期盈余、预算稳定调节基金、预算周转金、权益法调整、以前年度盈余调整等。

第一节　累计盈余

一、累计盈余的概念

累计盈余是指政府财政一般公共预算资金、政府性基金预算资金、国有资本经营预算资金、财政专户管理资金、专用基金历年实现的盈余滚存的金额。

二、累计盈余的会计核算

（一）累计盈余的科目设置

“累计盈余”科目核算政府财政纳入一般公共预算、政府性基金预算、国有资本经营预算管理的预算资金，财政专户管理资金、专用基金历年实现的盈余滚存的金额。本科目应设置“预算管理资金累计盈余”“财政专户管理资金累计盈余”“专用基金累计盈余”明细科目。期末结转后，本科目期末余额反映预算管理资金、财政专户管理资金、专用基金累计盈余的累计数。

（二）累计盈余的主要账务处理

1.“预算管理资金累计盈余”科目的主要账务处理

（1）年终转账时，将“本期盈余——预算管理资金本期盈余”科目余额转入预算管理资金累计盈余，借记或贷记“本期盈余——预算管理资金本期盈余”科目，贷记或借记本科目。

经济业务和事项	财务会计处理	预算会计处理
结转“本期盈余—预算管理资金本期盈余”科目余额	借/贷：本期盈余—预算管理资金本期盈余 贷/借：累计盈余—预算管理资金累计盈余	—

（2）年终转账时，将“以前年度盈余调整——预算管理资金以前年度盈余调整”科目余额转入本科目，借记或贷记“以前年度盈余调整——预算管理资金以前年度盈余调整”科目，贷记或借记本科目。

经济业务和事项	财务会计处理	预算会计处理
结转“以前年度盈余调整—预算管理资金以前年度盈余调整”科目余额	借/贷：以前年度盈余调整—预算管理资金以前年度盈余调整 贷/借：累计盈余—预算管理资金累计盈余	—

2.“财政专户管理资金累计盈余”科目的主要账务处理

（1）年终转账时，将“本期盈余——财政专户管理资金本期盈余”科目余额转入本科目，借记或贷记“本期盈余——财政专户管理资金本期盈余”科目，贷记或借记本科目。

经济业务和事项	财务会计处理	预算会计处理
结转“本期盈余—财政专户管理资金本期盈余”科目余额	借/贷：本期盈余—财政专户管理资金本期盈余 贷/借：累计盈余—财政专户管理资金累计盈余	—

（2）年终转账时，将“以前年度盈余调整——财政专户管理资金以前年度盈余调整”科目余额转入本科目，借记或贷记“以前年度盈余调整——财政专户管理资金以前年度盈余调整”科目，贷记或借记本科目。

经济业务和事项	财务会计处理	预算会计处理
结转“以前年度盈余调整—财政专户管理资金以前年度盈余调整”科目余额	借/贷：以前年度盈余调整—财政专户管理资金以前年度盈余调整 贷/借：累计盈余—财政专户管理资金累计盈余	—

3.“专用基金累计盈余”科目的主要账务处理

（1）年终转账时，将“本期盈余——专用基金本期盈余”科目的余额转入本科目，借记或贷记“本期盈余——专用基金本期盈余”科目，贷记或借记本科目。

经济业务和事项	财务会计处理	预算会计处理
结转“本期盈余—专用基金本期盈余”科目余额	借/贷：本期盈余—专用基金本期盈余 贷/借：累计盈余—专用基金累计盈余	—

（2）年终转账时，将“以前年度盈余调整——专用基金以前年度盈余调整”科目的余额转入本科目，借记或贷记“以前年度盈余调整——专用基金以前年度盈余调整”科目，贷记或借记本科目。

经济业务和事项	财务会计处理	预算会计处理
结转“以前年度盈余调整—专用基金以前年度盈余调整”科目余额	借/贷：以前年度盈余调整—专用基金以前年度盈余调整 贷/借：累计盈余—专用基金累计盈余	—

第二节 本期盈余

一、本期盈余的概念

本期盈余是指政府财政纳入一般公共预算资金、政府性基金预算资金、国有资本经营预算资金、财政专户管理资金、专用基金本期各项收入、费用分别相抵后的余额。

二、本期盈余的会计核算

（一）本期盈余的科目设置

“本期盈余”科目核算政府财政纳入一般公共预算、政府性基金预算、国有资本经营预算管理的资金，财政专户管理资金、专用基金本期各项收入、费用分别相抵后的余额。设置补充和动用预算稳定调节基金，设置补充预算周转金产生的盈余变动事项，也通过本科目核算。本科目应设置“预算管理资金本期盈余”“财政专户管理资金本期盈余”“专用基金本期盈余”明细科目。期末结转后，本科目应无余额。

（二）本期盈余的主要账务处理

1."预算管理资金本期盈余"科目的主要账务处理

（1）年终转账时，将纳入一般公共预算、政府性基金预算、国有资本经营预算管理的各类收入科目本年发生额转入本科目的贷方，借记"税收收入""非税收入""投资收益""补助收入""上解收入""地区间援助收入""其他收入"科目，贷记本科目；将纳入一般公共预算、政府性基金预算、国有资本经营预算管理的各类费用科目本年发生额转入本科目的借方，借记本科目，贷记"政府机关商品和服务拨款费用""政府机关工资福利拨款费用""对事业单位补助拨款费用""对企业补助拨款费用""对个人和家庭补助拨款费用""对社会保障基金补助拨款费用""资本性拨款费用""其他拨款费用""财务费用""补助费用""上解费用""地区间援助费用""其他费用"科目。

经济业务和事项	财务会计处理	预算会计处理
结转"税收收入""非税收入""投资收益""补助收入""上解收入""地区间援助收入""其他收入"等预算管理资金收入类科目余额	借：税收收入 非税收入 投资收益 补助收入 上解收入 地区间援助收入 其他收入 贷：本期盈余—预算管理资金本期盈余	—
结转"政府机关商品和服务拨款费用""政府机关工资福利拨款费用""对事业单位补助拨款费用""对企业补助拨款费用""对个人和家庭补助拨款费用""对社会保障基金补助拨款费用""资本性拨款费用""其他拨款费用""财务费用""补助费用""上解费用""地区间援助费用""其他费用"等预算管理资金费用类科目余额	借：本期盈余—预算管理资金本期盈余 贷：政府机关商品和服务拨款费用 政府机关工资福利拨款费用 对事业单位补助拨款费用 对企业补助拨款费用 对个人和家庭补助拨款费用 对社会保障基金补助拨款费用 资本性拨款费用 其他拨款费用 财务费用 补助费用 上解费用 地区间援助费用 其他费用	—

（2）设置和补充预算稳定调节基金时，借记本科目，贷记"预算稳定调节基金"科目。动用预算稳定调节基金时，借记"预算稳定调节基金"科目，贷记本科目。

经济业务和事项	财务会计处理	预算会计处理
设置和补充预算稳定调节基金	借：本期盈余—预算管理资金本期盈余 贷：预算稳定调节基金	借：安排预算稳定调节基金 贷：预算稳定调节基金
动用预算稳定调节基金	借：预算稳定调节基金 贷：本期盈余—预算管理资金本期盈余	借：预算稳定调节基金 贷：动用预算稳定调节基金

（3）设置和补充预算周转金时，借记本科目，贷记“预算周转金”科目。

经济业务和事项	财务会计处理	预算会计处理
设置和补充预算周转金	借：本期盈余—预算管理资金本期盈余 　贷：预算周转金	借：一般公共预算结转结余 　贷：预算周转金

（4）完成上述结转后，将本科目余额转入累计盈余。如为借方余额，贷记本科目，借记“累计盈余——预算管理资金累计盈余”科目；如为贷方余额，借记本科目，贷记“累计盈余——预算管理资金累计盈余”科目。

经济业务和事项	财务会计处理	预算会计处理
结转预算管理资金本期盈余	借/贷：本期盈余—预算管理资金本期盈余 　贷/借：累计盈余—预算管理资金累计盈余	—

2.“财政专户管理资金本期盈余”科目的主要账务处理

（1）年末，将财政专户管理资金收入的本年发生额转入本科目的贷方，借记“财政专户管理资金收入”科目，贷记本科目；将财政专户管理资金支出的本年发生额转入本科目的借方，借记本科目，贷记“财政专户管理资金支出”科目。

经济业务和事项	财务会计处理	预算会计处理
结转“财政专户管理资金收入”科目余额	借：财政专户管理资金收入 　贷：本期盈余—财政专户管理资金本期盈余	—
结转“财政专户管理资金支出”科目余额	借：本期盈余—财政专户管理资金本期盈余 　贷：财政专户管理资金支出	—

（2）完成上述结转后，将本科目余额转入累计盈余，借记或贷记本科目，贷记或借记“累计盈余——财政专户管理资金累计盈余”科目。

经济业务和事项	财务会计处理	预算会计处理
结转财政专户管理资金本期盈余	借/贷：本期盈余—财政专户管理资金本期盈余 　贷/借：累计盈余—财政专户管理资金累计盈余	—

3.“专用基金本期盈余”科目的主要账务处理

（1）年终转账时，将专用基金收入的本年发生额转入本科目的贷方，借记“专用基金收入”科目，贷记本科目；将专用基金支出的本年发生额转入本科目的借方，借记本科目，贷记“专用基金支出”科目。

经济业务和事项	财务会计处理	预算会计处理
结转“专用基金收入”科目余额	借：专用基金收入 　贷：本期盈余—专用基金本期盈余	—
结转“专用基金支出”科目余额	借：本期盈余—专用基金本期盈余 　贷：专用基金支出	—

（2）完成上述结转后，将本科目余额转入累计盈余。借记或贷记本科目，贷记或借记“累计盈余——专用基金累计盈余”科目。

经济业务和事项	财务会计处理	预算会计处理
结转专用基金本期盈余	借/贷：本期盈余—专用基金本期盈余 　贷/借：累计盈余—专用基金累计盈余	—

第三节 预算稳定调节基金

一、预算稳定调节基金的概念

预算稳定调节基金是指本级政府财政为保持年度间预算的衔接和稳定而设置的储备性资金。

二、预算稳定调节基金的会计核算

（一）预算稳定调节基金的科目设置

“预算稳定调节基金”科目核算本级政府财政为保持年度间预算的衔接和稳定而设置的储备性资金。本科目期末贷方余额反映预算稳定调节基金的累计规模。

（二）预算稳定调节基金的主要账务处理

（1）补充预算稳定调节基金时，借记“本期盈余——预算管理资金本期盈余”科目，贷记本科目。

经济业务和事项	财务会计处理	预算会计处理
使用超收收入或一般公共预算结余补充预算稳定调节基金	借：本期盈余—预算管理资金本期盈余 贷：预算稳定调节基金	借：安排预算稳定调节基金 贷：预算稳定调节基金
政府性基金预算结转资金规模超过该项基金当年收入30%的部分补充预算稳定调节基金		借：调出预算资金—政府性基金预算调出资金 贷：调入预算资金——一般公共预算调入资金 借：调入预算资金——一般公共预算调入资金 贷：一般公共预算结转结余 借：安排预算稳定调节基金 贷：预算稳定调节基金

（2）将预算周转金调入预算稳定调节基金时，借记“预算周转金”科目，贷记本科目。

经济业务和事项	财务会计处理	预算会计处理
将预算周转金调入预算稳定调节基金	借：预算周转金 贷：预算稳定调节基金	借：预算周转金 贷：预算稳定调节基金

（3）动用预算稳定调节基金时，借记本科目，贷记“本期盈余——预算管理资金本期盈余”科目。

经济业务和事项	财务会计处理	预算会计处理
动用预算稳定调节基金	借：预算稳定调节基金 贷：本期盈余—预算管理资金本期盈余	借：预算稳定调节基金 贷：动用预算稳定调节基金

第四节 预算周转金

一、预算周转金的概念

预算周转金是指政府财政设置的用于调剂预算年度内季节性收支差额周转使用的资金。

二、预算周转金的会计核算

（一）预算周转金的科目设置

“预算周转金”科目核算政府财政设置的用于调剂预算年度内季节性收支差额周转使用的资金。本科目期末贷方余额反映预算周转金的累计规模。

（二）预算周转金的主要账务处理

（1）设置和补充预算周转金时，借记“本期盈余——预算管理资金本期盈余”科目，贷记本科目。

经济业务和事项	财务会计处理	预算会计处理
设置和补充预算周转金	借：本期盈余—预算管理资金本期盈余 贷：预算周转金	借：一般公共预算结转结余 贷：预算周转金

（2）将预算周转金调入预算稳定调节基金时，借记本科目，贷记“预算稳定调节基金”科目。

经济业务和事项	财务会计处理	预算会计处理
将预算周转金调入预算稳定调节基金	借：预算周转金 贷：预算稳定调节基金	借：预算周转金 贷：预算稳定调节基金

第五节 权益法调整

一、权益法调整的概念

权益法调整是指政府财政按照持股比例计算应享有的被投资主体除净损益和利润分配以外的所有者权益变动的份额。

二、权益法调整的会计核算

（一）权益法调整的科目设置

“权益法调整”科目核算政府财政按照持股比例计算应享有的被投资主体除净损益和利润分配以外的所有者权益变动的份额。本科目应根据管理需要，按照被投资主体进行明细核算。本科日期末余额反映政府财政在被投资主体除净损益和利润分配以外的所有者权益变动中累计享有（或分担）的份额。

（二）权益法调整的账务处理

（1）被投资主体发生除净损益和利润分配以外的其他权益变动时，按照政府财政持股比例计算应享有的部分，借记或贷记“股权投资（其他权益变动）”科目，贷记或借记本科目。

经济业务和事项		财务会计处理	预算会计处理
资产负债表日	按照被投资主体除净损益和利润分配以外的所有者权益变动的份额（增加）	借：股权投资（其他权益变动） 贷：权益法调整	
	按照被投资主体除净损益和利润分配以外的所有者权益变动的份额（减少）	借：权益法调整 贷：股权投资（其他权益变动）	

（2）处置股权投资或因企业破产清算导致股权投资减少时，按照相应的“权益法调

整”账面余额，借记或贷记本科目，贷记或借记“股权投资（其他权益变动）”科目。

经济业务和事项		财务会计处理	预算会计处理
处置股权投资时	权益法调整科目为借方余额	借：股权投资（其他权益变动） 贷：权益法调整（与所处置投资对应部分的金额）	—
	权益法调整科目为贷方余额	借：权益法调整（与所处置投资对应部分的金额） 贷：股权投资（其他权益变动）	—

（3）无偿划出股权投资时，根据股权管理部门提供的资料，按照被划出股权投资对应的“权益法调整”科目账面余额，借记或贷记本科目，贷记或借记“股权投资（其他权益变动）”科目；按照被划出股权投资的账面余额，借记“其他费用”科目，贷记“股权投资（投资成本、损益调整）”科目。

经济业务和事项		财务会计处理	预算会计处理
因无偿划出导致股权投资减少时	权益法调整科目为借方余额	借：股权投资（其他权益变动） 贷：权益法调整（与所处置投资对应部分的金额） 借：其他费用 贷：股权投资（投资成本、损益调整）	—
	权益法调整科目为贷方余额	借：权益法调整（与所处置投资对应部分的金额） 贷：股权投资（其他权益变动） 借：其他费用 贷：股权投资（投资成本、损益调整）	—

（4）由于管理需要，股权投资的核算由权益法改为成本法的，按照“权益法调整”科目账面余额，借记或贷记本科目，贷记或借记“股权投资（其他权益变动）”科目；按照权益法下“股权投资（投资成本、损益调整）”科目账面余额作为成本法下“股权投资（投资成本）”账面余额，借记“股权投资（投资成本）”科目，贷记“股权投资（投资成本、损益调整）”科目。

经济业务和事项	财务会计处理	预算会计处理
股权投资核算由权益法改为成本法，按照权益法调整科目账面余额	借/贷：权益法调整 贷/借：股权投资（其他权益变动） 借：股权投资（投资成本） 贷：股权投资（投资成本、损益调整）	—

第六节 以前年度盈余调整

一、以前年度盈余调整的概念

以前年度盈余调整是指政府财政调整以前年度盈余的事项。

二、以前年度盈余调整的会计核算

（一）以前年度盈余调整的科目设置

“以前年度盈余调整”科目核算政府财政调整以前年度盈余的事项。本科目应设置“预算管理资金以前年度盈余调整”“财政专户管理资金以前年度盈余调整”“专用基金以前年度盈余调整”明细科目。期末结转后，本科目应无余额。

（二）以前年度盈余调整的账务处理

（1）调整增加以前年度收入时，按照调整增加的金额，借记有关科目，贷记本科目；调整减少的，做相反会计分录。

经济业务和事项		财务会计处理	预算会计处理
调整以前年度收入事项	增加或减少以前年度预算管理资金收入	借/贷：有关资产或负债科目 　贷/借：以前年度盈余调整—预算管理资金以前年度盈余调整	借/贷：资金结存—库款资金结存 　贷/借：一般公共预算收入 　　　　政府性基金预算收入 　　　　国有资本经营预算收入
	增加或减少以前年度财政专户管理资金收入	借/贷：其他财政存款 　贷/借：以前年度盈余调整—财政专户管理资金以前年度盈余调整	借/贷：资金结存—专户资金结存 　贷/借：财政专户管理资金收入
	增加或减少以前年度专用基金收入	借/贷：其他财政存款 　贷/借：以前年度盈余调整—专用基金以前年度盈余调整	借/贷：资金结存—专户资金结存 　贷/借：专用基金收入

（2）调整增加以前年度费用时，按照调整增加的金额，借记本科目，贷记有关科目；调整减少的，做相反会计分录。

经济业务和事项		财务会计处理	预算会计处理
调整以前年度费用事项	增加或减少以前年度预算管理资金支出	借/贷：以前年度盈余调整—预算管理资金以前年度盈余调整 　贷/借：有关资产或负债科目	借/贷：一般公共预算支出 　　　政府性基金预算支出 　　　国有资本经营预算支出 　贷/借：资金结存—库款资金结存
	增加或减少以前年度财政专户管理资金支出	借/贷：以前年度盈余调整—财政专户管理资金以前年度盈余调整 　贷/借：其他财政存款	借/贷：财政专户管理资金支出 　贷/借：资金结存—专户资金结存
	增加或减少以前年度专用基金支出	借/贷：以前年度盈余调整—专用基金以前年度盈余调整 　贷/借：其他财政存款	借/贷：专用基金支出 　贷/借：资金结存—专户资金结存

（3）对于政府以前年度取得的资产或承担的负债，在本年初次确认时，借记有关资产科目或贷记有关负债科目，贷记或借记本科目。

经济业务和事项		财务会计处理	预算会计处理
本级政府财政初次确认以前年度的股权投资		借：股权投资 　贷：以前年度盈余调整—预算管理资金以前年度盈余调整	—
本级政府财政初次确认以前年度的主权外债债权		借：应收主权外债转贷款—应收本金 　贷：以前年度盈余调整—预算管理资金以前年度盈余调整	—
本级政府财政初次确认以前年度的主权外债债务	省级（含省级）以上政府财政首次确认主权外债债务	借：以前年度盈余调整—预算管理资金以前年度盈余调整 　贷：借入款项	—
	省级以下政府财政首次确认主权外债债务	借：以前年度盈余调整—预算管理资金以前年度盈余调整 　贷：应付主权外债转贷款—应付本金	—

（4）年终转账时，将本科目余额转入累计盈余，借记或贷记“累计盈余”科目，贷记或借记本科目。

经济业务和事项	财务会计处理	预算会计处理
结转“以前年度盈余调整—预算管理资金以前年度盈余调整”科目余额	借/贷：以前年度盈余调整—预算管理资金以前年度盈余调整 贷/借：累计盈余—预算管理资金累计盈余	—
结转“以前年度盈余调整—财政专户管理资金以前年度盈余调整”科目余额	借/贷：以前年度盈余调整—财政专户管理资金以前年度盈余调整 贷/借：累计盈余—财政专户管理资金累计盈余	—
结转“以前年度盈余调整—专用基金以前年度盈余调整”科目余额	借/贷：以前年度盈余调整—专用基金以前年度盈余调整 贷/借：累计盈余—专用基金累计盈余	—

复习思考题

1. 总会计核算的净资产由哪些部分构成？
2. 简述预算稳定调节基金与预算周转金的区别。
3. 简述权益法调整的概念及其账务处理。

第七章　政府财政收入的核算

总会计核算的收入，应当按照开具票据金额或实际取得金额进行计量。总会计核算的收入包括税收收入、非税收入、投资收益、转移性收入、其他收入、财政专户管理资金收入和专用基金收入等。

第一节　税收收入

一、税收收入的概念

税收收入是指政府财政筹集的纳入本级财政管理的税收收入。

二、税收收入的会计核算

（一）税收收入的科目设置

“税收收入”科目核算政府财政筹集的纳入本级财政管理的税收收入。本科目应参照《政府收支分类科目》中“税收收入”科目进行明细核算。本科目平时贷方余额反映本级政府财政税收收入的累计数。期末结转后，本科目应无余额。

（二）税收收入的账务处理

（1）收到款项时，根据当日收入日报表所列本级税收收入数，借记“国库存款”科目，贷记本科目。

经济业务和事项	财务会计处理	预算会计处理
收到款项时	借：国库存款 贷：税收收入	借：资金结存—库款资金结存 贷：一般公共预算收入

（2）年终转账时，本科目贷方余额转入本期盈余，借记本科目，贷记“本期盈余——预算管理资金本期盈余”科目。

经济业务和事项	财务会计处理	预算会计处理
期末/年末结转	借：税收收入 贷：本期盈余—预算管理资金本期盈余	借：一般公共预算收入 贷：一般公共预算结转结余

第二节　非税收入

一、非税收入的概念

非税收入是指政府财政筹集的纳入本级财政管理的非税收入。

二、非税收入的会计核算

（一）非税收入的科目设置

“非税收入”科目核算政府财政筹集的纳入本级财政管理的非税收入。本科目应参照《政府收支分类科目》中“非税收入”科目进行明细核算。本科目平时贷方余额反映本级政府财政非税收入的累计数。期末结转后，本科目应无余额。

（二）非税收入的账务处理

（1）确认取得非税收入时。

❶按照实际收到的非税收入金额，借记“国库存款”科目，贷记本科目。

经济业务和事项	财务会计处理	预算会计处理
实际收到非税收入	借：国库存款 　贷：非税收入	借：资金结存—库款资金结存 　贷：一般公共预算收入 　　　政府性基金预算收入 　　　国有资本经营预算收入

❷全部实行非税收入电子化管理，非税收入管理部门具备条件提供已开具缴款票据、尚未缴入本级国库的非税收入数据的地区，按照本级应收的非税收入金额，借记“应收非税收入”科目，贷记本科目。

经济业务和事项	财务会计处理	预算会计处理
定期按照非税收入管理部门提供的已开具缴款票据、尚未缴入本级国库的非税收入，确认应收非税收入	借：应收非税收入 　贷：非税收入	—

（2）期末，非税收入管理部门应提供已列应收非税收入中确认不能缴库的金额，借记本科目，贷记“应收非税收入”科目。

经济业务和事项	财务会计处理	预算会计处理
期末，非税收入管理部门记账	借：非税收入 　贷：应收非税收入	—

（3）年终转账时，本科目贷方余额转入本期盈余，借记本科目，贷记“本期盈余——预算管理资金本期盈余”科目。

经济业务和事项	财务会计处理	预算会计处理
期末结转	借：非税收入 　贷：本期盈余—预算管理资金本期盈余	借：一般公共预算收入 　贷：一般公共预算结转结余 借：政府性基金预算收入 　贷：政府性基金预算结转结余 借：国有资本经营预算收入 　贷：国有资本经营预算结转结余

第三节 投资收益

一、投资收益的概念

投资收益是指政府持有股权投资所实现的收益或发生的损失。

二、投资收益的会计核算

（一）投资收益的科目设置

“投资收益”科目核算政府股权投资所实现的收益或发生的损失。本科目可根据管理需要，按照被投资主体进行明细核算。期末结转后，本科目应无余额。

（二）投资收益的账务处理

1.采用权益法核算

（1）股权投资持有期间，被投资主体实现净损益的，根据股权管理部门提供的资料，按照应享有或应分担的被投资主体实现净损益的份额，借记或贷记“股权投资（损益调整）”科目，贷记或借记本科目。

经济业务和事项	财务会计处理	预算会计处理
股权投资持有期间，根据股权管理部门提供的资料，按照应享有或应分担的被投资主体实现净损益的份额	借/贷：股权投资（损益调整） 贷/借：投资收益	—

（2）处置股权投资时，根据股权管理部门提供的资料，按照处置收回的金额，借记“国库存款”科目，按照已宣告尚未领取的现金股利或利润，贷记“应收股利”科目，按照被处置股权投资的账面余额，贷记“股权投资（投资成本、损益调整）”科目，按照借贷方差额，贷记或借记本科目；同时，按照被处置股权投资对应的“权益法调整”科目账面余额，借记或贷记“权益法调整”科目，贷记或借记“股权投资（其他权益变动）”科目。

经济业务和事项	财务会计处理	预算会计处理
处置股权投资	借：国库存款 贷/借：投资收益 贷：应收股利 股权投资（投资成本、损益调整） 借/贷：权益法调整 贷/借：股权投资（其他权益变动）	借：资金结存—库款资金结存 贷：国有资本经营预算收入 有关预算支出科目等

（3）企业破产清算时，按照缴入国库清算收入的金额，借记“国库存款”科目，按照已宣告尚未领取的现金股利或利润，贷记“应收股利”科目，按照破产清算股权投资的账面余额，贷记“股权投资（投资成本、损益调整）”科目，按照其差额，借记或贷记本科目；同时，按照破产清算企业股权投资对应的“权益法调整”科目账面余额，借记或贷记“权益法调整”科目，贷记或借记“股权投资（其他权益变动）”科目。

经济业务和事项	财务会计处理	预算会计处理
企业破产清算	借：国库存款 借/贷：投资收益 贷：应收股利 股权投资（投资成本、损益调整） 借/贷：权益法调整 贷/借：股权投资（其他权益变动）	借：资金结存—库款资金结存 贷：国有资本经营预算收入

2.采用成本法核算

（1）股权投资持有期间，被投资主体宣告发放现金股利或利润的，根据股权管理部门提供的资料，按照应上缴政府财政的部分，借记“应收股利”科目，贷记本科目。

经济业务和事项	财务会计处理	预算会计处理
股权投资持有期间，被投资主体宣告发放现金股利或利润	借：应收股利 贷：投资收益	—

（2）收到现金股利或利润时，按照实际收到的金额，借记“国库存款”科目，贷记“应收股利”科目；按照实际收到金额中未宣告发放的现金股利或利润，借记“应收股利”科目，贷记本科目。

经济业务和事项	财务会计处理	预算会计处理
收到现金股利或利润时	借：国库存款 贷：应收股利 借：应收股利 贷：投资收益	借：资金结存—库款资金结存 贷：国有资本经营预算收入等

（3）处置股权投资时，按照收回的金额，借记“国库存款”科目，按照已宣告尚未领取的现金股利或利润，贷记“应收股利”科目，按照股权投资账面余额，贷记“股权投资（投资成本）”科目，按照借贷方差额，贷记或借记本科目。

经济业务和事项	财务会计处理	预算会计处理
处置股权投资	借：国库存款 贷/借：投资收益 贷：应收股利 股权投资（投资成本）	借：资金结存—库款资金结存 贷：国有资本经营预算收入等

（4）企业破产清算时，根据股权管理部门提供的资料，按照缴入国库清算收入的金额，借记“国库存款”科目，按照破产清算股权投资的账面余额，贷记“股权投资（投资成本）”科目，按照其差额，借记或贷记本科目。

经济业务和事项	财务会计处理	预算会计处理
企业破产清算	借：国库存款 投资收益 贷：股权投资（投资成本）	借：资金结存—库款资金结存 贷：国有资本经营预算收入等

3.年终转账

年终转账时，本科目余额转入本期盈余，借记或贷记本科目，贷记或借记“本期盈余——预算管理资金本期盈余”科目。

经济业务和事项	财务会计处理	预算会计处理
期末结转	借/贷：投资收益 贷/借：本期盈余—预算管理资金本期盈余	—

第四节 转移性收入

转移性收入是指在各级政府财政之间进行资金调拨所形成的收入，包括补助收入、上解收入和地区间援助收入等。

一、补助收入

（一）补助收入的概念

补助收入是指上级政府财政按照财政体制规定或专项需要补助给本级政府财政的款项。

（二）补助收入的会计核算

1.补助收入的科目设置

“补助收入”科目核算上级政府财政按照财政体制规定或专项需要补助给本级政府财政的款项，包括税收返还、转移支付等。本科目平时贷方余额反映本级政府财政取得补助收入的累计数。期末结转后，本科目应无余额。

2.补助收入的账务处理

（1）年终与上级政府财政结算时，按照结算确认的应当由上级政府补助的收入数，借记“与上级往来”科目，贷记本科目。退还或核减补助收入时，借记本科目，贷记“与上级往来”科目。

经济业务和事项	财务会计处理	预算会计处理
年终与上级政府财政结算，按照结算确认的应当由上级政府补助的收入数	借：与上级往来 贷：补助收入	借：补助预算收入—上级调拨 贷：补助预算收入——一般公共预算补助收入 —政府性基金预算补助收入

（2）年终转账时，本科目贷方余额转入本期盈余，借记本科目，贷记“本期盈余——预算管理资金本期盈余”科目。

经济业务和事项	财务会计处理	预算会计处理
期末结转	借：补助收入 贷：本期盈余—预算管理资金本期盈余	借：补助预算收入—上级调拨 —一般公共预算补助收入 —政府性基金预算补助收入 —国有资本经营预算补助收入 贷：资金结存—上下级调拨结存 一般公共预算结转结余 政府性基金预算结转结余 国有资本经营预算结转结余

二、上解收入

（一）上解收入的概念

上解收入是指按照财政体制规定或专项需要由下级政府财政上交给本级政府财政的款项。

（二）上解收入的会计核算

1.上解收入的科目设置

“上解收入”科目核算按照财政体制规定或专项需要由下级政府财政上交给本级政府财政的款项。本科目可根据管理需要，按照上解地区进行明细核算。本科目平时贷方余额反映上解收入的累计数。期末结转后，本科目应无余额。

2.上解收入的账务处理

（1）年终与下级政府财政结算时，按照结算确认的应上解金额，借记“与下级往来”科目，贷记本科目。退还或核减上解收入时，借记本科目，贷记“与下级往来”科目。

经济业务和事项	财务会计处理	预算会计处理
年终与下级政府财政结算，按照结算确认的应上解金额	借：与下级往来 　贷：上解收入	借：补助预算支出—调拨下级 　贷：上解预算收入——一般公共预算补助收入 　　—政府性基金预算补助收入 　　—国有资本经营预算补助收入

（2）年终转账时，本科目贷方余额转入本期盈余，借记本科目，贷记“本期盈余——预算管理资金本期盈余”科目。

经济业务和事项	财务会计处理	预算会计处理
期末结转	借：上解收入 　贷：本期盈余—预算管理资金本期盈余	借：上解预算收入——一般公共预算补助收入 　—政府性基金预算补助收入 　—国有资本经营预算补助收入 　贷：一般公共预算结转结余 　　政府性基金预算结转结余 　　国有资本经营预算结转结余

三、地区间援助收入

（一）地区间援助收入的概念

地区间援助收入是指受援方政府财政收到援助方政府财政转来的可统筹使用的各类援助、捐赠等资金收入。

（二）地区间援助收入的会计核算

1.地区间援助收入的科目设置。

“地区间援助收入”科目核算受援方政府财政收到援助方政府财政转来的可统筹使用的各类援助、捐赠等资金收入。援助方政府已列“地区间援助费用”科目的援助、捐赠等资金，受援方通过本科目核算。

本科目可根据管理需要，按照援助地区等进行明细核算。本科目平时贷方余额反映地区间援助收入的累计数。期末结转后，本科目应无余额。

2.地区间援助收入的账务处理。

（1）收到援助方政府财政转来的资金时，借记“国库存款”科目，贷记本科目。

经济业务和事项	财务会计处理	预算会计处理
收到援助方政府财政转来的资金	借：国库存款 　贷：地区间援助收入	借：资金结存—库款资金结存 　贷：地区间援助预算收入

（2）年终转账时，本科目贷方余额转入本期盈余，借记本科目，贷记“本期盈余—预算管理资金本期盈余”科目。

经济业务和事项	财务会计处理	预算会计处理
期末结转	借：地区间援助收入 　贷：本期盈余—预算管理资金本期盈余	借：地区间援助预算收入 　贷：一般公共预算结转结余

第五节　其他收入

一、其他收入的概念

其他收入是指政府财政从其他渠道调入资金、豁免主权外债偿还责任，以及无偿取得股权投资等产生的收入。

二、其他收入的会计核算

（一）其他收入的科目设置

“其他收入”科目核算政府财政除税收收入、非税收入、投资收益、补助收入、上解收入、地区间援助收入、财政专户管理资金收入、专用基金收入以外的各项收入，包括从其他渠道调入资金、豁免主权外债偿还责任以及无偿取得股权投资等产生的收入。

本科目可根据管理需要，按照其他收入类别等进行明细核算。本科目平时贷方余额反映本级政府财政其他收入的累计数。期末结转后，本科目应无余额。

（二）其他收入的账务处理

（1）从其他渠道调入资金时，按照调入的金额，借记“国库存款”科目，贷记本科目。

经济业务和事项	财务会计处理	预算会计处理
从其他类型预算资金及其他渠道调入一般公共预算	借：国库存款 贷：其他收入	借：调出资金—政府性基金预算调出资金 —国有资本经营预算调出资金 资金结存—库款资金结存 贷：调入预算资金——一般公共预算调入资金
从其他类型预算资金及其他渠道调入政府性基金预算	借：国库存款 贷：其他收入	借：资金结存—库款资金结存 贷：调入预算资金—政府性基金预算调入资金

（2）债权人豁免政府财政承担的主权外债时，政府财政按照减少的债务金额，借记“借入款项”等科目，贷记本科目。

经济业务和事项	财务会计处理	预算会计处理
债权人豁免政府财政承担的主权外债	借：借入款项 贷：其他收入	—

（3）无偿划入股权投资时，账务处理参照“股权投资”科目使用说明中权益法和成本法下对应业务的账务处理。以下账务处理以企业股权投资为例。

经济业务和事项	财务会计处理	预算会计处理
采取权益法核算	借：股权投资—企业股权投资（投资成本） —企业股权投资（损益调整） 贷：其他收入	—
采取成本法核算	借：股权投资—企业股权投资（投资成本） 贷：其他收入	—

（4）年终转账时，本科目贷方余额转入本期盈余。借记本科目，贷记“本期盈余——预

算管理资金本期盈余”科目。

经济业务和事项	财务会计处理	预算会计处理
期末结转	借：其他收入 　贷：本期盈余—预算管理资金本期盈余	借：调入预算资金——一般公共预算调入资金 　　　　　　　　—政府性基金预算调入资金 　贷：一般公共预算结转结余 　　　政府性基金预算结转结余

第六节 财政专户管理资金收入

一、财政专户管理资金收入的概念

财政专户管理资金收入是指政府财政纳入财政专户管理的教育收费等资金收入。

二、财政专户管理资金收入的会计核算

（一）财政专户管理资金收入的科目设置

“财政专户管理资金收入”科目核算政府财政纳入财政专户管理的教育收费等资金收入。本科目可根据管理需要，按照预算单位等进行明细核算。本科目平时贷方余额反映财政专户管理资金收入的累计数。期末结转后，本科目应无余额。

（二）财政专户管理资金收入的账务处理

（1）收到财政专户管理资金时，借记“其他财政存款”科目，贷记本科目。

经济业务和事项	财务会计处理	预算会计处理
收到财政专户管理资金	借：其他财政存款 　贷：财政专户管理资金收入	借：资金结存—专户资金结存 　贷：财政专户管理资金收入

（2）年终转账时，本科目贷方余额转入本期盈余，借记本科目，贷记“本期盈余—财政专户管理资金本期盈余”科目。

经济业务和事项	财务会计处理	预算会计处理
期末结转	借：财政专户管理资金收入 　贷：本期盈余—财政专户管理资金本期盈余	借：财政专户管理资金收入 　贷：财政专户管理资金结余

第七节 专用基金收入

一、专用基金收入的概念

专用基金收入是指政府财政根据法律法规等规定设立的各项专用基金（包括粮食风险基金等）取得的资金收入。

二、专用基金收入的会计核算

（一）专用基金收入的科目设置

“专用基金收入”科目核算政府财政按照法律法规和国务院、财政部规定设置或取得的粮食风险基金等专用基金收入。本科目可根据管理需要，按照专用基金的种类进行明细核算。本科目平时贷方余额反映本级政府财政专用基金收入的累计数。期末结转后，本科目应无余额。

（二）专用基金收入的账务处理

（1）取得专用基金收入转入财政专户时，借记“其他财政存款”科目，贷记本科目。

经济业务和事项	财务会计处理	预算会计处理
财政专户收到专用基金收入	借：其他财政存款 　贷：专用基金收入	借：资金结存—专户资金结存 　贷：专用基金收入

（2）退回当年取得的专用基金收入时，借记本科目，贷记“其他财政存款”科目。

经济业务和事项	财务会计处理	预算会计处理
退回当年取得的专用基金收入	借：专用基金收入 　贷：其他财政存款	借：专用基金收入 　贷：资金结存—专户资金结存

（3）通过费用安排取得专用基金收入，资金仍留存国库的，借记有关费用科目，贷记“专用基金收入”科目。

经济业务和事项	财务会计处理	预算会计处理
通过预算支出安排取得专用基金收入，资金仍留存国库	借：有关费用科目 　贷：专用基金收入	借：一般公共预算支出 　贷：专用基金收入

（4）年终转账时，本科目贷方余额转入本期盈余，借记本科目，贷记“本期盈余—专用基金本期盈余”科目。

经济业务和事项	财务会计处理	预算会计处理
期末结转	借：专用基金收入 　贷：本期盈余—专用基金本期盈余	借：专用基金收入 　贷：专用基金结余

复习思考题

1.总会计核算的收入包括哪些内容？

2.简述非税收入在确认取得时的会计处理。

3.投资收益的账务处理有哪两种核算方法？

4.转移性收入包括哪些内容？

5.简述专用基金收入的账务处理。

第八章 政府财政费用的核算

总会计核算的费用，应当按照承担支付义务金额或实际发生金额进行计量。总会计核算的费用包括政府机关商品和服务拨款费用、政府机关工资福利拨款费用、对事业单位补助拨款费用、对企业补助拨款费用、对个人和家庭补助拨款费用、对社会保障基金补助拨款费用、资本性拨款费用、其他拨款费用、财务费用、转移性费用、其他费用、财政专户管理资金支出、专用基金支出等。

第一节 政府机关商品和服务拨款费用

一、政府机关商品和服务拨款费用的概念

政府机关商品和服务拨款费用是指本级政府财政拨付给机关和参照公务员法管理的事业单位（以下简称参公事业单位或参公单位）购买商品和服务的各类费用，不包括用于购置固定资产、战略性和应急性物资储备等资本性拨款费用。

二、政府机关商品和服务拨款费用的会计核算

（一）政府机关商品和服务拨款费用的科目设置

“政府机关商品和服务拨款费用”科目核算本级政府财政拨付给机关和参公事业单位购买商品和服务的各类费用，不包括用于购置固定资产、战略性和应急性物资储备等资本性拨款费用。本科目可根据管理需要，参照《政府收支分类科目》中支出经济分类科目，按照预算单位和项目等进行明细核算。本科目平时借方余额反映本级政府机关商品和服务拨款费用的累计数。期末结转后，本科目应无余额。

（二）政府机关商品和服务拨款费用的账务处理

（1）实际发生政府机关商品和服务拨款费用时，借记本科目，贷记“国库存款”科目。

经济业务和事项	财务会计处理	预算会计处理
机关和参公事业单位发生商品和服务支出	借：政府机关商品和服务拨款费用 　贷：国库存款	借：一般公共预算支出 　　政府性基金预算支出 　　国有资本经营预算支出 　贷：资金结存—库款资金结存

（2）当年政府机关商品和服务拨款费用发生退回时，按照实际收到的退回金额，借记“国库存款”科目，贷记本科目。

经济业务和事项	财务会计处理	预算会计处理
本年度确认的支出发生退回，资金退回国库	借：国库存款 　贷：政府机关商品和服务拨款费用	借：资金结存—库款资金结存 　贷：一般公共预算支出 　　　政府性基金预算支出 　　　国有资本经营预算支出

续表

经济业务和事项	财务会计处理	预算会计处理
以前年度确认的支出发生退回，资金退回国库	借：国库存款 贷：以前年度盈余调整—预算管理资金以前年度盈余调整	借：资金结存—库款资金结存 贷：一般公共预算支出 政府性基金预算支出 国有资本经营预算支出
已收回的存量资金确认冲减支出	借：其他应付款 贷：以前年度盈余调整—预算管理资金以前年度盈余调整	借：待处理收入 贷：一般公共预算支出 政府性基金预算支出 国有资本经营预算支出

（3）年终转账时，本科目借方余额转入本期盈余，借记“本期盈余——预算管理资金本期盈余”科目，贷记本科目。

经济业务和事项	财务会计处理	预算会计处理
期末结转	借：本期盈余—预算管理资金本期盈余 贷：政府机关商品和服务拨款费用	借：一般公共预算结转结余 政府性基金预算结转结余 国有资本经营预算结余 贷：一般公共预算支出 政府性基金预算支出 国有资本经营预算支出

第二节 政府机关工资福利拨款费用

一、政府机关工资福利拨款费用的概念

政府机关工资福利拨款费用是指本级政府财政拨付给机关和参公事业单位在职职工和编制外长期聘用人员的各类劳动报酬及为上述人员缴纳的各项社会保险费等费用。

二、政府机关工资福利拨款费用的会计核算

（一）政府机关工资福利拨款费用的科目设置

“政府机关工资福利拨款费用”科目核算本级政府财政拨付给机关和参公事业单位在职职工和编制外长期聘用人员的各类劳动报酬及为上述人员缴纳的各项社会保险费等费用。本科目可根据管理需要，参照《政府收支分类科目》中支出经济分类科目，按照预算单位和项目等进行明细核算。本科目平时借方余额反映本级政府机关工资福利拨款费用的累计数。期末结转后，本科目应无余额。

（二）政府机关工资福利拨款费用的账务处理

（1）实际发生政府机关工资福利拨款费用时，借记本科目，贷记“国库存款”科目。

经济业务和事项	财务会计处理	预算会计处理
发生机关和参公单位在职职工和编制外长聘人员的各类劳动报酬，以及为上述人员缴纳的各项社会保险等	借：政府机关工资福利拨款费用 贷：国库存款	借：一般公共预算支出 政府性基金预算支出 国有资本经营预算支出 贷：资金结存—库款资金结存

（2）当年政府机关工资福利拨款费用发生退回时，按照实际收到的退回金额，借记“国库存款”科目，贷记本科目。

经济业务和事项	财务会计处理	预算会计处理
本年度确认的支出发生退回，资金退回国库	借：国库存款 贷：政府机关工资福利拨款费用	借：资金结存—库款资金结存 贷：一般公共预算支出 政府性基金预算支出 国有资本经营预算支出
以前年度确认的支出发生退回，资金退回国库	借：国库存款 贷：以前年度盈余调整—预算管理资金以前年度盈余调整	借：资金结存—库款资金结存 贷：一般公共预算支出 政府性基金预算支出 国有资本经营预算支出
已收回的存量资金确认冲减支出	借：其他应付款 贷：以前年度盈余调整—预算管理资金以前年度盈余调整	借：待处理收入 贷：一般公共预算支出 政府性基金预算支出 国有资本经营预算支出

（3）年终转账时，本科目借方余额转入本期盈余，借记“本期盈余——预算管理资金本期盈余”科目，贷记本科目。

经济业务和事项	财务会计处理	预算会计处理
期末结转	借：本期盈余—预算管理资金本期盈余 贷：政府机关工资福利拨款费用	借：一般公共预算结转结余 政府性基金预算结转结余 国有资本经营预算结转结余 贷：一般公共预算支出 政府性基金预算支出 国有资本经营预算支出

第三节 对事业单位补助拨款费用

一、对事业单位补助拨款费用的概念

对事业单位补助拨款费用是指本级政府财政拨付的对事业单位（不含参公事业单位）的经常性补助费用，不包括对事业单位的资本性拨款费用。

二、对事业单位补助拨款费用的会计核算

（一）对事业单位补助拨款费用的科目设置

“对事业单位补助拨款费用”科目核算本级政府财政拨付的对事业单位（不含参公事业单位）的经常性补助费用，不包括对事业单位的资本性拨款费用。本科目可根据管理需要，参照《政府收支分类科目》中支出经济分类科目，按照预算单位和项目等进行明细核算。本科目平时借方余额反映本级政府财政对事业单位补助拨款费用的累计数。期末结转后，本科目应无余额。

（二）对事业单位补助拨款费用的账务处理

（1）实际发生对事业单位补助拨款费用时，借记本科目，贷记“国库存款”科目。

经济业务和事项	财务会计处理	预算会计处理
发生对事业单位（不含参公）的经常性补助支出	借：对事业单位补助拨款费用 贷：国库存款	借：一般公共预算支出 政府性基金预算支出 国有资本经营预算支出 贷：资金结存—库款资金结存

（2）当年对事业单位补助拨款费用发生退回时，按照实际收到的退回金额，借记“国库存款”科目，贷记本科目。

经济业务和事项	财务会计处理	预算会计处理
本年度确认的支出发生退回，资金退回国库	借：国库存款 贷：对事业单位补助拨款费用	借：资金结存—库款资金结存 贷：一般公共预算支出 政府性基金预算支出 国有资本经营预算支出
以前年度确认的支出发生退回，资金退回国库	借：国库存款 贷：以前年度盈余调整—预算管理资金以前年度盈余调整	借：资金结存—库款资金结存 贷：一般公共预算支出 政府性基金预算支出 国有资本经营预算支出
已收回的存量资金确认冲减支出	借：其他应付款 贷：以前年度盈余调整—预算管理资金以前年度盈余调整	借：待处理收入 贷：一般公共预算支出 政府性基金预算支出 国有资本经营预算支出

（3）年终转账时，本科目借方余额转入本期盈余，借记“本期盈余——预算管理资金本期盈余”科目，贷记本科目。

经济业务和事项	财务会计处理	预算会计处理
期末结转	借：本期盈余—预算管理资金本期盈余 贷：对事业单位补助拨款费用	借：一般公共预算结转结余 政府性基金预算结转结余 国有资本经营预算结转结余 贷：一般公共预算支出 政府性基金预算支出 国有资本经营预算支出

第四节 对企业补助拨款费用

一、对企业补助拨款费用的概念

对企业补助拨款费用是指本级政府财政拨付的对各类企业的补助费用，不包括对企业的资本金注入和资本性拨款费用。

二、对企业补助拨款费用的会计核算

（一）对企业补助拨款费用的科目设置

“对企业补助拨款费用”科目核算本级政府财政拨付的对各类企业的补助费用，不包

括对企业的资本金注入和资本性拨款费用。本科目可根据管理需要，参照《政府收支分类科目》中支出经济分类科目，按照预算单位和项目等进行明细核算。本科目平时借方余额反映本级政府财政对企业补助拨款费用的累计数。期末结转后，本科目应无余额。

（二）对企业补助拨款费用的账务处理

（1）实际发生对企业补助拨款费用时，借记本科目，贷记“国库存款”科目。

经济业务和事项	财务会计处理	预算会计处理
发生的对各类企业的补助支出	借：对企业补助拨款费用 　贷：国库存款	借：一般公共预算支出 　　政府性基金预算支出 　　国有资本经营预算支出 　贷：资金结存—库款资金结存

（2）当年对企业补助拨款费用发生退回时，按照实际收到的退回金额，借记“国库存款”科目，贷记本科目。

经济业务和事项	财务会计处理	预算会计处理
本年度确认的支出发生退回，资金退回国库	借：国库存款 　贷：对企业补助拨款费用	借：资金结存—库款资金结存 　贷：一般公共预算支出 　　　政府性基金预算支出 　　　国有资本经营预算支出
以前年度确认的支出发生退回，资金退回国库	借：国库存款 　贷：以前年度盈余调整—预算管理资金以前年度盈余调整	借：资金结存—库款资金结存 　贷：一般公共预算支出 　　　政府性基金预算支出 　　　国有资本经营预算支出
已收回的存量资金确认冲减支出	借：其他应付款 　贷：以前年度盈余调整—预算管理资金以前年度盈余调整	借：待处理收入 　贷：一般公共预算支出 　　　政府性基金预算支出 　　　国有资本经营预算支出

（3）年终转账时，本科目借方余额转入本期盈余，借记“本期盈余——预算管理资金本期盈余”科目，贷记本科目。

经济业务和事项	财务会计处理	预算会计处理
期末结转	借：本期盈余—预算管理资金本期盈余 　贷：对企业补助拨款费用	借：一般公共预算结转结余 　　政府性基金预算结转结余 　　国有资本经营预算结余 　贷：一般公共预算支出 　　　政府性基金预算支出 　　　国有资本经营预算支出

第五节　对个人和家庭补助拨款费用

一、对个人和家庭补助拨款费用的概念

对个人和家庭补助拨款费用是指本级政府财政拨付的对个人和家庭的补助费用。

二、对个人和家庭补助拨款费用的会计核算

（一）对个人和家庭补助拨款费用的科目设置

“对个人和家庭补助拨款费用”科目核算本级政府财政拨付的对个人和家庭的补助费用。本科目可根据管理需要，参照《政府收支分类科目》中支出经济分类科目，按照预算单位和项目等进行明细核算。本科目平时借方余额反映本级政府财政对个人和家庭补助拨款费用的累计数。期末结转后，本科目应无余额。

（二）对个人和家庭补助拨款费用的账务处理

（1）实际发生对个人和家庭补助拨款费用时，借记本科目，贷记“国库存款”科目。

经济业务和事项	财务会计处理	预算会计处理
发生的对个人和家庭的补助支出	借：对个人和家庭补助拨款费用 贷：国库存款	借：一般公共预算支出 政府性基金预算支出 国有资本经营预算支出 贷：资金结存—库款资金结存

（2）当年对个人和家庭补助拨款费用发生退回时，按照实际收到的金额，借记“国库存款”科目，贷记本科目。

经济业务和事项	财务会计处理	预算会计处理
本年度确认的支出发生退回，资金退回国库	借：国库存款 贷：对个人和家庭补助拨款费用	借：资金结存—库款资金结存 贷：一般公共预算支出 政府性基金预算支出 国有资本经营预算支出
以前年度确认的支出发生退回，资金退回国库	借：国库存款 贷：以前年度盈余调整—预算管理资金以前年度盈余调整	借：资金结存—库款资金结存 贷：一般公共预算支出 政府性基金预算支出 国有资本经营预算支出
已收回的存量资金确认冲减支出	借：其他应付款 贷：以前年度盈余调整—预算管理资金以前年度盈余调整	借：待处理收入 贷：一般公共预算支出 政府性基金预算支出 国有资本经营预算支出

（3）年终转账时，本科目借方余额转入本期盈余，借记“本期盈余——预算管理资金本期盈余”科目，贷记本科目。

经济业务和事项	财务会计处理	预算会计处理
期末结转	借：本期盈余—预算管理资金本期盈余 贷：对个人和家庭补助拨款费用	借：一般公共预算结转结余 政府性基金预算结转结余 国有资本经营预算结转结余 贷：一般公共预算支出 政府性基金预算支出 国有资本经营预算支出

第六节 对社会保障基金补助拨款费用

一、对社会保障基金补助拨款费用的概念

对社会保障基金补助拨款费用是指本级政府财政拨付的对社会保险基金的补助，以及补充全国社会保障基金的费用。

二、对社会保障基金补助拨款费用的会计核算

（一）对社会保障基金补助拨款费用的科目设置

"对社会保障基金补助拨款费用"科目核算本级政府财政拨付的对社会保险基金的补助费用，以及补充全国社会保障基金的费用。本科目可根据管理需要，参照《政府收支分类科目》中支出经济分类科目，按照预算单位和项目等进行明细核算。本科目平时借方余额反映本级政府财政对社会保障基金补助拨款费用的累计数。期末结转后，本科目应无余额。

（二）对社会保障基金补助拨款费用的账务处理

（1）实际发生对社会保障基金补助拨款费用时，借记本科目，贷记"国库存款"科目。

经济业务和事项	财务会计处理	预算会计处理
发生对社会保险基金的补助以及补充全国社会保障基金的支出	借：对社会保障基金补助拨款费用 　贷：国库存款	借：一般公共预算支出 　贷：资金结存—库款资金结存

（2）当年对社会保障基金补助拨款费用发生退回时，按照实际收到的金额，借记"国库存款"科目，贷记本科目。

经济业务和事项	财务会计处理	预算会计处理
本年度确认的支出发生退回，资金退回国库	借：国库存款 　贷：对社会保障基金补助拨款费用	借：资金结存—库款资金结存 　贷：一般公共预算支出
以前年度确认的支出发生退回，资金退回国库	借：国库存款 　贷：以前年度盈余调整—预算管理资金以前年度盈余调整	借：资金结存—库款资金结存 　贷：一般公共预算支出
已收回的存量资金确认冲减支出	借：其他应付款 　贷：以前年度盈余调整—预算管理资金以前年度盈余调整	借：待处理收入 　贷：一般公共预算支出

（3）年终转账时，本科目借方余额转入本期盈余，借记"本期盈余——预算管理资金本期盈余"科目，贷记本科目。

经济业务和事项	财务会计处理	预算会计处理
期末结转	借：本期盈余—预算管理资金本期盈余 　贷：对社会保障基金补助拨款费用	借：一般公共预算结转结余 　贷：一般公共预算支出

第七节 资本性拨款费用

一、资本性拨款费用的概念

资本性拨款费用是指本级政府财政拨付给行政事业单位和企业的资本性费用，不包括对企业的资本金注入。

二、资本性拨款费用的会计核算

（一）资本性拨款费用的科目设置

“资本性拨款费用”科目核算政府财政拨付给行政事业单位和企业的资本性拨款费用，不包括对企业的资本金注入。本科目可根据管理需要，参照《政府收支分类科目》中支出经济分类科目，按照预算单位和项目等进行明细核算。本科目平时借方余额反映本级政府财政资本性拨款费用的累计数。期末结转后，本科目应无余额。

（二）资本性拨款费用的账务处理

（1）实际发生资本性拨款费用时，借记本科目，贷记“国库存款”科目。

经济业务和事项	财务会计处理	预算会计处理
政府财政拨付给行政事业单位和企业的资本性拨款费用，不包括对企业的资本金注入	借：资本性拨款费用 　贷：国库存款	借：一般公共预算支出 　　政府性基金预算支出 　　国有资本经营预算支出 　贷：资金结存—库款资金结存

（2）当年资本性拨款费用发生退回时，按照实际退回的金额，借记“国库存款”科目，贷记本科目。

经济业务和事项	财务会计处理	预算会计处理
本年度确认的支出发生退回，资金退回国库	借：国库存款 　贷：资本性拨款费用	借：资金结存—库款资金结存 　贷：一般公共预算支出 　　　政府性基金预算支出 　　　国有资本经营预算支出
以前年度确认的支出发生退回，资金退回国库	借：国库存款 　贷：以前年度盈余调整—预算管理资金以前年度盈余调整	借：资金结存—库款资金结存 　贷：一般公共预算支出 　　　政府性基金预算支出 　　　国有资本经营预算支出
已收回的存量资金确认冲减支出	借：其他应付款 　贷：以前年度盈余调整—预算管理资金以前年度盈余调整	借：待处理收入 　贷：一般公共预算支出 　　　政府性基金预算支出 　　　国有资本经营预算支出

（3）年终转账时，本科目借方余额转入本期盈余，借记“本期盈余——预算管理资金本期盈余”科目，贷记本科目。

经济业务和事项	财务会计处理	预算会计处理
期末结转	借：本期盈余—预算管理资金本期盈余 　贷：资本性拨款费用	借：一般公共预算结转结余 　　政府性基金预算结转结余 　　国有资本经营预算结余 　贷：一般公共预算支出 　　　政府性基金预算支出 　　　国有资本经营预算支出

第八节 其他拨款费用

一、其他拨款费用的概念

其他拨款费用是指本级政府财政拨付的经常性赠与、国家赔偿费用、对民间非营利组织和群众性自治组织补贴等费用。

二、其他拨款费用的核算内容

（一）其他拨款费用的科目设置

“其他拨款费用”科目核算本级政府财政拨付的经常性赠与、国家赔偿费用、对民间非营利组织和群众性自治组织补贴等费用。本科目可根据管理需要，参照《政府收支分类科目》中支出经济分类科目，按照预算单位和项目等进行明细核算。本科目平时借方余额反映本级政府财政其他拨款费用的累计数。期末结转后，本科目应无余额。

（二）其他拨款费用的账务处理

（1）实际发生其他拨款费用时，借记本科目，贷记“国库存款”科目。

经济业务和事项	财务会计处理	预算会计处理
发生的其他支出	借：其他拨款费用 贷：国库存款	借：一般公共预算支出 政府性基金预算支出 国有资本经营预算支出 贷：资金结存—库款资金结存

（2）当年其他拨款费用发生退回时，按照实际收到的退回金额，借记“国库存款”科目，贷记本科目。

经济业务和事项	财务会计处理	预算会计处理
本年度确认的支出发生退回，资金退回国库	借：国库存款 贷：其他拨款费用	借：资金结存—库款资金结存 贷：一般公共预算支出 政府性基金预算支出 国有资本经营预算支出
以前年度确认的支出发生退回，资金退回国库	借：国库存款 贷：以前年度盈余调整—预算管理资金以前年度盈余调整	借：资金结存—库款资金结存 贷：一般公共预算支出 政府性基金预算支出 国有资本经营预算支出
已收回的存量资金确认冲减支出	借：其他应付款 贷：以前年度盈余调整—预算管理资金以前年度盈余调整	借：待处理收入 贷：一般公共预算支出 政府性基金预算支出 国有资本经营预算支出

（3）年终转账时，本科目借方余额转入本期盈余，借记“本期盈余——预算管理资金本期盈余”科目，贷记本科目。

经济业务和事项	财务会计处理	预算会计处理
期末结转	借：本期盈余—预算管理资金本期盈余 贷：其他拨款费用	借：一般公共预算结转结余 政府性基金预算结转结余 国有资本经营预算结余 贷：一般公共预算支出 政府性基金预算支出 国有资本经营预算支出

第九节 财务费用

一、财务费用的概念

财务费用是指本级政府财政用于偿还政府债务的利息费用，政府债务发行、兑付、登记费用，以外币计算的政府资产及债务由于汇率变化产生的汇兑损益等。

二、财务费用的会计核算

（一）财务费用的科目设置

“财务费用”科目核算本级政府财政用于偿还政府债务利息费用，政府债务发行、兑付、登记费用，以外币计算的政府资产及债务由于汇率变化产生的汇兑损益等。本科目应设置“利息费用”“债务发行兑付费用”“汇兑损益”明细科目。

本科目平时借方余额反映本级政府财政财务费用的累计数。期末结转后，本科目应无余额。

（二）财务费用的账务处理

1.中央财政发生国债业务的主要账务处理

（1）按期计提利息费用时，根据债务管理部门计算确定的本期应支付利息金额，借记本科目，贷记“应付利息”“应付地方政府债券转贷款—应付利息”“应付主权外债转贷款—应付利息”等科目。

经济业务和事项		财务会计处理	预算会计处理
按期计提本期应付未付的利息	计提本期应付未付的政府债券利息	借：财务费用—利息费用 贷：应付利息（中央和省级财政部门使用） 应付地方政府债券转贷款—应付利息（省以下财政部门使用）	—
	计提本期应付未付的借入款项和主权外债利息	借：财务费用—利息费用 贷：应付利息（中央和省级财政部门使用） 应付主权外债转贷款—应付利息（省以下财政部门使用）	—

（2）中央财政发生国债随卖业务时，账务处理参照“应付短期政府债券”科目中的国债随卖业务的账务处理。

经济业务和事项	财务会计处理	预算会计处理
随卖期限在1年以内（含1年）的短期国债	借：国库存款 借/贷：财务费用—利息费用 贷：应付短期政府债券—应付国债	借：资金结存—库款资金结存 借/贷：一般公共预算支出 贷：债务预算收入—国债收入
随卖期限在1年以上的长期国债	借：国库存款 借/贷：财务费用—利息费用 贷：应付长期政府债券—应付国债	借：资金结存—库款资金结存 借/贷：一般公共预算支出 贷：债务预算收入—国债收入

（3）中央财政发生国债随买业务时，账务处理参照“应付短期政府债券”科目中的国债随买业务的账务处理。

经济业务和事项	财务会计处理	预算会计处理
中央政府财政发生国债随买业务	借：应付短期政府债券—应付国债 应付长期政府债券—应付国债 借/贷：财务费用—利息费用 贷：国库存款	借：债务还本预算支出—国债还本支出 借/贷：一般公共预算支出 贷：资金结存—库款资金结存

（4）提前赎回已发行的政府债券、债权人豁免政府财政承担的主权外债应付利息时，按照减少的当年已计提应付利息金额，借记“应付利息”“应付地方政府债券转贷款——应付利息”“应付主权外债转贷款——应付利息”等科目，贷记本科目。

经济业务和事项	财务会计处理	预算会计处理
提前赎回政府债券，豁免的利息是当年计提确认的	借：应付利息（中央和省级财政部门使用） 应付地方政府债券转贷款—应付利息（省级以下财政部门使用） 贷：财务费用—利息费用	—
提前赎回政府债券，豁免的利息是以往年度计提确认的	借：应付利息（中央和省级财政部门使用） 应付地方政府债券转贷款—应付利息（省级以下财政部门使用） 贷：以前年度盈余调整—预算管理资金以前年度盈余调整	—
提前赎回外债，豁免利息是当年计提确认的	借：应付利息（中央和省级财政部门使用） 应付主权外债转贷款—应付利息（省级以下财政部门使用） 贷：财务费用—利息费用	—
提前赎回外债，豁免的利息是以往年度计提确认的	借：应付利息（中央和省级财政部门使用） 应付主权外债转贷款—应付利息（省级以下财政部门使用） 贷：以前年度盈余调整—预算管理资金以前年度盈余调整	—

2.债务发行兑付费用的主要账务处理

（1）支付政府债务发行、兑付、登记款项时，按照实际支付的金额，借记本科目，贷记“国库存款”科目。

经济业务和事项	财务会计处理	预算会计处理
支付政府债务发行、兑付、登记款项	借：财务费用—债务发行兑付费用 贷：国库存款	借：一般公共预算支出（本级财政应承担的部分） 政府性基金预算支出（本级财政应承担的部分） 贷：资金结存—库款资金结存
上级政府财政通过代扣资金方式支付	借：财务费用—债务发行兑付费用 贷：与上级往来	借：一般公共预算支出（本级财政应承担的部分） 政府性基金预算支出（本级财政应承担的部分） 贷：补助预算收入—上级调拨

（2）收到或扣缴下级政府财政应承担的政府债务发行、兑付、登记款项时，按照实际收到或扣缴的金额，借记“国库存款”“其他财政存款”“与下级往来”等科目，贷记本科目。

经济业务和事项	财务会计处理	预算会计处理
收到下级政府财政应承担的政府债券发行、兑付、登记款项	借：国库存款/其他财政存款 　贷：财务费用—债务发行兑付费用	
通过代扣资金方式收回下级政府财政承担的费用	代扣资金时： 借：与下级往来 　贷：财务费用—债务发行兑付费用 支付时： 借：财务费用—债务发行兑付费用 　贷：国库存款/其他财政存款	扣资金时： 借：补助预算支出—调拨下级 　贷：资金结存—上下级调拨结存 支付时： 借：资金结存—上下级调拨结存 　贷：资金结存—库款资金结存/专户资金结存

3.汇兑损益的主要账务处理

（1）期末，将所有以外币计算的政府资产按期末汇率折算为人民币金额，折算后的金额小于原账面余额时，按照折算差额，借记本科目，贷记“其他财政存款”“应收主权外债转贷款”等科目；折算后的金额大于原账面余额时，按照折算差额，借记“其他财政存款”“应收主权外债转贷款”等科目，贷记本科目。

经济业务和事项		财务会计处理	预算会计处理
期末，将所有以外币计算的政府资产按期末汇率折算为人民币金额，确认汇兑损益，预算会计同时进行会计处理	折算后的金额小于原账面余额时，按照折算差额确认	借：财务费用—汇兑损益 　贷：其他财政存款	借：一般公共预算支出 　贷：资金结存—专户资金结存
	折算后的金额大于原账面余额时，按照折算差额确认	借：其他财政存款 　贷：财务费用—汇兑损益	借：资金结存—专户资金结存 　贷：一般公共预算支出
期末，将所有以外币计算的政府资产按期末汇率折算为人民币金额，确认汇兑损益，如应收主权外债转贷款	折算后的金额小于原账面余额时，按照折算差额确认	借：财务费用—汇兑损益 　贷：应收主权外债转贷款—应收本金 　　　　　　　　　　　—应收利息	—
	折算后的金额大于原账面余额时，按照折算差额确认	借：应收主权外债转贷款—应收本金 　　　　　　　　　　　—应收利息 　贷：财务费用—汇兑损益	—

（2）期末，将所有以外币计算的借入款项、政府债券、主权外债转贷款、应付利息等政府负债按期末汇率折算为人民币金额，折算后的金额小于原账面余额时，按照折算差额，借记“借入款项”“应付长期政府债券”“应付主权外债转贷款”“应付利息”等科目，贷记本科目；折算后的金额大于原账面余额时，按照折算差额，借记本科目，贷记“借入款项”“应付长期政府债券”“应付主权外债转贷款”“应付利息”等科目。

经济业务和事项		财务会计处理	预算会计处理
期末，根据债务管理部门提供的借入款项、主权外债转贷款等以外币计价的政府债务期末余额和因汇率变动产生的期末人民币余额与原账面余额之间的差额，确认汇兑损益	折算后的人民币余额小于原账面余额，按照差额确认	借：借入款项（中央和省级财政部门使用） 　　应付主权外债转贷款—应收本金（省级以下财政部门使用）等 　贷：财务费用—汇兑损益	—
	折算后的人民币余额大于原账面余额，按照差额确认	借：财务费用—汇兑损益 　贷：借入款项（中央和省级财政部门使用） 　　　应付主权外债转贷款—应收本金（省级以下财政部门使用）等	—

4.年终转账的账务处理

年终转账时，本科目借方或贷方余额转入本期盈余，借记或贷记“本期盈余——预算管理资金本期盈余”科目，贷记或借记本科目。

经济业务和事项	财务会计处理	预算会计处理
期末结转	借/贷：本期盈余—预算管理资金本期盈余 贷/借：财务费用	借/贷：一般公共预算结转结余 政府性基金预算结转结余 贷/借：一般公共预算支出 政府性基金预算支出

第十节 转移性费用

转移性费用是指在各级政府财政之间进行资金调拨形成的费用，包括补助费用、上解费用、地区间援助费用等。

一、补助费用

（一）补助费用的概念

补助费用是指本级政府财政按照财政体制规定或专项需要补助给下级政府财政的费用。

（二）补助费用的会计核算

1.补助费用的科目设置

“补助费用”科目核算本级政府财政按财政体制规定或专项需要补助给下级政府财政的款项，包括对下级的税收返还、一般性转移支付和专项转移支付等。本科目可根据管理需要，按照补助地区进行明细核算。本科目平时借方余额反映本级政府财政对下级补助费用的累计数。期末结转后，本科目应无余额。

2.补助费用的账务处理

（1）年终与下级政府财政结算时，按照结算确认的应当补助下级政府的费用数，借记本科目，贷记“与下级往来”科目。退还或核减补助费用时，借记“与下级往来”科目，贷记本科目。

经济业务和事项	财务会计处理	预算会计处理
年终与下级政府财政结算时，根据预算管理部门提供的结算单确认补助下级预算支出	借：补助费用 贷：与下级往来	借：补助预算支出—一般公共预算补助支出 —政府性基金预算补助支出 —国有资本经营预算补助支出 贷：补助预算支出—调拨下级
退还或核减补助费用	借：与下级往来 贷：补助费用	借：补助预算支出—调拨下级 贷：补助预算支出—一般公共预算补助支出 —政府性基金预算补助支出 —国有资本经营预算补助支出

（2）专项转移支付资金实行特设专户管理的，根据有关支出管理部门下达的预算文件和拨款依据确认费用，借记本科目或“与下级往来”科目，资金由本级政府财政拨付给下级的，贷记“其他财政存款”等科目，资金由上级政府财政直接拨给下级的，贷记“与上级往来”或“补助收入”科目。

<table>
<tr><th colspan="2">经济业务和事项</th><th>财务会计处理</th><th>预算会计处理</th></tr>
<tr><td rowspan="2">专项转移支付资金实行特设专户管理的，根据有关支出管理部门下达的预算文件和拨款依据确认费用</td><td>拨付资金时</td><td>借：与下级往来
贷：其他财政存款</td><td>借：补助预算支出—调拨下级
贷：资金结存—专户资金结存</td></tr>
<tr><td>确认补助支出时</td><td>借：补助费用
贷：与下级往来</td><td>借：补助预算支出——一般公共预算补助支出
—政府性基金预算补助支出
—国有资本经营预算补助支出
贷：补助预算支出—调拨下级</td></tr>
<tr><td colspan="2">上级财政将转移支付资金直接拨付给所辖的下级财政，本级进行相应的账务确认</td><td>借：与下级往来/补助费用
贷：与上级往来/补助收入</td><td>借：补助预算支出—调拨下级
贷：补助预算收入—上级调拨</td></tr>
<tr><td colspan="2">两级财政年终结算中确认应当由下级政府财政上交的款项</td><td>借：与下级往来
贷：上解收入</td><td>借：补助预算支出—调拨下级
贷：上解预算收入</td></tr>
<tr><td colspan="2">发生上解多交，通过资金结算方式退回下级政府财政</td><td>借：上解收入
贷：与下级往来</td><td>借：上解预算收入
贷：补助预算支出—调拨下级</td></tr>
</table>

（3）年终转账时，本科目借方余额转入本期盈余，借记“本期盈余——预算管理资金本期盈余”科目，贷记本科目。

<table>
<tr><th>经济业务和事项</th><th>财务会计处理</th><th>预算会计处理</th></tr>
<tr><td rowspan="4">期末结转</td><td rowspan="4">借：本期盈余—预算管理资金本期盈余
贷：补助费用</td><td>借：一般公共预算结转结余
贷：补助预算支出——一般公共预算补助支出</td></tr>
<tr><td>借：政府性基金预算结转结余
贷：补助预算支出—政府性基金预算补助支出</td></tr>
<tr><td>借：国有资本经营预算结转结余
贷：补助预算支出—国有资本经营预算补助支出</td></tr>
<tr><td>借/贷：资金结存—上下级调拨结存
贷/借：补助预算支出—调拨下级</td></tr>
</table>

二、上解费用

（一）上解费用的概念

上解费用是指本级政府财政按照财政体制规定或专项需要上解给上级政府财政的费用。

（二）上解费用的会计核算

1.上解费用的科目设置

“上解费用”科目核算本级政府财政按照财政体制规定或专项需要上解给上级政府财政的款项。本科目可根据管理需要按照项目等进行明细核算。本科目平时借方余额反映本级政府财政上解费用的累计数。期末结转后，本科目应无余额。

2.上解费用的账务处理

（1）年终与上级政府财政结算时，按照结算确认的应当上解费用数，借记本科目，贷记“与上级往来”科目。退还或核减上解费用时，借记“与上级往来”等科目，贷记本科目。

经济业务和事项		财务会计处理	预算会计处理
发生上解预算支出	直接划转资金时	借：上解费用 贷：国库存款	借：上解预算支出 贷：资金结存—库款资金结存
	上级财政通过代扣资金方式划转时	借：上解费用 贷：与上级往来	借：上解预算支出 贷：补助预算收入—上级调拨
上级财政退还或核减上解支出	直接退回资金时	借：国库存款 贷：上解费用	借：资金结存—库款资金结存 贷：上解预算支出
	上级财政通过往来挂账的方式退回	借：与上级往来 贷：上解费用	借：补助预算收入—上级调拨 贷：上解预算支出
两级财政年终结算时，本级政府财政确认尚未支付的上解金额		借：上解费用 贷：与上级往来	借：上解预算支出 贷：补助预算收入—上级调拨

（2）年终转账时，本科目借方余额转入本期盈余，借记“本期盈余——预算管理资金本期盈余”科目，贷记本科目。

经济业务和事项	财务会计处理	预算会计处理
期末结转	借：本期盈余—预算管理资金本期盈余 贷：上解费用	借：一般公共预算结转结余 贷：上解预算支出—一般公共预算上解支出
		借：政府性基金预算结转结余 贷：上解预算支出—政府性基金预算上解支出
		借：国有资本经营预算结转结余 贷：上解预算支出—国有资本经营预算上解支出

三、地区间援助费用

（一）地区间援助费用的概念

地区间援助费用是指援助方政府财政安排用于受援方政府财政统筹使用的各类援助、补偿、捐赠等费用。

（二）地区间援助费用的会计核算

1.地区间援助费用的科目设置

“地区间援助费用”科目核算援助方政府财政安排用于受援方政府财政统筹使用的各类援助、补偿、捐赠等。本科目可根据管理需要，按照受援地区等进行明细核算。

本科目平时借方余额反映地区间援助费用的累计数。期末结转后，本科目应无余额。

2.地区间援助费用的账务处理

（1）发生地区间援助费用时，借记本科目，贷记“国库存款”科目。

经济业务和事项	财务会计处理	预算会计处理
支付援助其他地区款项	借：地区间援助费用 贷：国库存款	借：地区间援助预算支出 贷：资金结存—库款资金结存

（2）年终转账时，本科目借方余额转入本期盈余，借记“本期盈余——预算管理资金本期盈余”科目，贷记本科目。

经济业务和事项	财务会计处理	预算会计处理
期末结转	借：本期盈余—预算管理资金本期盈余 贷：地区间援助费用	借：一般公共预算结转结余 贷：地区间援助预算支出

第十一节 其他费用

一、其他费用的概念

本科目核算本级政府财政无偿划出股权投资时产生的投资损失、政府财政承担支出责任的其他负债等。

二、其他费用的会计核算

（一）其他费用的科目设置

“其他费用”科目可根据管理需要，按照类别进行明细核算。本科目平时借方余额反映本级政府财政其他费用的累计数。期末结转后，本科目应无余额。

（二）其他费用的账务处理

（1）政府财政无偿划出股权投资时，根据股权管理部门提供的资料，按照被划出股权投资对应的“权益法调整”科目账面余额，借记或贷记“权益法调整”科目，贷记或借记“股权投资（其他权益变动）”科目；按照被划出股权投资的账面余额，借记本科目，贷记“股权投资（投资成本、损益调整）”科目。

经济业务和事项		财务会计处理	预算会计处理
政府财政无偿划出股权投资	股权投资在存续期间若出现了权益调整，划出时则需借记或贷记“权益法调整”科目	借/贷：权益法调整 贷或借：股权投资（其他权益变动） 借：其他费用 贷：股权投资（投资成本、损益调整）	—

（2）政府财政承担支出责任的其他负债，按照确定应承担的负债金额，借记本科目，贷记“其他负债”科目。

经济业务和事项		财务会计处理	预算会计处理
承担支出责任的其他负债	仅限中央财政使用	借：其他费用 贷：其他负债	—

（3）无偿划出股权投资时，账务处理参照“股权投资”科目中权益法和成本法下对应业务的账务处理。

经济业务和事项		财务会计处理	预算会计处理
政府财政无偿划出股权投资	股权投资在存续期间若出现了权益调整，划出时则需借记或贷记“权益法调整”科目	借：其他费用 借/贷：权益法调整 贷：股权投资 应收股利	—
承担支出责任的其他负债	仅限中央财政使用	借：其他费用 贷：其他负债	—

（4）年终转账时，本科目借方余额转入本期盈余，借记“本期盈余——预算管理资金本期盈余”科目，贷记本科目。

经济业务和事项	财务会计处理	预算会计处理
期末结转	借：本期盈余—预算管理资金本期盈余 贷：其他费用	—

第十二节 财政专户管理资金支出

一、财政专户管理资金支出的概念

财政专户管理资金支出是指本级政府财政用纳入财政专户管理的教育收费等资金安排的支出。

二、财政专户管理资金支出的会计核算

（一）财政专户管理资金支出的科目设置

“财政专户管理资金支出”科目可根据管理需要，按照预算单位等进行明细核算。本科目平时借方余额反映财政专户管理资金支出的累计数。期末结转后，本科目应无余额。

（二）财政专户管理资金支出的账务处理

（1）发生财政专户管理资金支出时，借记本科目，贷记“其他财政存款”等科目。

经济业务和事项	财务会计处理	预算会计处理
发生财政专户管理资金支出	借：财政专户管理资金支出 贷：其他财政存款	借：财政专户管理资金支出 贷：资金结存—专户资金结存

（2）当年记入的财政专户管理资金支出发生退回时，按照实际退回的金额，借记“其他财政存款”科目，贷记本科目。

经济业务和事项	财务会计处理	预算会计处理
当年确认的支出发生退回	借：其他财政存款 贷：财政专户管理资金支出	借：资金结存—专户资金结存 贷：财政专户管理资金支出

（3）以前年度财政专户管理资金支出发生退回时，按照实际退回的金额，借记“其他财政存款”科目，贷记“以前年度盈余调整——财政专户管理资金以前年度盈余调整”科目。

经济业务和事项	财务会计处理	预算会计处理
以前年度支出发生退回	借：其他财政存款 贷：以前年度盈余调整—财政专户管理资金以前年度盈余调整	借：资金结存—专户资金结存 贷：财政专户管理资金支出

（4）年终转账时，本科目借方余额转入本期盈余，借记“本期盈余—财政专户管理资金本期盈余”科目，贷记本科目。

经济业务和事项	财务会计处理	预算会计处理
期末结转	借：本期盈余—财政专户管理资金本期盈余 贷：财政专户管理资金支出	借：财政专户管理资金结余 贷：财政专户管理资金支出

第十三节 专用基金支出

一、专用基金支出的概念

专用基金支出是指政府财政用专用基金收入安排的支出。

二、专用基金支出的会计核算

（一）专用基金支出的科目设置

“专用基金支出”科目核算本级政府财政用专用基金收入安排的支出。本科目可根据管理需要，按照专用基金种类、预算单位等进行明细核算。本科目平时借方余额反映专用基金支出的累计数。期末结转后，本科目应无余额。

（二）专用基金支出的账务处理

专用基金支出的主要账务处理如下：

（1）发生专用基金支出时，借记本科目，贷记“其他财政存款”等科目。

经济业务和事项	财务会计处理	预算会计处理
发生专用基金支出	借：专用基金支出 贷：国库存款/其他财政存款	借：专用基金支出 贷：资金结存—库款资金结存/专户资金结存

（2）当年专用基金支出发生退回时，按照实际退回的金额，借记“其他财政存款”等科目，贷记本科目。

经济业务和事项	财务会计处理	预算会计处理
当年确认的支出发生退回	借：国库存款/其他财政存款 贷：专用基金支出	借：资金结存—库款资金结存/专户资金结存 贷：专用基金支出

（3）以前年度专用基金支出发生退回时，按照实际退回的金额，借记“其他财政存款”等科目，贷记“以前年度盈余调整——专用基金以前年度盈余调整”科目。

经济业务和事项	财务会计处理	预算会计处理
以往年度支出发生退回	借：国库存款/其他财政存款 贷：以前年度盈余调整—专用基金以前年度盈余调整	借：资金结存—库款资金结存/专户资金结存 贷：专用基金支出

（4）年终转账时，本科目借方余额转入本期盈余，借记“本期盈余——专用基金本期盈余”科目，贷记本科目。

经济业务和事项	财务会计处理	预算会计处理
期末结转	借：本期盈余—专用基金本期盈余 贷：专用基金支出	借：专用基金结余 贷：专用基金支出

复习思考题

1.什么是总会计核算的费用？其主要包括哪些类别？

2.简述政府机关商品和服务拨款费用、政府机关工资福利拨款费用、对事业单位补助拨款费用的含义和会计核算内容

3.简述实际发生对社会保障基金补助拨款费用、当年对社会保障基金补助拨款费用发生退回时的账务处理。

4.简述财务费用的账务处理。

5.简述补助费用、上解费用、地区间援助费用账务处理的区别。

第九章　政府财政预算收入的核算

预算收入一般在实际取得时予以确认，以实际取得的金额计量。总会计核算的预算收入包括一般公共预算收入、政府性基金预算收入、国有资本经营预算收入、财政专户管理资金收入、专用基金收入、转移性预算收入、动用预算稳定调节基金、债务预算收入、债务转贷预算收入和待处理收入等。一般公共预算收入、政府性基金预算收入、国有资本经营预算收入、财政专户管理资金收入和专用基金收入应当按照实际收到的金额入账。中央政府财政年末可按有关规定对部分收入事项采用权责发生制核算。转移性预算收入应当按照财政体制的规定和预算管理需要，按实际发生的金额入账。债务预算收入应当按照实际发行额或借入的金额入账。债务转贷预算收入应当按照实际收到的转贷金额入账。待处理收入应当按照实际收到的金额入账。已建乡（镇）国库的地区，乡（镇）财政的本级收入以乡（镇）国库收到数为准。县（含县本级）以上各级财政的各项预算收入（含固定收入与共享收入）以缴入基层国库数额为准。未建乡（镇）国库的地区，乡（镇）财政的本级收入以乡（镇）总会计收到县级财政返回数额为准。总会计应当加强各项预算收入的管理，严格会计核算手续。对于各项预算收入的账务处理必须以审核无误的国库入账凭证、预算收入日报表、专户资金入账凭证和其他合法凭证为依据。发现错误，应当按照有关规定及时通知有关单位共同更正。对于已缴入国库和财政专户的预算收入退库（付），要严格把关，强化监督。凡不属于国家规定的退库（付）项目，一律不得办理退库（付）及冲退预算收入。属于国家规定的退库（付）事项，具体退库（付）程序按财政部的有关规定办理。

第一节　一般公共预算收入

一、一般公共预算收入的概念

一般公共预算收入是指政府财政筹集纳入本级一般公共预算管理的税收收入和非税收入。

二、一般公共预算收入的会计核算

（一）一般公共预算收入的科目设置

“一般公共预算收入”科目核算政府财政筹集的纳入本级一般公共预算管理的税收收入和非税收入。本科目根据《政府收支分类科目》中“一般公共预算收入”科目进行明细核算。本科目平时贷方余额反映本级一般公共预算收入的累计数。期末结转后，本科目应无余额。

（二）一般公共预算收入的账务处理

（1）收到款项时，根据当日预算收入日报表所列一般公共预算本级收入数，借记“资金结存——库款资金结存”科目，贷记本科目。

（2）年终转账时，本科目贷方余额转入一般公共预算结转结余，借记本科目，贷记“一般公共预算结转结余”科目。

经济业务和事项	财务会计处理	预算会计处理
收到款项时，根据当日预算收入日报表所列本级税收收入数	借：国库存款 贷：税收收入	借：资金结存—库款资金结存 贷：一般公共预算收入
期末/年末结转	借：税收收入 贷：本期盈余—预算管理资金本期盈余	借：一般公共预算收入 贷：一般公共预算结转结余

第二节　政府性基金预算收入

一、政府性基金预算收入的概念

政府性基金预算收入是指政府财政筹集纳入本级政府性基金预算管理的非税收入。

二、政府性基金预算收入的会计核算

（一）政府性基金预算收入的科目设置

“政府性基金预算收入”科目核算政府财政筹集的纳入本级政府性基金预算管理的非税收入。本科目应根据《政府收支分类科目》中“政府性基金预算收入”科目进行明细核算。本科目平时贷方余额反映本级政府性基金预算收入的累计数。期末结转后，本科目应无余额。

（二）政府性基金预算收入的账务处理

（1）收到款项时，根据当日预算收入日报表所列政府性基金预算本级收入数，借记“资金结存——库款资金结存”科目，贷记本科目。

（2）年终转账时，本科目贷方余额转入政府性基金预算结转结余，借记本科目，贷记“政府性基金预算结转结余”科目。

经济业务和事项	财务会计处理	预算会计处理
取得非税收入时	借：国库存款 贷：非税收入	借：资金结存—库款资金结存 贷：政府性基金预算收入
期末/年末结转	借：非税收入 贷：本期盈余—预算管理资金本期盈余	借：政府性基金预算收入 贷：政府性基金预算结转结余

第三节　国有资本经营预算收入

一、国有资本经营预算收入的概念

国有资本经营预算收入是指政府财政筹集纳入本级国有资本经营预算管理的非税收入。

二、国有资本经营预算收入的会计核算

（一）国有资本经营预算收入的科目设置

“国有资本经营预算收入”科目核算政府财政筹集的纳入本级国有资本经营预算管理的非税收入。本科目应根据《政府收支分类科目》中“国有资本经营预算收入”科目进行明细核算。本科目平时贷方余额反映本级国有资本经营预算收入的累计数。期末结转后，本科目应无余额。

（二）国有资本经营预算收入的账务处理

（1）收到款项时，根据当日预算收入日报表所列国有资本经营预算本级收入数，借记

"资金结存——库款资金结存"科目，贷记本科目。

（2）年终转账时，本科目贷方余额转入国有资本经营预算结转结余，借记本科目，贷记"国有资本经营预算结转结余"科目。

经济业务和事项	财务会计处理	预算会计处理
取得非税收入时	借：国库存款 贷：非税收入	借：资金结存—库款资金结存 贷：国有资本经营预算收入
期末/年末结转	借：非税收入 贷：本期盈余—预算管理资金本期盈余	借：国有资本经营预算收入 贷：国有资本经营预算结转结余

第四节 财政专户管理资金收入

一、财政专户管理资金收入的概念

财政专户管理资金收入是指政府财政纳入财政专户管理的教育收费等资金收入。

二、财政专户管理资金收入的会计核算

（一）财政专户管理资金收入的科目设置

"财政专户管理资金收入"科目核算政府财政纳入财政专户管理的教育收费等资金收入。本科目应根据《政府收支分类科目》中收入分类科目进行明细核算。同时，根据管理需要，按预算单位等进行明细核算。本科目平时贷方余额反映财政专户管理资金收入的累计数。期末结转后，本科目应无余额。

（二）财政专户管理资金收入的账务处理

（1）收到财政专户管理资金收入时，借记"资金结存——专户资金结存"科目，贷记本科目。

（2）年终转账时，本科目贷方余额转入财政专户管理资金结余，借记本科目，贷记"财政专户管理资金结余"科目。

经济业务和事项	财务会计处理	预算会计处理
收到财政专户管理资金	借：其他财政存款 贷：财政专户管理资金收入	借：资金结存—专户资金结存 贷：财政专户管理资金收入
期末结转	借：财政专户管理资金收入 贷：本期盈余—财政专户管理资金本期盈余	借：财政专户管理资金收入 贷：财政专户管理资金结余

第五节 专用基金收入

一、专用基金收入的概念

专用基金收入是指政府财政根据法律法规等规定设立各项专用基金（包括粮食风险基金等）取得的资金收入。

二、专用基金收入的会计核算

（一）专用基金收入的科目设置

"专用基金收入"科目核算本级政府财政按照法律法规和国务院、财政部规定设置或取得的粮食风险基金等专用基金收入。本科目应按照专用基金种类进行明细核算。本科目平时贷方余额反映取得专用基金收入的累计数。期末结转后，本科目应无余额。

（二）专用基金收入的账务处理

（1）通过预算支出安排取得专用基金收入并将资金转入财政专户的，借记“资金结存——专户资金结存”科目，贷记本科目；同时，借记“一般公共预算支出”等科目，贷记“资金结存——库款资金结存”等科目。退回专用基金收入时，做相反的会计分录。

（2）通过预算支出安排取得专用基金收入，资金仍留存国库的，借记“一般公共预算支出”等科目，贷记本科目。

（3）年终转账时，本科目贷方余额转入专用基金结余，借记本科目，贷记“专用基金结余”科目。

经济业务和事项	财务会计处理	预算会计处理
财政专户收到专用基金收入	借：其他财政存款 　贷：专用基金收入 借：有关费用科目 　贷：国库存款	借：资金结存—专户资金结存 　贷：专用基金收入 借：一般公共预算支出 　贷：资金结存—库款资金结存
退回当年取得的专用基金收入	借：专用基金收入 　贷：其他财政存款 借：国库存款 　贷：有关费用科目	借：专用基金收入 　贷：资金结存—专户资金结存 借：资金结存—库款资金结存 　贷：一般公共预算支出
退回往年取得的专用基金收入	借：以前年度盈余调盈调整—专用基金以前年度盈余调整 　贷：其他财政存款	借：专用基金收入 　贷：资金结存—专户资金结存
通过预算支出安排取得专用基金收入，资金仍留存国库	借：有关费用科目 　贷：专用基金收入	借：一般公共预算支出 　贷：专用基金收入
期末结转	借：专用基金收入 　贷：本期盈余—专用基金本期盈余	借：专用基金收入 　贷：专用基金结余

第六节　转移性预算收入

一、转移性预算收入的概念

转移性预算收入是指在各级政府财政之间进行资金调拨以及在本级政府财政不同类型资金之间调剂所形成的收入，包括补助预算收入、上解预算收入、地区间援助预算收入和调入预算资金等。

补助预算收入是指上级政府财政按照财政体制规定或专项需要补助给本级政府财政的款项，包括返还性收入、一般性转移支付收入和专项转移支付收入等。上解预算收入是指按照财政体制规定或专项需要由下级政府财政上交给本级政府财政的款项。地区间援助预算收入是指受援方政府财政收到援助方政府财政转来的可统筹使用的各类援助、捐赠等资金收入。调入预算资金是指政府财政为平衡某类预算收支，从其他类型预算资金及其他渠道调入的资金。

二、转移性预算收入的会计核算

（一）补助预算收入的会计核算

1.补助预算收入的科目设置

为核算补助预算收入业务，总会计应设置“补助预算收入”科目。本科目下应设置

“一般公共预算补助收入”“政府性基金预算补助收入”“国有资本经营预算补助收入”“上级调拨”明细科目，可根据《政府收支分类科目》规定进行明细核算。其中，“一般公共预算补助收入”科目核算本级政府财政收到上级政府财政的一般公共预算转移支付收入；“政府性基金预算补助收入”科目核算本级政府财政收到上级政府财政的政府性基金转移支付收入；“国有资本经营预算补助收入”科目核算本级政府财政收到上级政府财政的国有资本经营预算转移支付收入；“上级调拨”科目核算年度执行中，本级政府财政收到暂不能明确资金类别的上级政府财政调拨资金或按年终结算应确认事项金额。本科目平时贷方余额反映本级政府财政收到上级政府财政调拨资金的累计数。期末结转后，本科目应无余额。

2.补助预算收入的账务处理

（1）年度执行中，收到上级政府财政调拨的资金时，按照实际收到的金额，借记“资金结存——库款资金结存”科目，贷记“补助预算收入——上级调拨”等科目。专项转移支付资金实行特设专户管理的，收到资金时按照实际收到的金额，借记“资金结存——专户资金结存”科目，贷记“补助预算收入——上级调拨”科目。

经济业务和事项	财务会计处理	预算会计处理
年度执行中，收到上级政府财政调拨的资金	借：国库存款 贷：与上级往来	借：资金结存—库款资金结存 贷：补助预算收入—上级调拨
专项转移支付资金实行特设专户管理的，收到资金时按照实际收到的金额	借：其他财政存款 贷：与上级往来	借：资金结存—专户资金结存 贷：补助预算收入—上级调拨

（2）有主权外债业务的财政部门，贷款资金由本级政府财政同级预算单位使用，且贷款的最终还款责任由上级政府财政承担的，本级政府财政部门收到贷款资金时，借记“资金结存——专户资金结存”科目，贷记“补助预算收入——上级调拨”科目；外方或上级政府财政将贷款资金直接支付给供应商或用款单位时，借记“一般公共预算支出”科目，贷记“补助预算收入——上级调拨”等科目；上级政府财政豁免本级政府财政主权外债，根据债务管理部门提供的有关资料和有关预算文件，借记“资金结存——上下级调拨结存”科目，贷记“补助预算收入——上级调拨”科目。

经济业务和事项		财务会计处理	预算会计处理
有主权外债业务的财政部门，贷款资金由本级政府财政同级部门（单位）使用，且贷款的最终还款责任由上级政府财政承担的	本级政府财政部门收到贷款资金	借：国库存款 贷：与上级往来	借：资金结存—专户资金结存 贷：补助预算收入—上级调拨
	外方或上级政府财政将贷款资金直接支付给供应商或用款单位	借：有关费用科目 贷：与上级往来	借：一般公共预算支出 贷：补助预算收入—上级调拨
上级政府财政豁免本级政府财政主权外债	根据管理部门提供的有关资料和有关预算文件	借：应付主权外债转贷款—应付本金 贷：与上级往来/补助收入 借：应付主权外债转贷款—应付利息 贷：与上级往来/补助收入	借：资金结存—上下级调拨结存 贷：补助预算收入—上级调拨

（3）根据预算管理需要，本级政府财政向上级政府财政归还资金时，按照实际转出的金额，借记“补助预算收入——上级调拨”科目，贷记“资金结存——库款资金结存”科目。

经济业务和事项	财务会计处理	预算会计处理
本级政府财政向上级政府财政归还资金时，按照实际转出的金额	借：补助收入 　贷：国库存款	借：补助预算收入—上级调拨 　贷：资金结存—库款资金结存

（4）年终两级财政办理结算以后，根据预算管理部门提供的结算单确认上级补助预算收入，借记“补助预算收入——上级调拨”科目，贷记“补助预算收入——一般公共预算补助收入”“补助预算收入——政府性基金预算补助收入”“补助预算收入——国有资本经营预算补助收入”等科目；两级财政年终结算中发生应上交上级政府财政款项时，借记“上解预算支出”等科目，贷记“补助预算收入——上级调拨”等科目。

经济业务和事项		财务会计处理	预算会计处理
年终与上级政府财政结算	按照结算确认的应当由上级政府补助的收入数	借：与上级往来 　贷：补助收入	借：补助预算收入—上级调拨 　贷：补助预算收入—一般公共预算补助收入 　　　—政府性基金预算补助收入 　　　—国有资本经营预算补助收入

（5）完成上述结转以后，将本科目下各明细科目余额分别结转至相应的预算结余类科目，借记本科目，贷记“一般公共预算结转结余”“政府性基金预算结转结余”“国有资本经营预算结转结余”“资金结存——上下级调拨结存”等科目。

经济业务和事项	财务会计处理	预算会计处理
期末结转	借：补助收入 　贷：本期盈余—预算管理资金本期盈余	借：补助预算收入—上级调拨 　　—一般公共预算补助收入 　　—政府性基金预算补助收入 　　—国有资本经营预算补助收入 　贷：资金结存—上下级调拨结存 　　一般公共预算结转结余 　　政府性基金预算结转结余 　　国有资本经营预算结转结余

（二）上解预算收入的会计核算

1.上解预算收入的科目设置

“上解预算收入”科目核算按照财政体制规定或专项需要由下级政府财政上交给本级政府财政的款项。本科目下应按照不同资金性质设置“一般公共预算上解收入”“政府性基金预算上解收入”“国有资本经营预算上解收入”明细科目，并按照上解地区进行明细核算。本科目平时贷方余额反映上解收入的累计数。期末结转后，本科目应无余额。

2.上解预算收入的账务处理

（1）年终与下级政府财政结算时，根据预算管理部门提供的有关资料，按照尚未收到的上解款金额，借记“补助预算支出——调拨下级”科目，贷记本科目。

（2）年终转账时，本科目贷方余额应根据不同资金性质分别转入相应的结转结余科目，借记本科目，贷记“一般公共预算结转结余”“政府性基金预算结转结余”“国有资本经营预算结转结余”等科目。

经济业务和事项	财务会计处理	预算会计处理
年终与下级政府财政结算，按照结算确认的应当上解款金额	借：与下级往来 贷：上解收入	借：补助预算支出—调拨下级 贷：上解预算收入——般公共预算上解收入 —政府性基金预算上解收入 —国有资本经营预算上解收入
退还或核减上解收入	借：上解收入 贷：与下级往来	借：上解预算收入——般公共预算上解收入 —政府性基金预算上解收入 —国有资本经营预算上解收入 贷：补助预算支出—调拨下级
期末结转	借：上解收入 贷：本期盈余—预算管理资金本期盈余	借：上解预算收入——般公共预算上解收入 —政府性基金预算上解收入 —国有资本经营预算上解收入 贷：一般公共预算结转结余 政府性基金预算结转结余 国有资本经营预算结转结余

（三）地区间援助预算收入的会计核算

1.地区间援助预算收入的科目设置

“地区间援助预算收入”科目核算受援方政府财政收到援助方政府财政转来的可统筹使用的各类援助、捐赠等资金收入。援助方政府已列“地区间援助预算支出”的援助、捐赠等资金，受援方通过本科目核算。本科目应根据管理需要，按照援助地区等进行明细核算。本科目平时贷方余额反映地区间援助收入的累计数。期末结转后，本科目应无余额。

2.地区间援助预算收入的账务处理

（1）收到援助方政府财政转来的资金时，借记“资金结存——库款资金结存”科目，贷记本科目。

（2）年终转账时，本科目贷方余额转入一般公共预算结转结余，借记本科目，贷记“一般公共预算结转结余”科目。

经济业务和事项	财务会计处理	预算会计处理
收到援助方政府财政转来的资金	借：国库存款 贷：地区间援助收入	借：资金结存—库款资金结存 贷：地区间援助预算收入
期末结转	借：地区间援助收入 贷：本期盈余—预算管理资金本期盈余	借：地区间援助预算收入 贷：一般公共预算结转结余

（四）调入预算资金的会计核算

1.调入预算资金的科目设置

“调入预算资金”科目核算政府财政为平衡某类预算收支、从其他类型预算资金及其他渠道调入的资金。本科目下应按照不同资金性质设置“一般公共预算调入资金”“政府性基金预算调入资金”明细科目。本科目平时贷方余额反映调入预算资金的累计数。期末结转后，本科目无余额。

2.调入预算资金的账务处理

（1）从其他类型预算资金及其他渠道调入一般公共预算时，按照调入或实际收到的金额，借记“调出预算资金——政府性基金预算调出资金”“调出预算资金——国有资本经营预算调出资金”“资金结存——库款资金结存”等科目，贷记“调入预算资金——一般公共预算调入资金”科目。

（2）从其他类型预算资金及其他渠道调入政府性基金预算时，按照调入或实际收到的资金金额，借记“资金结存——库款资金结存”等科目，贷记“调入预算资金——政府性基金预算调入资金”科目。

（3）年终转账时，本科目贷方余额按明细科目分别转入相应的结转结余科目，借记本科目，贷记“一般公共预算结转结余”“政府性基金预算结转结余”等科目。

经济业务和事项	财务会计处理	预算会计处理
从其他类型预算资金及其他渠道调入一般公共预算	借：国库存款 　贷：其他收入	借：调出资金—政府性基金预算调出资金 　　　　—国有资本经营预算调出资金 　资金结存—库款资金结存 　贷：调入预算资金——一般公共预算调入资金
从其他类型预算资金及其他渠道调入政府性基金预算	借：国库存款 　贷：其他收入	借：资金结存—库款资金结存 　贷：调入预算资金—政府性基金预算调入资金
期末结转	借：其他收入 　贷：本期盈余—预算管理资金本期盈余	借：调入预算资金——一般公共预算调入资金 　　　　—政府性基金预算调入资金 　贷：一般公共预算结转结余 　　政府性基金预算结转结余

第七节　动用预算稳定调节基金

一、动用预算稳定调节基金的概念

动用预算稳定调节基金是指政府财政为弥补一般公共预算收支缺口动用的预算稳定调节基金。

二、动用预算稳定调节基金的会计核算

（一）动用预算稳定调节基金的科目设置

“动用预算稳定调节基金”科目核算政府财政为弥补本年度预算资金不足，动用的预算稳定调节基金。本科目平时贷方余额反映动用预算稳定调节基金的累计数。期末结转后，本科目应无余额。

（二）动用预算稳定调节基金的账务处理

（1）动用预算稳定调节基金时，借记“预算稳定调节基金”科目，贷记本科目。

（2）年终转账时，本科目贷方余额转入一般公共预算结转结余，借记本科目，贷记“一般公共预算结转结余”科目。

经济业务和事项	财务会计处理	预算会计处理
动用预算稳定调节基金	借：预算稳定调节基金 　贷：本期盈余—预算管理资金本期盈余	借：预算稳定调节基金 　贷：动用预算稳定调节基金
期末结转		借：动用预算稳定调节基金 　贷：一般公共预算结转结余

第八节 债务预算收入

一、债务预算收入的概念

债务预算收入是指政府财政根据法律法规等规定，通过发行债券、向外国政府和国际金融组织借款等方式筹集的纳入预算管理的资金收入。

二、债务预算收入的会计核算

（一）债务预算收入的科目设置

债务预算收入科目核算政府财政根据法律法规等规定，通过发行债券、向外国政府和国际金融组织借款等方式筹集的纳入预算管理的债务收入。本科目应设置“国债收入”、“一般债务收入”和“专项债务收入”明细科目，并根据《政府收支分类科目》中“债务收入”科目进行明细核算。本科目平时贷方余额反映债务预算收入的累计数。期末结转后，本科目应无余额。

（二）债务预算收入的主要账务处理

（1）省级以上政府财政（含省级）收到政府债券发行收入时，按照实际收到的金额，借记“资金结存——库款资金结存”科目，按照政府债券实际发行额，贷记本科目，按照其差额，借记或贷记有关预算支出科目。

经济业务和事项		财务会计处理	预算会计处理
省级以上政府财政（含省级）通过发行债券、向外国政府和国际金融组织借款等方式筹集的纳入预算管理的资金收入	国债收入	借：国库存款/其他财政存款 借/贷：有关费用科目 贷：应付短期政府债券/应付长期政府债券/借入款项	借：资金结存—库款资金结存/专户资金结存 借/贷：有关预算支出科目 贷：债务预算收入—国债收入
	地方政府一般债券收入	借：国库存款/其他财政存款 借/贷：有关费用科目 贷：应付短期政府债券/应付长期政府债券/借入款项	借：资金结存—库款资金结存/专户资金结存 借/贷：有关预算支出科目 贷：债务预算收入——一般债务收入
	地方政府专项债券收入	借：国库存款/其他财政存款 借/贷：有关费用科目 贷：应付短期政府债券/应付长期政府债券/借入款项	借：资金结存—库款资金结存/专户资金结存 借/贷：有关预算支出科目 贷：债务预算收入—专项债务收入
	主权外债收入	借：国库存款/其他财政存款 借/贷：有关费用科目 贷：应付短期政府债券/应付长期政府债券/借入款项	借：资金结存—库款资金结存/专户资金结存 借/贷：有关预算支出科目 贷：债务预算收入——一般债务收入

（2）中央财政发生国债随卖业务时，按照实际收到的金额，借记“资金结存——库款资金结存”科目，根据国债随卖确认文件等相关债券管理资料，按照国债随卖面值，贷记本科目，按照实际收到金额与面值的差额，借记或贷记“一般公共预算支出”科目。

经济业务和事项	财务会计处理	预算会计处理
中央政府财政发生国债随卖业务	借：国库存款 借/贷：财务费用—利息费用 　贷：应付短期政府债券—应付国债 　　　应付长期政府债券—应付国债	借：资金结存—库款资金结存 借/贷：一般公共预算支出 　贷：债务预算收入—国债收入

（3）按定向承销方式发行的政府债券，根据债务管理部门转来的债券发行文件等有关资料进行确认，由本级政府财政承担还款责任，贷款资金由本级政府财政同级部门使用的，借记“债务还本预算支出”科目，贷记本科目；转贷下级政府财政的，借记“债务转贷预算支出”科目，贷记本科目。

<table>
<tr><th colspan="2">经济业务和事项</th><th>财务会计处理</th><th>预算会计处理</th></tr>
<tr><td rowspan="4">省级政府财政以定向承销方式发行长期政府债券</td><td>置换本级政府一般债务</td><td>借：以前年度盈余调整—预算管理资金以前年度盈余调整
借/贷：有关费用科目
　贷：应付长期政府债券—应付地方政府一般债券</td><td>借：债务还本预算支出——一般债务还本支出
借/贷：有关预算支出科目
　贷：债务预算收入——一般债务收入</td></tr>
<tr><td>置换本级政府专项债务</td><td>借：以前年度盈余调整—预算管理资金以前年度盈余调整
借/贷：有关费用科目
　贷：应付长期政府债券—应付地方政府专项债券</td><td>借：债务还本预算支出—专项债务还本支出
借/贷：有关预算支出科目
　贷：债务预算收入—专项债务收入</td></tr>
<tr><td>转贷下级政府财政一般债务</td><td>借：应收地方政府债券转贷款—应收本金
　贷：应付长期政府债券—应付地方政府一般债券</td><td>借：债务转贷预算支出——一般债务转贷支出
　贷：债务预算收入——一般债务收入</td></tr>
<tr><td>转贷下级政府财政专项债务</td><td>借：应收地方政府债券转贷款—应收本金
　贷：应付长期政府债券—应付地方政府专项债券</td><td>借：债务转贷预算支出—专项债务转贷支出
　贷：债务预算收入—专项债务收入</td></tr>
</table>

（4）政府财政向外国政府、国际金融组织等机构借款时，按照实际提款的外币金额和即期汇率折算的人民币金额，借记“资金结存——库款资金结存”“资金结存——专户资金结存”等科目，贷记本科目。

（5）本级政府财政借入主权外债，且由外方或上级政府财政将贷款资金直接支付给用款单位或供应商时，应根据以下情况分别处理：

❶本级政府财政承担还款责任，贷款资金由本级政府财政同级部门使用的，本级政府财政根据贷款资金支付有关资料，借记“一般公共预算支出”科目，贷记本科目。

❷本级政府财政承担还款责任，贷款资金由下级政府财政同级部门使用的，本级政府财政根据贷款资金支付有关资料及预算文件，借记“补助预算支出——调拨下级”等科目，贷记本科目。

❸下级政府财政承担还款责任，贷款资金由下级政府财政同级部门使用的，本级政府财政根据贷款资金支付有关资料，借记“债务转贷预算支出”科目，贷记本科目。

经济业务和事项		财务会计处理	预算会计处理
省级以上政府财政（含省级）借入主权外债，且由外方将贷款资金直接支付给用款单位或供应商	本级政府财政承担还款责任，贷款资金由本级政府财政同级部门使用	借：有关费用科目 贷：借入款项	借：一般公共预算支出 贷：债务预算收入——一般债务收入
	本级政府财政承担还款责任，贷款资金由下级政府财政同级部门使用	借：补助费用 贷：借入款项	借：补助预算支出—调拨下级 贷：债务预算收入——一般债务收入
	下级政府财政承担还款责任，贷款资金由下级政府财政同级部门使用	借：应收主权外债转贷款—应收本金 贷：借入款项	借：债务转贷预算支出——一般债务转贷支出 贷：债务预算收入——一般债务收入

（6）年终转账时，本科目下“国债收入”“一般债务收入”的贷方余额转入一般公共预算结转结余，借记“债务预算收入——国债收入”“债务预算收入——一般债务收入”科目，贷记“一般公共预算结转结余”科目；本科目下“专项债务收入”的贷方余额转入政府性基金预算结转结余，借记“债务预算收入——专项债务收入”科目，贷记“政府性基金预算结转结余”科目，可根据预算管理需要，按照专项债务对应的政府性基金预算收入科目分别转入“政府性基金预算结转结余”相应明细科目。

经济业务和事项		财务会计处理	预算会计处理
年终结转	一般债务收入年终结转	—	借：债务预算收入——一般债务收入 —国债收入 贷：一般公共预算结转结余
	专项债务预算收入年终结转	—	借：债务预算收入—专项债务收入 贷：政府性基金预算结转结余

第九节 债务转贷预算收入

一、债务转贷预算收入的概念

债务转贷预算收入是指本级政府财政收到上级政府财政转贷的债务收入。

二、债务转贷预算收入的会计核算

（一）债务转贷预算收入的科目设置

“债务转贷预算收入”科目核算省级以下（不含省级）政府财政收到上级政府财政转贷的债务收入。本科目应设置“一般债务转贷收入”“专项债务转贷收入”明细科目，并根据《政府收支分类科目》中“债务转贷收入”科目进行明细核算。本科目平时贷方余额反映债务转贷预算收入的累计数。期末结转后，本科目应无余额。

（二）债务转贷预算收入的账务处理

（1）省级以下（不含省级）政府财政收到地方政府债券转贷收入时，按照实际收到的金额或债务管理部门确认的金额，借记“资金结存——库款资金结存”“补助预算收入——上级调拨”等科目，贷记本科目；实际收到的金额与债务管理部门确认的到期应偿还转贷款本金之间的差额，借记或贷记有关支出科目。

经济业务和事项		财务会计处理	预算会计处理
本级政府财政收到上级政府财政转贷的地方政府债券	收到转贷的一般债券资金	借：国库存款/其他财政存款 借/贷：有关费用科目 　贷：应付地方政府债券转贷款—应付本金	借：资金结存—库款资金结存/专户资金结存 　补助预算收入—上级调拨 借/贷：有关预算支出科目 　贷：债务转贷预算收入—一般债务转贷收入
	收到转贷的专项债券资金	借：国库存款/其他财政存款 借/贷：有关费用科目 　贷：应付地方政府债券转贷款—应付本金	借：资金结存—库款资金结存/专户资金结存 借/贷：有关预算支出科目 　贷：债务转贷预算收入—专项债务转贷收入 　　补助预算收入—上级调拨

（2）实行定向承销方式转贷的地方政府债券，省级以下（不含省级）政府财政根据债务管理部门提供的有关资料进行确认，借记“债务还本预算支出”科目，贷记本科目。

经济业务和事项		财务会计处理	预算会计处理
本级政府财政收到上级政府财政转贷的以定向承销方式发行的长期政府债券	置换本级政府一般债务	借：以前年度盈余调整—预算管理资金以前年度盈余调整 借/贷：有关费用科目 　贷：应付地方政府债券转贷款—应付本金	借：债务还本预算支出—一般债务还本支出 借/贷：有关预算支出科目 　贷：债务转贷预算收入—一般债务转贷收入
	置换本级政府专项债务	借：以前年度盈余调整—预算管理资金以前年度盈余调整 借/贷：有关费用科目 　贷：应付地方政府债券转贷款—应付本金	借：债务还本预算支出—专项债务还本支出 借/贷：有关预算支出科目 　贷：债务转贷预算收入—专项债务转贷收入
	转贷下级政府财政一般债券	借：应收地方政府债券转贷款—应收本金 　贷：应付地方政府债券转贷款—应付本金	借：债务转贷预算支出—一般债务转贷支出 　贷：债务转贷预算收入—一般债务转贷收入
	转贷下级政府财政专项债券	借：应收地方政府债券转贷款—应收本金 　贷：应付地方政府债券转贷款—应付本金	借：债务转贷预算支出—专项债务转贷支出 　贷：债务转贷预算收入—专项债务转贷收入

（3）省级以下（不含省级）政府财政收到主权外债转贷收入的具体账务处理如下：

❶本级财政收到主权外债转贷资金时，借记“资金结存——库款资金结存”“资金结存——专户资金结存”科目，贷记本科目。

经济业务和事项	财务会计处理	预算会计处理
本级政府财政收到上级政府财政转贷的地方政府债券和主权外债资金	借：国库存款/其他财政存款 借/贷：有关费用科目 　贷：应付主权外债转贷款	借：资金结存—库款资金结存/专户资金结存 借/贷：有关预算支出科目 　贷：债务转贷预算收入—一般债务转贷收入

❷从上级政府财政借入主权外债转贷款，且由外方或上级政府财政将贷款资金直接支付给用款单位或供应商时，应根据以下情况分别处理：

A. 本级政府财政承担还款责任，贷款资金由本级政府财政同级部门使用的，本级政府财政根据贷款资金支付有关资料，借记“一般公共预算支出”科目，贷记本科目。

经济业务和事项		财务会计处理	预算会计处理
本级政府财政从上级政府财政借入主权外债转贷款，且由外方或上级政府财政将贷款资金直接支付给用款单位或供应商	本级政府财政承担还款责任，贷款资金由本级政府财政同级部门使用	借：有关费用科目 贷：应付主权外债转贷款—应付本金	借：一般公共预算支出 贷：债务转贷预算收入——一般债务转贷收入

B. 本级政府财政承担还款责任，贷款资金由下级政府财政同级部门使用的，本级政府财政根据贷款资金支付有关资料及预算文件，借记“补助预算支出——调拨下级”等科目，贷记本科目。

经济业务和事项		财务会计处理	预算会计处理
本级政府财政从上级政府财政借入主权外债转贷款，且由外方或上级政府财政将贷款资金直接支付给用款单位或供应商	本级政府财政承担还款责任，贷款资金由下级政府财政同级部门使用	借：补助费用/与下级往来 贷：应付主权外债转贷款—应付本金	借：补助预算支出—调拨下级 贷：债务转贷预算收入——一般债务转贷收入

C. 下级政府财政承担还款责任，贷款资金由下级政府财政同级部门使用的，本级政府财政根据转贷资金支付有关资料，借记“债务转贷预算支出”科目，贷记本科目；下级政府财政根据贷款资金支付有关资料，借记“一般公共预算支出”科目，贷记本科目。

经济业务和事项		财务会计处理	预算会计处理
本级政府财政从上级政府财政借入主权外债转贷款，且由外方或上级政府财政将贷款资金直接支付给用款单位或供应商	下级政府财政承担还款责任，贷款资金由下级政府财政同级部门使用	借：应收主权外债转贷款—应收本金 贷：应付主权外债转贷款—应付本金	借：债务转贷预算支出——一般债务转贷支出 贷：债务转贷预算收入——一般债务转贷收入

（4）年终转账时，本科目下“一般债务转贷收入”明细科目的贷方余额转入一般公共预算结转结余，借记本科目，贷记“一般公共预算结转结余”科目；本科目下“专项债务转贷收入”明细科目的贷方余额转入政府性基金预算结转结余，借记本科目，贷记“政府性基金预算结转结余”科目，可根据预算管理需要，按照专项债务对应的政府性基金预算收入科目分别转入“政府性基金预算结转结余”相应明细科目。

经济业务和事项		财务会计处理	预算会计处理
年终结转	一般债务转贷预算收入年终结转	—	借：债务转贷预算收入—一般债务转贷收入 贷：一般公共预算结转结余
	专项债务转贷预算收入年终结转	—	借：债务转贷预算收入—专项债务转贷收入 贷：政府性基金预算结转结余

第十节　待处理收入

一、待处理收入的概念

待处理收入是指本级政府财政收回的部门预算结转结余资金和转移支付结转资金。

二、待处理收入的会计核算

（一）待处理收入的科目设置

“待处理收入”科目核算本级政府财政收回的结转结余资金。本科目下应设置“库款资金待处理收入”“专户资金待处理收入”明细科目。本科目平时贷方余额反映待处理收入的累计数。期末结转后，本科目应无余额。

（二）待处理收入的账务处理

（1）收到收回的结转结余资金时，借记“资金结存——库款资金结存”等科目，贷记本科目。

经济业务和事项	财务会计处理	预算会计处理
收到收回的结转结余资金	借：国库存款/其他财政存款 贷：其他应付款	借：资金结存—库款资金结存/专户资金结存 贷：待处理收入

（2）收回的结转结余资金，财政部门按原预算科目使用的，实际安排支出时，借记本科目或“资金结存——待处理结存”科目，贷记“资金结存——库款资金结存”科目。

经济业务和事项	财务会计处理	预算会计处理
当年收回的结转结余资金按原预算科目使用的	借：其他应付款 贷：国库存款	借：待处理收入/资金结存　待处理结存 贷：资金结存—库款资金结存

（3）收回的结转结余资金，财政部门调整预算科目使用的，实际安排支出时，借记本科目或“资金结存——待处理结存”科目，按原结转预算科目，贷记“一般公共预算支出”等科目；同时，按实际支出预算科目，借记“一般公共预算支出”等科目，贷记“资金结存——库款资金结存”等科目。

经济业务和事项	财务会计处理	预算会计处理
当年收回的结转结余资金调整预算科目使用的	借：其他应付款 贷：以前年度盈余调整—预算管理资金 以前年度盈余调整等 借：有关费用科目 贷：国库存款	借：待处理收入/资金结存—待处理结存 贷：有关预算支出科目（原科目） 借：有关预算支出科目（新列科目） 贷：资金结存—库款资金结存/专户资金结存

（4）年终，本科目贷方余额转入资金结存，借记本科目，贷记“资金结存——待处理结存”科目。

经济业务和事项	财务会计处理	预算会计处理
年终转入资金结存	—	借：待处理收入 贷：资金结存—待处理结存
以前年度收回的结转结余资金按原预算科目使用的	借：其他应付款 贷：国库存款	借：资金结存—待处理结存 贷：资金结存—库款资金结存/专户资金结存
以前年度收回的结转结余资金调整预算科目使用的	借：其他应付款 贷：以前年度盈余调整—预算管理资金以前年度盈余调整等 借：有关费用科目 贷：国库存款	借：资金结存—待处理结存/待处理收入 贷：有关预算支出科目（原科目） 借：有关预算支出科目（新列科目） 贷：资金结存—库款资金结存/专户资金结存

复习思考题

1.总会计核算的预算收入包括哪些？

2.简述一般公共预算收入、政府性基金预算收入、国有资本经营预算收入的概念和会计核算。

3.什么是转移性预算收入？总会计通过哪些会计科目进行核算？

4.什么是债务预算收入？什么是债务转贷预算收入？如何进行会计核算？

5.动用预算稳定调节基金和调入预算资金有什么区别和联系？

6.什么是待处理收入？如何进行会计核算？

第十章　政府财政预算支出的核算

预算支出一般在实际发生时予以确认，以实际发生的金额计量。总会计核算的预算支出包括一般公共预算支出、政府性基金预算支出、国有资本经营预算支出、财政专户管理资金支出、专用基金支出、转移性预算支出、安排预算稳定调节基金、债务还本预算支出、债务转贷预算支出和待处理支出等。

一般公共预算支出、政府性基金预算支出、国有资本经营预算支出一般应当按照实际支付的金额入账。省级以上政府财政（含省级）年末可按规定采用权责发生制将国库集中支付结余列支入账。中央政府财政年末可按有关规定对部分支出事项采用权责发生制核算。从本级预算支出中安排提取的专用基金，按照实际提取金额列支入账。财政专户管理资金支出、专用基金支出应当按照实际支付的金额入账。转移性预算支出应当根据财政体制的规定和预算管理需要，按实际发生的金额入账。债务转贷预算支出应当按照实际转贷的金额入账。债务还本预算支出应当按照实际偿还的金额入账。待处理支出应当按照实际支付的金额入账。

对于收回当年已列支出的款项，应冲销当年预算支出。对于收回以前年度已列支出的款项，通常冲销当年预算支出。

总会计应当加强预算支出管理，科学预测和调度资金，严格按照批准的年度预算办理支出，严格审核拨付申请，严格按照预算管理规定和实际拨付金额列报支出，不得办理无预算、超预算的支出，不得任意调整预算支出科目。

对于各项支出的账务处理必须以审核无误的国库划款清算凭证、资金支付凭证和其他合法凭证为依据。

第一节　一般公共预算支出

一、一般公共预算支出的概念

一般公共预算支出是指政府财政管理的由本级政府安排使用的列入一般公共预算的支出。

二、一般公共预算支出的会计核算

（一）一般公共预算支出的科目设置

“一般公共预算支出”科目核算政府财政管理的由本级政府安排使用的列入一般公共预算的支出。本科目应根据《政府收支分类科目》中支出功能分类科目和支出经济分类科目进行明细核算。同时，可根据预算管理需要，按照预算单位和项目等进行明细核算。

本科目平时借方余额反映一般公共预算支出的累计数。期末结转后，本科目应无余额。

（二）一般公共预算支出的账务处理

实际发生一般公共预算支出时，借记本科目，贷记“资金结存——库款资金结存”等科目。

已支出事项发生退回时，借记“资金结存——库款资金结存”等科目，贷记本科目。

年终转账时，本科目借方余额转入一般公共预算结转结余，借记“一般公共预算结转结余”科目，贷记本科目。

使用一般公共预算支付实际发生的商品和服务支出、工资福利支出、对事业单位（不含参公）的经常性补助支出、对企业补助支出、对个人和家庭补助支出、对社会保障基金补助支出、资本性支出、其他支出、财务费用的具体账务处理如下：

（1）商品和服务支出。

经济业务和事项	财务会计处理	预算会计处理
实际发生商品和服务支出时	借：政府机关商品和服务拨款费用 贷：国库存款	借：一般公共预算支出 贷：资金结存—库款资金结存
已支出事项发生退回时（本年度确认的支出发生退回）	借：国库存款 贷：政府机关商品和服务拨款费用	借：资金结存—库款资金结存 贷：一般公共预算支出
已支出事项发生退回时（以前年度确认的支出发生退回）	借：国库存款 贷：以前年度盈余调整—预算管理资金以前年度盈余调整	借：资金结存—库款资金结存 贷：一般公共预算支出
已收回的存量资金确认冲减支出	借：其他应付款 贷：以前年度盈余调整—预算管理资金以前年度盈余调整	借：待处理收入 贷：一般公共预算支出
期末结转	借：本期盈余—预算管理资金本期盈余 贷：政府机关商品和服务拨款费用	借：一般公共预算结转结余 贷：一般公共预算支出

（2）工资福利支出。

经济业务和事项	财务会计处理	预算会计处理
实际发生工资福利支出时	借：政府机关工资福利拨款费用 贷：国库存款	借：一般公共预算支出 贷：资金结存—库款资金结存
已支出事项发生退回时（本年度确认的支出发生退回）	借：国库存款 贷：政府机关工资福利拨款费用	借：资金结存—库款资金结存 贷：一般公共预算支出
已支出事项发生退回时（以前年度确认的支出发生退回）	借：国库存款 贷：以前年度盈余调整—预算管理资金以前年度盈余调整	借：资金结存—库款资金结存 贷：一般公共预算支出
已收回的存量资金确认冲减支出	借：其他应付款 贷：以前年度盈余调整—预算管理资金以前年度盈余调整	借：待处理收入 贷：一般公共预算支出
期末结转	借：本期盈余—预算管理资金本期盈余 贷：政府机关工资福利拨款费用	借：一般公共预算结转结余 贷：一般公共预算支出

（3）对事业单位（不含参公）的经常性补助支出。

经济业务和事项	财务会计处理	预算会计处理
实际发生对事业单位（不含参公）的经常性补助支出时	借：对事业单位补助拨款费用 贷：国库存款	借：一般公共预算支出 贷：资金结存—库款资金结存
已支出事项发生退回时（本年度确认的支出发生退回）	借：国库存款 贷：对事业单位补助拨款费用	借：资金结存—库款资金结存 贷：一般公共预算支出
已支出事项发生退回时（以前年度确认的支出发生退回）	借：国库存款 贷：以前年度盈余调整—预算管理资金以前年度盈余调整	借：资金结存—库款资金结存 贷：一般公共预算支出
已收回的存量资金确认冲减支出	借：其他应付款 贷：以前年度盈余调整—预算管理资金以前年度盈余调整	借：待处理收入 贷：一般公共预算支出
期末结转	借：本期盈余—预算管理资金本期盈余 贷：对事业单位补助拨款费用	借：一般公共预算结转结余 贷：一般公共预算支出

（4）对企业补助支出。

经济业务和事项	财务会计处理	预算会计处理
实际发生对企业补助支出时	借：对企业补助拨款费用 贷：国库存款	借：一般公共预算支出 贷：资金结存—库款资金结存
已支出事项发生退回时（本年度确认的支出发生退回）	借：国库存款 贷：对企业补助拨款费用	借：资金结存—库款资金结存 贷：一般公共预算支出
已支出事项发生退回时（以前年度确认的支出发生退回）	借：国库存款 贷：以前年度盈余调整—预算管理资金以前年度盈余调整	借：资金结存—库款资金结存 贷：一般公共预算支出
已收回的存量资金确认冲减支出	借：其他应付款 贷：以前年度盈余调整—预算管理资金以前年度盈余调整	借：待处理收入 贷：一般公共预算支出
期末结转	借：本期盈余—预算管理资金本期盈余 贷：对企业补助拨款费用	借：一般公共预算结转结余 贷：一般公共预算支出

（5）对个人和家庭补助支出。

经济业务和事项	财务会计处理	预算会计处理
实际发生对个人和家庭补助支出时	借：对个人和家庭补助拨款费用 贷：国库存款	借：一般公共预算支出 贷：资金结存—库款资金结存
已支出事项发生退回时（本年度确认的支出发生退回）	借：国库存款 贷：对个人和家庭补助拨款费用	借：资金结存—库款资金结存 贷：一般公共预算支出
已支出事项发生退回时（以前年度确认的支出发生退回）	借：国库存款 贷：以前年度盈余调整—预算管理资金以前年度盈余调整	借：资金结存—库款资金结存 贷：一般公共预算支出

续表

经济业务和事项	财务会计处理	预算会计处理
已收回的存量资金确认冲减支出	借：其他应付款 贷：以前年度盈余调整—预算管理资金以前年度盈余调整	借：待处理收入 贷：一般公共预算支出
期末结转	借：本期盈余—预算管理资金本期盈余 贷：对个人和家庭补助拨款费用	借：一般公共预算结转结余 贷：一般公共预算支出

（6）对社会保障基金补助支出。

经济业务和事项	财务会计处理	预算会计处理
实际发生对社会保障基金补助以及补充全国社会保障基金支出时	借：对社会保障基金补助拨款费用 贷：国库存款	借：一般公共预算支出 贷：资金结存—库款资金结存
已支出事项发生退回时（本年度确认的支出发生退回）	借：国库存款 贷：对社会保障基金补助拨款费用	借：资金结存—库款资金结存 贷：一般公共预算支出
已支出事项发生退回时（以前年度确认的支出发生退回）	借：国库存款 贷：以前年度盈余调整—预算管理资金以前年度盈余调整	借：资金结存—库款资金结存 贷：一般公共预算支出
已收回的存量资金确认冲减支出	借：其他应付款 贷：以前年度盈余调整—预算管理资金以前年度盈余调整	借：待处理收入 贷：一般公共预算支出
期末结转	借：本期盈余—预算管理资金本期盈余 贷：对社会保障基金补助拨款费用	借：一般公共预算结转结余 贷：一般公共预算支出

（7）资本性支出。

经济业务和事项	财务会计处理	预算会计处理
实际发生对机关和事业单位的资本性支出以及由发改部门安排的基本建设支出中对企业资本性支出时	借：资本性拨款费用 贷：国库存款	借：一般公共预算支出 贷：资金结存—库款资金结存
已支出事项发生退回时（本年度确认的支出发生退回）	借：国库存款 贷：资本性拨款费用	借：资金结存—库款资金结存 贷：一般公共预算支出
已支出事项发生退回时（以前年度确认的支出发生退回）	借：国库存款 贷：以前年度盈余调整—预算管理资金以前年度盈余调整	借：资金结存—库款资金结存 贷：一般公共预算支出
已收回的存量资金确认冲减支出	借：其他应付款 贷：以前年度盈余调整—预算管理资金以前年度盈余调整	借：待处理收入 贷：一般公共预算支出
期末结转	借：本期盈余—预算管理资金本期盈余 贷：资本性拨款费用	借：一般公共预算结转结余 贷：一般公共预算支出

（8）其他支出。

经济业务和事项	财务会计处理	预算会计处理
实际发生其他支出时	借：其他拨款费用 　贷：国库存款	借：一般公共预算支出 　贷：资金结存—库款资金结存
已支出事项发生退回时（本年度确认的支出发生退回）	借：国库存款 　贷：其他拨款费用	借：资金结存—库款资金结存 　贷：一般公共预算支出
已支出事项发生退回时（以前年度确认的支出发生退回）	借：国库存款 　贷：以前年度盈余调整—预算管理资金以前年度盈余调整	借：资金结存—库款资金结存 　贷：一般公共预算支出
已收回的存量资金确认冲减支出	借：其他应付款 　贷：以前年度盈余调整—预算管理资金以前年度盈余调整	借：待处理收入 　贷：一般公共预算支出
期末结转	借：本期盈余—预算管理资金本期盈余 　贷：其他拨款费用	借：一般公共预算结转结余 　贷：一般公共预算支出

（9）财务费用。

经济业务和事项	财务会计处理	预算会计处理
中央财政发生国债随卖业务［期限在1年以内（含1年）短期国债］	借：国库存款 借/贷：财务费用—利息费用 　贷：应付短期政府债券—应付国债	借：资金结存—库款资金结存 借/贷：一般公共预算支出 　贷：债务预算收入—国债收入
中央财政发生国债随卖业务（期限在1年以上的长期国债）	借：国库存款 借/贷：财务费用—利息费用 　贷：应付长期政府债券—应付国债	借：资金结存—库款资金结存 借/贷：一般公共预算支出 　贷：债务预算收入—国债收入
中央政府财政发生国债随买业务	借：应付短期（长期）政府债券—应付国债 借/贷：财务费用—利息费用 　贷：国库存款	借：债务还本预算支出—国债还本支出 借/贷：一般公共预算支出 　贷：资金结存—库款资金结存
按期计提本期应付未付的利息（计提本期应付未付的政府债券利息）	借：财务费用—利息费用 　贷：应付利息（中央和省级财政部门使用） 　　应付地方政府债券转贷款—应付利息（省以下财政部门使用）	—
按期计提本期应付未付的利息（计提本期应付未付的借入款项和主权外债利息）	借：财务费用—利息费用 　贷：应付利息（中央和省级财政部门使用） 　　应付主权外债转贷款—应付利息（省以下财政部门使用）	—
实际支付政府债券或借入款项利息	借：应付利息（中央和省级财政部门使用） 　应付主权外债转贷款—应付利息（省以下财政部门使用） 　贷：国库存款	借：一般公共预算支出 　政府性基金预算支出 　贷：资金结存—库款资金结存

续表

经济业务和事项	财务会计处理	预算会计处理
提前赎回已发行的政府债券、债权人豁免政府财政承担的主权外债应付利息（赎回政府债券，豁免的利息是当年计提确认的）	借：应付利息（中央和省级财政部门使用） 应付地方政府债券转贷款—应付利息（省以下财政部门使用） 贷：财务费用—利息费用	—
提前赎回已发行的政府债券、债权人豁免政府财政承担的主权外债应付利息（赎回政府债券，豁免的利息是以往年度计提确认的）	借：应付利息（中央和省级财政部门使用） 应付地方政府债券转贷款—应付利息（省以下财政部门使用） 贷：以前年度盈余调整—预算管理资金以前年度盈余调整	—
提前赎回已发行的政府债券、债权人豁免政府财政承担的主权外债应付利息（赎回外债，豁免的利息是当年计提确认的）	借：应付利息（中央和省级财政部门使用） 应付主权外债转贷款—应付利息（省以下财政部门使用） 贷：财务费用—利息费用	—
提前赎回已发行的政府债券、债权人豁免政府财政承担的主权外债应付利息（赎回外债，豁免的利息是以往年度计提确认的）	借：应付利息（中央和省级财政部门使用） 应付主权外债转贷款—应付利息（省以下财政部门使用） 贷：以前年度盈余调整—预算管理资金以前年度盈余调整	—
期末，对主权外债和借入款项由于汇率变化产生的应付利息折算差额进行确认（中央和省级财政部门确认）	借/贷：财务费用—汇兑损益 贷/借：应付利息	—
期末，对主权外债和借入款项由于汇率变化产生的应付利息折算差额进行确认（省以下财政部门确认）	借/贷：财务费用—汇兑损益 贷/借：应付主权外债转贷款—应付利息	—
支付政府债券发行、兑付、登记款项（通过缴款方式支付）	借：财务费用—债务发行兑付费用 贷：国库存款	借：一般公共预算支出 贷：资金结存—库款资金结存
支付政府债券发行、兑付、登记款项（上级政府财政通过代扣资金方式支付）	借：财务费用—债务发行兑付费用 贷：与上级往来	借：一般公共预算支出 贷：补助预算收入—上级调拨
上级财政收到下级财政应承担的政府债券发行、兑付、登记款项（收到下级政府财政缴款）	借：国库存款/其他财政存款 贷：财务费用—债务发行兑付费用	—
上级财政收到下级财政应承担的政府债券发行、兑付、登记款项（通过代扣资金方式收回下级政府财政承担的费用）	扣资金时： 借：与下级往来 贷：财务费用—债务发行兑付费用 支付时： 借：财务费用—债务发行兑付费用 贷：国库存款/其他财政存款	扣资金时： 借：补助预算支出——调拨下级 贷：资金结存—上下级调拨结存 支付时： 借：资金结存—上下级调拨结存 贷：资金结存—库款资金结存 —专户资金结存

续表

经济业务和事项	财务会计处理	预算会计处理
期末，将所有以外币计算的政府资产按期末汇率折算为人民币金额，确认汇兑损益（折算后的金额小于原账面余额时，按照折算差额确认）	借：财务费用—汇兑损益 　贷：其他财政存款	借：一般公共预算支出 　贷：资金结存—专户资金结存
期末，将所有以外币计算的政府资产按期末汇率折算为人民币金额，确认汇兑损益（折算后的金额大于原账面余额时，按照折算差额确认）	借：其他财政存款 　贷：财务费用—汇兑损益	借：资金结存—专户资金结存 　贷：一般公共预算支出
期末，对应收主权外债转贷款等以外币计算的政府债权按期末汇率折算的金额与账面金额的差额（折算后的金额小于原账面余额时，按照折算差额确认）	借：财务费用—汇兑损益 　贷：应收主权外债转贷款—应收本金 　　　　　　　　　　　—应收利息	—
期末，对应收主权外债转贷款等以外币计算的政府债权按期末汇率折算的金额与账面金额的差额（折算后的金额大于原账面余额时，按照折算差额确认）	借：应收主权外债转贷款—应收本金 　　　　　　　　　　—应收利息 　贷：财务费用—汇兑损益	—
期末，根据债务管理部门提供的借入款项、主权外债转贷款等以外币计价的政府债务期末余额和因汇率变动产生的期末人民币余额与账面余额之间的差额，确认汇兑损益（期末人民币余额小于原账面余额，按差额确认）	借：借入款项（中央和省级财政部门使用） 　　应付主权外债转贷款—应收本金（省以下财政部门使用） 　贷：财务费用—汇兑损益	—
期末，根据债务管理部门提供的借入款项、主权外债转贷款等以外币计价的政府债务期末余额和因汇率变动产生的期末人民币余额与账面余额之间的差额，确认汇兑损益（期末人民币余额大于原账面余额，按差额确认）	借：财务费用—汇兑损益 　贷：借入款项（中央和省级财政部门使用） 　　　应付主权外债转贷款—应收本金（省以下财政部门使用）	—
期末结转	借：本期盈余—预算管理资金本期盈余 　贷：财务费用	借：一般公共预算结转结余 　贷：一般公共预算支出

第二节 政府性基金预算支出

一、政府性基金预算支出的概念

政府性基金预算支出是指政府财政管理的由本级政府安排使用的列入政府性基金预算的支出。

二、政府性基金预算支出的会计核算

（一）政府性基金预算支出的科目设置

“政府性基金预算支出”科目核算政府财政管理的由本级政府安排使用的列入政府性基金预算的支出。本科目应根据《政府收支分类科目》中支出功能分类科目和支出经济分类科目进行明细核算。同时，可根据预算管理需要，按照预算单位和项目等进行明细核算。

本科目平时借方余额反映政府性基金预算支出的累计数。期末结转后，本科目应无余额。

（二）政府性基金预算支出的账务处理

实际发生政府性基金预算支出时，借记本科目，贷记“资金结存——库款资金结存”等科目。

已支出事项发生退回时，借记“资金结存——库款资金结存”等科目，贷记本科目。

年终转账时，本科目借方余额转入政府性基金预算结转结余，借记“政府性基金预算结转结余”科目，贷记本科目。

使用政府性基金预算支付实际发生的商品和服务支出、工资福利拨款、对事业单位补助拨款、对企业补助拨款、对个人和家庭补助拨款、资本性拨款支出、其他支出、财务费用的具体账务处理参照本章第一节“一般公共预算支出”，在此不再单独一一列示。

经济业务和事项	财务会计处理	预算会计处理
实际发生政府性基金预算支出时	借：政府机关商品和服务拨款费用 政府机关工资福利拨款费用 对事业单位补助拨款费用 对企业补助拨款费用 对个人和家庭补助拨款费用 资本性拨款费用 财务费用等 其他拨款费用 贷：国库存款	借：政府性基金预算支出 贷：资金结存—库款资金结存
已支出事项发生退回时（本年度确认的支出发生退回）	借：国库存款 贷：政府机关商品和服务拨款费用 政府机关工资福利拨款费用 对事业单位补助拨款费用 对企业补助拨款费用 对个人和家庭补助拨款费用 资本性拨款费用 其他拨款费用 财务费用等	借：资金结存—库款资金结存 贷：政府性基金预算支出

续表

经济业务和事项	财务会计处理	预算会计处理
已支出事项发生退回时（以前年度确认的支出发生退回）	借：国库存款 贷：以前年度盈余调整—预算管理资金以前年度盈余调整	借：资金结存—库款资金结存 贷：政府性基金预算支出
已收回的存量资金确认冲减支出	借：其他应付款 贷：以前年度盈余调整—预算管理资金以前年度盈余调整	借：待处理收入 贷：政府性基金预算支出
期末结转	借：本期盈余—预算管理资金本期盈余 贷：政府机关商品和服务拨款费用 政府机关工资福利拨款费用 对事业单位补助拨款费用 对企业补助拨款费用 对个人和家庭补助拨款费用 资本性拨款费用 其他拨款费用 财务费用等	借：政府性基金预算结转结余 贷：政府性基金预算支出

第三节 国有资本经营预算支出

一、国有资本经营预算支出的概念

国有资本经营预算支出是指政府财政管理的由本级政府安排使用的列入国有资本经营预算的支出。

二、国有资本经营预算支出的会计核算

（一）国有资本经营预算支出的科目设置

“国有资本经营预算支出”科目核算政府财政管理的由本级政府安排使用的列入国有资本经营预算的支出。本科目应根据《政府收支分类科目》中支出功能分类科目和支出经济分类科目进行明细核算。同时，根据预算管理需要，按照预算单位和项目等进行明细核算。

本科目平时借方余额反映国有资本经营预算支出的累计数。期末结转后，本科目应无余额。

（二）国有资本经营预算支出的账务处理

实际发生国有资本经营预算支出时，借记本科目，贷记“资金结存——库款资金结存”等科目。

已支出事项发生退回时，借记“资金结存——库款资金结存”等科目，贷记本科目。

年终转账时，本科目借方余额转入国有资本经营预算结转结余，借记“国有资本经营预算结转结余”科目，贷记本科目。

使用国有资本经营预算支付实际发生的工资福利拨款、对事业单位补助拨款、对企业补助拨款、对个人和家庭补助拨款、资本性拨款费用、其他支出、财务费用的具体账务处理参照本章第一节“一般公共预算支出”，在此不再单独一一列示。

经济业务和事项	财务会计处理	预算会计处理
实际发生国有资本经营预算支出时	借：政府机关工资福利拨款费用 对事业单位补助拨款费用 对企业补助拨款费用 对个人和家庭补助拨款费用 资本性拨款费用 其他拨款费用 财务费用等 贷：国库存款	借：国有资本经营预算支出 贷：资金结存—库款资金结存
已支出事项发生退回时（本年度确认的支出发生退回）	借：国库存款 贷：政府机关工资福利拨款费用 对事业单位补助拨款费用 对企业补助拨款费用 对个人和家庭补助拨款费用 资本性拨款费用 其他拨款费用 财务费用等	借：资金结存—库款资金结存 贷：国有资本经营预算支出
已支出事项发生退回时（以前年度确认的支出发生退回）	借：国库存款 贷：以前年度盈余调整—预算管理资金以前年度盈余调整	借：资金结存—库款资金结存 贷：国有资本经营预算支出
已收回的存量资金确认冲减支出	借：其他应付款 贷：以前年度盈余调整—预算管理资金以前年度盈余调整	借：待处理收入 贷：政府性基金预算支出
期末结转	借：本期盈余—预算管理资金本期盈余 贷：政府机关工资福利拨款费用 对事业单位补助拨款费用 对企业补助拨款费用 对个人和家庭补助拨款费用 资本性拨款费用 其他拨款费用 财务费用等	借：国有资本经营预算结转结余 贷：国有资本经营预算支出

第四节 财政专户管理资金支出

一、财政专户管理资金支出的概念

财政专户管理资金支出是指政府财政用纳入财政专户管理的教育收费等资金安排的支出。

二、财政专户管理资金支出的会计核算

（一）财政专户管理资金支出的科目设置

“财政专户管理资金支出”科目核算本级政府财政用纳入财政专户管理的教育收费等资金安排的支出。本科目应根据《政府收支分类科目》中支出功能分类科目和支出经

济分类科目进行明细核算。同时，可根据管理需要，按照预算单位和项目等进行明细核算。

本科目平时借方余额反映财政专户管理资金支出的累计数。期末结转后，本科目应无余额。

（二）财政专户管理资金支出的账务处理

发生财政专户管理资金支出时，借记本科目，贷记“资金结存——专户资金结存”等科目。

已支出事项发生退回时，借记“资金结存——专户资金结存”等科目，贷记本科目。

年终转账时，本科目借方余额转入财政专户管理资金结余，借记“财政专户管理资金结余”科目，贷记本科目。

经济业务和事项	财务会计处理	预算会计处理
实际发生财政专户管理资金支出时	借：财政专户管理资金支出 贷：其他财政存款	借：财政专户管理资金支出 贷：资金结存—专户资金结存
已支出事项发生退回时（本年度确认的支出发生退回）	借：其他财政存款 贷：财政专户管理资金支出	借：资金结存—专户资金结存 贷：财政专户管理资金支出
已支出事项发生退回时（以前年度确认的支出发生退回）	借：其他财政存款 贷：以前年度盈余调整—财政专户管理资金以前年度盈余调整	借：资金结存—专户资金结存 贷：财政专户管理资金支出
期末结转	借：本期盈余—财政专户管理资金本期盈余 贷：财政专户管理资金支出	借：财政专户管理资金结余 贷：财政专户管理资金支出

第五节 专用基金支出

一、专用基金支出的概念

专用基金支出是指政府财政用专用基金收入安排的支出。

二、专用基金支出的会计核算

（一）专用基金支出的科目设置

“专用基金支出”科目核算政府财政用专用基金收入安排的支出。本科目应根据专用基金的种类设置明细科目。同时，根据预算管理需要，按预算单位等进行明细核算。

本科目平时借方余额反映专用基金支出的累计数。期末结转后，本科目应无余额。

（二）专用基金支出的账务处理

发生专用基金支出时，借记本科目，贷记“资金结存——库款资金结存”“资金结存——专户资金结存”等科目。

已支出事项发生退回时，借记“资金结存——库款资金结存”“资金结存——专户资金结存”等科目，贷记本科目。

年终转账时，本科目借方余额转入专用基金结余，借记“专用基金结余”科目，贷记本科目。

经济业务和事项	财务会计处理	预算会计处理
实际发生专用基金支出时	借：专用基金支出 贷：国库存款/其他财政存款	借：专用基金支出 贷：资金结存—库款资金结存/专户资金结存
已支出事项发生退回时（本年度确认的支出发生退回）	借：国库存款/其他财政存款 贷：专用基金支出	借：资金结存—库款资金结存/专户资金结存 贷：专用基金支出
已支出事项发生退回时（以前年度确认的支出发生退回）	借：国库存款/其他财政存款 贷：以前年度盈余调整—专用基金以前年度盈余调整	借：资金结存—库款资金结存/专户资金结存 贷：专用基金支出
期末结转	借：本期盈余—专用基金本期盈余 贷：专用基金支出	借：专用基金结余 贷：专用基金支出

第六节 转移性预算支出

一、转移性预算支出的概念

转移性预算支出是指各级政府财政之间进行资金调拨以及在本级政府财政不同类型资金之间调剂所形成的支出，包括补助预算支出、上解预算支出、地区间援助预算支出和调出预算资金等。补助预算支出是指本级政府财政按财政体制规定或专项需要补助给下级政府财政的款项，包括对下级的税收返还、一般性转移支付和专项转移支付等。上解预算支出是指按照财政体制规定或专项需要由本级政府财政上交给上级政府财政的款项。地区间援助预算支出是指援助方政府财政安排用于受援方政府财政统筹使用的各类援助、捐赠等资金支出。调出预算资金是指政府财政为平衡预算收支，在不同类型预算资金之间的调出支出。

二、转移性预算支出的会计核算

（一）补助预算支出

1.补助预算支出的科目设置

“补助预算支出”科目核算本级政府财政按照财政体制规定或专项需要补助给下级政府财政的款项，包括对下级的税收返还、一般性转移支付和专项转移支付等。

本科目应按照不同资金性质设置“一般公共预算补助支出”、“政府性基金预算补助支出”、“国有资本经营预算补助支出”和“调拨下级”明细科目。同时，可根据管理需要，按照补助地区和《政府收支分类科目》中支出功能分类科目进行明细核算。其中，“一般公共预算补助支出”科目核算本级政府财政对下级政府财政的一般性转移支付支出；“政府性基金预算补助支出”科目核算本级政府财政对下级政府财政的政府性基金预算转移支付支出；“国有资本经营预算补助支出”科目核算本级政府财政对下级政府财政的国有资本经营预算转移支付支出；“调拨下级”科目核算年度执行中，本级政府财政调拨给下级政府财政的尚未指定资金性质的资金或结算应确认事项金额。

本科目平时借方余额反映补助预算支出的累计数。期末结转后，本科目应无余额。

2.补助预算支出的账务处理

（1）年度执行中，调拨资金给下级政府财政，根据实际调拨的金额借记“补助预算支出——调拨下级”等科目，贷记“资金结存——库款资金结存”“资金结存——专户资金结存”科目。

（2）两级财政年终结算中应当由下级政府财政上交的款项，借记“补助预算支出——调拨下级”等科目，贷记“上解预算收入”科目。

（3）专项转移支付资金实行特设专户管理的，根据有关支出管理部门下达的预算文件和拨款依据确认支出，借记“补助预算支出——调拨下级”等科目；资金由本级政府财政拨付给下级的，贷记“资金结存——专户资金结存”等科目；资金由上级政府财政直接拨给下级的，贷记“补助预算收入——上级调拨”科目。

（4）本级政府财政借入或收到转贷的主权外债，贷款资金由下级政府财政同级部门使用，且贷款最终还款责任由本级政府财政承担的，根据债务管理部门提供的有关资料，借记“补助预算支出——调拨下级”等科目，贷记“资金结存——库款资金结存”“资金结存——专户资金结存”科目；外方或上级政府财政将贷款资金直接支付给用款单位或供应商时，借记“补助预算支出——调拨下级”等科目，贷记“债务预算收入”“债务转贷预算收入”等科目；本级政府财政豁免下级政府财政主权外债，根据债务管理部门提供的有关资料和有关预算文件，借记“补助预算支出——调拨下级”等科目，贷记“资金结存——上下级调拨结存”科目。

（5）根据预算管理需要，收回已调拨下级政府财政资金时，按照实际收到的金额，借记“资金结存——库款资金结存”“资金结存——专户资金结存”等科目，贷记“补助预算支出——调拨下级”等科目。

（6）发生上解多交应当退回的，按照应当退回的金额，借记“上解预算收入”科目，贷记“补助预算支出——调拨下级”等科目。

（7）年终两级财政办理结算以后，根据预算管理部门提供的结算单确认补助下级预算支出，借记“补助预算支出——一般公共预算补助支出”“补助预算支出——政府性基金预算补助支出”“补助预算支出——国有资本经营预算补助支出”等科目，贷记“补助预算支出——调拨下级”科目。

（8）完成上述结转以后，将本科目下各明细科目余额分别结转至相应的预算结余类科目，借记“资金结存——上下级调拨结存”“一般公共预算结转结余”“政府性基金预算结转结余”“国有资本经营预算结转结余”等科目，贷记本科目。

经济业务和事项	财务会计处理	预算会计处理
向下级财政拨付转移支付资金（拨付资金时能确认转移支付性质、科目）	借：补助费用 　贷：国库存款	借：补助预算支出—一般公共预算补助支出 —政府性基金预算补助支出 —国有资本经营预算补助支出 　贷：资金结存—库款资金结存
向下级财政拨付转移支付资金（拨付资金时暂无法确认转移支付性质、科目）	借：与下级往来 　贷：国库存款	借：补助预算支出—调拨下级 　贷：资金结存—库款资金结存
专项转移支付资金实行专户管理的，根据有关支出管理部门下达的预算文件和拨款依据确认（拨付资金时）	借：与下级往来 　贷：其他财政存款	借：补助预算支出—调拨下级 　贷：资金结存—专户资金结存

续表

经济业务和事项	财务会计处理	预算会计处理
专项转移支付资金实行专户管理的，根据有关支出管理部门下达的预算文件和拨款依据确认（确认补助支出时）	借：补助费用 贷：与下级往来	借：补助预算支出—一般公共预算补助支出 —政府性基金预算补助支出 —国有资本经营预算补助支出 贷：补助预算支出—调拨下级
上级财政将转移支付资金直接拨付给所辖的下级财政，本级进行相应的账务确认	借：与下级往来 补助费用 贷：与上级往来 补助收入	借：补助预算支出—调拨下级 贷：补助预算收入—上级调拨
两级财政年终结算中确认应当由下级政府财政上交的款项	借：与下级往来 贷：上解收入	借：补助预算支出—调拨下级 贷：上解预算收入
借入或收到转贷的主权外债，贷款资金由下级政府财政同级部门使用，且贷款最终还款责任由本级政府财政承担（本级政府财政将资金拨付给下级财政）	借：与下级往来/补助费用 贷：国库存款/其他财政存款	借：补助预算支出—调拨下级 贷：资金结存—库款资金结存/专户资金结存
借入或收到转贷的主权外债，贷款资金由下级政府财政同级部门使用，且贷款最终还款责任由本级政府财政承担（外方或上级政府财政将贷款资金直接拨付给用款单位或供应商时）	借：与下级往来/补助费用 贷：借入款项（省级财政部门使用） 应付主权外债转贷款—应付本金（市级财政部门使用）	借：补助预算支出—调拨下级 贷：债务预算收入——一般债务收入（省级财政部门使用） 债务转贷预算收入——一般债务转贷收入（市级财政部门使用）
本级政府财政豁免下级政府财政主权外债	借：与下级往来/补助费用 贷：应收主权外债转贷款—应收本金/应收利息	借：补助预算支出—调拨下级 贷：资金结存—上下级调拨结存
按管理需要收回已调拨下级政府财政资金	借：国库存款/其他财政存款 贷：与下级往来	借：资金结存—库款资金结存/专户资金结存 贷：补助预算支出—调拨下级
发生上解多交，通过资金结算方式退回下级政府财政	借：上解收入 贷：与下级往来	借：上解预算收入 贷：补助预算支出—调拨下级
两级财政年终结算以后，根据预算管理部门提供的结算单确认补助下级预算支出	借：补助费用 贷：与下级往来	借：补助预算支出—一般公共预算补助支出 —政府性基金预算补助支出 —国有资本经营预算补助支出 贷：补助预算支出—调拨下级
期末结转	借：本期盈余—预算管理资金本期盈余 贷：补助费用	借：一般公共预算结转结余 贷：补助预算支出—一般公共预算补助支出
		借：政府性基金预算结转结余 贷：补助预算支出—政府性基金预算补助支出
		借：国有资本经营预算结转结余 贷：补助预算支出—国有资本经营预算补助支出
		借/贷：资金结存—上下级调拨结存 贷/借：补助预算支出—调拨下级

（二）上解预算支出

1.上解预算支出的科目设置

“上解预算支出”科目核算本级政府财政按照财政体制规定或专项需要上交给上级政府财政的款项。本科目应按照不同资金性质设置“一般公共预算上解支出”“政府性基金预算上解支出”“国有资本经营预算上解支出”明细科目。

本科目平时借方余额反映上解支出的累计数。期末结转后，本科目应无余额。

2.上解预算支出的账务处理

（1）发生上解预算支出时，借记本科目，贷记“资金结存——库款资金结存”“补助预算收入——上级调拨”等科目。

（2）年终与上级政府财政结算时，按照尚未支付的上解金额，借记本科目，贷记“补助预算收入——上级调拨”等科目。退还或核减上解支出时，借记“资金结存——库款资金结存”“补助预算收入——上级调拨”等科目，贷记本科目。

（3）年终转账时，本科目借方余额应根据不同资金性质分别转入相应的结转结余科目，借记“一般公共预算结转结余”“政府性基金预算结转结余”等科目，贷记本科目。

经济业务和事项	财务会计处理	预算会计处理
发生上解预算支出（直接划转资金时）	借：上解费用 贷：国库存款	借：上解预算支出 贷：资金结存—库款资金结存
发生上解预算支出（上级财政通过代扣资金方式划转时）	借：上解费用 贷：与上级往来	借：上解预算支出 贷：补助预算收入—上级调拨
两级财政年终结算时，本级政府财政确认尚未支付的上解金额	借：上解费用 贷：与上级往来	借：上解预算支出 贷：补助预算收入—上级调拨
上级财政退还或核减上解支出（直接退回资金时）	借：国库存款 贷：上解费用	借：资金结存—库款资金结存 贷：上解预算支出
上级财政退还或核减上解支出（上级财政通过往来挂账的方式退回）	借：与上级往来 贷：上解费用	借：补助预算收入—上级调拨 贷：上解预算支出
期末结转	借：本期盈余—预算管理资金本期盈余 贷：上解费用	借：一般公共预算结转结余 贷：上解预算支出—一般公共预算上解支出 借：政府性基金预算结转结余 贷：上解预算支出—政府性基金预算上解支出 借：国有资本经营预算结转结余 贷：上解预算支出—国有资本经营预算上解支出

（三）地区间援助预算支出

1.地区间援助预算支出的科目设置

“地区间援助预算支出”科目核算援助方政府财政安排用于受援方政府财政统筹使用的各类援助、捐赠等资金支出。本科目应按照受援地区等进行相应明细核算。

本科目平时借方余额反映地区间援助支出的累计数。期末结转后，本科目应无余额。

2.地区间援助预算支出的账务处理

（1）发生地区间援助预算支出时，借记本科目，贷记“资金结存——库款资金结存”

科目。

（2）年终转账时，本科目借方余额转入一般公共预算结转结余，借记“一般公共预算结转结余”科目，贷记本科目。

经济业务和事项	财务会计处理	预算会计处理
支付援助其他地区款项	借：地区间援助费用 　贷：国库存款	借：地区间援助预算支出 　贷：资金结存—库款资金结存
期末结转	借：本期盈余—预算管理资金本期盈余 　贷：地区间援助费用	借：一般公共预算结转结余 　贷：地区间援助预算支出

（四）调出预算资金

1.调出预算资金的科目设置

“调出预算资金”科目核算政府财政为平衡预算收支，在不同类型预算资金之间的调出支出。本科目应设置“一般公共预算调出资金”、“政府性基金预算调出资金”和“国有资本经营预算调出资金”明细科目。

本科目平时借方余额反映调出预算资金的累计数。期末结转后，本科目应无余额。

2.调出预算资金的账务处理

（1）从一般公共预算调出资金时，按照调出的金额，借记“调出预算资金——一般公共预算调出资金”科目，贷记“调入预算资金”有关明细科目。

（2）从政府性基金预算调出资金时，按照调出的金额，借记“调出预算资金——政府性基金预算调出资金”科目，贷记“调入预算资金”有关明细科目。

（3）从国有资本经营预算调出资金时，按照调出的金额，借记“调出预算资金——国有资本经营预算调出资金”科目，贷记“调入预算资金”有关明细科目。

（4）年终转账时，本科目借方余额分别转入相应的结转结余科目，借记“一般公共预算结转结余”、“政府性基金预算结转结余”和“国有资本经营预算结转结余”等科目，贷记本科目。

经济业务和事项	财务会计处理	预算会计处理
从一般公共预算调出资金	—	借：调出预算资金—一般公共预算调出资金 　贷：调入预算资金
从政府性基金预算调出资金	—	借：调出预算资金—政府性基金预算调出资金 　贷：调入预算资金
从国有资本经营预算调出资金	—	借：调出预算资金—国有资本经营预算调出资金 　贷：调入预算资金
期末结转	—	借：一般公共预算结转结余 　贷：调出预算资金—一般公共预算调出资金
	—	借：政府性基金预算结转结余 　贷：调出预算资金—政府性基金预算调出资金
	—	借：国有资本经营预算结转结余 　贷：调出预算资金—国有资本经营预算调出资金

第七节　安排预算稳定调节基金

一、安排预算稳定调节基金的概念

安排预算稳定调节基金是指政府财政安排用于弥补以后年度预算资金不足的储备性资金。

二、安排预算稳定调节基金的会计核算

（一）安排预算稳定调节基金的科目设置

“安排预算稳定调节基金”科目核算政府财政安排用于弥补以后年度预算资金不足的储备资金。

本科目平时借方余额反映安排预算稳定调节基金的累计数。期末结转后，本科目应无余额。

（二）安排预算稳定调节基金的账务处理

（1）安排预算稳定调节基金时，借记本科目，贷记“预算稳定调节基金”科目。

（2）年终转账时，本科目借方余额转入一般公共预算结转结余，借记“一般公共预算结转结余”科目，贷记本科目。

经济业务和事项	财务会计处理	预算会计处理
安排预算稳定调节基金	—	借：安排预算稳定调节基金 　贷：预算稳定调节基金
期末结转	借：本期盈余—预算管理资金本期盈余 　贷：预算稳定调节基金	借：一般公共预算结转结余 　贷：安排预算稳定调节基金

第八节　债务还本预算支出

一、债务还本预算支出的概念

债务还本预算支出是指政府财政偿还本级政府承担的债务本金支出。

二、债务还本预算支出的会计核算

（一）债务还本预算支出的科目设置

债务还本预算支出科目核算政府财政偿还本级政府财政承担的纳入预算管理的债务本金支出。本科目应设置“国债还本支出”“一般债务还本支出”“专项债务还本支出”明细科目，并根据《政府收支分类科目》中“债务还本支出”科目进行明细核算。

本科目平时借方余额反映本级政府财政债务还本预算支出的累计数。期末结转后，本科目应无余额。

（二）债务还本预算支出的账务处理

（1）偿还本级政府财政承担的政府债券、主权外债等纳入预算管理的债务本金时，借记本科目，贷记“资金结存——库款资金结存”“资金结存——专户资金结存”“补助预算收入——上级调拨”等科目。

（2）中央财政发生国债随买业务时，根据国债随买确认文件等相关债券管理资料，按

照国债随买面值，借记本科目，按照实际支付的金额，贷记“资金结存——库款资金结存”科目；按照其差额，借记或贷记“一般公共预算支出”科目。

（3）年终转账时，本科目下“国债还本支出”“一般债务还本支出”的借方余额转入一般公共预算结转结余，借记“一般公共预算结转结余”科目，贷记“债务还本预算支出——国债还本支出”“债务还本预算支出——一般债务还本支出”科目；本科目下“专项债务还本支出”的借方余额转入政府性基金预算结转结余，借记“政府性基金预算结转结余”科目，贷记“债务还本预算支出——专项债务还本支出”科目，可根据预算管理需要，按照专项债务对应的政府性基金预算支出科目分别转入“政府性基金预算结转结余”相应明细科目。

经济业务和事项	财务会计处理	预算会计处理
偿还本级政府承担的债务本金［偿还国债本金（仅限中央财政使用）］	借：应付短期政府债券 应付长期政府债券—应付本金 贷：国库存款	借：债务还本预算支出—国债还本支出 贷：资金结存—库款资金结存/专户资金结存 补助预算收入——上级调拨
偿还本级政府承担的债务本金［省级以上（含省级）财政偿还地方政府债券］	借：应付短期政府债券 应付长期政府债券—应付本金 贷：国库存款/其他财政存款	借：债务还本预算支出—一般债务还本支出 —专项债务还本支出 贷：资金结存—库款资金结存/专户资金结存
偿还本级政府承担的债务本金［省级以上（含省级）财政偿还主权外债本金］	借：借入款项 贷：国库存款/其他财政存款	借：债务还本预算支出—一般债务还本支出 —专项债务还本支出 贷：资金结存—库款资金结存/专户资金结存
偿还本级政府承担的债务本金（市县级财政偿还地方政府债券本金）	借：应付地方政府债券转贷款—应付本金 贷：国库存款/其他财政存款	借：债务还本预算支出—一般债务还本支出 —专项债务还本支出 贷：资金结存—库款资金结存/专户资金结存
偿还本级政府承担的债务本金（市县级财政偿还应付主权外债本金）	借：应付主权外债转贷款—应付本金 贷：国库存款/其他财政存款	借：债务还本预算支出—一般债务还本支出 —专项债务还本支出 贷：资金结存—库款资金结存/专户资金结存
中央政府财政发生国债随买业务	借：应付短期（长期）政府债券—应付国债 借/贷：财务费用—利息费用 贷：国库存款	借：债务还本预算支出—国债还本支出 借/贷：一般公共预算支出 贷：资金结存—库款资金结存
期末结转	—	借：一般公共预算结转结余 贷：债务还本预算支出—国债还本支出
	—	借：一般公共预算结转结余 贷：债务还本预算支出—一般债务还本支出
	—	借：政府性基金预算结转结余 贷：债务还本预算支出—专项债务还本支出

第九节 债务转贷预算支出

一、债务转贷预算支出的概念

债务转贷预算支出是指本级政府财政向下级政府财政转贷的债务支出。

二、债务转贷预算支出的会计核算

（一）债务转贷预算支出的科目设置

“债务转贷预算支出”科目核算本级政府财政向下级政府财政转贷的债务支出。本科目应设置“一般债务转贷支出”“专项债务转贷支出”明细科目，并根据《政府收支分类科目》中“债务转贷支出”科目和转贷地区进行明细核算。

本科目平时借方余额反映债务转贷支出的累计数。期末结转后，本科目应无余额。

（二）债务转贷预算支出的账务处理

（1）本级政府财政向下级政府财政转贷地方政府债券资金时，借记本科目，贷记“资金结存——库款资金结存”“补助预算支出——调拨下级”等科目。

（2）本级政府财政向下级政府财政转贷主权外债资金，且主权外债最终还款责任由下级政府财政承担的具体账务处理如下：

❶支付转贷资金时，根据外债管理部门提交的转贷业务有关资料，借记本科目，贷记“资金结存——库款资金结存”“资金结存——专户资金结存”科目。

❷外方或上级政府财政将贷款资金直接支付给用款单位或供应商时，根据外债管理部门提交的转贷业务有关资料，借记本科目，贷记“债务预算收入”“债务转贷预算收入”科目。

（3）年终转账时，本科目下“一般债务转贷支出”明细科目的借方余额转入一般公共预算结转结余，借记“一般公共预算结转结余”科目，贷记“债务转贷预算支出——一般债务转贷支出”科目；本科目下“专项债务转贷支出”明细科目的借方余额转入政府性基金预算结转结余，借记“政府性基金预算结转结余”科目，贷记“债务转贷预算支出——专项债务转贷支出”科目，可根据预算管理需要，按照专项债务对应的政府性基金预算支出科目分别转入“政府性基金预算结转结余”相应明细科目。

经济业务和事项	财务会计处理	预算会计处理
本级政府财政向下级政府财政转贷地方政府债券资金	借：应收地方政府债券转贷款—应收本金 借/贷：有关费用科目 贷：国库存款	借：债务转贷预算支出—一般债务转贷支出 —专项债务转贷支出 一般公共预算支出（或贷记） 政府性基金预算支出（或贷记） 贷：资金结存—库款资金结存 补助预算支出——调拨下级
本级政府财政向下级政府财政转贷主权外债资金，且主权外债最终还款责任由下级政府财政承担（直接支付转贷资金到下级政府财政部门）	借：应收主权外债转贷款—应收本金 借/贷：有关费用科目 贷：国库存款/其他财政存款	借：债务转贷预算支出—一般债务转贷支出 一般公共预算支出（或贷记） 贷：资金结存—库款资金结存 —专户资金结存

续表

经济业务和事项	财务会计处理	预算会计处理
本级政府财政向下级政府财政转贷主权外债资金，且主权外债最终还款责任由下级政府财政承担（外方或上级财政将贷款资金直接支付给用款单位或供应商）	借：应收主权外债转贷款—应收本金 贷：借入款项（省级财政部门使用） 应付主权外债转贷款（市级财政部门使用）	借：债务转贷预算支出—一般债务转贷支出 贷：债务预算收入 债务转贷预算收入
期末结转	—	借：一般公共预算结转结余 贷：债务转贷预算支出—一般债务转贷支出
	—	借：政府性基金预算结转结余 贷：债务转贷预算支出—专项债务转贷支出

第十节 待处理支出

一、待处理支出的概念

待处理支出是指政府财政按照预拨经费管理有关规定预拨给预算单位尚未列为预算支出的款项。待处理支出（不含预拨下年度预算资金）应在年终前转列支出或清理收回。

二、待处理支出的会计核算

（一）待处理支出的科目设置

“待处理支出”科目核算政府财政按照预拨经费管理有关规定预拨给预算单位尚未列为预算支出的款项。本科目应当按照预算单位进行明细核算。

本科目平时借方余额反映政府财政尚未转列支出或尚待收回的待处理支出数。期末结转后，本科目应无余额。

（二）待处理支出的账务处理

（1）拨出款项时，借记本科目，贷记“资金结存——库款资金结存”等科目。

（2）转列预算支出时，借记“一般公共预算支出”“政府性基金预算支出”“国有资本经营预算支出”等科目，贷记本科目。

（3）收回预拨款项时，借记“资金结存——库款资金结存”等科目，贷记本科目。

（4）年终，本科目借方余额转入资金结存，借记“资金结存——待处理结存”科目，贷记本科目。

经济业务和事项	财务会计处理	预算会计处理
通过预拨方式拨出尚未安排预算的资金	借：预拨经费 贷：国库存款	借：待处理支出 贷：资金结存—库款资金结存
清理处置待处理支出（收回预拨款项）	借：国库存款 贷：预拨经费	借：资金结存—库款资金结存 贷：待处理支出

续表

经济业务和事项	财务会计处理	预算会计处理
清理处置待处理支出（安排预算转列支出）	借：有关费用科目 　贷：预拨经费	借：一般公共预算支出 　　政府性基金预算支出 　　国有资本经营预算支出 　贷：待处理支出
期末结转	—	借：资金结存—待处理结存 　贷：待处理支出

复习思考题

1. 什么是政府财政预算支出？其主要包括哪些类别？

2. 简述一般公共预算支出、政府性基金预算支出、国有资本经营预算支出的概念及账务处理。

3. 简述转移性预算支出的概念及其分类。

4. 简述债务还本预算支出的账务处理。

第十一章　政府财政预算结余的核算

政府财政预算结余是指预算年度内政府预算收入扣除预算支出后的余额，以及历年滚存的库款和专户资金余额。总会计核算的预算结余包括一般公共预算结转结余、政府性基金预算结转结余、国有资本经营预算结转结余、财政专户管理资金结余、专用基金结余、预算稳定调节基金、预算周转金和资金结存等。一般公共预算结转结余是指本级政府财政一般公共预算收支的执行结果。政府性基金预算结转结余是指本级政府财政政府性基金预算收支的执行结果。国有资本经营预算结转结余是指本级政府财政国有资本经营预算收支的执行结果。财政专户管理资金结余是指本级政府财政纳入财政专户管理的教育收费等资金收支的执行结果。专用基金结余是指本级政府财政专用基金收支的执行结果。预算稳定调节基金是指本级政府财政为保持年度间预算的衔接和稳定，在一般公共预算中设置的储备性资金。预算周转金是指本级政府财政为调剂预算年度内季节性收支差额，保证及时用款而设置的周转资金。资金结存是指政府财政纳入预算管理资金的流入、流出、调整和滚存的结果。各项结转结余应每年结算一次。

第一节　一般公共预算结转结余

一、一般公共预算结转结余的概念

一般公共预算结转结余是指本级政府财政一般公共预算收支的执行结果。

二、一般公共预算结转结余的会计核算

（一）一般公共预算结转结余的科目设置

“一般公共预算结转结余”科目核算本级政府财政一般公共预算收支的执行结果。本科目期末贷方余额反映一般公共预算收支相抵后的滚存结转结余。

（二）一般公共预算结转结余的账务处理

（1）年终转账时，将一般公共预算的有关收入科目贷方余额转入本科目的贷方，借记“一般公共预算收入”“补助预算收入——一般公共预算补助收入”“上解预算收入——一般公共预算上解收入”“地区间援助预算收入”“调入预算资金——一般公共预算调入资金”“债务预算收入——国债收入”“债务预算收入——一般债务收入”“债务转贷预算收入——一般债务转贷收入”“动用预算稳定调节基金”科目，贷记本科目。将一般公共预算的有关支出科目借方余额转入本科目的借方，借记本科目，贷记“一般公共预算支出”“补助预算支出——一般公共预算补助支出”“上解预算支出——一般公共预算上解支出”“地区间援助预算支出”“调出预算资金——一般公共预算调出资金”“安排预算稳定调节基金”“债务还本预算支出——国债还本支出”“债务还本预算支出——一般债务还本支出”“债务转贷预算支出——一般债务转贷支出”科目。

（2）设置或补充预算周转金时，借记本科目，贷记“预算周转金”科目。

经济业务和事项	财务会计处理	预算会计处理
期末结转	—	借：一般公共预算收入 补助预算收入——一般公共预算补助收入 上解预算收入——一般公共预算上解收入 地区间援助预算收入 调入预算资金——一般公共预算调入资金 债务预算收入——一般债务收入 债务预算收入—国债收入 债务转贷预算收入——一般债务转贷收入 动用预算稳定调节基金 贷：一般公共预算结转结余
期末结转	—	借：一般公共预算结转结余 贷：一般公共预算支出 补助预算支出——一般公共预算补助支出 上解预算支出——一般公共预算上解支出 地区间援助预算支出 调出预算资金——一般公共预算调出资金 安排预算稳定调节基金 债务还本预算支出—国债还本支出 债务还本预算支出——一般债务还本支出 债务转贷预算支出——一般债务转贷支出
设置和补充预算周转金	借：本期盈余—预算管理资金本期盈余 贷：预算周转金	借：一般公共预算结转结余 贷：预算周转金

第二节　政府性基金预算结转结余

一、政府性基金预算结转结余的概念

政府性基金预算结转结余是指本级政府财政政府性基金预算收支的执行结果。

二、政府性基金预算结转结余的会计核算

（一）政府性基金预算结转结余的科目设置

“政府性基金预算结转结余”科目核算本级政府财政政府性基金预算收支的执行结果。本科目可根据管理需要，按照政府性基金的项目进行明细核算。本科目期末贷方余额反映政府性基金预算收支相抵后的滚存结转结余。

（二）政府性基金预算结转结余的账务处理

年终转账时，将政府性基金预算的有关收入科目贷方余额转入本科目的贷方，借记“政府性基金预算收入”“补助预算收入——政府性基金预算补助收入”“上解预算收入——政府性基金预算上解收入”“调入预算资金——政府性基金预算调入资金”“债务预算收入——专项债务收入”“债务转贷预算收入——专项债务转贷收入”科目，贷记本科目。将政府性基金预算的有关支出科目借方余额转入本科目的借方，借记本科目，贷记“政府性基金预算支出”“补助预算支出——政府性基金预算补助支出”“上解预算支出——政府性基金预算上解支出”“调出预算资金——政府性基金预算调出资金”“债务还本预算支出——专项债务还本支出” “债务转贷预算支出——专项债务转贷支出”科目。

经济业务和事项	财务会计处理	预算会计处理
期末结转	—	借：政府性基金预算收入 补助预算收入—政府性基金预算补助收入 上解预算收入—政府性基金预算上解收入 调入预算资金—政府性基金预算调入资金 债务预算收入—专项债务收入 债务转贷预算收入—专项债务转贷收入 贷：政府性基金预算结转结余
期末结转	—	借：政府性基金预算结转结余 贷：政府性基金预算支出 补助预算支出—政府性基金预算补助支出 上解预算支出—政府性基金预算上解支出 调出预算资金—政府性基金预算调出资金 债务还本预算支出—专项债务还本支出 债务转贷预算支出—专项债务转贷支出

第三节 国有资本经营预算结转结余

一、国有资本经营预算结转结余的概念

国有资本经营预算结转结余是指本级政府财政国有资本经营预算收支的执行结果。

二、国有资本经营预算结转结余的会计核算

（一）国有资本经营预算结转结余的科目设置

"国有资本经营预算结转结余"科目核算本级政府财政国有资本经营预算收支的执行结果。本科目期末贷方余额反映国有资本经营预算收支相抵后的滚存结转结余。

（二）国有资本经营预算结转结余的账务处理

年终转账时，将国有资本经营预算的有关收入科目贷方余额转入本科目的贷方，借记"国有资本经营预算收入""补助预算收入——国有资本经营预算补助收入""上解预算收入——国有资本经营预算上解收入"科目，贷记本科目；将国有资本经营预算的有关支出科目借方余额转入本科目的借方，借记本科目，贷记"国有资本经营预算支出""补助预算支出——国有资本经营预算补助支出""上解预算支出——国有资本经营预算上解支出""调出预算资金——国有资本经营预算调出资金"科目。

经济业务和事项	财务会计处理	预算会计处理
期末结转	—	借：国有资本经营预算收入 补助预算收入—国有资本经营预算补助收入 上解预算收入—国有资本经营预算上解收入 贷：国有资本经营预算结转结余
	—	借：国有资本经营预算结转结余 贷：国有资本经营预算支出 补助预算支出—国有资本经营预算补助支出 上解预算支出—国有资本经营预算上解支出 调出预算资金—国有资本经营预算调出资金

第四节　财政专户管理资金结余

一、财政专户管理资金结余的概念

财政专户管理资金结余是指本级政府财政纳入财政专户管理的教育收费等资金收支的执行结果。

二、财政专户管理资金结余的会计核算

（一）财政专户管理资金结余的科目设置

“财政专户管理资金结余”科目核算本级政府财政纳入财政专户管理的教育收费等资金收支的执行结果。本科目期末贷方余额反映政府财政纳入财政专户管理的资金收支相抵后的滚存结余。

（二）财政专户管理资金结余的账务处理

年终转账时，将财政专户管理资金的有关收入科目贷方余额转入本科目的贷方，借记“财政专户管理资金收入”科目，贷记本科目；将财政专户管理资金的有关支出科目借方余额转入本科目的借方，借记本科目，贷记“财政专户管理资金支出”科目。

经济业务和事项	财务会计处理	预算会计处理
期末结转	借：财政专户管理资金收入 　贷：本期盈余—财政专户管理资金本期盈余	借：财政专户管理资金收入 　贷：财政专户管理资金结余
	借：本期盈余—财政专户管理资金本期盈余 　贷：财政专户管理资金支出	借：财政专户管理资金结余 　贷：财政专户管理资金支出

第五节　专用基金结余

一、专用基金结余的概念

专用基金结余是指本级政府财政专用基金收支的执行结果。

二、专用基金结余的会计核算

（一）专用基金结余的科目设置

“专用基金结余”科日核算本级政府财政专用基金收支的执行结果。本科目应根据专用基金的种类进行明细核算。本科目期末贷方余额反映政府财政管理的专用基金收支相抵后的滚存结余。

（二）专用基金结余的账务处理

年终转账时，将专用基金的有关收入科目贷方余额转入本科目的贷方，借记“专用基金收入”科目，贷记本科目；将专用基金的有关支出科目借方余额转入本科目的借方，借记本科目，贷记“专用基金支出”科目。

经济业务和事项	财务会计处理	预算会计处理
期末结转	借：专用基金收入 　贷：本期盈余—专用基金本期盈余	借：专用基金收入 　贷：专用基金结余
	借：本期盈余—专用基金本期盈余 　贷：专用基金支出	借：专用基金结余 　贷：专用基金支出

第六节 预算稳定调节基金

一、预算稳定调节基金的概念

预算稳定调节基金是指本级政府财政为保持年度间预算的衔接和稳定，在一般公共预算中设置的储备性资金。

二、预算稳定调节基金的会计核算

（一）预算稳定调节基金的科目设置

“预算稳定调节基金”科目核算本级政府财政为保持年度间预算的衔接和稳定，在一般公共预算中设置的储备性资金。本科目期末贷方余额反映预算稳定调节基金的累计规模。

（二）预算稳定调节基金的账务处理

（1）使用超收收入或一般公共预算结余设置或补充预算稳定调节基金时，借记“安排预算稳定调节基金”科目，贷记本科目。

（2）将预算周转金调入预算稳定调节基金时，借记“预算周转金”科目，贷记本科目。

（3）动用预算稳定调节基金时，借记本科目，贷记“动用预算稳定调节基金”科目。

经济业务和事项	财务会计处理	预算会计处理
使用超收收入或一般公共预算结余设置或补充预算稳定调节基金	借：本期盈余—预算管理资金本期盈余 贷：预算稳定调节基金	借：安排预算稳定调节基金 贷：预算稳定调节基金
将预算周转金调入预算稳定调节基金	借：预算周转金 贷：预算稳定调节基金	借：预算周转金 贷：预算稳定调节基金
动用预算稳定调节基金	借：预算稳定调节基金 贷：本期盈余—预算管理资金本期盈余	借：预算稳定调节基金 贷：动用预算稳定调节基金

第七节 预算周转金

一、预算周转金的概念

预算周转金是指政府财政设置的用于调剂预算年度内季节性收支差额周转使用的资金。

二、预算周转金的会计核算

（一）预算周转金的科目设置

“预算周转金”科目核算政府财政设置的用于调剂预算年度内季节性收支差额周转使用的资金。本科目期末贷方余额反映预算周转金的累计规模。

（二）预算周转金的账务处理

（1）设置或补充预算周转金时，借记“一般公共预算结转结余”科目，贷记本科目。

（2）将预算周转金调入预算稳定调节基金时，借记本科目，贷记“预算稳定调节基金”科目。

经济业务和事项	财务会计处理	预算会计处理
设置和补充预算周转金	借：本期盈余—预算管理资金本期盈余 贷：预算周转金	借：一般公共预算结转结余 贷：预算周转金
将预算周转金调入预算稳定调节基金	借：预算周转金 贷：预算稳定调节基金	借：预算周转金 贷：预算稳定调节基金

第八节　资金结存

一、资金结存的概念

资金结存是指政府财政纳入预算管理的资金流入、流出、调整和滚存的情况。

二、资金结存的会计核算

（一）资金结存的科目设置

“资金结存”科目核算政府财政纳入预算管理的资金流入、流出、调整和滚存的情况。本科目应设置“库款资金结存”“专户资金结存”“在途资金结存”“集中支付结余结存”“上下级调拨结存”“待发国债结存”“零余额账户结存”“已结报支出”“待处理结存”明细科目。

（二）资金结存的账务处理

（1）“库款资金结存”科目核算政府财政以国库存款形态存在的资金。本科目期末应为借方余额。

❶收到预算收入时，根据当日预算收入日报表所列预算收入数，借记本科目，贷记有关预算收入科目。

已入库款项发生退库（付）的，资金划出时，借记有关预算收入科目，贷记本科目。

❷发生预算支出时，按照实际支付的金额，借记有关预算支出科目，贷记本科目。

预算支出发生退回的，资金划出时，借记本科目，贷记有关预算支出科目。

经济业务和事项	财务会计处理	预算会计处理
收到预算收入时	借：国库存款 贷：有关收入科目	借：资金结存—库款资金结存 贷：有关预算收入科目
已入库款项发生退库（付），资金划出时	借：有关收入科目 贷：国库存款	借：有关预算收入科目 贷：资金结存—库款资金结存
发生预算支出时	借：有关费用科目 贷：国库存款	借：有关预算支出科目 贷：资金结存—库款资金结存
预算支出发生退回的，资金划出时	借：国库存款 贷：有关费用科目	借：资金结存—库款资金结存 贷：有关预算支出科目

（2）“专户资金结存”科目核算政府财政以财政专户存款形态存在的资金。本科目期末应为借方余额。

❶收到预算收入时，按照有关收入凭证，借记本科目，贷记有关预算收入科目。

已收到款项发生退付的，资金划出时，借记有关预算收入科目，贷记本科目。

❷发生预算支出时，按照实际支付的金额，借记有关预算支出科目，贷记本科目。

预算支出发生退回的，资金划出时，借记本科目，贷记有关预算支出科目。

经济业务和事项	财务会计处理	预算会计处理
收到预算收入时，按照有关收入凭证	借：其他财政存款 贷：有关收入科目	借：资金结存—专户资金结存 贷：有关预算收入科目
已收到款项发生退付的，资金划出时	借：有关收入科目 贷：其他财政存款	借：有关预算收入科目 贷：资金结存—专户资金结存
发生预算支出时，按照实际支付的金额	借：有关费用科目 贷：其他财政存款	借：有关预算支出科目 贷：资金结存—专户资金结存
预算支出发生退回的，资金划出时	借：其他财政存款 贷：有关费用科目	借：资金结存—专户资金结存 贷：有关预算支出科目

（3）“在途资金结存”科目核算报告清理期和库款报解整理期内发生的需要通过本科目过渡处理的属于上年度收入、支出等业务的款项。本科目期末余额反映政府财政持有的在途款金额。

❶报告清理期和库款报解整理期内收到属于上年度收入时，在上年度账务中，借记本科目，贷记有关预算收入科目；收回属于上年度支出时，在上年度账务中，借记本科目，贷记“预拨经费”或有关预算支出科目。

❷冲转在途款时，在本年度账务中，借记“资金结存——库款资金结存”科目，贷记本科目。

经济业务和事项	财务会计处理	预算会计处理
报告清理期和库款报解整理期内收到属于上年度收入时	借：在途款 贷：有关收入科目	借：资金结存—在途资金结存 贷：有关预算收入科目
报告清理期和库款报解整理期内收到属于上年度费用退回时	借：在途款 贷：有关费用科目	借：资金结存—在途资金结存 贷：预拨经费 有关预算支出科目
冲转在途款时	借：国库存款 贷：在途款	借：资金结存—库款资金结存 贷：资金结存—在途资金结存

（4）“集中支付结余结存”科目核算省级以上政府财政（含省级）国库集中支付中，应列为当年支出，但年末尚未支付需结转下一年度支付的款项。本科目期末应为贷方余额，反映政府财政尚未支付的国库集中支付结余。

❶年末，对当年发生的应付国库集中支付结余，借记有关预算支出科目，贷记本科目。

❷实际支付应付国库集中支付结余资金时，借记本科目，贷记“资金结存——库款资金结存”科目。

❸收回尚未支付的应付国库集中支付结余时，借记本科目，贷记有关预算支出科目。

经济业务和事项	财务会计处理	预算会计处理
省级以上政府财政（含省级）当年年末应付国库集中支付结余列为费用	借：有关费用科目 贷：应付国库集中支付结余	借：有关预算支出科目 贷：资金结存—集中支付结余结存
年度执行中实际拨付国库集中支付结余资金	借：应付国库集中支付结余 贷：国库存款	借：资金结存—集中支付结余结存 贷：资金结存—库款资金结存
收回尚未支付的应付国库集中支付结余	借：应付国库集中支付结余 贷：以前年度盈余调整—预算管理资金以前年度盈余调整等	借：资金结存—集中支付结余结存 贷：有关预算支出科目

（5）“上下级调拨结存”科目核算上下级政府财政之间资金调拨和资金结算等事项。本科目期末余额反映政府财政上下级往来款项的净额。

❶年终转账时，将“补助预算收入——上级调拨”科目贷方余额转入资金结存，借记“补助预算收入——上级调拨”科目，贷记本科目。

❷年终转账时，将“补助预算支出——调拨下级”科目借方余额转入资金结存，借记本科目，贷记“补助预算支出——调拨下级”科目。

经济业务和事项	财务会计处理	预算会计处理
收到上级财政调拨的资金	借：与上级往来 　贷：补助收入 　　　上解费用	借：补助预算收入—上级调拨 　贷：资金结存—上下级调拨结存
向下级财政调拨资金	借：补助费用 　　上解收入 　贷：与下级往来	借：资金结存—上下级调拨结存 　贷：补助预算支出—调拨下级

（6）“待发国债结存”科目核算为弥补中央财政预算收支差额，中央财政预计发行国债与实际发行国债之间的差额。本科目期末应为借方余额，反映中央财政尚未使用的国债发行额度。

年度终了，实际发行国债收入用于债务还本支出后，小于为弥补中央财政预算收支差额中央财政预计发行国债时，按照其差额，借记本科目，贷记“债务预算收入”科目；实际发行国债收入用于债务还本支出后，大于为弥补中央财政预算收支差额中央财政预计发行国债时，按照其差额，借记“债务预算收入”科目，贷记本科目。

经济业务和事项		财务会计处理	预算会计处理
年终，实际发行国债收入用于债务还本支出后	小于为弥补中央财政预算收支差额中央财政预计发行国债时，按照其差额	—	借：资金结存—待发国债结存 　贷：债务预算收入—国债收入
	大于为弥补中央财政预算收支差额中央财政预计发行国债时，按照其差额	—	借：债务预算收入—国债收入 　贷：资金结存—待发国债结存

（7）“零余额账户结存”科目核算政府财政国库支付执行机构在代理银行开设的财政零余额账户发生的支付和清算业务。财政国库支付执行机构未单设的地区不使用本科目。本科目年末应无余额。

❶财政国库支付执行机构通过财政零余额账户支付款项时，借记有关预算支出科目，贷记本科目。

❷根据每日清算的金额，借记本科目，贷记“资金结存——已结报支出”科目。

经济业务和事项	财务会计处理	预算会计处理
财政国库支付执行机构通过财政零余额账户支付款项时	—	借：有关预算支出科目 　贷：资金结存—零余额账户结存
根据每日清算的金额	—	借：资金结存—零余额账户结存 　贷：资金结存—已结报支出

（8）“已结报支出”科目核算政府财政国库支付执行机构已清算的国库集中支付支出

数额。财政国库支付执行机构未单设的地区不使用本科目。本科目年末应无余额。

❶财政国库集中支付执行机构根据每日清算的金额，借记“资金结存——零余额账户结存”科目，贷记本科目。

❷财政国库集中支付执行机构按照国库集中支付制度有关规定办理资金支付时，借记相关预算支出科目，贷记本科目。

❸年终财政国库集中支付执行机构按照累计结清的预算支出金额，与有关方面核对一致后转账，借记本科目，贷记有关预算支出科目。

经济业务和事项	财务会计处理	预算会计处理
财政国库集中支付执行机构根据每日清算的金额时	—	借：资金结存—零余额账户结存 贷：资金结存—已结报支出
财政国库集中支付执行机构按照国库集中支付制度有关规定办理资金支付时	—	借：有关预算支出科目 贷：资金结存—已结报支出
期末结转	—	借：资金结存—已结报支出 贷：有关预算支出科目

（9）“待处理结存”科目核算结转下年度的待处理收入和待处理支出等。本科目期末余额反映尚未清理的以前年度待处理收支的金额。

❶年终转账时，将“待处理收入”科目贷方余额转入资金结存，借记“待处理收入”科目，贷记本科目。

❷年终转账时，将“待处理支出”科目借方余额转入资金结存，借记本科目，贷记“待处理支出”科目。

❸将以前年度结转的待处理收入转列预算收入或退回时，借记本科目，贷记有关预算收入科目、“资金结存——库款资金结存”科目。

❹将以前年度结转的待处理支出转列预算支出或收回时，借记有关预算支出科目、“资金结存——库款资金结存”等科目，贷记本科目。

经济业务和事项	财务会计处理	预算会计处理
年终转账时	—	借：待处理收入 贷：资金结存—待处理结存
	—	借：资金结存—待处理结存 贷：待处理支出
将以前年度结转的待处理收入转列预算收入	借：其他应付款 贷：有关收入科目	借：资金结存—待处理结存 贷：一般公共预算收入/政府性基金预算收入
退回以前年度结转的待处理收入资金	借：其他应付款 贷：国库存款	借：资金结存—待处理结存 贷：资金结存—库款资金结存
将以前年度结转的待处理支出转列预算支出	借：有关费用科目 贷：预拨经费	借：一般公共预算支出/政府性基金预算支出 贷：资金结存—待处理结存
收回上年度结转的待处理支出资金	借：国库存款 贷：预拨经费	借：资金结存—库款资金结存 贷：资金结存—待处理结存

复习思考题

1.什么是政府预算结余？政府预算结余主要包括哪些类别？

2.一般公共预算结转结余的概念是什么？针对设置或补充预算周转金时，一般公共预算结转结余科目如何进行账务处理？

3.简述国有资本经营预算结转结余的概念及账务处理。

4.什么是资金结存？资金结存具体设置哪些明细科目？

5.简述“国有资本经营预算结转结余”、“专用基金结余”和“预算稳定调节基金”科目的核算内容。

第十二章　政府财政会计报表

第一节　会计报表概述

为加强财政预算管理，提升国家财政治理效能，进一步规范各级政府财政总会计核算，保证会计信息质量，充分发挥财政总会计职能作用，财政部根据深化预算管理制度改革、政府会计改革工作要求，财政部研究制定了《财政总会计制度》（简称“新制度”）。《财政总会计制度》印发施行后，《财政总预算会计制度》（财库〔2015〕192 号，简称“旧制度”）不再执行。

一、按照新制度框架设置账套体系

《财政总会计制度》适度区分预算会计和财务会计功能，建立“双功能”、采用“双基础”开展总会计核算、支撑“双报告”。

（1）“财务会计”实行权责发生制核算基础，改造现行会计科目，以资产、负债、净资产、收入和费用为要素。在此基础上，进一步强化股权投资、政府债券等资产负债核算。

（2）“预算会计”实行收付实现制核算基础，全部保留现行制度中的收入、支出，以及与预算结余相关科目要素。在此基础上，新增“资金结存”科目，建立预算结余与库款及专户资金对应关系。

（3）对两套科目实行“平行记账规则”，即对纳入预算管理的现金收支业务，在进行预算会计核算的同时也应当进行财务会计核算。此外，新制度重新设计了会计报表体系，以保证两套科目数据有效衔接，全面反映政府财政财务状况。

二、总会计应当按照规定编制财务会计报表

（1）收入费用表至少按月度和年度编制。资产负债表、现金流量表、本年预算结余与本期盈余调节表和附注应当至少按年度编制。

（2）总会计应当根据《财政总会计制度》编制并提供真实、完整的会计报表，切实做到账表一致，不得估列代编，弄虚作假。

（3）总会计要严格按照统一规定的种类、格式、内容、计算方法和编制口径填制会计报表，以保证全国统一汇总和分析。汇总报表的单位，要把所属单位的报表汇集齐全，防止漏报。

第二节　财务会计报表的构成和格式

政府财政部门财务会计报表包括资产负债表、收入费用表、现金流量表、本年预算结余与本期盈余调节表等会计报表和附注。

一、资产负债表

资产负债表是反映政府财政在某一特定日期财务状况的报表。政府财政部门资产负债

表应当分别资产、负债和净资产反映相应组成项目期末余额和年初余额的信息，采用的平衡等式为：资产=负债+净资产。

政府财政部门资产负债表的格式见表12-1。

表12-1　　　　资产负债表　　　　总会财01表

编制单位：　　　　年　月　日　　　　单位：元

资产	年初余额	期末余额	负债和净资产	年初余额	期末余额
流动资产：			**流动负债：**		
国库存款			应付短期政府债券		
其他财政存款			应付国库集中支付结余		
国库现金管理资产			与上级往来		
有价证券			其他应付款		
应收非税收入			应付代管资金		
应收股利			应付利息		
借出款项			一年内到期的非流动负债		
与下级往来			**流动负债合计**		
预拨经费			**非流动负债：**		
在途款			应付长期政府债券		
其他应收款			借入款项		
应收利息			应付地方政府债券转贷款		
一年内到期的非流动资产			应付主权外债转贷款		
流动资产合计			其他负债		
非流动资产：			**非流动负债合计**		
应收地方政府债券转贷款			**负债合计**		
应收主权外债转贷款			**净资产：**		
股权投资			累计盈余		
非流动资产合计			预算稳定调节基金		
			预算周转金		
			权益法调整		
			净资产合计		
资产总计			**负债及净资产总计**		

二、收入费用表

收入费用表是反映政府财政在一定会计期间运行情况的报表。政府财政部门收入费用表包含收入合计、费用合计和本期盈余及相应组成项目的本月数和本年累计数的信息，采用的计算公式为：收入合计-费用合计=本期盈余。

政府财政部门收入费用表的格式见表12-2。

表 12-2 收入费用表 总会财 02 表

编制单位 年 月 单位：元

项目	预算管理资金		财政专户管理资金		专用基金	
	本月数	本年累计数	本月数	本年累计数	本月数	本年累计数
收入合计						
税收收入			—	—	—	—
非税收入			—	—	—	—
投资收益			—	—	—	—
补助收入			—	—	—	—
上解收入			—	—	—	—
地区间援助收入			—	—	—	—
其他收入			—	—	—	—
财政专户管理资金收入	—	—			—	—
专用基金收入	—	—	—	—		
费用合计						
政府机关商品和服务拨款费用			—	—	—	—
政府机关工资福利拨款费用			—	—	—	—
对事业单位补助拨款费用			—	—	—	—
对企业补助拨款费用			—	—	—	—
对个人和家庭补助拨款费用			—	—	—	—
对社会保障基金补助拨款费用			—	—	—	—
资本性拨款费用			—	—	—	—
其他拨款费用			—	—	—	—
财务费用			—	—	—	—
补助费用			—	—	—	—
上解费用			—	—	—	—
地区间援助费用			—	—	—	—
其他费用			—	—	—	—
财政专户管理资金支出	—	—			—	—
专用基金支出	—	—	—	—		
本期盈余 （本年收入与费用的差额）						

注：表中有“—”的部分不必填列。

三、现金流量表

现金流量表是反映政府财政在一定会计期间现金及现金等价物流入和流出情况的报表。政府财政部门现金流量表应当按照日常活动、投资活动、筹资活动产生的现金流量分别反映。本表所指的现金流量，是指现金的流入和流出，采用的计算公式为：现金流入-现金流出=现金流量净额。

政府财政部门现金流量表的格式见表 12-3。

表 12-3　　现金流量表　　总会财 03 表

编制单位：　　______年　（月）　　单位：元

项　目	本年金额	上年金额
一、　日常活动产生的现金流量		
组织税收收入收到的现金		
组织非税收入收到的现金		
组织财政专户管理资金收入收到的现金		
组织专用基金收入收到的现金		
上下级政府财政资金往来收到的现金		
收回暂付性款项相关的现金		
其他日常活动所收到的现金		
现金流入小计		
政府机关商品和服务拨款所支付的现金		
政府机关工资福利拨款所支付的现金		
对事业单位补助拨款所支付的现金		
对企业补助拨款所支付的现金		
对个人和家庭补助拨款所支付的现金		
对社会保障基金补助拨款所支付的现金		
财政专户管理资金支出所支付的现金		
专用基金支出所支付的现金		
上下级政府财政资金往来支付的现金		
资本性拨款所支付的现金		
暂付性款项所支付的现金		
其他日常活动所支付的现金		
现金流出小计		
日常活动产生的现金流量净额		
二、投资活动产生的现金流量		
收回股权投资所收到的现金		
取得股权投资收益收到的现金		
收到其他与投资活动有关的现金		
现金流入小计		
取得股权投资所支出的现金		
支付其他与投资活动有关的现金		
现金流出小计		
投资活动产生的现金流量净额		
三、筹资活动产生的现金流量		
发行政府债券收到的现金		
借入款项收到的现金		
取得政府债券转贷款收到的现金		
取得主权外债转贷款收到的现金		
收回转贷款本金收到的现金		
收到下级上缴转贷款利息相关的现金		
其他筹资活动收到的现金		
现金流入小计		
转贷地方政府债券所支付的现金		
转贷主权外债所支付的现金		
支付债务本金相关的现金		
支付债务利息相关的现金		
其他筹资活动支付的现金		
现金流出小计		
筹资活动产生的现金流量净额		
四、汇率变动对现金的影响额		
五、现金净增加额		

四、本年预算结余与本期盈余调节表

本年预算结余与本期盈余调节表是反映政府财政在某一会计年度内预算结余与本期盈余差异调整情况的报表。

政府财政部门本年预算结余与本期盈余调节表的格式见表 12-4。

表 12-4　　本年预算结余与本期盈余调节表　　总会财 04 表

编制单位：　　______年　　单位：元

项　目	金额
当期预算结余（本年预算收入与支出差额）：	
日常活动产生的差异：	
加：1. 当期确认为收入但没有确认为预算收入	
当期应收未缴库非税收入	
减：2. 当期确认为预算收入但没有确认为收入	
当期收到上期应收未缴库非税收入	
3. 当期确认为预算支出收回但没有确认为费用收回	
（1）当期收到退回以前年度已列支资金	
（2）当期将以前年度国库集中支付结余收回预算	
投资活动产生的差异：	
加：1. 当期确认为收入但没有确认为预算收入	
（1）当期投资收益或损失	
（2）当期无偿划入股权投资	
2. 当期确认为预算支出但没有确认为费用	
（1）当期股权投资增支	
（2）当期股权投资减支	
减：3. 当期确认为预算收入但没有确认为收入	
（1）当期收到利润收入和股利股息收入	
（2）当期收到清算、处置股权投资增加的收入	
4. 当期确认为费用但没有确认为预算支出	
当期无偿划出股权投资费用	
筹资活动产生的差异：	
加：1. 当期确认为预算支出但没有确认为费用	
（1）当期转贷款支出	
（2）当期债务还本支出	
（3）拨付上年计提债务利息	
减：2. 当期确认为预算收入但没有确认为收入	
（1）当期债务收入	
（2）当期转贷款收入	
3. 当期确认为费用但没有确认为预算支出	
当期计提未拨付债务利息	
其他差异事项	
当期汇兑损益净额	
本期盈余（本年收入与费用的差额）	

第三节　资产负债表编制

一、资产负债表"年初余额"的填列内容和方法

本表"年初余额"栏内各项数字，应当根据上年末资产负债表"期末余额"栏内数字填

列。如果本年度资产负债表规定的各个项目的名称和内容同上年度不一致，应对上年年末资产负债表各项目的名称和数字按照本年度的规定进行调整，填入本表“年初余额”栏内。

二、资产负债表“期末余额”各项目的填列内容和方法

（一）资产类项目

1.按一级科目余额直接填列的项目

（1）“国库存款”项目，反映政府财政期末存放在国库单一账户的款项金额。本项目应当根据“国库存款”科目的期末余额填列。

（2）“其他财政存款”项目，反映政府财政期末持有的其他财政存款金额。本项目应当根据“其他财政存款”科目的期末余额填列。

（3）“国库现金管理资产”项目，反映政府财政期末实行国库现金管理业务等持有的资产金额。本项目应当根据“国库现金管理资产”科目的期末余额填列。

（4）“有价证券”项目，反映政府财政期末持有的有价证券金额。本项目应当根据“有价证券”科目的期末余额填列。

（5）“在途款”项目，反映政府财政期末持有的在途款金额。本项目应当根据“在途款”科目的期末余额填列。

（6）“预拨经费”项目，反映政府财政期末尚未转列支出或尚待收回的预拨经费金额。本项目应当根据“预拨经费”科目的期末余额填列。

（7）“借出款项”项目，反映政府财政期末借给预算单位尚未收回的款项金额。本项目应当根据“借出款项”科目的期末余额填列。

（8）“应收非税收入”项目，反映政府财政期末向缴款人收取但尚未缴入国库的非税收入。本项目应当根据“应收非税收入”科目的期末余额填列。

（9）“应收股利”项目，反映政府财政期末尚未收回的现金股利或利润金额。本项目应当根据“应收股利”科目的期末余额填列。

（10）“其他应收款”项目，反映政府财政期末尚未收回的其他应收款的金额。本项目应当根据“其他应收款”科目的期末余额填列。

（11）“应收利息”项目，反映政府财政期末应收未收的转贷款利息金额。本项目应当根据“应收地方政府债券转贷款”“应收主权外债转贷款”科目下的“应收利息”明细科目期末余额填列。

（12）“股权投资”项目，反映政府期末持有股权投资的金额。本项目应当根据“股权投资”科目的期末余额填列。

2.按科目余额分析或合并填列的项目

（1）“与下级往来”项目，正数反映下级政府财政欠本级政府财政的款项金额；负数反映本级政府财政欠下级政府财政的款项金额。本项目应当根据“与下级往来”科目的期末余额填列，期末余额如为借方则以正数填列，如为贷方则以负数填列。

（2）“一年内到期的非流动资产”项目，反映政府财政期末非流动资产项目中距离偿还本金日期1年以内（含1年）的转贷款本金。本项目应当根据“应收地方政府债券转贷款”和“应收主权外债转贷款”科目下的“应收本金”明细科目期末余额及债务管理部门提供的资料分析填列。

（3）“应收地方政府债券转贷款”项目，反映政府财政期末尚未收回的距离偿还本金

日期超过1年的地方政府债券转贷款的本金金额。本项目应当根据“应收地方政府债券转贷款”科目下的“应收本金”明细科目期末余额及债务管理部门提供的资料分析填列。

（4）“应收主权外债转贷款”项目，反映政府财政期末尚未收回的距离偿还本金日期超过1年的主权外债转贷款的本金金额。本项目应当根据“应收主权外债转贷款”科目下的“应收本金”明细科目期末余额及债务管理部门提供的资料分析填列。

3.合计填报项目

（1）“流动资产合计”项目，反映政府财政期末流动资产的合计数。本项目应当根据资产负债表中“国库存款”“其他财政存款”“国库现金管理资产”“有价证券”“应收非税收入”“应收股利”“借出款项”“与下级往来”“预拨经费”“在途款”“其他应收款”“应收利息”“一年内到期的非流动资产”项目金额的合计数填列。

（2）“非流动资产合计”项目，反映政府财政期末非流动资产的合计数。本项目应当根据资产负债表中“应收地方政府债券转贷款”“应收主权外债转贷款”“股权投资”项目金额的合计数填列。

（3）“资产总计”项目，反映政府财政期末资产的合计数。本项目应当根据资产负债表中“流动资产合计”“非流动资产合计”项目金额的合计数填列。

（二）负债类项目

1.按一级科目余额直接填列的项目

（1）“应付短期政府债券”项目，反映政府财政期末尚未偿还的发行期不超过1年（含1年）的国债和地方政府债券本金金额。本项目应当根据“应付短期政府债券”科目的期末余额填列。

（2）“应付国库集中支付结余”项目，反映政府财政期末尚未支付的国库集中支付结余金额。本项目应当根据“应付国库集中支付结余”科目的期末余额填列。

（3）“其他应付款”项目，反映政府财政期末尚未支付的其他应付款的金额。本项目应当根据“其他应付款”科目的期末余额填列。

（4）“应付代管资金”项目，反映政府财政期末尚未支付的代管资金金额。本项目应当根据“应付代管资金”科目的期末余额填列。

（5）“其他负债”项目，反映中央政府财政期末承担的其他负债金额。本项目应当根据“其他负债”科目的期末余额填列。

2.按科目余额分析或合并填列的项目

（1）“应付利息”项目，反映政府财政期末尚未支付的利息金额。省级以上（含省级）总会计应当根据“应付利息”科目期末余额填列本项目；省级以下总会计应当根据“应付地方政府债券转贷款”“应付主权外债转贷款”科目下的“应付利息”明细科目期末余额填列本项目。

（2）“与上级往来”项目，正数反映本级政府财政期末欠上级政府财政的款项金额；负数反映上级政府财政欠本级政府财政的款项金额。本项目应当根据“与上级往来”科目的期末余额填列，期末余额如为贷方则以正数填列，如为借方则以负数填列。

（3）“一年内到期的非流动负债”项目，反映政府财政期末承担的距离偿还本金日期1年以内（含1年）的非流动负债。省级以上（含省级）总会计应当根据“应付长期政府债券”“借入款项”科目余额，市县总会计应当根据“应付地方政府债券转贷款”“应付主权外债转贷款”科目下的“应付本金”明细科目期末余额及债务管理部门提供的资料分析填列。

（4）“应付长期政府债券”项目，反映政府财政期末承担的距离偿还本金日期超过1年的国债和地方政府债券本金金额。本项目应当根据“应付长期政府债券”科目期末余额及债务管理部门提供的资料分析填列。

（5）“应付地方政府债券转贷款”项目，反映政府财政期末承担的距离偿还本金日期超过1年的地方政府债券转贷款的本金金额。本项目应当根据“应付地方政府债券转贷款”科目下的“应付本金”明细科目期末余额及债务管理部门提供的资料分析填列。

（6）“应付主权外债转贷款”项目，反映政府财政期末承担的距离偿还本金日期超过1年的主权外债转贷款的本金金额。本项目应当根据“应付主权外债转贷款”科目下的“应付本金”明细科目期末余额及债务管理部门提供的资料分析填列。

（7）“借入款项”项目，反映政府财政期末承担的距离偿还本金日期超过1年的借入款项的本金金额。省级以上（含省级）总会计应当根据“借入款项”科目的期末余额及债务管理部门提供的资料分析填列。

3.合计填报项目

（1）“流动负债合计”项目，反映政府财政期末流动负债的合计数。本项目应当根据资产负债表中“应付短期政府债券”“应付国库集中支付结余”“与上级往来”“其他应付款”“应付代管资金”“应付利息”“一年内到期的非流动负债”项目金额的合计数填列。

（2）“非流动负债合计”项目，反映政府财政期末非流动负债的合计数。本项目应当根据资产负债表中“应付长期政府债券”“借入款项”“应付地方政府债券转贷款”“应付主权外债转贷款”“其他负债”项目金额的合计数填列。

（3）“负债总计”项目，反映政府财政期末负债的合计数。本项目应当根据资产负债表中“流动负债合计”“非流动负债合计”项目金额的合计数填列。

（三）净资产类项目

（1）“累计盈余”项目，反映政府财政纳入一般公共预算、政府性基金预算、国有资本经营预算管理的预算资金，财政专户管理资金、专用基金历年实现的盈余滚存的金额。本项目应当根据“预算管理资金累计盈余”“财政专户管理资金累计盈余”“专用基金累计盈余”科目的期末余额填列。

（2）“预算稳定调节基金”项目，反映政府财政期末预算稳定调节基金的余额。本项目应当根据“预算稳定调节基金”科目的期末余额填列。

（3）“预算周转金”项目，反映政府财政期末预算周转金的余额。本项目应当根据“预算周转金”科目的期末余额填列。

（4）“权益法调整”项目，反映政府财政按照持股比例计算应享有的被投资主体除净损益和利润分配以外的其他权益变动的份额。本项目根据“权益法调整”科目的期末余额填列。

填报完成后，“资产总计”和“负债及净资产总计”应相等。

第四节 收入费用表编制

一、收入费用表“本年累计数”的填报方法

在编制年度收入费用表时，应将“本月数”一栏改为“上年数”栏，反映上年度各项

目的实际发生数；如果本年度收入费用表规定的各个项目的名称和内容同上年度不一致，应对上年度收入费用表各项目的名称和数字按照本年度的规定进行调整，填入本年度收入费用表的“上年数”栏。

收入费用表“本年累计数”栏反映各项目自年初起至报告期末止的累计实际发生数。编制年度收入费用表时，应当将本栏改为“本年数”。

二、收入费用表“本月数”栏各项目的填报方法

（一）收入合计

“收入合计”项目，反映政府财政本期取得的各项收入合计金额。其中，预算管理资金的“收入合计”应当根据属于预算管理资金的“税收收入”“非税收入”“投资收益”“补助收入”“上解收入”“地区间援助收入”“其他收入”项目金额的合计填列；财政专户管理资金的“收入合计”应当根据“财政专户管理资金收入”项目的金额填列；专用基金的“收入合计”应当根据“专用基金收入”项目的金额填列。

（1）“税收收入”项目，反映政府财政本期取得的税收收入金额。本项目根据“税收收入”科目本期发生额填列。

（2）“非税收入”项目，反映政府财政本期取得的各项非税收入金额。本项目根据“非税收入”科目本期发生额填列。

（3）“投资收益”项目，反映政府财政本期取得的各项投资收益金额。本项目根据“投资收益”科目本期发生额填列。

（4）“补助收入”项目，反映政府财政本期取得的各类资金的补助收入金额。本项目根据“补助收入”科目本期发生额填列。

（5）“上解收入”项目，反映政府财政本期取得的各类资金的上解收入金额。本项目根据“上解收入”科目本期发生额填列。

（6）“地区间援助收入”项目，反映政府财政本期取得的地区间援助收入金额。本项目应当根据“地区间援助收入”科目的本期发生额填列。

（7）“其他收入”项目，反映政府财政本期取得的除“税收收入”“非税收入”“投资收益”“补助收入”“上解收入”“地区间援助收入”“财政专户管理资金收入”“专用基金收入”以外的收入金额。本项目应当根据“其他收入”科目本期发生额填列。

（8）“财政专户管理资金收入”项目，反映政府财政本期取得的教育收费等资金收入金额。本项目根据“财政专户管理资金收入”科目本期发生额填列。

（9）“专用基金收入”项目，反映政府财政本期取得的粮食风险基金等资金收入金额。本项目根据“专用基金收入”科目本期发生额填列。

（二）费用合计

“费用合计”项目，反映政府财政本期发生的各类费用合计金额。其中，预算管理资金的“费用合计”应当根据属于预算管理资金的“政府机关商品和服务拨款费用”“政府机关工资福利拨款费用”“对事业单位补助拨款费用”“对企业补助拨款费用”“对个人和家庭补助拨款费用”“对社会保障基金补助拨款费用”“资本性拨款费用”“其他拨款费用”“财务费用”“补助费用”“上解费用”“地区间援助费用”“其他费用”项目金额的合计填列；财政专户管理资金的“费用合计”应当根据“财政专户管理资金支出”项目的金额填列；专用基金的“费用合计”应当根据“专用基金支出”项目的金额填列。

（1）“政府机关商品和服务拨款费用”项目，反映政府财政本期发生的购买商品和服务的各类费用金额。本项目根据“政府机关商品和服务拨款费用”科目本期发生额填列。

（2）“政府机关工资福利拨款费用”项目，反映政府财政本期发生的支付给职工和长期聘用人员的各类劳动报酬及各项社会保险费等费用金额。本项目根据“政府机关工资福利拨款费用”科目本期发生额填列。

（3）“对事业单位补助拨款费用”项目，反映政府财政本期发生的对事业单位的经常性补助费用金额。本项目根据“对事业单位补助拨款费用”科目本期发生额填列。

（4）“对企业补助拨款费用”项目，反映政府财政本期发生的对企业补助拨款费用金额。本项目根据“对企业补助拨款费用”科目本期发生额填列。

（5）“对个人和家庭补助拨款费用”项目，反映政府财政本期发生的对个人和家庭补助拨款费用金额。本项目根据“对个人和家庭补助拨款费用”科目本期发生额填列。

（6）“对社会保障基金补助拨款费用”项目，反映政府财政本期发生的对社会保险基金的补助拨款以及补充全国社会保障基金费用的拨款金额。本项目根据“对社会保障基金补助拨款费用”科目本期发生额填列。

（7）“资本性拨款费用”项目，反映政府财政本期发生的对行政事业单位的房屋建筑物购建、基础设施建设、公务用车购置、设备购置、物资储备等方面资本性拨款费用金额。本项目根据“资本性拨款费用”科目本期发生额填列。

（8）“其他拨款费用”项目，反映政府财政未列入以上拨款费用项目的财政拨款费用金额。本项目根据“其他拨款费用”科目本期发生额填列。

（9）“财务费用”项目，反映政府财政本期发生的偿还政府债务利息及支付政府债务发行、兑付、登记相关费用及汇兑损益金额。本项目根据“财务费用”科目本期发生额填列。

（10）“补助费用”项目，反映政府财政本期发生的各类资金的补助费用金额。本项目根据“补助费用”科目本期发生额填列。

（11）“上解费用”项目，反映政府财政本期发生的上缴上级各类资金产生的费用金额。本项目根据“上解费用”科目本期发生额填列。

（12）“地区间援助费用”项目，反映政府财政本期发生的地区间援助费用金额。本项目应当根据“地区间援助费用”科目的本期发生额填列。

（13）“其他费用”项目，反映政府财政本期股权划出、其他负债变动形成的费用金额。本项目根据“其他费用”科目的本期发生额填列。

（14）“财政专户管理资金支出”项目，反映政府财政本期使用纳入财政专户管理的教育收费等资金产生的费用金额。本项目根据“财政专户管理资金支出”科目本期发生额填列。

（15）“专用基金支出”项目，反映政府财政本期使用专用基金产生的费用金额。本项目根据“专用基金支出”科目本期发生额填列。

（三）本期盈余

“本期盈余”项目，反映政府财政本年末收入减去费用的金额。本项目根据本表“收入合计”减去“费用合计”的差额填列。

第五节 现金流量表编制

一、现金流量表的填报方法

现金流量表反映政府财政本年现金流入和流出的信息。现金流量表所指的现金，是指政府财政的国库存款、其他财政存款及国库现金管理资产中的商业银行定期存款。现金流量表应当按照日常活动、投资活动、筹资活动的现金流量分别反映。本表所指的现金流量，是指现金的流入和流出。政府财政通常采用直接法编制现金流量表。

二、现金流量表“本年金额”栏各项目的填报方法

现金流量表“本年金额”栏反映各项目的本年实际发生数；“上年金额”栏反映各项目的上年实际发生数，应当根据上年现金流量表中“本年金额”栏内所列数字填列。

（一）日常活动产生的现金流量

1.现金流入项目

（1）“组织税收收入收到的现金”项目，反映政府财政本年取得税收收入收到的现金。本项目应当根据会计账簿中“税收收入”“在途款”科目发生额分析填列。

（2）“组织非税收入收到的现金”项目，反映政府财政本年取得非税收入收到的现金。本项目应当根据会计账簿中“非税收入”“应收非税收入”“在途款”科目发生额分析填列，不含股权投资收益收到的现金。

（3）“组织财政专户管理资金收入收到的现金”项目，反映政府财政本年取得财政专户管理资金收入收到的现金。本项目根据会计账簿中“财政专户管理资金收入”科目发生额分析填列。

（4）“组织专用基金收入收到的现金”项目，反映政府财政本年取得专用基金收入收到的现金。本项目根据会计账簿中“专用基金收入”科目发生额分析填列。

（5）“上下级政府财政资金往来收到的现金”项目，反映政府财政本年收到上下级政府财政转移支付、清算欠款、临时调度款等相关的现金。本项目根据会计账簿中“补助收入”“上解收入”“与下级往来”“与上级往来”科目贷方发生额分析填列。

（6）“收回暂付性款项相关的现金”项目，反映政府财政本年收回暂付性款项相关的现金。本项目根据会计账簿中“预拨经费”“借出款项”“其他应收款”科目贷方发生额分析填列。

（7）“其他日常活动所收到的现金”项目，反映政府财政收到的除以上项目外与日常活动相关的现金。本项目根据会计账簿中“地区间援助收入”“其他收入”“其他应付款”“应付代管资金”“在途款”“以前年度盈余调整”等科目贷方发生额分析填列。

2.现金流出项目

（1）“政府机关商品和服务拨款所支付的现金”项目，反映政府财政本年在日常活动中用于购买商品、接受劳务支付的现金。本项目根据会计账簿中“政府机关商品和服务拨款费用”科目借方发生额和政府预算支出经济分类科目为“机关商品和服务支出”的“应付国库集中支付结余”科目借方发生额分析填列。

（2）“政府机关工资福利拨款所支付的现金”项目，反映政府财政本年承担职工劳务报酬及社会保险费等支付的现金。本项目根据会计账簿中“政府机关工资福利拨款费用”科目借方发生额和政府预算支出经济分类科目为“机关工资福利支出”的“应付国库集中支付结余”科目借方发生额分析填列。

（3）“对事业单位补助拨款所支付的现金”项目，反映政府财政本年对事业单位经常性补助所支付的现金。本项目根据会计账簿中“对事业单位补助拨款费用”科目借方发生额和政府预算支出经济分类科目为“对事业单位经常性补助”的“应付国库集中支付结余”科目借方发生额分析填列。

（4）“对企业补助拨款所支付的现金”项目，反映政府财政本年对企业资本性投资外的其他补助所支付的现金。本项目根据会计账簿中“对企业补助拨款费用”科目借方发生额和政府预算支出经济分类科目为“对企业补助”的“应付国库集中支付结余”科目借方发生额分析填列。

（5）“对个人和家庭补助拨款所支付的现金”项目，反映政府财政本年对个人和家庭的补助所支付的现金。本项目根据会计账簿中“对个人和家庭补助拨款费用”科目借方发生额和政府预算支出经济分类科目为“对个人和家庭的补助”的“应付国库集中支付结余”科目借方发生额分析填列。

（6）“对社会保障基金补助拨款所支付的现金”项目，反映政府财政本年因补助社会保障基金、补充全国社会保障基金所支付的现金。本项目根据会计账簿中“对社会保障基金补助拨款费用”科目借方发生额和政府预算支出经济分类科目为“对社会保障基金补助”的“应付国库集中支付结余”科目借方发生额分析填列。

（7）“财政专户管理资金支出所支付的现金”项目，反映政府财政本年从财政专户管理资金中安排各项支出所支付的现金。本项目根据会计账簿中“财政专户管理资金支出”科目借方发生额分析填列。

（8）“专用基金支出所支付的现金”项目，反映政府财政用专用基金收入安排的支出所支付的现金。本项目根据会计账簿中“专用基金支出”科目借方发生额分析填列。

（9）“上下级政府财政资金往来所支付的现金”项目，反映政府财政本年支付上下级政府财政转移支付、清算欠款、临时调度款等相关的现金。本项目根据会计账簿中“补助费用”“上解费用”“与下级往来”“与上级往来”科目借方发生额分析填列。

（10）“资本性拨款所支付的现金”项目，反映政府财政本年支付行政事业单位和企业用于房屋建筑物购建、基础设施建设、公务用车购置、设备购置、物资储备等相关的现金。本项目根据会计账簿中“资本性拨款费用”科目借方发生额和政府预算支出经济分类科目为“机关资本性支出（一）”“机关资本性支出（二）”“对事业单位资本性补助”“对企业资本性支出（二）”的“应付国库集中支付结余”科目借方发生额分析填列。

（11）“暂付性款项所支付的现金”项目，反映政府财政本年安排暂付性款项所支付的现金。本项目根据会计账簿中“预拨经费”“借出款项”“其他应收款”科目借方发生额分析填列。

（12）“其他日常活动所支付的现金”项目，反映政府财政本年支付除以上项目外与日常活动相关的现金。本项目根据会计账簿中“其他拨款费用”“地区间援助费用”“其他应付款”“应付代管资金”“应付国库集中支付结余”“在途款”“以前年度盈余调整”等科目借方发生额分析填列。

（二）投资活动产生的现金流量

1.现金流入项目

（1）“收回股权投资所收到的现金”项目，反映政府财政本年出售、转让、处置股权等收回投资成本而收到的现金。本项目根据会计账簿中“股权投资”科目下“投资成本”

“损益调整”明细科目贷方发生额分析填列。

（2）“取得股权投资收益收到的现金”项目，反映政府财政本年因被投资单位分配股利、利润或处置股权、企业破产清算等产生收益而收到的现金。本项目根据会计账簿中“应收股利”“投资收益”科目贷方发生额分析填列。

（3）“收到其他与投资活动有关的现金”项目，反映政府财政本年收到除以上项目外与投资活动相关的现金。本项目根据会计账簿中“有价证券”“应收股利”等科目贷方发生额分析填列。

2.现金流出项目

（1）“取得股权投资所支出的现金”项目，反映政府财政本年为取得股权投资而支付的现金。本项目根据会计账簿中“股权投资”科目借方发生额分析填列。

（2）“支付其他与投资活动有关的现金”项目，反映政府财政本年支付除以上项目外与投资活动相关的现金。本项目根据会计账簿中“有价证券”等科目借方发生额分析填列。

3.投资活动产生的现金流量净额

本项目根据现金流入项目合计数减去现金流出项目合计数差额填列，差额小于零则以负数填列。

（三）筹资活动产生的现金流量

1.现金流入项目

（1）“发行政府债券收到的现金”项目，反映政府财政本年发行国债和地方政府债券收到的现金。本项目根据会计账簿中“应付短期政府债券”“应付长期政府债券”科目贷方发生额分析填列。

（2）“借入款项收到的现金”项目，反映政府财政本年借入款项收到的现金。本项目根据会计账簿中“借入款项”科目贷方发生额分析填列。

（3）“取得政府债券转贷款收到的现金”项目，反映政府财政本年取得政府债券转贷款收到的现金。本项目根据会计账簿中“应付地方政府债券转贷款”科目下“应付本金”明细科目贷方发生额分析填列。

（4）“取得主权外债转贷款收到的现金”项目，反映政府财政本年取得主权外债转贷款收到的现金。本项目根据会计账簿中“应付主权外债转贷款”科目下“应付本金”明细科目贷方发生额分析填列。

（5）“收回转贷款本金收到的现金”项目，反映政府财政本年收到下级政府财政归还政府债券转贷款及主权外债转贷款本金相关的现金。本项目根据会计账簿中“应收地方政府债券转贷款”“应收主权外债转贷款”科目下“应收本金”明细科目贷方发生额分析填列。

（6）“收到下级上缴转贷款利息相关的现金”项目，反映政府财政本年收到下级政府财政上缴政府债券转贷款及主权外债转贷款利息相关的现金。本项目根据会计账簿中“应收地方政府债券转贷款”“应收主权外债转贷款”科目下“应收利息”明细科目贷方发生额分析填列。

（7）“其他筹资活动收到的现金”项目，反映政府财政本年收到的其他与筹资活动相关的现金。本项目根据会计账簿中“其他应付款”“其他应收款”等科目贷方发生额分析填列。

2.现金流出项目

（1）“转贷地方政府债券所支付的现金”项目，反映政府财政本年对下级政府财政转贷地方政府债券所支付的现金。本项目根据会计账簿中“应收地方政府债券转贷款”科目下“应收本金”明细科目借方发生额分析填列。

（2）“转贷主权外债所支付的现金”项目，反映政府财政本年对下级政府财政转贷主权外债所支付的现金。本项目根据会计账簿中“应收主权外债转贷款”科目下“应收本金”明细科目借方发生额分析填列。

（3）“支付债务本金相关的现金”项目，反映政府财政本年偿还政府债务本金所支付的现金。省级以上（含省级）总会计根据会计账簿中“应付短期政府债券”“应付长期政府债券”“借入款项”科目借方发生额分析填列；市县总会计根据会计账簿中“应付地方政府债券转贷款”“应付主权外债转贷款”科目下“应付本金”明细科目借方发生额分析填列。

（4）“支付债务利息相关的现金”项目，反映政府财政本年支付政府债务利息相关的现金。省级以上（含省级）总会计根据会计账簿中“应付利息”科目借方发生额分析填列本项目；市县总会计根据会计账簿中“应付地方政府债券转贷款”“应付主权外债转贷款”科目下“应付利息”明细科目、“财务费用”科目借方发生额分析填列本项目。

（5）“其他筹资活动支付的现金”项目，反映政府财政本年支付的政府债券发行、兑付、登记费用等其他与筹资活动相关的现金。本项目根据会计账簿中“财务费用”“其他应付款”“其他应收款”等科目发生额分析填列。

3.筹资活动产生的现金流量净额

本项目根据现金流入项目合计数减去现金流出项目合计数差额填列，差额小于零则以负数填列。

（四）汇率变动对现金的影响额

“汇率变动对现金的影响额”项目反映政府财政外币现金流量折算为人民币时，所采用的即期汇率折算的人民币金额与按期末汇率折算的人民币金额之间的差额。本项目根据“财务费用”科目下的“汇兑损益”明细科目发生额分析填列。

（五）现金净增加额

“现金净增加额”项日反映政府财政本年现金变动的净额，根据本表中“日常活动产生的现金流量净额”“投资活动产生的现金流量净额”“筹资活动产生的现金流量净额”“汇率变动对现金的影响额”项目金额的合计数填列，金额小于零则以负数填列。

第六节　本年预算结余与本期盈余调节表编制

本年预算结余与本期盈余调节表各项目的填报方法如下：

（一）当期预算结余

本项目根据本年预算收入与预算支出的差额填列。

（二）日常活动产生的差异

1.“当期确认为收入但没有确认为预算收入”项目

主要为“当期应收未缴库非税收入”项目。本项目反映政府财政本年已确认非税收入但缴费人尚未缴入国库的各项非税款项。根据会计账簿中“应收非税收入”以及“非税收入”科目发生额分析填列。

2.“当期确认为预算收入但没有确认为收入”项目

主要为“当期收到上期应收未缴库非税收入”项目。本项目反映政府财政本年收到的上年应收非税收入。根据会计账簿中“应收非税收入”科目贷方发生额以及“国库存款”科目借方发生额分析填列，不含以前年度盈余调整事项和新增确认的非税收入。

3.“当期确认为预算支出收回但没有确认为费用收回”项目

（1）“当期收到退回以前年度已列支资金”项目。本项目反映政府财政收到退回的以前年度已列支资金而冲减预算支出的事项。根据会计账簿中“国库存款”“其他财政存款”科目借方发生额以及“以前年度盈余调整”科目贷方发生额分析填列。

（2）“当期将以前年度国库集中支付结余收回预算”项目。本项目反映政府财政将以前年度应付国库集中支付结余资金收回预算而冲减预算支出的事项。根据会计账簿中“应付国库集中支付结余”科目借方发生额以及“以前年度盈余调整”科目贷方发生额分析填列。

（三）投资活动产生的差异

1.“当期确认为收入但没有确认为预算收入”项目

（1）“当期投资收益或损失”项目。本项目反映政府财政本年确认的股权投资收益。本项目根据会计账簿中“投资收益”科目发生额分析填列。其中，投资损失以负数填列；不含清算、处置股权投资增加的收益。

（2）“当期无偿划入股权投资”项目。本项目反映政府财政本年接受无偿划入的股权投资。根据会计账簿中“股权投资”科目下“投资成本”明细科目借方发生额、“其他收入”科目贷方发生额分析填列。

2.“当期确认为预算支出但没有确认为费用”项目

（1）“当期股权投资增支”项目。本项目反映政府财政本年新增股权投资增加的支出。根据会计账簿中“股权投资”科目下“投资成本”明细科目借方发生额以及“国库存款”科目贷方发生额分析填列，不含无偿划入或权益法调整增加的股权投资以及补记以前年度股权投资。

（2）“当期股权投资减支”项目。本项目反映政府财政本年退出、清算、处置股权投资减少的支出。根据会计账簿中“股权投资”科目下“投资成本”明细科目贷方发生额以及“国库存款”科目借方发生额分析填列，以负数填列，不含无偿划出或权益法调整减少的股权投资额。

3.“当期确认为预算收入但没有确认为收入”项目

（1）“当期收到利润收入和股利股息收入”项目。本项目反映政府财政本年收到被投资主体上缴以前年度利润和股利股息。根据会计账簿中“资金结存——库款资金结存”科目借方发生额以及“一般公共预算收入——利润收入、股利股息收入”“国有资本经营预算收入——利润收入、股利股息收入”贷方发生额分析填列，不含清算、处置股权投资增加的收益。

（2）“当期收到清算、处置股权投资增加的收入”项目。本项目反映政府财政本年清算、处置股权投资发生的收入，需根据“投资收益”“国库存款”科目借方发生额以及“一般公共预算收入——产权转让及清算收入”“国有资本经营预算收入——产权转让及清算收入”“股权投资”等科目贷方发生额分析填列。

4.“当期确认为费用但没有确认为预算支出”项目

主要为“当期无偿划出股权投资费用”项目。本项目反映政府财政本年无偿划出的股权投资，根据会计账簿中“股权投资”科目下“投资成本”明细科目贷方发生额、“其他费用”科目借方发生额分析填列。

（四）筹资活动产生的差异

1.“当期确认为预算支出但没有确认为费用”项目

（1）“当期转贷款支出”项目。本项目反映政府财政本年转贷下级政府财政的政府债券、主权外债资金，根据会计账簿中“债务转贷预算支出”科目借方发生额分析填列。

（2）“当期债务还本支出”项目。本项目反映政府财政本年偿还的债务本金，根据会计账簿中“债务还本预算支出”科目借方发生额分析填列。

（3）“拨付上年计提债务利息”项目。本项目反映政府财政本年偿还上年已计提的债务利息，根据会计账簿中“应付利息”科目年初贷方余额填列；市县总会计根据会计账簿中“应付地方政府债券转贷款”和“应付主权外债转贷款”科目下“应付利息”明细科目年初贷方余额填列。

2.“当期确认为预算收入但没有确认为收入”项目

（1）“当期债务收入”项目。本项目反映省级以上政府财政（含省级）本年发行政府债券、借入主权外债的收入，根据会计账簿中“债务预算收入”科目贷方发生额分析填列。

（2）“当期转贷款收入”项目。本项目反映市县政府财政本年收到的地方政府债券、主权外债转贷款收入，根据会计账簿中“债务转贷预算收入”贷方发生额分析填列。

3.“当期确认为费用但没有确认为预算支出”项目

主要为“当期计提未拨付债务利息”项目。本项目反映政府财政本年已计提需在下一年度支付的利息。省级以上政府财政（含省级）根据会计账簿中“应付利息”科目年末贷方余额填列本项目；市县政府财政根据会计账簿中“应付地方政府债券转贷款——应付利息”以及“应付主权外债转贷款——应付利息”科目年末贷方余额填列本项目。

（五）其他差异事项

本项目反映政府财政其他活动事项产生的差异。其中，减少预算结余和增加本期盈余事项以正数反映，增加预算结余和减少本期盈余事项以负数反映。中央财政计提其他负债产生的费用也在本项目反映。

（六）当期汇兑损益净额

本项目根据“财务费用——汇兑损益”发生额分析填列，汇兑损失以负数反映，汇兑收益以正数反映。

（七）本期盈余

根据本表“当期预算结余”“日常活动产生的差异”“投资活动产生的差异”“筹资活动产生的差异”“其他差异事项”“当期汇兑损益净额”金额汇总填列。本项目与“收入费用表”中的本期盈余合计数一致。

第七节 财务会计报表附注

附注是指对在会计报表中列示项目的文字描述或明细资料，以及对未能在会计报表中列示项目的说明。

总会计财务会计报表附注应当至少披露下列内容：

（1）遵循《财政总会计制度》的声明；

（2）本级政府财政财务状况的说明；

（3）会计报表中列示的重要项目的进一步说明，包括其主要构成、增减变动情况等；

（4）政府财政承担担保责任负债情况的说明；

（5）有助于理解和分析会计报表的其他需要说明的事项。

第八节 预算会计报表的构成和格式

预算会计报表包括预算收入支出表、一般公共预算执行情况表、政府性基金预算执行情况表、国有资本经营预算执行情况表、财政专户管理资金收支情况表、专用基金收支情况表等会计报表和附注。

一、预算收入支出表

预算收入支出表是反映政府财政在某一会计期间各类财政资金收支余情况的报表。预算收入支出表根据资金性质按照收入、支出、结转结余的构成分类、分项列示。预算收入支出表应当按月度和年度编制。

预算收入支出表的格式见表 12-5。

表 12-5 预算收入支出表 总会预 01 表

编制单位： 年 月 单位：元

项目	一般公共预算		政府性基金预算		国有资本经营预算		财政专户管理资金		专用基金	
	本月数	本年累计数	本月数	本年累计数	本月数	本年累计数	本月数	本年累计数	本月数	本年累计数
年初结转结余										
收入合计										
本级收入										
其中：来自预算安排的收入	—	—	—	—	—	—	—	—		
补助预算收入							—	—	—	—
上解预算收入							—	—	—	—
地区间援助预算收入			—	—	—	—	—	—	—	—
债务预算收入					—	—	—	—	—	—
债务转贷预算收入					—	—	—	—	—	—
动用预算稳定调节基金			—	—	—	—	—	—	—	—
调入预算资金					—	—	—	—	—	—
支出合计										
本级支出										
其中：权责发生制列支							—	—	—	—
预算安排专用基金的支出			—	—	—	—	—	—	—	—
补助预算支出							—	—	—	—
上解预算支出							—	—	—	—
地区间援助预算支出			—	—	—	—	—	—	—	—
债务还本预算支出					—	—	—	—	—	—
债务转贷预算支出					—	—	—	—	—	—
安排预算稳定调节基金			—	—	—	—	—	—	—	—
调出预算资金							—	—	—	—
结余转出			—	—	—	—	—	—	—	—
其中：增设预算周转金			—	—	—	—	—	—	—	—
年末结转结余										

注：表中有“—”的部分不必填列。

二、一般公共预算执行情况表

一般公共预算执行情况表是反映政府财政在某一会计期间一般公共预算收支执行结果的报表，按照《政府收支分类科目》中一般公共预算收支科目列示。一般公共预算执行情况表应当按旬、月度和年度编制。

一般公共预算执行情况表的格式见表 12-6。

表 12-6　一般公共预算执行情况表　总会预 02-1 表

编制单位：　年　月　日　单位：元

项目	本月（旬）数	本年（月）累计数
一般公共预算收入		
101 税收收入		
10101 增值税		
1010101 国内增值税		
……		
一般公共预算支出		
201 一般公共服务支出		
20101 人大事务		
2010101 行政运行		
……		

三、政府性基金预算执行情况表

政府性基金预算执行情况表是反映政府财政在某一会计期间政府性基金预算收支执行结果的报表，按照《政府收支分类科目》中政府性基金预算收支科目列示。政府性基金预算执行情况表应当按旬、月度和年度编制。

政府性基金预算执行情况表的格式见表 12-7。

表 12-7　政府性基金预算执行情况表　总会预 02-2 表

编制单位：　年　月　日　单位：元

项目	本月（旬）数	本年（月）累计数
政府性基金预算收入		
10301 政府性基金收入		
1030102 农网还贷资金收入		
103010201 中央农网还贷资金收入		
……		
政府性基金预算支出		
206 科学技术支出		
20610 核电站乏燃料处理处置基金支出		
2061001 乏燃料运输		
……		

四、国有资本经营预算执行情况表

国有资本经营预算执行情况表是反映政府财政在某一会计期间国有资本经营预算收支执行结果的报表，按照《政府收支分类科目》中国有资本经营预算收支科目列示。国有资本经营预算执行情况表应当按旬、月度和年度编制。

国有资本经营预算执行情况表的格式见表 12-8。

表 12-8　　国有资本经营预算执行情况表　　总会预 02-3 表

编制单位：　　年　月　日　　单位：元

项目	本月（旬）数	本年（月）累计数
国有资本经营预算收入		
10306 国有资本经营收入		
1030601 利润收入		
103060103 烟草企业利润收入		
……		
国有资本经营预算支出		
208 社会保障和就业支出		
20804 补充全国社会保障基金		
2080451 国有资本经营预算补充社保基金支出		
……		

五、财政专户管理资金收支情况表

财政专户管理资金收支情况表是反映政府财政在某一会计期间纳入财政专户管理的资金收支情况的报表，按照相关政府收支分类科目列示。财政专户管理资金收支情况表应当按月度和年度编制。

财政专户管理资金收支情况表的格式见表 12-9。

表 12-9　　财政专户管理资金收支情况表　　总会预 03 表

编制单位：　　年　月　日　　单位：元

项目	本月（旬）数	本年（月）累计数
财政专户管理资金收入		
财政专户管理资金支出		

六、专用基金收支情况表

专用基金收支情况表是反映政府财政在某一会计期间专用基金收支情况的报表，按照专用基金类型分别列示。专用基金收支情况表应当按月度和年度编制。

专用基金收支情况表的格式见表 12-10。

表 12-10　　专用基金收支情况表　　总会预 04 表

编制单位：　　年　月　日　　单位：元

项目	本月（旬）数	本年（月）累计数
专用基金收入		
粮食风险基金		
……		
专用基金支出		
粮食风险基金		

第九节　预算收入支出表编制

一、预算收入支出表“本年累计数”的填报方法

在编制年度预算收入支出表时，应将“本月数”一栏改为“上年数”栏，反映上年度各项目的实际发生数；如果本年度预算收入支出表规定的各个项目的名称和内容同上年度不一致，应对上年度预算收入支出表各项目的名称和数字按照本年度的规定进行调整，填入本年度预算收入支出表的“上年数”栏。

本表“本年累计数”栏反映各项目自年初起至报告期末止的累计实际发生数。编制年度预算收入支出表时，应当将本栏改为“本年数”。

二、本表“本月数”栏各项目的内容和填列方法

（一）年初结转结余

“年初结转结余”项目，反映政府财政本年初各类资金结转结余金额。其中，一般公共预算的“年初结转结余”应当根据“一般公共预算结转结余”科目的年初余额填列；政府性基金预算的“年初结转结余”应当根据“政府性基金预算结转结余”科目的年初余额填列；国有资本经营预算的“年初结转结余”应当根据“国有资本经营预算结转结余”科目的年初余额填列；财政专户管理资金的“年初结转结余”应当根据“财政专户管理资金结余”科目的年初余额填列；专用基金的“年初结转结余”应当根据“专用基金结余”科目的年初余额填列。

（二）收入合计

“收入合计”项目，反映政府财政本期取得的各类资金的收入合计金额。其中，一般公共预算的“收入合计”应当根据属于一般公共预算的“本级收入”“补助预算收入”“上解预算收入”“地区间援助预算收入”“债务预算收入”“债务转贷预算收入”“动用预算稳定调节基金”“调入预算资金”各行项目金额的合计填列；政府性基金预算的“收入合计”应当根据属于政府性基金预算的“本级收入”“补助预算收入”“上解预算收入”“债务预算收入”“债务转贷预算收入”“调入预算资金”各行项目金额的合计填列；国有资本经营预算的“收入合计”应当根据属于国有资本经营预算的“本级收入”“补助预算收入”“上解预算收入”项目的金额填列；财政专户管理资金的“收入合计”应当根据属于财政专户管理资金的“本级收入”项目的金额填列；专用基金的“收入合计”应当根据属于专用基金的“本级收入”项目的金额填列。

（1）“本级收入”项目，反映政府财政本期取得的各类资金的本级收入金额。其中，一般公共预算的“本级收入”应当根据“一般公共预算收入”科目的本期发生额填列；政府性基金预算的“本级收入”应当根据“政府性基金预算收入”科目的本期发生额填列；国有资本经营预算的“本级收入”应当根据“国有资本经营预算收入”科目的本期发生额填列；财政专户管理资金的“本级收入”应当根据“财政专户管理资金收入”科目的本期发生额填列；专用基金的“本级收入”应当根据“专用基金收入”科目的本期发生额填列。

（2）“来自预算安排的收入”项目，反映政府财政本期通过预算安排取得专用基金收入的金额。本项目应当根据“专用基金收入”科目的本期发生额分析填列。

（3）“补助预算收入”项目，反映政府财政本期取得的各类资金的补助收入金额。其中，一般公共预算的“补助预算收入”应当根据“补助预算收入”科目下的“一般公共预算补助预算收入”明细科目的本期发生额填列；政府性基金预算的“补助预算收入”应当根据“补助预算收入”科目下的“政府性基金预算补助收入”明细科目的本期发生额填列；国有资本经营预算的“补助预算收入”应当根据“补助预算收入”科目下的“国有资本经营预算补助收入”明细科目的本期发生额填列。

（4）“上解预算收入”项目，反映政府财政本期取得的各类资金的上解预算收入金额。其中，一般公共预算的“上解预算收入”应当根据“上解预算收入”科目下的“一般公共预算上解收入”明细科目的本期发生额填列；政府性基金预算的“上解收入”应当根据“上解收入”科目下的“政府性基金预算上解收入”明细科目的本期发生额填列；国有资本经营预算的“上解收入”应当根据“上解预算收入”科目下的“国有资本经营预算上解收入”明细科目的本期发生额填列。

（5）“地区间援助预算收入”项目，反映政府财政本期取得的地区间援助预算收入金额。本项目应当根据“地区间援助预算收入”科目的本期发生额填列。

（6）“债务预算收入”项目，反映政府财政本期取得的债务预算收入金额。其中，一般公共预算的“债务预算收入”应当根据“债务预算收入”科目下除“专项债务收入”以外的其他明细科目的本期发生额填列；政府性基金预算的“债务预算收入”应当根据“债务预算收入”科目下的“专项债务收入”明细科目的本期发生额填列。

（7）“债务转贷预算收入”项目，反映政府财政本期取得的债务转贷预算收入金额。其中，一般公共预算的“债务转贷预算收入”应当根据“债务转贷预算收入”科目下“一般债务转贷收入”明细科目的本期发生额填列；政府性基金预算的“债务转贷收入”应当根据“债务转贷预算收入”科目下的“专项债务转贷收入”明细科目的本期发生额填列。

（8）“动用预算稳定调节基金”项目，反映政府财政本期动用的预算稳定调节基金金额。本项目应当根据“动用预算稳定调节基金”科目的本期发生额填列。

（9）“调入预算资金”项目，反映政府财政本期取得的调入预算资金金额。其中，一般公共预算的“调入预算资金”应当根据“调入预算资金”科目下“一般公共预算调入资金”明细科目的本期发生额填列；政府性基金预算的“调入预算资金”应当根据“调入预算资金”科目下“政府性基金预算调入资金”明细科目的本期发生额填列。

（三）支出合计

“支出合计”项目，反映政府财政本期发生的各类资金的支出合计金额。其中，一般公共预算的“支出合计”应当根据属于一般公共预算的“本级支出”“补助预算支出”“上解预算支出”“地区间援助预算支出”“债务还本预算支出”“债务转贷预算支出”“安排预算稳定调节基金”“调出预算资金”各行项目金额的合计填列；政府性基金预算的“支出合计”应当根据属于政府性基金预算的“本级支出”“补助预算支出”“上解预算支出”“债务还本预算支出”“债务转贷预算支出”“调出预算资金”各行项目金额的合计填列；国有资本经营预算的“支出合计”应当根据属于国有资本经营预算的“本级支出”“补助预算支出”“上解预算支出”“调出预算资金”项目金额的合计填列；财政专户管理资金的“支出合计”应当根据属于财政专户管理资金的“本级支出”项目的金额填列；专用基金的“支出合计”应当根据属于专用基金的“本级支出”项目的金额填列。

（1）“本级支出”项目，反映政府财政本期发生的各类资金的本级支出金额。其中，一般公共预算的“本级支出”应当根据“一般公共预算支出”科目的本期发生额填列；政府性基金预算的“本级支出”应当根据“政府性基金预算支出”科目的本期发生额填列；国有资本经营预算的“本级支出”应当根据“国有资本经营预算支出”科目的本期发生额填列；财政专户管理资金的“本级支出”应当根据“财政专户管理资金支出”科目的本期发生额填列；专用基金的“本级支出”应当根据“专用基金支出”科目的本期发生额填列。

（2）“权责发生制列支”项目，反映省级以上政府财政（含省级）国库集中支付中，应列为当年费用，但年末尚未支付需结转下一年度支付的款项。其中，一般公共预算的“权责发生制列支项目”应当根据“一般公共预算支出”科目的本期发生额分析填列；政府性基金预算的“权责发生制列支项目”应当根据“政府性基金预算支出”科目的本期发生额分析填列；国有资本经营预算的“权责发生制列支项目”应当根据“国有资本经营预算支出”科目的本期发生额分析填列。

（3）“预算安排专用基金的支出”项目，反映政府财政本期通过预算安排取得专用基金收入的金额。本项目应当根据“一般公共预算支出”科目的本期发生额分析填列。

（4）“补助预算支出”项目，反映政府财政本期发生的各类资金的补助预算支出金额。其中，一般公共预算的“补助预算支出”应当根据“补助预算支出”科目下的“一般公共预算补助支出”明细科目的本期发生额填列；政府性基金预算的“补助预算支出”应当根据“补助预算支出”科目下的“政府性基金预算补助支出”明细科目的本期发生额填列；国有资本经营预算的“补助预算支出”应当根据“补助预算支出”科目下的“国有资本经营预算补助支出”明细科目的本期发生额填列。

（5）“上解预算支出”项目，反映政府财政本期发生的各类资金的上解预算支出金额。其中，一般公共预算的“上解预算支出”应当根据“上解预算支出”科目下的“一般公共预算上解支出”明细科目的本期发生额填列；政府性基金预算的“上解预算支出”应当根据“上解预算支出”科目下的“政府性基金预算上解支出”明细科目的本期发生额填列；国有资本经营预算的“上解预算支出”应当根据“上解预算支出”科目下的“国有资本经营预算上解支出”明细科目的本期发生额填列。

（6）“地区间援助预算支出”项目，反映政府财政本期发生的地区间援助预算支出金额。本项目应当根据“地区间援助预算支出”科目的本期发生额填列。

（7）“债务还本预算支出”项目，反映政府财政本期发生的债务还本预算支出金额。其中，一般公共预算的“债务还本预算支出”应当根据“债务还本预算支出”科目下除“专项债务还本支出”以外的其他明细科目的本期发生额填列；政府性基金预算的“债务还本预算支出”应当根据“债务还本预算支出”科目下的“专项债务还本支出”明细科目的本期发生额填列。

（8）“债务转贷预算支出”项目，反映政府财政本期发生的债务转贷预算支出金额。其中，一般公共预算的“债务转贷预算支出”应当根据“债务转贷预算支出”科目下“一般债务转贷支出”明细科目的本期发生额填列；政府性基金预算的“债务转贷支出”应当根据“债务转贷支出”科目下的“专项债务转贷支出”明细科目的本期发生额填列。

（9）“安排预算稳定调节基金”项目，反映政府财政本期安排的预算稳定调节基金金额。本项目根据“安排预算稳定调节基金”科目的本期发生额填列。

（10）“调出预算资金”项目，反映政府财政本期发生的各类资金的调出资金金额。其中，一般公共预算的“调出预算资金”应当根据“调出预算资金”科目下“一般公共预算调出资金”明细科目的本期发生额填列；政府性基金预算的“调出预算资金”应当根据“调出预算资金”科目下“政府性基金预算调出资金”明细科目的本期发生额填列；国有资本经营预算的“调出预算资金”应当根据“调出预算资金”科目下“国有资本经营预算调出资金”明细科目的本期发生额填列。

（11）“增设预算周转金”项目，反映政府财政本期设置或补充预算周转金的金额。本项目应当根据“预算周转金”科目的本期贷方发生额填列。

（四）年末结转结余

“年末结转结余”项目，反映政府财政本年末的各类资金的结转结余金额。其中，一般公共预算的“年末结转结余”应当根据“一般公共预算结转结余”科目的年末余额填列；政府性基金预算的“年末结转结余”应当根据“政府性基金预算结转结余”科目的年末余额填列；国有资本经营预算的“年末结转结余”应当根据“国有资本经营预算结转结余”科目的年末余额填列；财政专户管理资金的“年末结转结余”应当根据“财政专户管理资金结余”科目的年末余额填列；专用基金的“年末结转结余”应当根据“专用基金结余”科目的年末余额填列。

第十节 其他预算会计报表编制

一、一般公共预算执行情况表编制

一般公共预算执行情况表的内容和填列方法如下：

（1）“一般公共预算收入”项目及所属各明细项目，应当根据“一般公共预算收入”科目及所属各明细科目的本期发生额填列。

（2）“一般公共预算支出”项目及所属各明细项目，应当根据“一般公共预算支出”科目及所属各明细科目的本期发生额填列。

二、政府性基金预算执行情况表编制

政府性基金预算执行情况表的内容和填列方法如下：

（1）“政府性基金预算收入”项目及所属各明细项目，应当根据“政府性基金预算收入”科目及所属各明细科目的本期发生额填列。

（2）“政府性基金预算支出”项目及所属各明细项目，应当根据“政府性基金预算支出”科目及所属各明细科目的本期发生额填列。

三、国有资本经营预算执行情况表编制

国有资本经营预算执行情况表的内容和填列方法如下：

（1）“国有资本经营预算收入”项目及所属各明细项目，应当根据“国有资本经营预算收入”科目及所属各明细科目的本期发生额填列。

（2）“国有资本经营预算支出”项目及所属各明细项目，应当根据“国有资本经营预算支出”科目及所属各明细科目的本期发生额填列。

四、财政专户管理资金收支情况表编制

财政专户管理资金收支情况表的内容和填列方法如下：

（1）“财政专户管理资金收入”项目及所属各明细项目，应当根据“财政专户管理资金收入”科目及所属各明细科目的本期发生额填列。

（2）“财政专户管理资金支出”项目及所属各明细项目，应当根据“财政专户管理资金支出”科目及所属各明细科目的本期发生额填列。

五、专用基金收支情况表编制

专用基金收支情况表的内容和填列方法如下：

（1）“专用基金收入”项目及所属各明细项目，应当根据“专用基金收入”科目及所属各明细科目的本期发生额填列。

（2）“专用基金支出”项目及所属各明细项目，应当根据“专用基金支出”科目及所属各明细科目的本期发生额填列。

第十一节　预算会计报表附注

附注是指对在会计报表中列示项目的文字描述或明细资料，以及对未能在会计报表中列示项目的说明。

总会计预算会计报表附注应当至少披露下列内容：

（1）遵循《财政总会计制度》的声明；

（2）本级政府财政预算执行情况的说明；

（3）会计报表中列示的重要项目的进一步说明，包括其主要构成、增减变动情况等；

（4）有助于理解和分析会计报表的其他需要说明的事项。

复习思考题

1.财务会计报表的构成包括哪些内容？

2.预算会计报表的构成包括哪些内容？

3.财务会计报表的核算基础是什么？

4.预算会计报表的核算基础是什么？

5.比较财务会计报表和预算会计报表的所反映的内容，谈谈你对实施《财政总会计制度》必要性的理解。

第三篇
政府单位会计

第十三章　政府会计标准体系

第一节　政府会计标准体系概述

一、政府会计标准体系的组成

我国的政府会计标准体系由政府会计准则体系和政府会计制度组成。政府会计准则体系包括基本准则、具体准则及应用指南。政府会计准则体系和政府会计制度相互补充，共同规范政府会计主体的会计核算，保证会计信息质量。

（一）政府会计基本准则

政府会计基本准则用于规范政府会计目标，会计主体，会计信息质量要求，会计核算基础以及会计要素的定义、确认和计量原则、列报要求等原则事项。基本准则指导具体准则和制度的制定，并为政府会计实务问题提供处理原则。2015年10月，财政部印发了《政府会计准则——基本准则》（以下简称《基本准则》）。

《基本准则》适用于各级政府、各部门、各单位。各级政府指各级政府财政部门，具体负责财政总会计的核算。各部门、各单位是指与本级政府财政部门直接或者间接发生预算拨款关系的国家机关、军队、政党组织、社会团体、事业单位和其他单位。军队、已纳入企业财务管理体系的单位和执行《民间非营利组织会计制度》的社会团体，其会计核算不适用本准则。

（二）政府会计具体准则及应用指南

政府会计具体准则依据《基本准则》制定，用于规范政府发生的经济业务或事项的会计处理原则，详细规定经济业务或事项引起的会计要素变动的确认、计量和报告。应用指南是对具体准则的实际应用作出的操作性规定。2016年以来，财政部相继出台了存货、投资、固定资产、无形资产、公共基础设施、政府储备物资等6项具体准则和固定资产应用指南；2018年下半年又陆续印发负债、会计调整、财务报表编制和列报等3项具体准则；2019年12月又发布政府和社会资本合作项目合同的具体准则；2020年12月发布政府和社会资本合作项目合同的应用指南。

（三）政府会计制度

政府会计制度主要规定政府会计科目、账务处理、报表体系及编制说明等。按照政府会计主体不同，政府会计制度主要由政府财政会计制度和政府单位会计制度组成。2017年10月24日，财政部印发的《政府会计制度——行政事业单位会计科目和报表》（财会〔2017〕25号，以下简称《政府会计制度》），适用于各级各类行政单位和事业单位（不包括纳入企业财务管理体系执行企业会计准则和小企业会计准则的单位）。

二、基本准则、具体准则、应用指南以及制度之间的关系

基本准则和具体准则属于统驭和被统驭的关系。基本准则是政府会计的“概念框架”，统驭政府会计具体准则和政府会计制度的制定，并为政府会计实务问题提供处理原则，为编制政府财务报告提供基础标准。

基本准则主要对政府会计目标、会计主体、会计信息质量要求、会计核算基础，以及会计要素定义、确认和计量原则、列报要求等作出规定。具体准则主要规定政府发生的经济业务或事项的会计处理原则，具体规定经济业务或事项引起的会计要素变动的确认、计量和报告。应用指南主要对具体准则的实际应用作出操作性规定。政府会计制度主要规定政府会计科目及其使用说明、会计报表格式及其编制说明等，便于会计人员进行日常核算。

三、政府会计标准体系的构建思路和原则

《权责发生制政府综合财务报告制度改革方案》提出，在建立健全政府会计核算体系时，要推进政府财务会计与预算会计适度分离并相互衔接，在完善预算会计功能的基础上，增强政府财务会计功能。因此，政府会计标准体系建设，首先构建了政府会计的基本框架——《基本准则》，在其基础上逐步完善了整个标准体系。

在政府会计标准体系建设中，主要遵循以下原则：

（1）立足国情、借鉴国际原则。在充分考虑我国政府财政财务管理特点的基础上，吸收我国企业会计准则改革的成功经验，适当借鉴国际公共部门会计准则的最新成果以及国外有关国家政府会计改革的先进经验和做法。

（2）继承创新原则。充分吸收现行行政单位会计制度、事业单位会计制度和财政总会计制度中已被实践证明行之有效的内容，坚持理论和制度创新，强化财务会计功能，准确反映财务会计信息。同时，注重与预算管理等要求相衔接、相协调。

（3）归并统一原则。从行政事业单位的通用或共性业务会计处理以及单位财务报告信息和决算报告信息的可比性出发，归并统一了现行行政单位、事业单位和各项行业事业单位的会计制度。

（4）充分协调原则。政府会计标准体系依据《会计法》《预算法》等法律法规制定，在严格贯彻《权责发生制政府综合财务报告制度改革方案》要求，着力实现改革目标的前提下，力求与现行行政事业单位财务规则、财务制度、部门预决算制度、行政事业单位国有资产管理规定、基本建设财务规则等要求保持协调。

（5）提升质量原则。从财务报告和决算报告的目标以及信息使用者的需要出发，全面提升会计信息质量。在会计核算内容和范围上提高会计信息的可靠性、全面性，在财务会计中全面引入权责发生制，着力提高会计信息的可比性、相关性，在会计科目设置、账务处理说明上力求内在一致，并在报表设计及填表说明、附注披露中提高会计信息的可理解性。

（6）务实简化原则。考虑行政事业单位会计工作基础状况、会计人员可接受程度和当前改革所处的阶段以及核算系统中引入财务会计内容带来的复杂性，在会计确认和计量标准、会计科目设置、核算口径和方法、账务处理、报表设计和填制等方面，力求做到贴近实务、方便操作、简便易行。

（7）科学立法原则。严格遵循部门规章和会计标准的制定程序，按照立法计划形成征求意见稿之后，广泛征求意见，并通过召开专家座谈会、立法论证会等形式听取专家意见，对意见比较集中的问题进行反复论证和深入沟通，直到达成共识。

第二节 政府会计基本准则

2015年10月23日，财政部第78号令发布《基本准则》，并于2017年1月1日起施行。

一、《基本准则》的意义

制定出台《基本准则》，是财政部积极贯彻落实党的十八届三中全会精神和《权责发生制政府综合财务报告制度改革方案》的重要成果，在我国政府会计改革进程中具有重要的里程碑意义。

（一）有利于规范政府会计核算，提高政府会计信息质量

《基本准则》继承了我国行政事业单位和财政总预算会计改革的有益经验，吸收了当代政府会计理论研究的最新成果，反映了当前政府会计改革发展的内在需要，体现了国际公共部门会计概念框架的发展动态，明确了政府会计标准体系中需要解决的基本问题、原则和方法，为整合现行政府预算会计制度体系、建立国家统一的政府会计标准体系奠定了基础。

（二）有利于夯实财政管理基础，建立现代财政制度

《基本准则》在完善现行政府预算会计功能的同时，强化政府财务会计功能。在政府会计核算中引入权责发生制原则，对资产、负债等会计要素的概念、信息质量特征作出重新界定，从而保证政府资产、负债等信息得以如实记录、完整反映，有利于全面反映政府财务状况，进一步加强政府的资产管理和控制债务风险，对于建立全面规范、公开透明的现代预算制度，促进财政可持续发展，具有重要的基础性作用。

（三）有利于准确反映政府运行成本，科学评价政府绩效

《基本准则》按照权责发生制原则规范了收入和费用要素，在政府财务报告中引入成本、绩效等先进理念，能够合理归集、反映政府的运行费用和履职成本，科学评价政府、部门、单位等耗费公共资源、成本边际等情况，有利于建立并有效实施预算绩效评价制度，为科学开展考评政府绩效提供扎实有效的信息基础。

（四）有利于提升政府工作透明度，促进国家治理能力的现代化

《基本准则》确立了政府预算会计和财务会计适度分离又相互衔接的政府会计体系，要求政府会计主体同时提供决算报告和财务报告，能够全面、清晰地反映政府预算执行信息和财务状况，显著提升财政透明度，满足权力机关、社会公众等对政府财政财务信息全面性、准确性和及时性的需求，从而有利于进一步规范政府行为和提高政府决策能力，促进国家治理能力的现代化。

二、《基本准则》的主要内容

《基本准则》共六章62条。

第一章为总则，规定了立法目的和制定依据、适用范围、政府会计体系与核算基础、基本准则定位、报告目标和使用者、会计基本假设和记账方法等。第二章为政府会计信息质量要求，明确了政府会计信息应当满足的7个方面质量要求，即可靠性、全面性、相关性、及时性、可比性、可理解性和实质重于形式。第三章为政府预算会计要素，规定了预算收入、预算支出和预算结余3个预算会计要素的定义、确认和计量标准，以及列示要求。第四章为政府财务会计要素，规定了资产、负债、净资产、收入和费用5个财务会计

要素的定义、确认标准、计量属性和列示要求。第五章为政府决算报告和财务报告，规定了决算报告、财务报告和财务报表的定义、主要内容和构成。第六章为附则，规定了相关基本概念的定义，明确了施行日期。

三、《基本准则》的重大制度理论创新

（一）建立了统一的政府会计“概念框架”

在会计准则体系中，基本准则是“顶层设计”，重点在于明确基本原则和方法，构建会计语言的框架体系。《基本准则》从政府会计主体、会计目标、核算体系、核算基础、会计信息质量，以及会计要素的确认、计量和报告等不同角度，明确了政府会计准则体系中需要解决的基本问题、基本原则和方法，构建起了统一、科学、规范的政府会计概念体系，为建立国家统一的政府会计准则体系奠定了基础。

从会计规则角度而言，《基本准则》在政府会计具体准则和政府会计制度层面，为规范政府发生的经济业务或事项的会计处理，提供了基本原则，保证了政府会计准则体系的内在一致性；从会计主体角度而言，《基本准则》适用于各级政府、各部门、各单位（以下称“政府会计主体”），有利于消除各级政府、部门、行业和单位执行不同会计规范所导致的信息差异，打破不同部门、行业的藩篱，各政府会计主体都以统一、规范的会计语言体系处理会计事务，参与政府治理，提高了政府会计信息的可比性。

（二）重构了政府会计核算模式

《基本准则》明确提出建立政府预算会计和财务会计适度分离又相互衔接的政府会计核算模式，这是政府会计核算模式的重大创新。

“适度分离”主要体现在以下方面：❶“双体系”。突破了长期以来政府会计的单一预算会计体系，首次提出政府会计由预算会计和财务会计构成。❷“双基础”。明确提出财务会计实行权责发生制，预算会计实行收付实现制。兼顾了当前实际情况和长远改革方向的制度安排，使政府会计核算既反映预算收支等流量信息，又反映资产、负债等存量信息。❸“双报告”。要求政府会计主体应当同时编制决算报告和财务报告，并明确了两种报告的内容和信息使用者范围。

所谓“相互衔接”，是指政府预算会计要素和财务会计要素相互协调，决算报告和财务报告相互补充，共同反映政府会计主体的预算执行信息和财务信息。

通过这种适度分离又相互衔接的政府会计核算模式，使公共资金管理中的预算管理、财务管理和绩效管理相互衔接、融合，全面提高管理水平和资金使用效率，对规范政府会计行为、夯实政府会计主体预算和财务管理基础、强化政府绩效管理具有深远的影响。

（三）全面引入了权责发生制会计核算基础

《中共中央关于全面深化改革若干重大问题的决定》提出了“建立权责发生制的政府综合财务报告制度”的重要部署，为我国政府会计改革明确了方向。世界各国政府会计改革的基本经验，基本都是在会计核算中逐步引入权责发生制的核算基础。《基本准则》首次提出了收入、费用两个会计要素，科学界定了各个会计要素的定义、确认和计量标准，对于规范权责发生制政府财务报告的内容、口径和信息质量等起到重要的导向作用，为最终建立权责发生制的政府综合财务报告制度奠定了坚实的基础。同时，结合目前预算管理的实际需要，在预算会计中仍采用收付实现制的核算基础，这有利于准确核算预算收支信息，加强对预算的管理和监督。

（四）充分体现了政府预算管理改革的要求

《基本准则》在诸多方面体现了新《预算法》及相关财政预算管理制度改革的最新要求。在准则实施范围上，与《预算法》的口径保持一致，有利于政府预算、核算和决算的一致性；在界定政府预算收入和预算支出时，体现了新《预算法》中“政府所有收入和支出全部纳入预算”的规定，保证了预算收支信息的全面性和完整性；在界定政府资产时，与财政预算管理和资产管理的要求保持协调，强调了政府资产是政府会计主体控制的、能带来服务潜能的资源，为把公共基础设施、政府储备物资、文物文化资产、保障性住房和自然资源等资产纳入政府资产负债表奠定了基础；在界定政府负债时，充分体现了新《预算法》和最新的政府债务管理的要求，明确将应付政府债券和政府依法担保形成的债务纳入政府负债核算范围。《基本准则》从会计语言的角度为政府预算管理制度改革奠定了基础，也有助于预算管理改革的进一步深化。

第三节 政府会计具体准则及应用指南

一、政府会计具体准则及应用指南概述

财政部于2016年7月起陆续颁布政府会计具体准则（10个）及应用指南，颁布时间和文号详见表13-1。

表13-1 具体准则及应用指南清单

名称	颁布时间	文号
《政府会计准则第1号——存货》	2016年7月6日	财会〔2016〕12号
《政府会计准则第2号——投资》	2016年7月6日	财会〔2016〕12号
《政府会计准则第3号——固定资产》	2016年7月6日	财会〔2016〕12号
《政府会计准则第3号——固定资产》应用指南	2017年2月21日	财会〔2017〕4号
《政府会计准则第4号——无形资产》	2016年7月6日	财会〔2016〕12号
《政府会计准则第5号——公共基础设施》	2017年4月17日	财会〔2017〕11号
《政府会计准则第6号——政府储备物资》	2017年7月28日	财会〔2017〕23号
《政府会计准则第7号——会计调整》	2018年10月21日	财会〔2018〕28号
《政府会计准则第8号——负债》	2018年11月9日	财会〔2018〕31号
《政府会计准则第9号——财务报表编制和列报》	2018年12月26日	财会〔2018〕37号
《政府会计准则第10号——政府和社会资本合作项目合同》	2019年12月17日	财会〔2019〕23号

二、准则概述

存货准则所规范的存货，是指政府会计主体在开展业务活动及其他活动中为耗用或出售而储存的资产，如材料、产品、包装物和低值易耗品等，以及未达到固定资产标准的用具、装具、动植物等。考虑到政府储备物资的取得、调拨、管理、处置、权属确定等与本准则规范的存货有较大不同，因此将其排除在存货准则范围以外。另外，考虑到政府收储土地规模较大且具有不同于一般存货的显著特点，故也对其进行了范围排除。

投资准则所规范的投资，是指政府会计主体按规定以货币资金、实物资产、无形资产

等方式形成的股权和债权投资，分为短期投资和长期投资。政府会计主体外币投资的折算，适用其他相关政府会计准则。关于政府和社会资本合作模式（即PPP模式）中政府的投资，鉴于其涉及的核算内容较为复杂，财政部已单独制定相关准则。

固定资产准则所规范的固定资产，是指政府会计主体为满足自身开展业务活动或其他活动需要而控制的，使用年限超过1年（不含1年）、单位价值在规定标准以上，并在使用过程中基本保持原有物质形态的资产，一般包括房屋及构筑物、专用设备、通用设备等。公共基础设施、政府储备物资、保障性住房为政府会计主体经管的资产，其使用目的和管理方式不同于一般固定资产，且这类资产规模较大，不属于本准则所规范的内容。

无形资产准则所规范的无形资产，是指政府会计主体控制的没有实物形态的可辨认非货币性资产，一般包括专利权、商标权、著作权、土地使用权、非专利技术以及其他财产权利等。

公共基础设施准则所规范的公共基础设施，是指政府会计主体为满足社会公共需求而控制的，同时具有以下特征的有形资产：❶是一个有形资产系统或网络的组成部分；❷具有特定用途；❸一般不可移动。另外，独立于公共基础设施、不构成公共基础设施使用不可缺少组成部分的管理维护用房屋建筑物、设备、车辆等，适用《政府会计准则第3号——固定资产》。属于文物文化资产的公共基础设施及采用PPP模式形成的公共基础设施的确认和初始计量，也不属于本准则所规范的内容。

政府储备物资准则所规范的政府储备物资，是指政府会计主体为满足实施国家安全与发展战略、进行抗灾救灾、应对公共突发事件等特定公共需求而控制的，同时具有下列特征的有形资产：❶在应对可能发生的特定事件或情形时动用；❷其购入、存储保管、更新（轮换）、动用等由政府及相关部门发布的专门管理制度规范。政府储备物资主要包括战略及能源物资、抢险抗灾救灾物资、农产品、医药物资和其他重要商品物资，通常情况下由政府会计主体委托承储单位存储。

会计调整准则所规范的会计调整，是指政府会计主体按照法律、行政法规和政府会计准则制度的要求，或者在特定情况下对其原采用的会计政策、会计估计以及发现的会计差错、发生的报告日后事项等所作出的调整。

负债准则所规范的负债，是指政府会计主体过去的经济业务或者事项形成的，预期会导致经济资源流出政府会计主体的现时义务。现时义务，是指政府会计主体在现行条件下已承担的义务。未来发生的经济业务或者事项形成的义务不属于现时义务，不应当确认为负债。

财务报表编制和列报准则，是为了规范政府会计主体财务报表的编制和列报。该准则所规范的财务报表是对政府会计主体财务状况、运行情况和现金流量等信息的结构性表述，至少包括资产负债表、收入费用表、附注三个组成部分。适用于政府会计主体个别财务报表和合并财务报表，行政事业单位个别财务报表的编制和列报，还应遵循《政府会计制度——行政事业单位会计科目和报表》的规定；其他政府会计主体个别财务报表的编制和列报，还应遵循其他相关会计制度。其他政府会计准则有特殊列报要求的，从其规定。

第四节 政府会计制度概述

2017年10月24日，财政部印发《政府会计制度——行政事业单位会计科目和报表》

（简称《政府会计制度》），自2019年1月1日起施行。这是继基本准则和具体准则以及固定资产准则应用指南出台以来，政府会计改革工作取得的又一重要成果，标志着具有中国特色的政府会计标准体系初步建成。

一、《政府会计制度》的组成及主要内容

《政府会计制度》由正文和附录组成。正文包括五部分内容：

第一部分为总说明。主要规范《政府会计制度》的制定依据、适用范围、会计核算模式和会计要素、会计科目设置要求、报表编制要求、会计信息化工作要求和施行日期等内容。

第二部分为会计科目名称和编号。主要列出了财务会计和预算会计两类科目表，共计103个一级会计科目，其中，财务会计下有资产、负债、净资产、收入和费用五个要素共77个一级科目，预算会计下有预算收入、预算支出和预算结余三个要素共26个一级科目。

第三部分为会计科目使用说明。主要对103个一级会计科目的核算内容、明细核算要求、主要账务处理等进行详细规定。本部分内容是《政府会计制度》的核心内容。

第四部分为报表格式。主要规定财务报表和预算会计报表的格式，其中，财务报表包括资产负债表、收入费用表、净资产变动表、现金流量表及报表附注；预算会计报表包括预算收入支出表、预算结转结余变动表和财政拨款预算收入支出表。

第五部分为报表编制说明。主要规定了第四部分列出的7张报表的编制说明，以及报表附注应披露的内容。

附录为主要业务和事项账务处理举例。这部分采用列表方式，以《政府会计制度》第三部分规定的会计科目使用说明为依据，按照会计科目顺序对单位通用业务或共性业务和事项的账务处理进行举例说明。

二、《政府会计制度》的重大变化

（一）重构了政府会计核算模式

在系统总结分析传统单系统预算会计体系的基础上，《政府会计制度》按照《权责发生制政府综合财务报告制度改革方案》和《基本准则》的要求，构建了“财务会计和预算会计适度分离并相互衔接”的会计核算模式，即适度分离政府预算会计和财务会计功能，同时会计核算系统中政府预算会计要素和相关财务会计要素相互协调，决算报告和财务报告相互补充，共同反映政府会计主体的预算执行信息和财务信息。主要体现在：❶对纳入部门预算管理的现金收支进行“平行记账”。对于纳入部门预算管理的现金收支业务，在进行财务会计核算的同时也应当进行预算会计核算。对于其他业务，仅需要进行财务会计核算。❷财务报表与预算会计报表之间存在勾稽关系。通过编制“本期预算结余与本期盈余差异调节表”并在附注中进行披露，反映单位财务会计和预算会计因核算基础和核算范围不同所产生的本年盈余数（即本期收入与费用之间的差额）与本年预算结余数（本年预算收入与预算支出的差额）之间的差异，从而揭示财务会计和预算会计的内在联系。

（二）统一了现行各项单位会计制度

《政府会计制度》有机整合了《行政单位会计制度》《事业单位会计制度》和医院、基层医疗卫生机构、高等学校、中小学校、科学事业单位、彩票机构、地勘单位、测绘单位、林业（苗圃）等行业事业单位会计制度的内容。在科目设置、科目和报表项目说明中，一般情况下，不再区分行政和事业单位，也不再区分行业事业单位；在核算内容方面，基本保留了现行各项制度中的通用业务和事项，同时根据改革需要增加各级各类行政

事业单位的共性业务和事项；在会计政策方面，对同类业务尽可能作出同样的处理规定。通过会计制度的统一，大大提高了政府各部门、各单位会计信息的可比性，为合并单位、部门财务报表和逐级汇总编制部门决算奠定了坚实的制度基础。

（三）强化了财务会计功能

《政府会计制度》在财务会计核算中全面引入了权责发生制，在会计科目设置和账务处理说明中着力强化财务会计功能，如增加了收入和费用两个财务会计要素的核算内容，并在原则上要求按照权责发生制进行核算；增加了应收款项和应付款项的核算内容，对长期股权投资采用权益法核算，确认自行开发形成的无形资产的成本，要求对固定资产、公共基础设施、保障性住房和无形资产计提折旧或摊销，引入坏账准备等减值概念，确认预计负债、待摊费用和预提费用等。在政府会计核算中强化财务会计功能，对于科学编制权责发生制政府财务报告、准确反映单位财务状况和运行成本等情况具有重要的意义。

（四）扩大了政府资产负债核算范围

《政府会计制度》在现行制度基础上，扩大了资产负债的核算范围。除按照权责发生制核算原则增加有关往来账款的核算内容，在资产方面，增加了公共基础设施、政府储备物资、文物文化资产、保障性住房和受托代理资产的核算内容，以全面核算单位控制的各类资产；增加了"研发支出"科目，以准确反映单位自行开发无形资产的成本。在负债方面，增加了预计负债、受托代理负债等核算内容，以全面反映单位所承担的现时义务。此外，为了准确反映单位资产扣除负债之后的净资产状况，《政府会计制度》立足于单位会计核算需要、借鉴国际公共部门会计准则相关规定，将净资产按照主要来源分类为累计盈余和专用基金，并根据净资产其他来源设置了权益法调整、无偿调拨净资产等会计科目。资产负债核算范围的扩大，有利于全面规范政府单位各项经济业务和事项的会计处理，准确反映政府"家底"信息，为相关决策提供更加有用的信息。

（五）改进了预算会计功能

《政府会计制度》对预算会计科目进行了调整和优化，在核算内容上，预算会计仅需核算预算收入、预算支出和预算结余。在核算基础上，预算会计除按《预算法》要求的权责发生制核算事项外，均采用收付实现制核算，有利于避免可能虚列预算收支的问题。在核算范围上，为了体现新《预算法》的精神和部门综合预算的要求，《政府会计制度》将依法纳入部门预算管理的现金收支均纳入预算会计核算范围，如增设了债务预算收入、债务还本支出、投资支出等。

（六）整合了基建会计核算

《政府会计制度》依据《基本建设财务规则》和相关预算管理规定，对单位建设项目会计核算进行了规定。单位对基本建设投资按照本制度规定统一进行会计核算，不再单独建账，大大简化了单位基本建设业务的会计核算，有利于提高单位会计信息的完整性。

（七）完善了报表体系和结构

《政府会计制度》将报表分为预算会计报表和财务报表两大类。预算会计报表由预算收入支出表、预算结转结余变动表和财政拨款预算收入支出表等组成，是编制部门决算报表的基础。财务报表由会计报表和附注构成；会计报表由资产负债表、收入费用表、净资产变动表和现金流量表组成。此外，《政府会计制度》对报表结构进行了调整和优化，对报表附注应当披露的内容进行了细化，对会计报表重要项目说明提供了可参考的披露格式、要求按经济分类披露费用信息、要求披露本年预算结余和本年盈余的差异调节过程等。

（八）增强了制度的可操作性。

《政府会计制度》在附录中采用列表方式，以《政府会计制度》中规定的会计科目使用说明为依据，按照会计科目顺序对单位通用业务或共性业务和事项的账务处理进行了举例说明。在举例说明时，对同一项业务或事项，在表格中列出财务会计分录的同时，平行列出相对应的预算会计分录（如果有）。通过对经济业务和事项举例说明，能够充分反映《政府会计制度》所要求的财务会计和预算会计“平行记账”的核算要求，便于会计人员学习和理解政府会计8要素的记账规则，也有利于单位会计核算信息系统的开发或升级改造。

复习思考题

1.简述政府会计标准体系的组成。

2.政府会计标准体系建设主要遵循的原则是什么？

3.政府会计具体准则有几个？简述其各自的名称和内容。

第十四章　政府会计核算模式

第一节　政府会计核算模式概述

政府会计由预算会计和财务会计构成。政府会计核算应当实现预算会计与财务会计适度分离并相互衔接，全面清晰地反映政府财务信息和预算执行信息，为开展政府信用评级、加强资产负债管理、改进政府绩效监督考核、防范财政风险等提供支持，促进政府财务管理水平提高和财政经济可持续发展。

一、背景及政策依据

我国目前的政府财政报告制度实行以收付实现制核算为基础的决算报告制度，主要反映政府年度预算执行情况的结果，对准确反映预算收支情况、加强预算管理和监督发挥了重要作用。但随着经济社会发展，仅实行决算报告制度，无法科学、全面、准确地反映政府资产、负债和成本费用，不利于强化政府资产管理、降低行政成本、提升运行效率、有效防范财政风险，难以满足建立现代财政制度、促进财政长期可持续发展和推进国家治理现代化的要求。因此，必须推进政府会计改革，建立全面反映政府资产负债、收入费用、运行成本、现金流量等财务信息的权责发生制政府综合财务报告制度。

《预算法》要求各级政府、各部门和各单位按规定编制决算报告，同时也要求各级政府财政部门应当按年度编制以权责发生制为基础的政府综合财务报告，报告政府整体财务状况、运行情况和财政中长期可持续性，并报本级人民代表大会常务委员会备案。

《权责发生制政府综合财务报告制度改革方案》在总体目标中提出，要适度分离政府财务会计与预算会计、政府财务报告与决算报告功能，全面、清晰地反映政府财务信息和预算执行信息。在主要任务中提出，要推进财务会计与预算会计适度分离并相互衔接，在完善预算会计功能的基础上，增强政府财务会计功能，夯实政府财务报告核算基础，为中长期财政发展、宏观调控和政府信用评级服务。在具体内容中提出，政府会计科目设置要实现预算会计和财务会计双重功能。预算会计科目应准确完整地反映政府预算收入、预算支出和预算结余等预算执行信息，财务会计科目应全面准确地反映政府的资产、负债、净资产、收入、费用等财务信息。

《基本准则》规定，政府会计由预算会计和财务会计构成。政府预算会计要素包括预算收入、预算支出与预算结余；政府财务会计要素包括资产、负债、净资产、收入和费用。预算会计实行收付实现制，国务院另有规定的，从其规定；财务会计实行权责发生制。政府会计主体应当编制决算报告和财务报告。政府决算报告的编制主要以收付实现制为基础，以预算会计核算生成的数据为准；政府财务报告的编制主要以权责发生制为基础，以财务会计核算生成的数据为准。

二、政府会计核算模式的特点

（一）政府预算会计和财务会计“适度分离”

主要体现在以下三个方面：

❶“双功能”。政府会计实现预算会计和财务会计双重功能。预算会计准确完整地反映政府预算收入、预算支出和预算结余等预算执行信息；财务会计全面准确地反映政府的资产、负债、净资产、收入、费用等财务信息。

❷“双基础”。预算会计实行收付实现制，国务院另有规定的，从其规定；财务会计实行权责发生制。

❸“双报告”。政府会计主体应编制决算报告和财务报告。政府决算报告，以预算会计核算生成的数据为准；政府财务报告的编制主要以权责发生制为基础，以财务会计核算生成的数据为准。

（二）政府预算会计和财务会计“相互衔接”

政府预算会计和财务会计“适度分离”，并不是要求政府会计主体分别建立预算会计和财务会计两套账，而是要求政府预算会计要素和财务会计要素相互协调，决算报告和财务报告相互补充，共同反映政府会计主体的预算执行信息和财务信息。

三、政府会计核算模式在单位会计中的具体应用

《政府会计制度》规定，单位会计核算应当具备财务会计与预算会计双重功能，实现财务会计与预算会计适度分离并相互衔接，全面、清晰地反映单位财务信息和预算执行信息。

（一）预算会计核算

单位预算会计通过预算收入、预算支出和预算结余三个要素，全面反映单位预算收支执行情况。预算会计的等式为“预算收入-预算支出=预算结余”。单位预算会计采用收付实现制，国务院另有规定的，从其规定。为了保证单位预算会计要素单独循环，在日常核算时，单位应当设置“资金结存”科目，核算纳入部门预算管理的资金的流入、流出、调整和滚存等情况。根据资金支付方式及资金形态，“资金结存”科目应设置“零余额账户用款额度”“货币资金”“财政应返还额度”三个明细科目。年末预算收支结转后，“资金结存”科目借方余额与预算结转结余科目贷方余额相等。

（二）财务会计核算

单位财务会计通过资产、负债、净资产、收入、费用五个要素，全面反映单位财务状况、运行情况和现金流量情况。反映单位财务状况的等式为“资产 负债=净资产”，反映运行情况的等式为“收入-费用=本期盈余”，本期盈余经分配后最终转入净资产。财务会计实行权责发生制。

（三）预算会计和财务会计“平行记账”

按照《政府会计制度》，单位预算会计和财务会计“平行记账”的基本规则是，单位对于纳入部门预算管理的现金收支业务，在采用财务会计核算的同时进行预算会计核算；对于其他业务，仅进行财务会计核算。

此处的现金，是指单位的库存现金以及其他可以随时用于支付的款项，包括库存现金、银行存款、其他货币资金、零余额账户用款额度、财政应返还额度以及通过财政直接支付方式支付的款项。对于单位受托代理的现金以及应上缴财政的现金所涉及的收支业务，仅需要进行财务会计处理，不需要进行预算会计处理。

第二节 收付实现制和权责发生制

一、收付实现制

（一）概念

收付实现制也称现金制，是指以现金的实际收付为标志来确定本期收入和支出的会计核算基础。凡在当期实际收到的现金收入和支出，均应作为当期的收入和支出；凡是不属于当期的现金收入和支出，均不应作为当期的收入和支出。

（二）收付实现制在政府会计中的应用

长期以来，我国政府领域实行的是以收付实现制为核算基础的预算会计体系，主要反映政府预算执行情况，对准确反映预算收支情况、加强预算管理和监督发挥了重要作用。

《基本准则》规定，政府预算会计实行收付实现制，国务院另有规定的，从其规定。

二、权责发生制

（一）概念

权责发生制，是指以取得收取款项的权利或支付款项的义务为标志来确定本期收入和费用的会计核算基础。凡是当期已经实现的收入和已经发生的或应当负担的费用，不论款项是否收付，都应当作为当期的收入和费用；凡是不属于当期的收入和费用，即使款项已在当期收付，也不应作为当期的收入和费用。

（二）权责发生制在政府会计中的应用

《基本准则》规定，政府财务会计实行权责发生制。这是政府会计改革的最大亮点，是建立权责发生制政府综合财务报告制度的重要基础，是贯彻落实十八届三中全会精神和《权责发生制政府综合财务报告制度改革方案》的重要体现。纵观世界各国政府会计改革的基本经验，无一不是在会计核算中逐步引入权责发生制的核算原则。相对于收付实现制，权责发生制更能够体现经济业务或者事项的本质以及权责义务。

第三节 预算会计要素和财务会计要素

一、预算会计要素

（一）预算科目与预算会计科目

《预算法》规定，预算由预算收入和预算支出组成。政府的全部收入和支出都应当纳入预算。我国的政府预算包括一般公共预算、政府性基金预算、国有资本经营预算、社会保险基金预算。《政府收支分类科目》从预算角度对各类预算收支科目进行了详细的规定。

按照《基本准则》，政府预算会计要素包括预算收入、预算支出与预算结余。在政府会计核算中，预算收入和预算支出科目应当按《政府收支分类科目》设置相应的明细科目或进行明细核算。

（二）预算收入

预算收入是指政府会计主体在预算年度内依法取得的并纳入预算管理的现金流入。

预算收入一般在实际收到时予以确认，以实际收到的金额计量。

政府单位的预算收入按照来源分为财政拨款预算收入、事业预算收入、非同级财政拨款预算收入、经营预算收入、投资预算收益、债务预算收入、上级补助预算收入、附属单位上缴预算收入、其他预算收入等。

（三）预算支出

预算支出是指政府会计主体在预算年度内依法发生并纳入预算管理的现金流出。

预算支出一般在实际支付时予以确认，以实际支付的金额计量。

政府单位的预算支出包括行政支出、事业支出、经营支出、上缴上级支出、对附属单位补助支出、投资支出、其他支出等。单位按照上述分类口径进行核算的同时，应按照部门预算支出经济分类科目进行明细核算。

（四）预算结余

预算结余是指政府会计主体预算年度内预算收入扣除预算支出后的资金余额以及历年滚存的资金余额。

预算结余包括结余资金和结转资金。结余资金是指年度预算执行终了，预算收入实际完成数扣除预算支出和结转资金后剩余的资金；结转资金是指预算安排项目的支出年终尚未执行完毕或者因故未执行，且下年需要按原用途继续使用的资金。

政府单位的预算结余资金一般包括财政拨款结转、财政拨款结余、非财政拨款结转、非财政拨款结余等。

二、政府财务会计要素

按照《基本准则》，政府财务会计要素包括资产、负债、净资产、收入和费用。

（一）资产

资产是指政府会计主体过去的经济业务或者事项形成的，由政府会计主体控制的，预期能够产生服务潜力或者带来经济利益流入的经济资源。服务潜力是指政府会计主体利用资产提供公共产品和服务以履行政府职能的潜在能力。经济利益流入表现为现金及现金等价物的流入或者现金及现金等价物流出的减少。

符合政府资产定义的经济资源，在同时满足以下条件时确认为资产：❶与该经济资源相关的服务潜力很可能实现或者经济利益很可能流入政府会计主体；❷该经济资源的成本或者价值能够可靠地计量。

政府会计主体的资产按照流动性，分为流动资产和非流动资产。

流动资产是指预计在1年内（含1年）耗用或者可以变现的资产，包括货币资金、短期投资、应收及预付款项、存货等。

非流动资产是指流动资产以外的资产，包括固定资产、在建工程、无形资产、长期投资、公共基础设施、政府储备资产、文物文化资产、保障性住房和自然资源资产等。

政府资产的计量属性主要包括历史成本、重置成本、现值、公允价值和名义金额。

在历史成本计量下，资产按照取得时支付的现金金额或者支付对价的公允价值计量；在重置成本计量下，资产按照现在购买相同或者相似资产所需支付的现金金额计量；在现值计量下，资产按照预计从其持续使用和最终处置中所产生的未来净现金流入量的折现金额计量；在公允价值计量下，资产按照市场参与者在计量日发生的有序交易中，出售资产所能收到的价格计量。

政府会计主体在对资产进行计量时，一般应当采用历史成本。采用重置成本、现值、公允价值计量的，应当保证所确定的资产金额能够持续、可靠地计量。无法采用历史成本、重置成本、现值和公允价值计量属性的，采用名义金额（即人民币1元）计量。

（二）负债

负债是指政府会计主体过去的经济业务或者事项形成的，预期会导致经济资源流出政府会计主体的现时义务。现时义务是指政府会计主体在现行条件下已承担的义务。未来发生的经济业务或者事项形成的义务不属于现时义务，不应确认为负债。

符合政府负债定义的义务，在同时满足以下条件时确认为负债：❶履行该义务很可能导致含有服务潜力或者经济利益的经济资源流出政府会计主体；❷该义务的金额能够可靠地计量。

政府会计主体的负债按照流动性，分为流动负债和非流动负债。

流动负债是指预计在1年内（含1年）偿还的负债，包括短期借款、应付及预收款项、应付职工薪酬、应缴款项等。

非流动负债是指流动负债以外的负债，包括长期借款、长期应付款、应付政府债券和政府依法担保形成的债务等。

政府负债的计量属性主要包括历史成本、现值和公允价值。

在历史成本计量下，负债按照因承担现时义务而实际收到的款项或者资产的金额，或者承担现时义务的合同金额，或者按照为偿还负债预期需要支付的现金计量；在现值计量下，负债按照预计期限内需要偿还的未来净现金流出量的折现金额计量；在公允价值计量下，负债按照市场参与者在计量日发生的有序交易中，转移负债所需支付的价格计量。

政府会计主体在对负债进行计量时，一般应当采用历史成本。采用现值、公允价值计量的，应保证所确定的负债金额能够持续、可靠地计量。

（三）净资产

净资产是指政府会计主体资产扣除负债后的净额，其金额取决于资产和负债的计量。

政府单位的净资产一般包括累计盈余、专用基金等。

（四）收入

收入是指报告期内导致政府会计主体净资产增加的、含有服务潜力或者经济利益的经济资源的流入。

政府单位的收入按照来源一般包括财政拨款收入、事业收入、非同级财政拨款收入、经营收入、上级补助收入、附属单位上缴收入、捐赠收入、投资收益、利息收入、其他收入等。

收入的确认应当同时满足以下条件：

（1）与收入相关的含有服务潜力或者经济利益的经济资源很可能流入政府会计主体；

（2）含有服务潜力或者经济利益的经济资源流入会导致政府会计主体的资产增加或者负债减少；

（3）流入金额能够可靠地计量。

（五）费用

费用是指报告期内导致政府会计主体净资产减少的、含有服务潜力或者经济利益的经济资源的流出。

政府单位的费用按照功能一般分为业务活动费用、单位管理费用、经营费用、资产处置费用、所得税费用、上缴上级费用、对附属单位补助费用、其他费用等。其中，业务活动费用按照经济分类可分为工资和福利费用、商品和服务费用、对个人和家庭补助费用、对企业补助费用、固定资产折旧费用、无形资产摊销费用、公共基础设施折旧（摊销）费用、计提专用基金等。

费用的确认应当同时满足以下条件：

（1）与费用相关的含有服务潜力或者经济利益的经济资源很可能流出政府会计主体；

（2）含有服务潜力或者经济利益的经济资源流出会导致政府会计主体资产减少或者负债增加；

（3）流出金额能够可靠地计量。

第四节　会计科目设置

一、政府单位会计科目的设置情况

《政府会计制度》共设置103个一级会计科目，其中，77个为财务会计科目，26个为预算会计科目。

（一）关于财务会计科目设置

单位财务会计包括资产、负债、净资产、收入、费用五个要素，相应地，《政府会计制度》设置了五类财务会计科目，其中，收入类、费用类和净资产类科目属于新增科目。

1.资产类科目

资产类一级科目共35个，包括：

（1）资金类科目：库存现金、银行存款、其他货币资金、零余额账户用款额度、财政应返还额度。

特别说明：根据《政府会计准则制度解释》第5号的规定，实行预算管理一体化的中央预算单位在会计核算时不再使用“零余额账户用款额度”科目，“财政应返还额度”科目和“资金结存——财政应返还额度”科目下不再设置“财政直接支付”“财政授权支付”明细科目。

（2）应收款项类科目：应收票据、应收账款、预付账款、应收股利、应收利息、其他应收款。

（3）存货类科目：在途物品、库存物品、加工物品。

（4）传统非流动资产科目：固定资产、无形资产。

（5）投资类科目：短期投资、长期债券投资、长期股权投资。

（6）备抵类科目：坏账准备、固定资产累计折旧、无形资产累计摊销、公共基础设施累计折旧（摊销）、保障性住房累计折旧。

（7）经管类资产科目：公共基础设施、政府储备物资、保障性住房、文物文化资产。

（8）成本归集分摊类科目：待摊费用、工程物资、在建工程、研发支出、长期待摊费用。

（9）特殊资产科目：受托代理资产。

资产类科目的适用，根据单位性质有所区别，具体见表14-1。

表 14-1 资产类财务会计科目适用列表

序号	科目代码	财务会计科目	适用此科目的单位性质
1	1001	库存现金	行政+事业
2	1002	银行存款	行政+事业
3	1011	零余额账户用款额度	实行国库集中支付的单位
4	1021	其他货币资金	行政+事业
5	1101	短期投资	事业
6	1201	财政应返还额度	实行国库集中支付的单位
7	1211	应收票据	事业
8	1212	应收账款	事业
9	1214	预付账款	行政+事业
10	1215	应收股利	事业
11	1216	应收利息	事业
12	1218	其他应收款	行政+事业
13	1219	坏账准备	事业
14	1301	在途物品	行政+事业
15	1302	库存物品	行政+事业
16	1303	加工物品	行政+事业
17	1401	待摊费用	行政+事业
18	1501	长期股权投资	事业
19	1502	长期债券投资	事业
20	1601	固定资产	行政+事业
21	1602	固定资产累计折旧	行政+事业
22	1611	工程物资	行政+事业
23	1613	在建工程	行政+事业
24	1701	无形资产	行政+事业
25	1702	无形资产累计摊销	行政+事业
26	1703	研发支出	行政+事业
27	1801	公共基础设施	行政+事业
28	1802	公共基础设施累计折旧（摊销）	行政+事业
29	1811	政府储备物资	行政+事业
30	1821	文物文化资产	行政+事业
31	1831	保障性住房	行政+事业
32	1832	保障性住房累计折旧	行政+事业
33	1891	受托代理资产	行政+事业
34	1901	长期待摊费用	行政+事业
35	1902	待处理财产损溢	行政+事业

2.负债类科目

负债类一级科目共计16个，包括：

（1）借款类科目：短期借款、长期借款。

（2）应付及预收类科目：应付票据、应付账款、应付利息、应付职工薪酬、预收账款、应付政府补贴款、长期应付款、预提费用。

（3）暂收及应缴类科目：其他应付款、应交增值税、其他应交税费、应缴财政款。

（4）预计负债科目：预计负债。

（5）特殊负债科目：受托代理负债。

负债类科目的适用，根据单位性质有所区别，具体见表14-2。

表14-2　负债类财务会计科目适用列表

序号	科目代码	财务会计科目	适用此科目的单位性质
36	2001	短期借款	事业
37	2101	应交增值税	行政+事业
38	2102	其他应交税费	行政+事业
39	2103	应缴财政款	行政+事业
40	2201	应付职工薪酬	行政+事业
41	2301	应付票据	事业
42	2302	应付账款	行政+事业
43	2303	应付政府补贴款	负责发放政府补贴的行政单位
44	2304	应付利息	事业
45	2305	预收账款	事业
46	2307	其他应付款	行政+事业
47	2401	预提费用	行政+事业
48	2501	长期借款	事业
49	2502	长期应付款	行政+事业
50	2601	预计负债	行政+事业
51	2602	受托代理负债	行政+事业

3.净资产类科目

净资产类一级科目共计7个，包括：

（1）期末（年末）需结转的科目：本年盈余、本年盈余分配、无偿调拨净资产、以前年度盈余调整。

（2）期末（年末）不需结转的科目：累计盈余、专用基金、权益法调整。

净资产类科目的适用，根据单位性质有所区别，具体见表14-3。

表14-3　净资产类财务会计科目适用列表

序号	科目代码	财务会计科目	适用此科目的单位性质
52	3001	累计盈余	行政+事业
53	3101	专用基金	事业
54	3201	权益法调整	事业
55	3301	本期盈余	行政+事业
56	3302	本年盈余分配	行政+事业
57	3401	无偿调拨净资产	行政+事业
58	3501	以前年度盈余调整	行政+事业

4.收入类科目

收入类一级科目共计11个，按照收入来源分为财政拨款收入、事业收入、上级补助收入、附属单位上缴收入、经营收入、非同级财政拨款收入、投资收益、捐赠收入、利息收入、租金收入、其他收入。

收入类科目的适用，根据单位性质有所区别，具体见表14-4。

表14-4

收入类财务会计科目适用列表

序号	科目代码	财务会计科目	适用此科目的单位性质
59	4001	财政拨款收入	行政+事业
60	4101	事业收入	事业
61	4201	上级补助收入	事业
62	4301	附属单位上缴收入	事业
63	4401	经营收入	事业
64	4601	非同级财政拨款收入	行政+事业
65	4602	投资收益	事业
66	4603	捐赠收入	行政+事业
67	4604	利息收入	行政+事业
68	4605	租金收入	行政+事业
69	4609	其他收入	行政+事业

5.费用类科目

费用类一级科目共计8个，按照功能分为业务活动费用、单位管理费用、经营费用、资产处置费用、上缴上级费用、对附属单位补助费用、所得税费用、其他费用。

费用类科目的适用，根据单位性质有所区别，具体见表14-5。

表14-5

费用类财务会计科目适用列表

序号	科目代码	财务会计科目	适用此科目的单位性质
70	5001	业务活动费用	行政+事业
71	5101	单位管理费用	事业
72	5201	经营费用	事业
73	5301	资产处置费用	行政+事业
74	5401	上缴上级费用	事业
75	5501	对附属单位补助费用	事业
76	5801	所得税费用	有企业所得税缴纳义务的事业单位
77	5901	其他费用	行政+事业

（二）关于预算会计科目设置

单位预算会计包括预算收入、预算支出和预算结余三个要素，相应地，《政府会计制度》设置了三类预算会计科目。

1.预算收入类科目

预算收入类一级科目共计9个，主要按照资金来源设置。为了与财务会计收入类科目相区别，在每个科目中增加了“预算”二字。预算收入类科目包括财政拨款预算收入、事业预算收入、上级补助预算收入、附属单位上缴预算收入、经营预算收入、债务预算收入、非同级财政拨款预算收入、投资预算收益、其他预算收入。其中，“债务预算收入”是本次新增科目。

预算收入类科目的适用，根据单位性质有所区别，具体见表14-6。

表14-6　预算收入类会计科目适用列表

序号	科目代码	预算会计科目	适用此科目的单位性质
1	6001	财政拨款预算收入	行政+事业
2	6101	事业预算收入	事业
3	6201	上级补助预算收入	事业
4	6301	附属单位上缴预算收入	事业
5	6401	经营预算收入	事业
6	6501	债务预算收入	事业
7	6601	非同级财政拨款预算收入	行政+事业
8	6602	投资预算收益	事业
9	6609	其他预算收入	行政+事业

2.预算支出类科目

预算支出类一级科目共计8个，主要按照功能设置。预算支出类科目包括行政支出、事业支出、经营支出、上缴上级支出、对附属单位补助支出、投资支出、债务还本支出、其他支出。其中，“投资支出”“债务还本支出”属于本次新增科目。

预算支出类科目的适用，根据单位性质有所区别，具体见表14-7。

表14-7　预算支出类会计科目适用列表

序号	科目代码	预算会计科目	适用此科目的单位性质
10	7101	行政支出	行政
11	7201	事业支出	事业
12	7301	经营支出	事业
13	7401	上缴上级支出	事业
14	7501	对附属单位补助支出	事业
15	7601	投资支出	事业
16	7701	债务还本支出	事业
17	7901	其他支出	行政+事业

3.预算结余类科目

预算结余类一级科目共计9个，主要包括：

（1）与财政资金相关的科目：财政拨款结转、财政拨款结余。

（2）与非财政专项资金相关的科目：非财政拨款结转。

（3）与其他资金相关的科目：其他结余、经营结余、非财政拨款结余分配、非财政拨款结余、专用结余。

（4）特殊预算结余科目：资金结存。

预算结余类科目的适用，根据单位性质有所区别，具体见表14-8。

表 14-8 预算结余类会计科目适用列表

序号	科目代码	预算会计科目	适用此科目的单位性质
18	8001	资金结存	行政+事业
19	8101	财政拨款结转	行政+事业
20	8102	财政拨款结余	行政+事业
21	8201	非财政拨款结转	行政+事业
22	8202	非财政拨款结余	行政+事业
23	8301	专用结余	事业
24	8401	经营结余	事业
25	8501	其他结余	行政+事业
26	8701	非财政拨款结余分配	事业

二、政府单位运用会计科目的具体要求

第一，单位应当按照《政府会计制度》的规定设置和使用会计科目。在不影响会计处理和编制报表的前提下，单位可以根据实际情况自行增设或减少某些会计科目。

第二，单位应当执行《政府会计制度》统一规定的会计科目编号，以便于填制会计凭证、登记账簿、查阅账目，实行会计信息化管理。《政府会计制度》采用4位数字代码对一级会计科目进行编码，对明细科目的编码规则未做具体要求。

第三，单位在填制会计凭证、登记会计账簿时，应当填列会计科目的名称，或者同时填列会计科目的名称和编号，不得只填列会计科目编号、不填列会计科目名称。

第四，单位设置明细科目或进行明细核算，除遵循《政府会计制度》规定外，还应当满足权责发生制政府部门财务报告和政府综合财务报告编制的其他需要。

第五节 政府决算报告和财务报表

一、政府决算报告

（一）内容及目标

决算报告是综合反映政府会计主体年度预算收支执行结果的文件，应当包括决算报表和其他应当在决算报告中反映的相关信息和资料。

决算报告一般分为财政总决算和部门决算。财政总决算由一级政府财政部门根据财政总预算会计核算的结果进行编制；部门决算由部门、单位根据政府单位预算会计核算的结果进行编制。

决算报告的目标是向决算报告使用者提供与政府预算执行情况有关的信息，综合反映政府会计主体预算收支的年度执行结果，有助于决算报告使用者进行监督和管理，并为编制后续年度预算提供参考和依据。政府决算报告使用者包括各级人民代表大会及其常务委员会、各级政府及其有关部门、政府会计主体自身、社会公众和其他利益相关者。

（二）《预算法》对决算的一般要求

（1）决算草案由各级政府、各部门、各单位，在每一预算年度终了后按照国务院规定的时间编制。编制决算草案的具体事项，由国务院财政部门部署。

（2）编制决算草案，必须符合法律、行政法规，做到收支真实、数额准确、内容完整、报送及时。决算草案应当与预算相对应，按预算数、调整预算数、决算数分别列出。一般公共预算支出应当按其功能分类编列到项，按其经济性质分类编列到款。

（3）各部门对所属各单位的决算草案，应当审核并汇总编制本部门的决算草案，在规定的期限内报本级政府财政部门审核。各级政府财政部门对本级各部门决算草案审核后发现有不符合法律、行政法规规定的，有权予以纠正。

（4）国务院财政部门编制中央决算草案，经国务院审计部门审计后，报国务院审定，由国务院提请全国人民代表大会常务委员会审查和批准。县级以上地方各级政府财政部门编制本级决算草案，经本级政府审计部门审计后，报本级政府审定，由本级政府提请本级人民代表大会常务委员会审查和批准。乡、民族乡、镇政府编制本级决算草案，提请本级人民代表大会审查和批准。

二、政府财务报告

（一）内容和目标

政府财务报告是反映政府会计主体某一特定日期的财务状况和某一会计期间的运行情况和现金流量等信息的文件。政府财务报告应当包括财务报表和其他应当在财务报告中披露的相关信息和资料。财务报表是对政府会计主体财务状况、运行情况和现金流量等信息的结构性表述。

财务报表包括会计报表和附注。会计报表至少应当包括资产负债表、收入费用表和现金流量表。资产负债表是反映政府会计主体在某一特定日期的财务状况的报表；收入费用表是反映政府会计主体在一定会计期间运行情况的报表；现金流量表是反映政府会计主体在一定会计期间现金及现金等价物流入和流出情况的报表；附注是对在资产负债表、收入费用表、现金流量表等报表中列示项目所做的进一步说明，以及对未能在这些报表中列示项目的说明。

政府财务报告主要分为政府部门财务报告和政府综合财务报告。政府部门编制政府部门财务报告，反映本部门的财务状况和运行情况；财政部门编制政府综合财务报告，反映政府整体的财务状况、运行情况和财政中长期可持续性。

政府财务报告的目标是向财务报告使用者提供与政府财务状况、运行情况和现金流量等有关信息，反映政府会计主体公共受托责任的履行情况，有助于财务报告使用者作出决策或者进行监督和管理。政府财务报告使用者包括各级人民代表大会常务委员会、债权人、各级政府及其有关部门、政府会计主体自身和其他利益相关者。

（二）《权责发生制政府综合财务报告制度改革方案》对政府财务报告编报的要求

1.编报政府部门财务报告

（1）清查核实资产负债。各部门、各单位要按照统一要求有计划、有步骤地清查核实固定资产、无形资产以及代表政府管理的储备物资、公共基础设施、企业国有资产、应收税款等资产，按规定界定产权归属、开展价值评估，分类清查核实部门负债情况。清查核实后的资产负债统一按规定进行核算和反映。

（2）编制政府部门财务报告。各单位应在政府会计准则体系和政府财务报告制度框架体系内，按时编制以资产负债表、收入费用表等财务报表为主要内容的财务报告。各部门应合并本部门所属单位的财务报表，编制部门财务报告。

（3）开展政府部门财务报告审计。部门财务报告应保证报告信息的真实性、完整性及合规性，接受审计。

（4）报送并公开政府部门财务报告。部门财务报告及其审计报告应报送本级政府财政部门，并按规定向社会公开。

（5）加强部门财务分析。各部门应充分利用财务报告反映的信息，加强对资产状况、债务风险、成本费用、预算执行情况的分析，促进预算管理、资产负债管理和绩效管理有机衔接。

2.编报政府综合财务报告

（1）清查核实财政直接管理的资产负债。财政部门要清查核实代表政府持有的相关国际组织和企业的出资人权益；代表政府发行的国债、地方政府债券、举借的国际金融组织和外国政府贷款、其他政府债务以及或有债务。清查核实后的资产负债统一按规定进行核算和反映。

（2）编制政府综合财务报告。各级政府财政部门应合并各部门和其他纳入合并范围主体的财务报表，编制以资产负债表、收入费用表等财务报表为主要内容的本级政府综合财务报告。县级以上政府财政部门要合并汇总本级政府综合财务报告和下级政府综合财务报告，编制本行政区政府综合财务报告。

（3）开展政府综合财务报告审计。政府综合财务报告应保证报告信息的真实性、完整性及合规性，接受审计。

（4）报送并公开政府综合财务报告。政府综合财务报告及其审计报告应依法报送本级人民代表大会常务委员会备案，并按规定向社会公开。

（5）应用政府综合财务报告信息。政府综合财务报告中的相关信息可作为考核地方政府绩效、分析政府财务状况、开展地方政府信用评级、编制全国和地方资产负债表以及制订财政中长期规划和其他相关规划的重要依据。

三、政府单位编制财务报表和预算会计报表的一般要求

政府单位应当按照下列规定编制财务报表和预算会计报表：

第一，财务报表的编制主要以权责发生制为基础，以单位财务会计核算生成的数据为准；预算会计报表的编制主要以收付实现制为基础，以单位预算会计核算生成的数据为准。

第二，财务报表由会计报表及其附注构成。会计报表一般包括资产负债表、收入费用表和净资产变动表。单位可根据实际情况自行选择编制现金流量表。

第三，预算会计报表至少包括预算收入支出表、预算结转结余变动表和财政拨款预算收入支出表。

第四，单位应当至少按照年度编制财务报表和预算会计报表。

第五，单位应当根据本制度规定编制真实、完整的财务报表和预算会计报表，不得违反《政府会计制度》规定随意改变财务报表和预算会计报表的编制基础、编制依据、编制原则和方法，不得随意改变《政府会计制度》规定的财务报表和预算会计报表有关数据的会计口径。

第六，财务报表和预算会计报表应当根据登记完整、核对无误的账簿记录和其他有关资料编制，做到数字真实、计算准确、内容完整、编报及时。

第七，财务报表和预算会计报表应当由单位负责人和主管会计工作的负责人、会计机构负责人（会计主管人员）签名并盖章。

复习思考题

1.政府会计由哪两部分构成？

2.政府财务会计和预算会计“适度分离”主要体现在哪三个方面？

3.政府财务会计的要素和预算会计的要素分别是什么？

第十五章　财务会计资产类科目的核算

第一节　资产概述

一、资产的概念

资产是指由政府会计主体过去的经济业务或者事项形成的、由政府会计主体控制的、预期能够产生服务潜力或者带来经济利益流入的经济资源。服务潜力是指政府会计主体利用资产提供公共产品和服务以履行政府职能的潜在能力。经济利益流入表现为现金及现金等价物的流入，或者现金及现金等价物流出的减少。

资产的特点包括：

❶由政府会计主体过去的经济业务或者事项形成的；

❷由政府会计主体控制的；

❸预期能够产生服务潜力或者带来经济利益流入。

二、资产的分类

政府会计主体的资产按照流动性，分为流动资产和非流动资产。

流动资产是指预计在1年内（含1年）耗用或者可以变现的资产，包括货币资金、短期投资、应收及预付款项、存货等。

非流动资产是指流动资产以外的资产，包括固定资产、在建工程、无形资产、长期投资、公共基础设施、政府储备资产、文物文化资产、保障性住房和自然资源资产等。

三、资产的确认条件

符合资产定义的经济资源，在同时满足以下条件时，确认为资产：

❶与该经济资源相关的服务潜力很可能实现或者经济利益很可能流入政府会计主体；

❷该经济资源的成本或者价值能够可靠地计量。

第二节　货币资金

一、货币资金的内容

货币资金是指单位在运营过程中处于货币形态的那部分资金，包括库存现金、银行存款、零余额账户用款额度、财政应返还额度和其他货币资金。

二、库存现金

库存现金是指由出纳人员保管，供日常零星开支使用的一种货币资金。现金是单位全部资产中流动性最强的资产。现金可以充当交易媒介随时支用，也可以立即投入流通，还可以随时存入银行。由于现金收付频繁，容易出现差错，甚至还可能被挪用或侵吞，因此，单位必须严格遵守《现金管理暂行条例》和《现金管理暂行条例实施细则》及其他关于现金管理的各项规定，加强和健全现金管理制度，正确进行现金核算，监督现金使用的合法性与合理性，确保现金的安全与完整。

为了核算库存现金收支和结存，反映库存现金的增减变动情况，单位应设置“库存现金”科目。该科目的借方登记库存现金的增加额；贷方登记库存现金的减少额；期末借方余额，反映单位实际持有的库存现金量。有受托代理业务的单位，可根据工作需要在该科目下设置“受托代理资产”明细科目，核算单位受托代理、代管的现金。

单位应当设置“库存现金日记账”，由出纳人员根据收付款凭证，按照业务发生顺序逐笔登记。每日终了，应当计算当日的现金收入合计额、现金支出合计额和结余额，将结余额与实际库存额核对，做到账款相符。有外币现金的单位，还应当分别按照人民币和外币进行明细核算。具体核算方法如下：

1.现金的收付

经济业务和事项	财务会计处理	预算会计处理
提现	借：库存现金 　贷：银行存款	不做处理
存现	借：银行存款 　贷：库存现金	不做处理

【例15-1】2023年1月20日，某事业单位签发现金支票，从银行提取现金6 000元备用。

经济业务和事项	财务会计处理	预算会计处理
2023年1月20日，提现	借：库存现金　6 000 　贷：银行存款　6 000	不做处理

2.差旅费的预借和报销

经济业务和事项	财务会计处理	预算会计处理
预借备用金	借：其他应收款 　贷：库存现金	不做处理
报销	借：业务活动费用（实际报销金额） 　　单位管理费用（实际报销金额） 　　库存现金（实际报销金额小于借款金额） 　贷：其他应收款 　　　库存现金（实际报销金额大于借款金额）	借：行政支出（行政单位）（实际报销金额） 　　事业支出（事业单位）（实际报销金额） 　贷：资金结存—货币资金

【例15-2】2023年2月2日，某事业单位综合处员工A出差，借差旅费1 000元；业务部门员工B出差，借差旅费500元。2月10日，A和B出差回来，A实际报销差旅费800元，B实际报销差旅费600元。（本单位按实际结算时做预算支出）

经济业务和事项		财务会计处理	预算会计处理
2月2日，预借差旅费		借：其他应收款—A　1 000 　　　　　　—B　500 　贷：库存现金　1 500	不做处理
2月10日，报销	员工A报销差旅费	借：业务活动费用—商品和服务费用　800 　　库存现金　200 　贷：其他应收款—A　1 000	借：事业支出—基本支出—商品和服务支出—差旅费　800 　贷：资金结存—货币资金　800
	员工B报销差旅费	借：业务活动费用—商品和服务费用　600 　贷：其他应收款—B　500 　　　库存现金　100	借：事业支出—基本支出—商品和服务支出—差旅费　600 　贷：资金结存—货币资金　600

3.有关现金的收支

经济业务和事项	财务会计处理	预算会计处理
因开展业务等其他事项收取现金	借：库存现金 贷：事业收入（直接收取现金） 应收账款（先挂账、再收现金）	借：资金结存—货币资金 贷：事业预算收入
因购买服务、物品或其他事项支出现金	借：业务活动费用/单位管理费用/其他费用 应付账款（归还前欠款） 贷：库存现金	借：行政支出（行政单位） 事业支出（事业单位） 其他支出 贷：资金结存—货币资金
对外捐赠现金资产	借：其他费用 贷：库存现金	借：其他支出 贷：资金结存—货币资金

【例15-3】2023年2月10日，某事业单位收到事业活动业务费收入800元，同日购买办公用品支付现金200元（不考虑增值税因素）。2月15日，对外捐赠现金500元。

经济业务和事项	财务会计处理	预算会计处理
2月10日，收到事业活动业务费收入	借：库存现金 800 贷：事业收入—事业活动业务费收入 800	借：资金结存—货币资金 800 贷：事业预算收入—事业活动业务费收入 800
2月10日，购买办公用品	借：业务活动费用—商品和服务费用 200 贷：库存现金 200	借：事业支出—基本支出—商品和服务支出—办公费 200 贷：资金结存—货币资金 200
2月15日，对外捐赠	借：其他费用—捐赠支出 500 贷：库存现金 500	借：其他支出—捐赠支出 500 贷：资金结存—货币资金 500

4.受托代理、代管现金

经济业务和事项	财务会计处理	预算会计处理
收到受托代理、代管的现金	借：库存现金—受托代理资产 贷：受托代理负债	不做处理
支付受托代理、代管的现金	借：受托代理负债 贷：库存现金—受托代理资产	不做处理

【例15-4】2023年5月10日，某事业单位收到受托代管现金1 000元；5月15日，支付代管现金1 000元。

经济业务和事项	财务会计处理	预算会计处理
5月10日，收到受托代管现金	借：库存现金—受托代理资产 1 000 贷：受托代理负债 1 000	不做处理
5月15日，支付代管现金	借：受托代理负债 1 000 贷：库存现金—受托代理资产 1 000	不做处理

5.现金盘点

（1）现金溢余。

经济业务和事项		财务会计处理	预算会计处理
现金溢余	按溢余金额转入待处理财产损溢	借：库存现金 贷：待处理财产损溢	借：资金结存—货币资金 贷：其他预算收入

续表

经济业务和事项		财务会计处理	预算会计处理
现金溢余	应付给有关人员或单位的部分	借：待处理财产损溢 　贷：其他应付款—某单位或某个人	不做处理
		借：其他应付款—某单位或某个人 　贷：库存现金	借：其他预算收入 　贷：资金结存—货币资金
	无法查明原因	借：待处理财产损溢 　贷：其他收入	不做处理

【例15-5】2023年1月10日，某事业单位盘点发现非零余额现金比账面多出1 000元，经核实，其中，800元应支付给单位员工甲某，剩余200元无法查明原因，报经批准记入“其他收入”科目。

经济业务和事项	财务会计处理	预算会计处理
1月10日，盘点现金溢余	借：库存现金—非零余额现金　1 000 　贷：待处理财产损溢—货币资金　1 000	借：资金结存—货币资金　1 000 　贷：其他预算收入—现金盘盈收入 1 000
1月10日，支付给单位员工甲某	借：待处理财产损溢—货币资金　800 　贷：其他应付款—甲某　800	不做处理
	借：其他应付款—甲某　800 　贷：库存现金—非零余额现金　800	贷：其他预算收入—现金盘盈收入　800 　贷：资金结存—货币资金　800
1月10日，报经批准处理	借：待处理财产损溢—货币资金　200 　贷：其他收入—现金盘盈收入　200	不做处理

（2）现金短缺。

经济业务和事项		财务会计处理	预算会计处理
现金短缺	按短缺金额转入待处理财产损溢	借：待处理财产损溢—货币资金 　贷：库存现金	借：其他支出 　贷：资金结存—货币资金
	应由责任人赔偿的部分	借：其他应收款—某个人 　贷；待处理财产损溢—货币资金	不做处理
		借：库存现金 　贷：其他应收款—某个人	借：资金结存—货币资金 　贷：其他支出
	无法查明原因	借：资产处置费用 　贷：待处理财产损溢—货币资金	不做处理

【例15-6】2023年1月10日，某事业单位盘点发现非零余额现金比账面短缺1 500元，经过核实，其中，1 000元属于应由相关责任人乙某赔偿，剩余500元无法查明原因，经批准核销。

经济业务和事项	财务会计处理	预算会计处理
盘点现金短缺	借：待处理财产损溢—货币资金　1 500 　贷：库存现金—非零余额现金　1 500	借：其他支出—其他　1 500 　贷：资金结存—货币资金　1 500
相关责任人乙某赔偿	借：其他应收款—乙某　1 000 　贷：待处理财产损溢—货币资金　1 000	不做处理
	借：库存现金　1 000 　贷：其他应收款—乙某　1 000	借：资金结存—货币资金　1 000 　贷：其他支出—其他　1 000
经批准核销	借：资产处置费用　500 　贷：待处理财产损溢—货币资金　500	不做处理

三、银行存款

银行存款是指单位存入银行和其他金融机构的各种存款。按照国家有关规定，任何独立核算的单位都必须在当地银行开设账户。单位在银行开设账户以后，除规定可用现金直接支付的款项外，其他一切货币收支业务，都必须通过银行存款账户进行结算。

为了反映银行存款增减变动情况，单位应设置“银行存款”科目核算银行存款收支和结存情况。该科目的借方登记银行存款的增加额；贷方登记银行存款的减少额；期末借方余额，反映单位存在银行或其他金融机构的款项。该科目应当设置“受托代理资产”明细科目，核算单位受托代理、代管的银行存款。

单位应当按开户银行或其他金融机构、存款种类及币种等，分别设置“银行存款日记账”，由出纳人员根据收付款凭证，按照业务的发生顺序逐笔登记，每日终了应结出余额。“银行存款日记账”应定期与“银行对账单”核对，至少每月核对一次。月度终了，单位银行存款账面余额与银行对账单余额之间如有差额，必须逐笔查明原因，同时按月编制“银行存款余额调节表”并调节相符。具体核算方法如下：

1.款项的存取

经济业务和事项	财务会计处理	预算会计处理
款项存入银行	借：银行存款 　贷：库存现金（现金存入银行） 　　　事业收入（单位取得的事业收入） 　　　经营收入（单位取得的经营收入） 　　　其他收入（单位取得的其他收入）	借：资金结存—货币资金 　贷：事业预算收入（单位取得的事业收入） 　　　经营预算收入（单位取得的经营收入） 　　　其他预算收入（单位取得的其他收入）
从银行等金融机构提现	借：库存现金 　贷：银行存款	不做处理

【例 15-7】2023 年 6 月 20 日，某事业单位（为增值税一般纳税人）开展非独立核算的经营活动销售产品一批，开具的增值税专用发票上注明的价款为 16 000 元，增值税为 2 080 元，全部款项存入银行。

经济业务和事项	财务会计处理	预算会计处理
6 月 20 日，经营活动销售产品	借：银行存款　18 080 　贷：经营收入　16 000 　　　应交增值税—应交税金—销项税额 2 080	借：资金结存—货币资金 18 080 　贷：经营预算收入　18 080

2.利息及手续费的收付

经济业务和事项	财务会计处理	预算会计处理
收到利息	借：银行存款 　贷：利息收入	借：资金结存—货币资金 　贷：其他预算收入
支付银行手续费	借：业务活动费用 　　单位管理费用 　贷：银行存款	借：行政支出（行政单位） 　　事业支出（事业单位） 　贷：资金结存—货币资金

【例 15-8】2023 年 7 月 10 日，接到银行结息通知，第二季度取得银行存款利息收入 5 000 元，并转入银行存款账户。

经济业务和事项	财务会计处理	预算会计处理
7月10日，取得银行存款利息收入	借：银行存款　5 000 　贷：利息收入　5 000	借：资金结存—货币资金　5 000 　贷：其他预算收入　5 000

3.以银行存款转账方式支付费用

经济业务和事项	财务会计处理	预算会计处理
支付费用	借：业务活动费用 　　单位管理费用 　　其他费用 　贷：银行存款	借：行政支出（行政单位） 　　事业支出（事业单位） 　　其他支出 　贷：资金结存—货币资金

【例15-9】2023年3月15日，某行政单位开出转账支票支付购买办公用品费5 000元。

经济业务和事项	财务会计处理	预算会计处理
3月15日，支付办公用品费	借：业务活动费用　5 000 　贷：银行存款　5 000	借：行政支出　5 000 　贷：资金结存—货币资金　5 000

4.受托代理、代管银行存款

经济业务和事项	财务会计处理	预算会计处理
收到受托代理、代管的银行存款	借：银行存款—受托代理资产 　贷：受托代理负债	不做处理
支付受托代理、代管的银行存款	借：受托代理负债 　贷：银行存款—受托代理资产	不做处理

【例15-10】2023年3月20日，某行政单位银行存款基本户收到甲单位转赠贫困灾区的捐款30 000元。3月30日，该行政单位将甲单位转赠贫困灾区的捐款30 000元通过银行汇往贫困灾区。

经济业务和事项	财务会计处理	预算会计处理
3月20日，收到捐款	借：银行存款—受托代理资产　30 000 　贷：受托代理负债　30 000	不做处理
3月30日，支付捐款	借：受托代理负债　30 000 　贷：银行存款—受托代理资产　30 000	不做处理

四、零余额账户用款额度

零余额账户用款额度的内容及其核算方法与国库集中收付制度内容直接相关。国库集中收付制度的内容在前面章节已介绍，在此不再赘述。

根据《政府会计准则制度解释第5号》的规定，实行预算管理一体化的预算单位在会计核算时不再使用“零余额账户用款额度”科目。具体会计核算按照预算管理一体化相关会计处理规定执行。截至目前，各地市均在试行阶段，“零余额账户用款额度”账户继续使用。

零余额账户用款额度是指实行国库集中支付的单位，根据财政部门批复的用款计划收到和支用的零余额账户用款额度。为了反映零余额账户用款额度的增减变动情况，单位应当设置“零余额账户用款额度”科目。该科目借方登记收到的授权支付到账额度；贷方登记支用的零余额账户用款额度；期末借方余额，反映单位尚未支用的零余额账户用款额度。“零余额账户用款额度”科目年末应无余额。具体核算方法如下：

1.收到和支用额度

经济业务和事项		财务会计处理	预算会计处理
收到额度		借：零余额账户用款额度 贷：财政拨款收入	借：资金结存—零余额账户用款额度 贷：财政拨款预算收入
支用额度	支付日常活动费用	借：业务活动费用 单位管理费用 贷：零余额账户用款额度	借：行政支出（行政单位） 事业支出（事业单位） 贷：资金结存—零余额账户用款额度
	购买库存物品或购建固定资产等	借：库存物品 固定资产 在建工程 贷：零余额账户用款额度	

【例15-11】某事业单位已纳入财政国库集中支付制度改革，2023年3月10日，收到“财政授权支付用款额度到账通知书”，确定本月公用经费授权支付额度为200 000元，与财政部门批准的分月用款计划核对一致。15日，填写“财政资金授权支付凭证”，购买开展业务所需要的材料，授权支付金额为8 000元。同时召开业务相关会议，授权支付会议费金额为25 000元。

经济业务和事项	财务会计处理	预算会计处理
3月10日，收到零余额财政授权支付额度	借：零余额账户用款额度—基本支出用款额度—公用经费 200 000 贷：财政拨款收入—财政授权支付—基本支出 200 000	借：资金结存—零余额账户用款额度 200 000 贷：财政拨款预算收入—财政授权支付—基本支出 200 000
3月15日，支付材料费、会议费	借：库存物品 8 000 贷：零余额账户用款额度—基本支出用款额度—公用经费 8 000	借：事业支出—基本支出—商品和服务支出 8 000 贷：资金结存—零余额账户用款额度 8 000
	借：业务活动费用—商品和服务支出 25 000 贷：零余额账户用款额度—基本支出用款额度—公用经费 25 000	借：事业支出—基本支出—商品和服务支出 25 000 贷：资金结存—零余额账户用款额度 25 000

2.提现

经济业务和事项		财务会计处理	预算会计处理
提现	从零余额账户提现	借：库存现金 贷：零余额账户用款额度	借：资金结存—货币资金 贷：资金结存—零余额账户用款额度
	将现金退回零余额账户	借：零余额账户用款额度 贷：库存现金	借：资金结存—零余额账户用款额度 贷：资金结存—货币资金

【例15-12】接【例15-11】，3月20日，预算单位从零余额账户提取现金4 000元。

经济业务和事项	财务会计处理	预算会计处理
3月20日，从零余额账户提现	借：库存现金　4 000 贷：零余额账户用款额度—基本支出用款额度—公用经费　4 000	借：资金结存—货币资金　4 000 贷：资金结存—零余额账户用款额度　4 000

3.因购货退回等发生额度退回

经济业务和事项	财务会计处理	预算会计处理
本年度授权支付的款项	借：零余额账户用款额度 贷：库存物品	借：资金结存—零余额账户用款额度 贷：行政支出（行政单位） 事业支出（事业单位）
以前年度授权支付的款项	借：零余额账户用款额度 贷：以前年度盈余调整	借：资金结存—零余额账户用款额度 贷：财政拨款结转—年初余额调整 财政拨款结余—年初余额调整

【例15-13】接【例15-11】，3月25日，发现3月15日购买的材料质量有问题，全部退回。

经济业务和事项	财务会计处理	预算会计处理
3月25日，零余额账户发生购货退回	借：零余额账户用款额度—基本支出用款额度—公用经费　8 000 贷：库存物品　8 000	借：资金结存—零余额账户用款额度　8 000 贷：事业支出—基本支出—商品和服务支出　8 000

4.年末结转

经济业务和事项	财务会计处理	预算会计处理
根据对账单注销额度	借：财政应返还额度—财政授权支付 贷：零余额账户用款额度	借：资金结存—财政应返还额度 贷：资金结存—零余额账户用款额度
本年度财政授权支付预算指标数大于零余额额度下达数，根据未下达的用款额度	借：财政应返还额度—财政授权支付 贷：财政拨款收入	借：资金结存—财政应返还额度 贷：财政拨款预算收入
下年初，恢复额度	借：零余额账户用款额度 贷：财政应返还额度—财政授权支付	借：资金结存—零余额账户用款额度 贷：资金结存—财政应返还额度

【例15-14】某事业单位已纳入财政国库集中支付制度改革；年终，该单位A项目存在授权支付预算指标数为400 000元，单位零余额账户代理银行收到零余额账户用款额度390 000元，本年度财政授权支付实际支出数为382 000元。事业单位存在尚未使用的财政授权支付预算额度8 000元，存在尚未收到的财政授权支付预算指标10 000元。

经济业务和事项	财务会计处理	预算会计处理
12月31日，注销尚未使用额度	借：财政应返还额度—财政授权支付—项目支出额度—A项目　8 000 贷：零余额账户用款额度—项目支出额度—A项目　8 000	借：资金结存—财政应返还额度　8 000 贷：资金结存—零余额账户用款额度　8 000
12月31日，注销未下达的用款额度	借：财政应返还额度—财政授权支付—项目支出额度—A项目　10 000 贷：财政拨款收入—财政授权支付—项目支出额度—A项目　10 000	借：资金结存—财政应返还额度　10 000 贷：财政拨款预算收入—财政授权支付—项目支出额度—A项目　10 000

【例15-15】接【例15-14】，次年初，该事业单位收到代理银行提供的额度恢复到账通知书，恢复财政授权支付额度8 000元。同时，该事业单位收到财政部门批复的上年终未下达的单位零余额账户用款额度10 000元。

经济业务和事项	财务会计处理	预算会计处理
1月1日，恢复尚未使用额度	借：零余额账户用款额度—项目支出额度—A项目 8 000 贷：财政应返还额度—财政授权支付—项目支出额度—A项目 8 000	借：资金结存—零余额账户用款额度 8 000 贷：资金结存—财政应返还额度 8 000
1月1日，恢复未下达的用款额度	借：零余额账户用款额度—项目支出额度—A项目 10 000 贷：财政应返还额度—财政授权支付—项目支出额度—A项目 10 000	借：资金结存—零余额账户用款额度 10 000 贷：资金结存—财政应返还额度 10 000

五、其他货币资金

其他货币资金是指单位除库存现金、银行存款、零余额账户用款额度以外的货币资金。就性质而言，其他货币资金与库存现金和银行存款同属于货币资金，但其存放地点和用途不同于库存现金和银行存款，因此，在会计上应分别核算。其他货币资金的主要内容包括外埠存款、银行本票存款、银行汇票存款、信用卡存款等。

为了反映和监督其他货币资金的收支和结存情况，单位应当设置“其他货币资金”科目，借方登记其他货币资金的增加，贷方登记其他货币资金的减少，期末余额在借方，反映单位实际持有的其他货币资金。“其他货币资金”科目应设置“外埠存款”“银行本票存款”“银行汇票存款”“信用卡存款”等明细科目，进行明细核算。具体核算方法如下：

1.形成其他货币资金

经济业务和事项	财务会计处理	预算会计处理
取得银行本票、银行汇票、信用卡等	借：其他货币资金—银行本票存款 —银行汇票存款 —信用卡存款 贷：银行存款	借：资金结存—货币资金—其他货币资金 贷：资金结存—货币资金—银行存款

2.用其他货币资金进行支付

经济业务和事项	财务会计处理	预算会计处理
以银行本票、银行汇票、信用卡等支付	借：在途物品 库存物品 贷：其他货币资金—银行本票存款 —银行汇票存款 —信用卡存款	借：事业支出 贷：资金结存—货币资金—其他货币资金

3.余款退回

经济业务和事项	财务会计处理	预算会计处理
银行本票、银行汇票、信用卡等余款退回	借：银行存款 贷：其他货币资金—银行本票存款 —银行汇票存款 —信用卡存款	借：资金结存—货币资金—银行存款 贷：资金结存—货币资金—其他货币资金

【例 15-16】某事业单位为增值税小规模纳税人，2023年6月5日，向银行申请办理银行汇票购买专业活动用材料，通过转账划入银行汇票存款专户50 000元。6月20日，购买材料一批并验收入库，取得的增值税专用发票上注明的价款为40 000元，增值税税额为5 200元。全部款项用银行汇票办理结算，多余款项4 800元已退回开户银行。

经济业务和事项	财务会计处理	预算会计处理
6月5日，取得银行汇票	借：其他货币资金—银行汇票存款 50 000 贷：银行存款 50 000	不做处理
6月20日，使用银行汇票购买材料并验收入库	借：库存物品 45 200 贷：其他货币资金—银行汇票存款 45 200	借：事业支出 45 200 贷：资金结存—货币资金—其他货币资金 45 200
6月20日，收到开户银行退回的多余款项	借：银行存款 4 800 贷：其他货币资金—银行汇票存款 4 800	不做处理

第三节 应收及预付款项

应收及预付款项是指单位在其业务活动过程中形成的短期债权，如财政应返还额度、应收票据、应收账款、预付账款、应收股利、应收利息和其他应收款等。

一、财政应返还额度

财政应返还额度是指实行国库集中支付的单位年终应收财政下年度返还的资金额度，即反映结转下年使用的用款额度。

为了反映财政应返还额度的增减变动情况，单位应设置“财政应返还额度”科目，核算实行国库集中支付的单位应收财政返还的资金额度。该科目借方登记财政应返还额度增加数；贷方登记财政应返还额度减少数；期末借方余额，反映单位应收财政下年度返还的资金额度。该科目应当设置“财政直接支付”“财政授权支付”两个明细科目进行明细核算（根据《政府会计准则制度解释第5号》的规定，实行预算管理一体化的预算单位在会计核算时，“财政应返还额度”科目和“资金结存——财政应返还额度”科目下不再设置“财政直接支付”“财政授权支付”明细科目）。具体核算方法如下：

1.财政直接支付方式下确认的财政应返还额度

经济业务和事项	财务会计处理	预算会计处理
年末，本年度预算指标数与当年实际支付数的差额	借：财政应返还额度—财政直接支付 贷：财政拨款收入	借：资金结存—财政应返还额度 贷：财政拨款预算收入
下年度，使用以前年度财政直接支付额度支付款项	借：业务活动费用/单位管理费用/库存物品 贷：财政应返还额度—财政直接支付	借：行政支出（行政单位） 事业支出（事业单位） 贷：资金结存—财政应返还额度

2.财政授权支付方式下确认的财政应返还额度

经济业务和事项	财务会计处理	预算会计处理
年末，本年度预算指标数大于额度下达数的，根据未下达的用款额度	借：财政应返还额度—财政授权支付 贷：财政拨款收入	借：资金结存—财政应返还额度 贷：财政拨款预算收入
年末，根据代理银行提供的对账单进行注销额度处理	借：财政应返还额度—财政授权支付 贷：零余额账户用款额度	借：资金结存—财政应返还额度 贷：资金结存—零余额账户用款额度
下年初，额度恢复和下年初收到财政部门批复的上年末未下达的零余额账户用款额度	借：零余额账户用款额度 贷：财政应返还额度—财政授权支付	借：资金结存—零余额账户用款额度 贷：资金结存—财政应返还额度

【例 15-17】2022 年 12 月 31 日，某行政单位预算结余资金为 200 000 元。其中，财政直接支付（甲项目）年终结余资金为 130 000 元，财政授权支付年终结余资金为 70 000 元。2023 年 2 月 12 日，该行政单位收到"财政直接支付额度恢复到账通知书"，恢复 2022 年度财政直接支付额度 130 000 元；收到代理银行转来的"财政授权支付额度恢复到账通知书"，恢复 2022 年度财政授权支付额度 70 000 元。2023 年 3 月 5 日，使用甲项目上年预算结余资金 60 000 元支付相关支出。

经济业务和事项	财务会计处理	预算会计处理
财政直接支付方式		
2022 年 12 月 31 日，年末结转本年度预算指标数大于当年实际支付数的差额	借：财政应返还额度—财政直接支付 130 000 贷：财政拨款收入 130 000	借：资金结存—财政应返还额度 130 000 贷：财政拨款预算收入 130 000
2023 年 3 月 5 日，使用 2022 年财政直接支付额度支付款项	借：业务活动费用 60 000 贷：财政应返还额度—财政直接支付 60 000	借：行政支出 60 000 贷：资金结存—财政应返还额度 60 000
财政授权支付方式		
2022 年 12 月 31 日，注销零余额账户用款额度	借：财政应返还额度—财政授权支付 70 000 贷：零余额账户用款额度 70 000	借：资金结存—财政应返还额度 70 000 贷：资金结存—零余额账户用款额度 70 000
2023 年 2 月 12 日，恢复财政支付额度	借：零余额账户用款额度 70 000 贷：财政应返还额度—财政授权支付 70 000	借：资金结存—零余额账户用款额度 70 000 贷：资金结存—财政应返还额度 70 000

二、应收票据

应收票据是指事业单位因开展经营活动销售产品、提供有偿服务等而收到的商业汇票。事业单位与其他单位发生业务活动，除用现金直接支付外，还可以用票据作为结算工具。在实务中，应收票据核算的是商业汇票，包括银行承兑汇票和商业承兑汇票。

为了反映应收票据增减变动情况，事业单位应设置"应收票据"科目。该科目的借方登记取得的商业汇票的票面金额；贷方登记到期收回的商业汇票的票面余额；期末借方余额，反映单位持有的商业汇票票面金额。其明细账应当按照开出、承兑商业汇票的单位设置并进行明细核算。事业单位应当设置"应收票据备查簿"，逐笔登记每一应收票据的种类、号数、出票日期、到期日、票面金额、交易合同号以及付款人、承兑人、背书人姓名或单位名称、背书转让日、贴现日期、贴现率和贴现净额、收款日期、收回金额和退票情况等资料。应收票据到期结清票款或退票后，应当在备查簿内逐笔注销。具体核算方法如下：

1.收到商业汇票

经济业务和事项	财务会计处理	预算会计处理
销售商品、提供劳务等收到商业汇票	借：应收票据 　贷：经营收入	不做处理

【例15-18】A事业单位为增值税小规模纳税人，2023年4月1日，该单位所属非独立核算部门向N公司销售一批产品，开具的增值税普通发票上注明的货款（含税）为60 600元，款项已存入银行。收到N公司签发并承兑的商业承兑汇票一张，面值为60 600元，期限为6个月，票面年利率为4.2%。

注：不含税销售额=含税销售额÷（1+征收率）=60 600÷（1+1%）=60 000（元）

经济业务和事项	财务会计处理	预算会计处理
4月1日，收到商业承兑汇票	借：应收票据—N公司　60 600 　贷：经营收入　60 000 　　　应交增值税　600	不做处理

2.商业汇票贴现

经济业务和事项	财务会计处理	预算会计处理
持未到期的商业汇票向银行贴现	借：银行存款（贴现净额） 　　经营费用（贴现利息） 　贷：应收票据（不附追索权） 　　　短期借款（附追索权）	借：资金结存—货币资金 　贷：经营预算收入（贴现净额）
附追索权的商业汇票到期未发生追索事项	借：短期借款 　贷：应收票据	不做处理

【例15-19】2023年5月2日，甲事业单位将非独立核算经营活动中取得的不带息商业承兑汇票向银行贴现。该票据出票日为3月23日、期限为6个月、面值为110 000元。甲事业单位与承兑单位在同一票据交换区域内，银行年贴现率为4.75%，该单位与银行签订的协议中规定，该商业汇票无追索权。该单位票据贴现支付贴现利息2 090元，实际取得贴现款107 910元已转存银行。

经济业务和事项	财务会计处理	预算会计处理
5月2日，商业承兑汇票贴现	借：银行存款　107 910 　　经营费用—利息支出　2 090 　贷：应收票据　110 000	借：资金结存—货币资金　107 910 　贷：经营预算收入　107 910

3. 商业汇票背书转让

经济业务和事项	财务会计处理	预算会计处理
将商业汇票背书转让以取得所需物资	借：库存物品 　贷：应收票据 　　银行存款（差额）	借：经营支出（支付的金额） 　贷：资金结存—货币资金

【例15-20】2023年4月5日，甲事业单位（小规模纳税人）将持有的乙公司商业汇票背书转让给丙公司，采购非独立核算经营活动所需的材料，取得的增值税专用发票上注明的材料款为50 000元，增值税为6 500元，该票据的面值为50 000元。另以转账支票补付材料价差6 500元。

经济业务和事项	财务会计处理	预算会计处理
4月5日，承兑汇票背书转让	借：库存物品　56 500 　贷：应收票据—乙公司　50 000 　　银行存款　6 500	借：经营支出　6 500 　贷：资金结存—货币资金　6 500

4. 商业汇票到期

经济业务和事项	财务会计处理	预算会计处理
商业汇票到期收回应收票据	借：银行存款 　贷：应收票据	借：资金结存—货币资金 　贷：经营预算收入
商业汇票到期，付款人无力支付应付票据	借：应收账款 　贷：应收票据	不做处理

【例15-21】接【例15-18】，10月1日，A事业单位持有的N公司签发并承兑的商业承兑汇票到期，将收回的款项61 872.60元转存银行。

经济业务和事项	财务会计处理	预算会计处理
10月1日，商业承兑汇票到期承兑	借：银行存款　61 872.60 　贷：应收票据—N公司　60 600 　　经营费用　1 272.60	借：资金结存—货币资金 61 872.60 　贷：经营预算收入　61 872.60
如果N公司签发并承兑的票据到期，但N公司无力支付票款	借：应收账款—N公司　60 600 　贷：应收票据—N公司　60 600	不做处理

三、应收账款

应收账款是指事业单位提供服务、销售产品等应收取的款项，以及单位因出租资产、出售物资等应收取的款项。应收账款是单位在结算过程中形成的流动资产，属于单位的短期债权，它体现了单位对其他单位或者个人的货币、商品或者劳务的一种索取权。

关于应收账款主要应从以下三方面理解：❶应收账款是事业单位开展日常运营活动过程中应收取的款项；❷应收账款是具有流动资产性质的短期债权，不包括长期债权（如对外长期债权投资等）；❸应收账款仅指本单位应收其他单位的款项，不包括本单位付出的各类存出保证金，如租入资产的保证金。

为了反映应收账款增减变动情况，单位应设置“应收账款”科目，核算单位因开展业务活动应收取的款项。该科目的借方登记应收账款的增加额；贷方登记应收账款的减少额；期末借方余额，反映单位尚未收回的应收账款。其明细账应当按照对方单位（或个人）设置并进行明细核算。具体核算方法如下：

1.发生应收账款

经济业务和事项	财务会计处理	预算会计处理
收回后不需上缴财政	借：应收账款 　贷：事业收入/经营收入/其他收入	不做处理
收回后需要上缴财政	借：应收账款 　贷：应缴财政款	不做处理

2.应收账款收回

经济业务和事项	财务会计处理	预算会计处理
收回后不需上缴财政	借：银行存款 　贷：应收账款	借：资金结存—货币资金 　贷：事业预算收入/经营预算收入/其他预算收入
收回后需要上缴财政	借：银行存款 　贷：应收账款	不做处理

【例15-22】某事业单位2023年3月10日开展事业活动产生事业收入10 000元，款项未收。3月20日，收到对方单位东方公司款项10 000元。

经济业务和事项	财务会计处理	预算会计处理
3月10日，开展业务，产生应收账款	借：应收账款—东方公司　10 000 　贷：事业收入　10 000	不做处理
3月20日，收到应收账款	借：银行存款　10 000 　贷：应收账款—东方公司　10 000	借：资金结存—货币资金　10 000 　贷：事业预算收入　10 000

3.应收账款逾期无法收回

经济业务和事项	财务会计处理	预算会计处理
批准后予以核销	借：坏账准备/应缴财政款 　贷：应收账款	不做处理
事业单位已核销不需要上缴财政的应收账款在以后期间收回	借：应收账款 　贷：坏账准备	不做处理
	借：银行存款 　贷：应收账款	借：资金结存—货币资金 　贷：非财政拨款结余
单位已核销需要上缴财政的应收账款在以后期间收回	借：银行存款 　贷：应缴财政款	不做处理

【例15-23】某事业单位2022年末对需要上缴财政的应收账款进行全面检查，发现应收C单位的账款10 000元已经超过规定的年限仍然无法收回，报经有关部门批准后予以核销。2023年3月10日，该笔款项又收回。

经济业务和事项	财务会计处理	预算会计处理
2022年12月31日，应收账款核销	借：应缴财政款—应缴国库款　10 000 　贷：应收账款—C单位　10 000 同时在备查账簿中记录	不做处理
2023年3月10日，应收账款核销后，又收回	借：银行存款—基本账户存款　10 000 　贷：应缴财政款—应缴国库款　10 000 同时在备查账簿中记录	不做处理

四、预付账款

预付账款是指单位按照购货、服务合同或协议规定预付给供应单位（或个人）的款项，以及按照合同规定向承包工程的施工企业预付的备料款和工程款。

为了反映预付账款增减变动情况，单位应设置“预付账款”科目。该科目的借方登记预付账款的增加额；贷方登记预付账款的减少额；期末借方余额，反映单位实际预付但尚未结算的款项。“预付账款”科目应当按照供应单位（或个人）及具体项目进行明细核算；对于基本建设项目发生的预付账款，还应当在本科目所属基建项目明细科目下设置“预付备料款”“预付工程款”“其他预付款”等明细科目，进行明细核算。具体核算方法如下：

1.发生或补付预付账款

经济业务和事项	财务会计处理	预算会计处理
发生或补付预付账款时	借：预付账款 贷：财政拨款收入/零余额账户用款额度/银行存款等	借：行政支出（行政单位） 事业支出（事业单位） 贷：财政拨款预算收入/资金结存

【例15-24】甲事业单位为增值税小规模纳税人。2023年5月从乙公司订购专业活动用材料100件，货款共计50 000元（不含税），按订货合同规定，应先向供货单位预付货款20 000元，交货后再补足余款。5月8日，以零余额账户预付货款20 000元。

经济业务和事项	财务会计处理	预算会计处理
5月8日，预付账款	借：预付账款—乙公司 20 000 贷：零余额账户用款额度 20 000	借：事业支出 20 000 贷：资金结存—零余额账户用款额度 20 000

2.收到所购物资或劳务

经济业务和事项	财务会计处理	预算会计处理
收到所购物资或劳务，以及根据工程进度结算工程价款时	借：业务活动费用/库存物品/固定资产/在建工程 贷：预付账款 零余额账户用款额度/财政拨款收入/银行存款（补付款项）	借：行政支出（行政单位）（补付款项） 事业支出（事业单位）（补付款项） 贷：财政拨款预算收入/资金结存

【例15-25】接上例，5月20日，收到所订购的材料并验收入库，取得的增值税专用发票注明的价款为50 000元，增值税为6 500元；5月25日，以银行存款补付所购材料款的余款。

经济业务和事项	财务会计处理	预算会计处理
5月20日，收到预付账款的物品	借：库存物品 56 500 贷：预付账款—乙公司 56 500	不做处理
5月25日，补付预付账款的差额	借：预付账款—乙公司 36 500 贷：银行存款 36 500	借：事业支出 36 500 贷：资金结存—货币资金 36 500

3.预付账款退回

经济业务和事项	财务会计处理	预算会计处理
当年预付账款退回	借：财政拨款收入 　　零余额账户用款额度 　　银行存款 　贷：预付账款	借：财政拨款预算收入/资金结存 　贷：行政支出（行政单位） 　　　事业支出（事业单位）
以前年度预付账款退回时	借：财政应返还额度/零余额账户用款额度/银行存款等 　贷：预付账款	借：资金结存 　贷：财政拨款结余—年初余额调整 　　　财政拨款结转—年初余额调整

【例15-26】2023年12月15日，某事业单位所属科技服务部预付丙科研所技术服务费50 000元，款项从零余额账户支付。12月26日，收到技术服务结算清单，共发生服务费28 000元。12月31日，收到丙科研所退回的预付账款22 000元，存入零余额账户。

经济业务和事项	财务会计处理	预算会计处理
12月15日，发生预付账款	借：预付账款—丙科研所　50 000 　贷：零余额账户用款额度　　50 000	借：事业支出　　50 000 　贷：资金结存—零余额账户用款额度　50 000
12月26日，预付账款结算	借：业务活动费用　　28 000 　贷：预付账款—丙科研所　　28 000	不做处理
12月31日，预付账款差额退回	借：零余额账户用款额度 22 000 　贷：预付账款—丙科研所　　22 000	借：资金结存—零余额账户用款额度 22 000 　贷：事业支出　　22 000

4.预付账款逾期无法收回

经济业务和事项	财务会计处理	预算会计处理
逾期无法收回的预付账款转为其他应收款	借：其他应收款 　贷：预付账款	不做处理

【例15-27】接【例15-26】，假设2023年12月31日，有确凿证据表明预付丙科研所的技术服务费余款22 000元，因该研究所撤销而无法收回。

经济业务和事项	财务会计处理	预算会计处理
2023年12月31日，预付账款无法收回	借：其他应收款—丙科研所　22 000 　贷：预付账款—丙科研所　　22 000	不做处理

五、待摊费用

待摊费用是指单位已经支付，但应当由本期和以后各期分别负担的分摊期在1年以内（含1年）的各项费用，如预付航空保险费、预付租金等。摊销期限在1年以上的租入固定资产改良支出和其他费用，应当通过“长期待摊费用”科目核算，不作为待摊费用核算。待摊费用应当在其受益期限内分期平均摊销，如预付航空保险费应在保险有效期限内、预付租金应在租赁期内分期平均摊销，计入当期费用。

单位应设置“待摊费用”科目，反映待摊费用的增减变动情况。该科目借方登记待摊费用的增加额；贷方登记按规定转销或摊销的待摊费用；期末借方余额，反映单位各种已支付但尚未摊销的分摊期在1年以内（含1年）的费用。本科目应按费用种类设置。具体核算方法如下：

1.发生待摊费用

经济业务和事项	财务会计处理	预算会计处理
发生待摊费用	借：待摊费用 贷：财政拨款收入/零余额账户用款额度/银行存款	借：行政支出（行政单位） 事业支出（事业单位） 贷：财政拨款预算收入/资金结存

2.收益期内平均摊销

经济业务和事项	财务会计处理	预算会计处理
收益期内平均摊销	借：业务活动费用/单位管理费用/经营费用 贷：待摊费用（每期摊销金额）	不做处理

3.将摊余金额一次性转入当期费用

经济业务和事项	财务会计处理	预算会计处理
将摊余金额一次性转入当期费用	借：业务活动费用/单位管理费用/经营费用 贷：待摊费用（全部未摊销金额）	不做处理

【例15-28】2023年12月15日，某行政单位预付2024年行政办公用房租金240 000元，款项以银行存款支付。

经济业务和事项	财务会计处理	预算会计处理
2023年12月15日，预付办公用房租金	借：待摊费用 240 000 贷：银行存款 240 000	借：行政支出 240 000 贷：资金结存—货币资金 240 000
2024年每月摊销费用	借：业务活动费用 20 000 贷：待摊费用 20 000	不做处理

六、应收股利

应收股利是指事业单位持有长期股权投资应当收取的现金股利或应当分得的利润。作为事业单位的一项短期债权，其形成主要来源于两个方面：一是取得长期股权投资时，所支付的价款中所包含的已宣告但尚未发放的现金股利；二是持有股权投资期间，被投资单位宣告发放现金股利或利润，投资单位按应享有的份额确认的应收股利或利润。

为了反映应收股利增减变动情况，事业单位应设置“应收股利”科目。该科目借方登记应收股利的增加；贷方登记应收股利的减少；期末借方余额，反映事业单位尚未收到的现金股利或利润。本科目按被投资单位设置明细科目并进行明细核算。具体核算方法如下：

1.取得长期股权投资时包含的现金股利，并收到

经济业务和事项	财务会计处理	预算会计处理
取得长期股权投资时，所包含的已宣告但尚未发放的现金股利或利润	借：长期股权投资 应收股利 贷：银行存款（支付的全部价款）	借：投资支出（支付的全部价款） 贷：资金结存—货币资金
收到上述股利	借：银行存款 贷：应收股利	借：资金结存—货币资金 贷：投资支出

【例15-29】2023年1月5日，甲事业单位以银行存款2 050 000元投资于乙企业，所

支付的款项中包括已宣告但尚未发放的现金股利50 000元。该投资占乙企业所有者权益的份额为25%，采用权益法核算。1月20日，收到现金股利50 000元，存入银行。

经济业务和事项	财务会计处理	预算会计处理
1月5日，发生股权投资行为	借：长期股权投资—成本 2 000 000 应收股利—乙企业 50 000 贷：银行存款 2 050 000	借：投资支出 2 050 000 贷：资金结存—货币资金 2 050 000
1月20日，收到现金股利	借：银行存款 50 000 贷：应收股利—乙企业 50 000	借：资金结存—货币资金 50 000 贷：投资支出 50 000

2.确认持有股权投资应享有的应收股利或利润，并收到

经济业务和事项	财务会计处理	预算会计处理
被投资单位宣告发放现金股利或利润	借：应收股利 贷：投资收益（成本法） 长期股权投资—损益调整（权益法）	不做处理
收到上述股利	借：银行存款 贷：应收股利	借：资金结存—货币资金 贷：投资预算收益

【例15-30】接上例，2023年，乙企业实现利润1 800 000元。2024年3月10日，乙企业宣告分派2023年度的现金股利600 000元；2024年3月20日，收到全部现金股利，存入银行。

经济业务和事项	财务会计处理	预算会计处理
2024年3月10日确认应享有的现金股利=600 000×25%=150 000（元）	借：应收股利—乙企业 150 000 贷：长期股权投资—损益调整 150 000	不做处理
2024年3月20日，收到现金股利	借：银行存款 150 000 贷：应收股利—乙企业 150 000	借：资金结存—货币资金150 000 贷：投资预算收益 150 000

七、应收利息

应收利息是指事业单位长期债券投资等应收取的利息。其形成主要来源于两个方面：一是取得债权投资时，所支付的价款中所包含的已到付息期但尚未支付的利息；二是在持有债权投资期间，资产负债表日按投资的面值、票面利率计算的利息所确认的应收债权投资的利息。应收利息是单位的短期债权，属于流动资产的组成部分。

事业单位应设置“应收利息”科目，反映应收利息增减变动情况。该科目借方登记应收利息的增加；贷方登记应收利息的减少；期末借方余额，反映事业单位应收未收的债权投资等应收利息。本科目应按被投资单位设置明细账并进行明细核算。具体核算方法如下：

1.取得长期债券投资时包含的利息，并收到

经济业务和事项	财务会计处理	预算会计处理
取得长期债券投资时，包含已到付息期但尚未领取的利息	借：长期债券投资 应收利息 贷：银行存款（支付的全部价款）	借：投资支出（支付的全部价款） 贷：资金结存—货币资金
收到上述利息	借：银行存款 贷：应收利息	借：资金结存—货币资金 贷：投资支出

【例 15-31】2022 年 7 月 1 日，某事业单位以银行存款购入 5 年期国债 200 000 元，年利率为 3%，每年付息一次、到期还本。假设该单位每年 6 月 30 日和 12 月 31 日确认应收利息，每年 7 月 1 日收到利息。

经济业务和事项	财务会计处理	预算会计处理
7 月 1 日，购入国债	借：长期债券投资 200 000 贷：银行存款 200 000	借：投资支出 200 000 贷：资金结存—货币资金 200 000

2. 持有债权投资按期计提利息，并收到

经济业务和事项	财务会计处理	预算会计处理
按期计提利息	借：应收利息 贷：投资收益	不做处理
收到上述利息	借：银行存款 贷：应收利息	借：资金结存—货币资金 贷：投资预算收益

【例 15-32】接上例，2022 年 12 月 31 日确认应收利息，2023 年 7 月 1 日收到全年利息。

应确认的利息收入 =200 000×3%× 6÷12=3 000（元）

经济业务和事项	财务会计处理	预算会计处理
2022 年 12 月 31 日，确认应收利息	借：应收利息 3 000 贷：投资收益 3 000	不做处理
2023 年 7 月 1 日，收到全年利息	借：银行存款 6 000 贷：应收利息 6 000	借：资金结存—货币资金 6 000 贷：投资预算收益 6 000

八、其他应收款

其他应收款是指单位除财政应返还额度、应收票据、应收账款、预付账款、应收股利、应收利息以外的其他各项应收及暂付款项，如职工预借的差旅费、已经偿还银行尚未报销的本单位公务卡欠款、拨付给内部有关部门的备用金、应向职工收取的各种垫付款项、支付的可以收回的订金或押金、应收的上级补助和附属单位上缴款项等。

为了反映其他应收款的增减变动情况，单位应设置“其他应收款”科目。该科目借方登记其他应收款项的增加额；贷方登记收回的其他应收款项；期末借方余额，反映单位尚未收回的其他应收款项。其明细账应当按照其他应收款的类别以及债务单位（或个人）设置并进行明细核算。具体核算方法如下：

1. 发生暂付款项

经济业务和事项	财务会计处理	预算会计处理
发生暂付款项时	借：其他应收款 贷：银行存款/库存现金/零余额账户用款额度	不做处理
报销时	借：业务活动费用（行政单位）（实际报销金额） 单位管理费用（事业单位）（实际报销金额） 贷：其他应收款	借：行政支出（行政单位） 事业支出（事业单位） 贷：资金结存—货币资金
收回暂付款项	借：银行存款/库存现金 贷：其他应收款	不做处理

【例 15-33】2023 年 10 月 10 日，某事业单位职工张林参加科技会议预借差旅费 5 000 元。财会部门对其借款单据审核无误并付讫现金。10 月 20 日，职工张林报销差旅费 5 300

元，经核准予以报销，并以现金补付差额300元。

经济业务和事项	财务会计处理	预算会计处理
10月10日，预借差旅费	借：其他应收款—张林　5 000 贷：库存现金　5 000	不做处理
10月20日，报销冲账	借：单位管理费用　5 300 贷：其他应收款—张林　5 000 库存现金　300	借：事业支出　5 300 贷：资金结存—货币资金　5 300

2.发生其他应收款项

经济业务和事项	财务会计处理	预算会计处理
确认其他应收款项时	借：其他应收款 贷：上级补助收入 附属单位上缴收入 其他收入	不做处理
收到款项时	借：银行存款/库存现金 贷：其他应收款	借：资金结存—货币资金 贷：上级补助预算收入 附属单位上缴预算收入 其他预算收入

3.拨付备用金

经济业务和事项	财务会计处理	预算会计处理
核定并发放备用金	借：其他应收款 贷：库存现金	不做处理
实际报销并补足备用金定额时	借：业务活动费用/单位管理费用 贷：库存现金	借：行政支出（行政单位） 事业支出（事业单位） 贷：资金结存—货币资金

【例15-34】某事业单位后勤服务部门备用金实行定额管理制度。2023年1月10日，该事业单位财务部门开出现金支票拨付后勤服务部门备用金定额5 000元；3月10日，该事业单位后勤服务部门报销购买办公用品支出2 800元，经财会部门审核后报销，并以现金补足定额。

经济业务和事项	财务会计处理	预算会计处理
1月10日，拨付备用金	借：其他应收款—后勤服务部门　5 000 贷：库存现金　5 000	不做处理
3月10日，报销并补足备用金定额	借：单位管理费用　2 800 贷：库存现金　2 800	借：事业支出　2 800 贷：资金结存—货币资金　2 800

4.其他应收款项逾期无法收回

经济业务和事项	财务会计处理	预算会计处理
批准核销时	借：坏账准备（事业单位） 资产处置费用（行政单位） 贷：其他应收款	不做处理

续表

经济业务和事项	财务会计处理	预算会计处理
已核销的其他应收款在以后期间收回	事业单位： 借：其他应收款 　贷：坏账准备 借：银行存款 　贷：其他应收款 行政单位： 借：银行存款 　贷：其他收入	借：资金结存—货币资金 　贷：其他预算收入

九、坏账准备

（一）坏账的概念

事业单位的应收账款，有时因债务人拒付、破产、死亡等原因不能如数收回而使单位蒙受损失。在会计上，无法收回的应收账款被称为“坏账”，由此发生的损失称为“坏账损失”。事业单位发生坏账损失可以在其发生的当期列作费用，也可以在应收账款形成后，按一定方法（即直接转销法和备抵法）对坏账预先估计入账。

（二）坏账损失估计方法

事业单位应当于每年年末，对收回后不需上缴财政的应收账款进行全面检查，如出现不能收回的迹象，应当计提坏账准备。事业单位可以采用应收款项余额百分比法、账龄分析法、个别认定法等计提坏账准备。

（1）应收款项余额百分比法。它是指按应收款项余额的一定比例计算提取坏账准备的一种方法。这种方法是建立在坏账损失与应收款项余额直接相关的基础上的，认为应收款项的余额越大，产生坏账的风险也就越高。因此，当期坏账准备应根据应收款项期末余额乘以规定的坏账比例计算确定。

（2）账龄分析法。它是指根据客户欠款时间长短来估计坏账的一种方法。采用这种方法，假设欠款时间越长（即账龄越长），客户的信用级别越低，偿债能力越差，账款收回的可能性也就越小，估计的坏账损失也应越高。具体估计坏账金额时，需要根据客户欠款时间长短将其划分为若干组，分析每笔应收款项赊欠时间的长短，根据其不同的挂账期间，分别估计坏账金额，然后加总各组估计金额，确认为应收款项期末的坏账金额。

（3）个别认定法。它是指根据每笔应收账款的具体情况确定其坏账金额的一种方法。

根据上述方法计算出坏账损失金额，当期应补提或冲减的坏账准备金额的计算公式如下：

当期应补提或冲减的坏账准备 = 当期按应收账款计算应计提的坏账准备金额 − “坏账准备”科目贷方余额（或+“坏账准备”科目借方余额）

（三）坏账准备的账务处理

为了反映事业单位坏账准备计提、转销等情况，事业单位应设置“坏账准备”科目。该科目贷方登记当期计提的坏账准备金额，借方登记实际发生的坏账损失金额和冲减的坏账准备金额；期末贷方余额，反映事业单位提取的坏账准备金额。具体核算方法如下：

1.坏账准备计提

经济业务和事项	财务会计处理	预算会计处理
计提坏账准备，确认坏账损失	借：其他费用 　贷：坏账准备	不做处理
冲减坏账准备	借：坏账准备 　贷：其他费用	不做处理

【例15-35】2023年年末，某事业单位应收账款和其他应收款期末余额合计为1 000 000元，按3‰计提坏账准备。

（1）若该单位首次计提坏账准备。

（2）若坏账准备有贷方余额500元，应补提2 500元。

（3）若坏账准备有借方余额200元，应补提3 200元。

经济业务和事项	财务会计处理	预算会计处理
（1）首次计提	借：其他费用　3 000 　贷：坏账准备　3 000	不做处理
（2）有贷方余额500元的情况下，补提坏账准备差额	借：其他费用　2 500 　贷：坏账准备　2 500	不做处理
（3）有借方余额200元的情况下，补提坏账准备差额	借：其他费用　3 200 　贷：坏账准备　3 200	不做处理

2.逾期无法收回，予以核销

经济业务和事项	财务会计处理	预算会计处理
坏账经批准后，予以核销	借：坏账准备 　贷：应收账款/其他应收款	不做处理
已核销不需上缴财政的应收款项在以后期间收回	借：应收账款/其他应收款 　贷：坏账准备 借：银行存款 　贷：应收账款/其他应收款	借：资金结存—货币资金 　贷：非财政拨款结余

第四节　存货

一、存货概述

（一）存货的概念

存货是指单位在开展业务活动及其他活动中为耗用或出售而储存的资产，如材料、产品、包装物和低值易耗品等，以及未达到固定资产标准的用具、装具、动植物等。单位从事行政管理、各类研究工作、技术开发活动以及各种服务活动，除了要有必要的货币资金外，还必须具有一定数量的材料、燃料、包装物和低值易耗品等存货。这些存货经常处于不断购买、耗用或者重置之中，它们既是单位流动资产十分重要的组成部分，也是单位从事各类行政、事业活动的物质基础。

（二）存货的特点

存货是单位业务活动中较为活跃的因素，它不停地被重置或被加工出来，然后又不停地被销售、耗用。它具有以下特点：

（1）存货属于流动资产，具有较快的变现能力和较强的流动性。但其流动性不及现金和应收款项，而且其时效性强，发生潜在损失的可能性也更大，单位取得存货并及时耗用，可以发挥其作用，而长期不能耗用的存货很可能成为积压物资，形成损失。

（2）存货与固定资产同为有形资产，但其价值转移方式与固定资产不同。存货在正常的业务活动中，不断地处于销售和重置、耗用和重置之中，在1年内能够有规律地转换为货币资金或其他资产。而固定资产使用周期长，其价值分期转移。

（3）单位持有存货的基本目的是耗用而非出售。

（三）存货的分类

单位存货可以按照不同的性质进行如下分类：

（1）材料，是指使用后就消耗掉或者逐渐消耗掉，不能保持原有实物形态的各种原材料，包括主要材料、辅助材料、外购半成品和修理用备件等。

（2）产品，是指使用或销售所耗用的各种产成品、半成品和在产品。

（3）包装物，是指为包装本单位有关产品而储备的各种包装容器。

（4）低值易耗品，是指单位价值较低、容易损耗、不够固定资产标准，不属于材料、燃料和包装物范围的各种用具、装具等。

（5）未达到固定资产标准的用具、装具、动植物。

二、存货的计价

（一）存货取得的计价

《政府会计准则第1号——存货》规定："存货在取得时应当按照成本进行初始计量。"单位取得存货的方式不同，其成本构成内容也不尽相同。

（1）购入的存货，其成本包括购买价款、相关税费、运输费、装卸费、保险费以及使得存货达到目前场所和状态所发生的归属于存货成本的其他支出。

（2）自行加工的存货，其成本包括耗用的直接材料费用、发生的直接人工费用和按照一定方法分配的与存货加工有关的间接费用。

（3）委托加工的存货，其成本包括委托加工前存货成本、委托加工的成本（如委托加工费、按规定应计入委托加工存货成本的相关税费等）以及使存货达到目前场所和状态所发生的归属于存货成本的其他支出。

（4）通过置换取得的存货，其成本按照换出资产的评估价值，加上支付的补价或减去收到的补价，加上为换入存货发生的其他相关支出确定。

（5）接受捐赠的存货，其成本按照有关凭据注明的金额加上相关税费、运输费等确定；没有相关凭据可供取得，但按规定经过资产评估的，其成本按照评估价值加上相关税费、运输费等确定；没有相关凭据可供取得，也未经资产评估的，其成本比照同类或类似资产的市场价格加上相关税费、运输费等确定；没有相关凭据且未经资产评估、同类或类似资产的市场价格也无法可靠取得的，按照名义金额入账，相关税费、运输费等计入当期费用。

（6）无偿调入的存货，其成本按照调出方账面价值加上相关税费、运输费等确定。

（7）盘盈的存货，按规定经过资产评估的，其成本按照评估价值确定；未经资产评估的，其成本按照重置成本确定。

（二）存货发出的计价

根据《政府会计准则第1号——存货》的规定，单位应当根据实际情况采用先进先出法、加权平均法或者个别计价法确定发出存货的实际成本。计价方法一经确定，不得随意变更。

1.个别计价法

个别计价法是指对存货逐一辨认，分别按各自购入或取得时的成本计价，以确定发出和结存存货的实际成本。个别计价法的特征是注重所发出存货具体项目的实物流转与成本流转之间的联系，逐一辨认各批发出存货和期末存货所属的购进批别或生产批别，分别按其购入或生产时所确定的单位成本作为计算各批发出存货和期末存货的成本。

2.先进先出法

先进先出法是指按库存中最早购进存货的价格进行发出存货计价的一种方法。这种方法是以“先收到的存货先发出使用”的实物流转假设为前提，并根据这种假设的成本流转顺序对发出存货和期末库存存货进行计价。即本期发出存货的成本是按存货中早期进货的价格计算，在发出存货的数量超过库存中最早进货的数量时，超过部分要依次按后一批购进存货的单价计算。期末结存的存货按库存中近期进货的价格计算。

3.加权平均法

加权平均法有月末一次加权平均法和移动加权平均法之分。在此仅介绍月末一次加权平均法。月末一次加权平均法是指以月初存货数量加上当月全部进货数量作为权数，去除当月全部进货成本加上月初存货成本，计算出存货的加权平均单位成本，以此为基础计算当月发出存货成本和期末库存存货成本的一种方法。

其计算公式如下：

$$\text{存货加权平均单位成本}=\left(\text{期初库存存货的实际成本}+\text{本期各批进货成本之和}\right)\div\left(\text{期初库存存货数量}+\text{本期各批进货数量之和}\right)$$

本期发出存货成本=本期发出存货的数量×存货加权平均单位成本

或　　=（期初库存存货的实际成本+本期各批进货成本之和）–本期期末库存存货成本

期末库存存货成本=期末库存存货的数量×存货加权平均单位成本

三、在途物品

在途物品是指单位采购材料等物资时货款已付或已开出商业汇票但尚未验收入库的在途物品的采购成本。有时，单位购进材料等物资尤其是异地购进的，由于付款与材料等物资收到的时间不尽一致，会出现款项已付但材料等物资尚未收到的情况，单位应将此类材料物品作为在途物品核算。

为了反映在途物资的增减变动情况，单位应设置“在途物品”科目。该科目借方登记购入材料等物资的采购成本的金额；贷方登记所购材料等物资到达并验收入库的金额；期末借方余额，反映单位在途物资的采购成本。其明细科目按照供应单位和物资品种设置并进行明细核算。具体核算方法如下：

1.款已付货未到

经济业务和事项	财务会计处理	预算会计处理
款已付，货未到	借：在途物品 　贷：财政拨款收入 　　银行存款 　　零余额账户用款额度 　　应付票据	借：行政支出（行政单位） 　　事业支出（事业单位） 　　经营支出（事业单位） 　贷：财政拨款预算收入 　　资金结存

2.货物验收入库

经济业务和事项	财务会计处理	预算会计处理
所购物资到达并验收入库	借：库存物品 　贷：在途物品	不做处理

【例15-36】某事业单位已经纳入财政国库集中支付制度改革，2023年4月10日，购入自用A材料一批，价值40 000元，运杂费100元，以上款项均以零余额账户支付，使用科研项目甲项目经费，材料尚未运达。4月25日，材料到达并验收入库。

经济业务和事项	财务会计处理	预算会计处理
4月10日，款已付，货未到	借：在途物品—A材料　40 100 　贷：零余额账户用款额度—项目支出用款额度—甲项目　40 100	借：事业支出—项目支出—商品和服务支出—专用材料费　40 100 　贷：资金结存—零余额账户用款额度　40 100
4月25日，货到入库	借：库存物品—A材料　40 100 　贷：在途物品—A材料　40 100	不做处理

四、库存物品

库存物品是指单位在开展业务活动及其他活动中为耗用或出售而储存的各种材料、产品、包装物、低值易耗品以及达不到固定资产标准的用具、装具、动植物，以及已完成测绘、地质勘查、设计成果等的成本。

需要说明的是，单位随买随用的零星办公用品，可以在购进时直接列作费用；直接储存管理的各项应急或救灾储备物资等，作为储备物资核算；在建工程和基本建设中购买和使用的材料物资，作为工程物资核算。

为了反映库存物资的增减变动情况，单位应设置"库存物品"科目。该科目借方登记增加库存物品的成本；贷方登记发出库存物品的成本；期末借方余额，反映单位库存物品的成本。其明细科目按照物资品种设置并进行明细核算。具体核算方法如下：

1.库存物品的取得

（1）外购取得。

经济业务和事项	财务会计处理	预算会计处理
外购	借：库存物品 　贷：财政拨款收入/财政应返还额度 　　银行存款/零余额账户用款额度 　　应付账款	借：行政支出（行政单位） 　　事业支出（事业单位） 　　经营支出（事业单位） 　贷：财政拨款预算收入/资金结存

【例15-37】2023年8月10日，甲事业单位为小规模纳税人，从乙单位购进专业业务活动用材料并验收入库。增值税专用发票注明的价款为60 000元，增值税税额为7 800元。款项采用财政直接支付方式结算。

经济业务和事项	财务会计处理	预算会计处理
8月10日，购进材料入库	借：库存物品　67 800 　贷：财政拨款收入　67 800	借：事业支出　67 800 　贷：财政拨款预算收入　67 800

【例 15-38】甲事业单位为增值税一般纳税人，2023 年 8 月 15 日，从丙单位购进用于增值税应税项目的材料一批，增值税专用发票注明的价款为 80 000 元，增值税税额为 10 400 元，该发票已经税务机关认证，材料验收入库。款项以零余额账户付讫。

经济业务和事项	财务会计处理	预算会计处理
8 月 15 日，购入应税材料	借：库存物品　80 000 应交增值税—应交税金—进项税额 10 400 贷：零余额账户用款额度　90 400	借：事业支出　90 400 贷：资金结存—零余额账户用款额度　90 400

（2）自制、委托加工、置换、接受捐赠取得。

经济业务和事项	财务会计处理	预算会计处理
自制，验收入库	借：库存物品 贷：加工物品—自制物品	不做处理
委托外单位加工收回的库存物品	借：库存物品 贷：加工物品—委托加工物品	不做处理
置换换入	借：库存物品（换出资产评估价值+其他相关支出） 固定资产累计折旧/无形资产累计摊销 资产处置费用（借差） 贷：库存物品/固定资产/无形资产（账面余额） 银行存款（其他相关支出） 其他收入（贷差）	借：其他支出（实际支付的其他支出） 贷：资金结存
置换换入涉及补价：实际支付补价的	借：库存物品（换出资产评估价值+其他相关支出+补价） 固定资产累计折旧/无形资产累计摊销 资产处置费用（借差） 贷：库存物品/固定资产/无形资产（账面余额） 银行存款（其他相关支出+补价） 其他收入（贷差）	借：其他支出（实际支付的其他支出+补价） 贷：资金结存
置换换入涉及补价：收到补价的	借：库存物品（换出资产评估价值+其他相关支出−补价） 银行存款（补价） 固定资产累计折旧/无形资产累计摊销 资产处置费用（借差） 贷：库存物品/固定资产/无形资产（账面余额） 银行存款（其他相关支出） 应缴财政款（补价−其他相关支出） 其他收入（贷差）	借：其他支出（实际支付的其他支出大于补价的差额） 贷：资金结存
接受捐赠	借：库存物品（按确定的成本） 贷：银行存款（相关税费） 捐赠收入	借：其他支出（实际支付的相关税费） 贷：资金结存

【例 15-39】甲事业单位 2023 年 6 月 10 日，接受境外乙公司捐赠零配件、消耗材料，有关凭据注明的金额为 100 000 元人民币。以银行存款支付接受捐赠发生的相关费用 8 000 元。

经济业务和事项	财务会计处理	预算会计处理
6 月 10 日，接收捐赠材料	借：库存物品　108 000 贷：捐赠收入　100 000 银行存款　8 000	借：其他支出　8 000 贷：资金结存—货币资金　8 000

（3）无偿调入取得。

经济业务和事项	财务会计处理	预算会计处理
无偿调入	借：库存物品（按确定的成本） 贷：银行存款（相关税费） 无偿调拨净资产	借：其他支出（实际支付的相关税费） 贷：资金结存—货币资金
按名义金额入账的接受捐赠、无偿调入的物品	借：库存物品（按名义金额） 贷：捐赠收入（接受捐赠） 无偿调拨净资产（无偿调入）	不做处理

【例15-40】2023年8月20日，甲事业单位从系统内部乙单位无偿调入一批材料，该批材料在乙单位的账面价值为250 000元。以银行存款支付调入材料发生的相关费用8 000元。

经济业务和事项	财务会计处理	预算会计处理
8月20日，无偿调入材料	借：库存物品 258 000 贷：银行存款 8 000 无偿调拨净资产 250 000	借：其他支出 8 000 贷：资金结存—货币资金 8 000

2.库存物品的发出

（1）开展业务活动，领用、发出。

经济业务和事项	财务会计处理	预算会计处理
开展业务活动，领用、发出	借：业务活动费用/单位管理费用/经营费用/加工物品 贷：库存物品（按照领用、发出成本）	不做处理

【例15-41】2023年3月10日，某公立医院住院部领用新购入的医疗器械10件。其中，中型器械4件，单位成本500元；小型器械6件，单位成本300元。该医院资产管理制度规定，领用中型医疗器械采用五五摊销法摊销，小型医疗器械则采用一次转销法。

经济业务和事项	财务会计处理	预算会计处理
3月10日，摊销中型医疗器械	借：业务活动费用（4×500×50%）1 000 贷：库存物品 1 000	不做处理
3月10日，摊销小型医疗器械	借：业务活动费用 1 800 贷：库存物品 1 800	不做处理

（2）对外捐赠。

经济业务和事项	财务会计处理	预算会计处理
对外捐赠	借：资产处置费用 贷：库存物品（账面余额） 银行存款（归属于捐出方的相关费用）	借：其他支出（实际支付的相关费用） 贷：资金结存—货币资金

【例15-42】2023年8月10日，甲事业单位向西部乙单位捐赠一批材料，价值为50 000元。对外捐赠材料手续已办妥，材料已出库。另以银行存款支付由甲事业单位承担的材料运输费2 000元。

经济业务和事项	财务会计处理	预算会计处理
8月10日，捐出材料	借：资产处置费用 52 000 贷：库存物品 50 000 银行存款 2 000	借：其他支出 2 000 贷：资金结存—货币资金 2 000

（3）无偿调出。

经济业务和事项	财务会计处理	预算会计处理
无偿调出	借：无偿调拨净资产 　贷：库存物品 借：资产处置费用 　贷：银行存款（归属于调出方的相关费用）	借：其他支出（实际支付的相关费用） 　贷：资金结存—货币资金

【例15-43】2023年10月10日，上级主管部门将甲事业单位一批科研材料无偿调剂给丙单位，该批材料的账面余额为200 000元。甲事业单位以银行存款支付承担的相关费用4 500元。

经济业务和事项	财务会计处理	预算会计处理
10月10日，无偿调出材料	借：无偿调拨净资产　200 000 　贷：库存物品　200 000 借：资产处置费用　4 500 　贷：银行存款　4 500	借：其他支出　4 500 　贷：资金结存—货币资金　4 500

（4）对外出售。

经济业务和事项	财务会计处理	预算会计处理
对外出售（自主出售除外）发出库存物品	借：资产处置费用 　贷：库存物品（账面余额） 借：银行存款（收到的价款） 　贷：银行存款（发生的相关税费） 　　应缴财政款	不做处理

【例15-44】2023年4月20日，乙事业单位（小规模纳税人）对外出售库存物品，取得收入183 600元并存入银行，其中，自主出售经营活动持有的库存物品收入120 000元，增值税1 200元，非自主出售库存物品收入60 000元。该批库存物品成本为150 000元，其中，自主出售库存物品成本100 000元，非自主出售库存物品成本50 000元。

经济业务和事项	财务会计处理	预算会计处理
4月20日确认收入	借：银行存款　181 200 　贷：经营收入　120 000 　　应缴财政款　60 000 　　应交增值税　1 200	借：资金结存—货币资金　121 200 　贷：经营预算收入　121 200
4月20日结转成本	借：资产处置费用　100 000 　贷：库存物品　100 000	不做处理

3.存货的盘点

经济业务和事项	财务会计处理	预算会计处理
盘盈	借：库存物品 　贷：待处理财产损溢	不做处理
盘亏、毁损或报废的，转入待处理	借：待处理财产损溢 　贷：库存物品（账面余额）	不做处理
增值税一般纳税人购进的非自用材料发生盘亏、毁损、报废	借：待处理财产损溢 　贷：应交增值税—应交税金—进项税额转出	不做处理

五、加工物品

加工物品是指单位自制或委托外单位加工的各种物资以及未完成的测绘、地质勘查、设计成果等。加工物品按其加工单位的不同，分为自制物品和委托加工物品。其中，自制物品是指单位组织内部人力、物资和设备自行加工的物品；委托加工物品是指单位将库存物品作为原材料委托其他单位加工的物品。

为了反映加工物品的增减变动情况，单位应设置“加工物品”科目。该科目借方登记为加工物品领用材料成本、发生的直接人工费用、分配的间接费用以及其他费用；贷方登记加工完成并验收入库物资的全部实际成本。期末借方余额，反映单位自制加工但尚未完工的各种物资的实际成本。“加工物品”科目应设置“自制物品”“委托加工物品”两个二级明细科目，并按照物品类别或品种设置明细账进行明细核算。具体核算方法如下：

1.自制物品

经济业务和事项	财务会计处理	预算会计处理
领用材料	借：加工物品—自制物品（直接材料） 　贷：库存物品	不做处理
发生直接人工	借：加工物品—自制物品（直接人工） 　贷：应付职工薪酬	不做处理
发生其他直接费用和间接费用	借：加工物品—自制物品（其他直接费用、间接费用） 　贷：财政拨款收入/零余额账户用款额度/银行存款	借：事业支出（实际支付金额） 　　经营支出（实际支付金额） 　贷：财政拨款预算收入/资金结存
验收入库	借：库存物品 　贷：加工物品—自制物品（直接材料、直接人工、其他直接费用、间接费用）	不做处理

【例15-45】某科研单位为增值税一般纳税人，2023年5月，对外承接一项科研设备的研制任务，合同约定，设备总价款为500 000元，合同签订时支付30%的价款，设备交付时支付65%的价款，设备交付半年后再支付5%的价款。5月10日收到客户预付的第一笔货款150 000元并存入银行；5月至8月，为研制该设备以银行存款支付相关费用50 000元，确认职工薪酬100 000元，计提加工设备折旧费75 000元，领用库存物品30 000元。9月5日，该单位按期完成制造设备，结转完工设备加工成本。

经济业务和事项	财务会计处理	预算会计处理
5月10日，收到预付款	借：银行存款　150 000 　贷：预收账款　150 000	借：资金结存—货币资金150 000 　贷：事业预算收入　150 000
5月至8月，加工物品	借：加工物品—自制物品—研制设备　255 000 　贷：银行存款　50 000 　　　应付职工薪酬　100 000 　　　固定资产累计折旧　75 000 　　　库存物品　30 000	借：事业支出　50 000 　贷：资金结存—货币资金　50 000
9月5日，加工完成	借：库存物品　255 000 　贷：加工物品—自制物品—研制设备　255 000	不做处理

2.物品的委托加工

经济业务和事项	财务会计处理	预算会计处理
发给外单位材料	借：加工物品—委托加工物品 贷：库存物品	不做处理
支付加工费用	借：加工物品—委托加工物品 贷：财政拨款收入 零余额账户用款额度 银行存款	借：事业支出（实际支付金额） 经营支出（实际支付金额） 贷：财政拨款预算收入 资金结存
验收入库	借：库存物品 贷：加工物品—委托加工物品	不做处理

【例15-46】2023年4月5日，甲事业单位委托乙企业加工一批M材料，发出材料成本为50 000元。4月8日，开出转账支票，支付材料运输费用3 000元、增值税270元。4月15日，以零余额账户存款支付乙企业加工费用40 000元、增值税5 200元。4月20日，收回委托加工完毕的材料并验收入库，结转其全部成本。

经济业务和事项	财务会计处理	预算会计处理
4月5日，发出委托加工材料	借：加工物品—委托加工物品—M材料 50 000 贷：库存物品 50 000	不做处理
4月8日，支付材料运输费	借：加工物品—委托加工物品—M材料 3 000 应交增值税—应交税金—进项税额 270 贷：银行存款 3 270	借：经营支出 3 270 贷：资金结存—货币资金 3 270
4月15日，支付加工费	借：加工物品—委托加工物品—M材料 40 000 应交增值税—应交税金—进项税额 5 200 贷：零余额账户用款额度 45 200	借：经营支出 45 200 贷：资金结存—零余额账户用款额度 45 200
4月20日，收到委托加工物品	借：库存物品—M材料 93 000 贷：加工物品—委托加工物品—M材料 93 000	不做处理

第五节 投资

一、投资概述

投资是事业单位按规定以货币资金、实物资产、无形资产等方式形成的债权或股权投资。从理论上讲，由于事业单位是专门向社会提供公共服务的非营利性组织，国家对事业单位提供的经费是用于公益事业的发展，其占有使用的资产不应该用于对外投资。但从实际情况看，事业单位客观存在对外投资的经济现象：一是事业单位开展对外投资活动有相关法律依据。《事业单位财务规则》规定，事业单位“在保证单位正常运转和事业发展的前提下，按照国家有关规定可以对外投资的，应当履行相关审批程序”。二是一些事业单位也确实需要通过对外投资方式推动科技成果转化或缓解财政经费供给不足，以实现其特定公益目标。需要说明的是，事业单位必须在保证单位正常运转和事业发展的前提下，按照国家有关规定开展对外投资活动，不得使用财政拨款及其结余进行对外投资，不得从事股票、期货、基金、企业债券等投资，国家另有规定的除外。

按照投资期限和目的分类，事业单位可以将投资分为短期投资与长期投资两类。

二、短期投资

短期投资是指事业单位依法取得的，持有时间不准备超过1年（含1年）的投资，具有以下特点：（1）投资对象主要是国债；（2）短期投资具有高度的变现性，可根据需要随时变现，其流动性在事业单位的资产中仅次于货币资金。（3）投资的目的是谋求高于银行存款利息收入的利益。

为了核算短期投资的增减变动情况，事业单位应设置“短期投资”科目，核算单位依法取得的，持有时间不超过1年（含1年）的投资。该科目借方登记短期投资的取得成本；贷方登记短期投资处置时结转的实际成本；期末借方余额反映单位持有的短期投资成本。该科目按照国债投资的种类等设置明细账并进行明细核算。具体核算方法如下：

1.取得短期投资

经济业务和事项	财务会计处理	预算会计处理
取得短期投资时	借：短期投资 　贷：银行存款	借：投资支出 　贷：资金结存—货币资金
收到购买时已到付息期尚未领取的利息	借：银行存款 　贷：短期投资	借：资金结存—货币资金 　贷：投资支出

2.持有期间取得利息

经济业务和事项	财务会计处理	预算会计处理
持有期间收到利息	借：银行存款 　贷：投资收益	借：资金结存—货币资金 　贷：投资预算收益

3.出售或到期收回本息

经济业务和事项	财务会计处理	预算会计处理
出售或到期收回短期投资本息	借：银行存款（实际收到金额） 　　投资收益（借差） 　贷：短期投资 　　　投资收益（贷差）	借：资金结存—货币资金（实收款） 　　投资预算收益（实收款小于投资成本的差额） 　贷：投资支出（出售或收回当年投资） 　　　其他结余（出售或收回以前年度投资） 　　　投资预算收益（实收款大于投资成本的差额）

【例15-47】2023年1月10日，某事业单位取得某项短期投资G债券110万元，包括尚未支付的利息10万元，全部用银行存款支付。3月10日，收到前期尚未支付的利息10万元。6月30日，收到持有期间利息20万元。

经济业务和事项	财务会计处理	预算会计处理
1月10日，取得短期投资	借：短期投资—G债券　1 100 000 　贷：银行存款—基本账户存款　1 100 000	借：投资支出—G债券　1 100 000 　贷：资金结存—货币资金　1 100 000
3月10日，收到购买时已到付息期但尚未领取的利息	借：银行存款—基本账户存款　100 000 　贷：短期投资—G债券　100 000	借：资金结存—货币资金　100 000 　贷：投资支出—G债券　100 000
6月30日，收到持有期间利息	借：银行存款—基本账户存款　200 000 　贷：投资收益—G债券　200 000	借：资金结存—货币资金　200 000 　贷：投资预算收益—G债券　200 000

三、长期股权投资

（一）长期股权投资的概念

长期投资是指事业单位取得的除短期投资以外的债权和股权性质的投资。长期股权投资是指事业单位通过投资拥有被投资单位的股权并成为被投资单位的股东，按所持股份比例享有权益并承担责任。事业单位通过长期股权投资获得投资回报，促进公益事业的发展，确保实现特定的公益目标。长期股权投资具有投资大、投资期限长、风险大以及能获得高收益等特点。

（二）长期股权投资的计量

根据《政府会计准则第2号——投资》的规定，长期股权投资在取得时，应当按照实际成本作为初始投资成本。

（1）以支付现金取得的长期股权投资，按照实际支付的全部价款（包括购买价款和相关税费）作为实际成本。实际支付价款中包含的已宣告但尚未发放的现金股利，应当单独确认为应收股利，不计入长期股权投资初始投资成本。

（2）以现金以外的其他资产置换取得的长期股权投资，其成本按照换出资产的评估价值加上支付的补价或减去收到的补价，加上换入长期股权投资发生的其他相关支出确定。

（3）接受捐赠的长期股权投资，其成本按照有关凭据注明的金额加上相关税费确定；没有相关凭据可供取得，但按规定经过资产评估的，其成本按照评估价值加上相关税费确定；没有相关凭据可供取得、也未经资产评估的，其成本比照同类或类似资产的市场价格加上相关税费确定。

（4）无偿调入的长期股权投资，其成本按照调出方账面价值加上相关税费确定。

（三）长期股权投资核算的方法

长期股权投资在持有期间，通常应当采用权益法进行核算。政府会计主体无权决定被投资单位的财务和经营政策或无权参与被投资单位的财务和经营政策决策的，应当采用成本法进行核算。

（1）成本法，是指投资按照投资成本计量的方法。在成本法下，长期股权投资的账面余额通常保持不变，但追加或收回投资时，应当相应调整其账面余额。长期股权投资持有期间，被投资单位宣告分派现金股利或利润，政府会计主体应当按照宣告分派的现金股利或利润中属于政府会计主体应享有的份额确认为投资收益。

（2）权益法，是指投资最初以投资成本计量，以后根据政府会计主体在被投资单位所享有的所有者权益份额的变动对投资的账面余额进行调整的方法。采用权益法的，按照如下原则进行会计处理：

❶政府会计主体取得长期股权投资后，对于被投资单位所有者权益的变动，应当按照下列规定进行处理：

第一，按照应享有或应分担的被投资单位实现的净损益的份额，确认为投资损益，同时调整长期股权投资的账面余额。

第二，按照被投资单位宣告分派的现金股利或利润计算应享有的份额，确认为应收股利，同时减少长期股权投资的账面余额。

第三，按照被投资单位除净损益和利润分配以外的所有者权益变动的份额，确认为净资产，同时调整长期股权投资的账面余额。

❷政府会计主体确认被投资单位发生的净亏损，应当以长期股权投资的账面余额减记至零为限，政府会计主体负有承担额外损失义务的除外。

被投资单位发生净亏损，但以后年度又实现净利润的，政府会计主体应当在其收益分享额弥补未确认的亏损分担额等后，恢复确认投资收益。

（四）长期股权投资核算的处置

政府会计主体因处置部分长期股权投资等原因无权再决定被投资单位的财务和经营政策或者参与被投资单位的财务和经营政策决策的，应当对处置后的剩余股权投资改按成本法核算，并以该剩余股权投资在权益法下的账面余额作为按照成本法核算的初始投资成本。其后，被投资单位宣告分派现金股利或利润时，属于已计入投资账面余额的部分，作为成本法下长期股权投资成本的收回，冲减长期股权投资的账面余额。

政府会计主体因追加投资等原因对长期股权投资的核算由成本法改为权益法的，应当自有权决定被投资单位的财务和经营政策或者参与被投资单位的财务和经营政策决策时，按成本法下长期股权投资的账面余额加上追加投资的成本作为按照权益法核算的初始投资成本。

政府会计主体按规定报经批准处置长期股权投资，应当冲减长期股权投资的账面余额，并按规定将处置价款扣除相关税费后的余额作为应缴款项处理，或者按规定将处置价款扣除相关税费后的余额与长期股权投资账面余额的差额计入当期投资损益。

采用权益法核算的长期股权投资，因被投资单位除净损益和利润分配以外的所有者权益变动而将应享有的份额计入净资产的，处置该项投资时，还应当将原计入净资产的相应部分转入当期投资损益。

为了反映长期股权投资的增减变动情况，事业单位应设置“长期股权投资”科目。该科目借方登记长期投资的增加数；贷方登记长期投资的收回、冲减数；期末借方余额，反映政府单位持有的对外投资成本。“长期股权投资”科目一般应当按照被投资单位进行明细核算。如果长期股权投资采用权益法核算的，还应当分别按“成本”“损益调整”“其他权益变动”进行明细核算。具体核算方法如下：

1.取得长期股权投资

（1）以现金取得。

经济业务和事项	财务会计处理	预算会计处理
以现金取得长期股权投资	借：长期股权投资 　　应收股利（实际支付价款中包含的已宣告但尚未发放的股利或利润） 　贷：银行存款（实际支付的价款）	借：投资支出（实际支付的价款） 　贷：资金结存—货币资金
收到股利	借：银行存款 　贷：应收股利	借：资金结存—货币资金 　贷：投资支出

【例 15-48】2023 年 1 月 5 日，经批准，甲事业单位以货币资金 3 000 000 元投资乙公司，取得乙公司 20% 的有表决权股份，采用权益法核算。

经济业务和事项	财务会计处理	预算会计处理
1 月 5 日，对乙公司投资	借：长期股权投资—成本 3 000 000 　贷：银行存款 3 000 000	借：投资支出 3 000 000 　贷：资金结存—货币资金 3 000 000

（2）以现金以外的其他资产置换取得。

经济业务和事项	财务会计处理	预算会计处理
以现金以外的其他资产置换取得长期股权投资	借：长期股权投资（换出资产评估价值+其他相关支出） 固定资产累计折旧/无形资产累计摊销 资产处置费用（借差） 贷：库存物品/固定资产/无形资产（账面余额） 银行存款（其他相关支出） 其他收入（贷差）	借：其他支出（实际支付的其他支出） 贷：资金结存—货币资金
置换换入涉及补价：实际支付补价的	借：长期股权投资（换出资产评估价值+其他相关支出+补价） 固定资产累计折旧/无形资产累计摊销 资产处置费用（借差） 贷：库存物品/固定资产/无形资产（账面余额） 银行存款（其他相关支出+补价） 其他收入（贷差）	借：其他支出（实际支付的其他支出+补价） 贷：资金结存—货币资金
置换换入涉及补价：收到补价的	借：长期股权投资（换出资产评估价值+其他相关支出−补价） 银行存款（补价） 固定资产累计折旧/无形资产累计摊销 资产处置费用（借差） 贷：库存物品/固定资产/无形资产（账面余额） 银行存款（其他相关支出） 应缴财政款（补价−其他相关支出） 其他收入（贷差）	借：其他支出（实际支付的其他支出大于补价的差额） 贷：资金结存—货币资金

【例 15-49】2023年8月5日，甲事业单位经批准将科研设备与乙事业单位持有的对丙公司长期股权投资进行置换。在置换日，科研设备的账面原价为2 000 000元，已计提折旧为1 200 000元，评估价为770 000元；乙公司持有的长期股权投资账面余额为850 000元。置换过程中，甲事业单位以银行存款支付补价50 000元、相关税费10 000元。

经济业务和事项	财务会计处理	预算会计处理
8月5日，以固定资产置换对外投资，并发生补价	借：长期股权投资—成本　830 000 固定资产累计折旧　1 200 000 资产处置费用　30 000 贷：固定资产　2 000 000 银行存款　60 000	借：其他支出　60 000 贷：资金结存—货币资金　60 000

如果本例中甲事业单位在资产置换过程中收到乙事业单位支付的补价金额为40 000元，其他资料不变。

经济业务和事项	财务会计处理	预算会计处理
8月5日，收到乙单位补价	借：长期股权投资—成本　740 000 固定资产累计折旧　1 200 000 银行存款　40 000 资产处置费用　60 000 贷：固定资产　2 000 000 应缴财政款　30 000 银行存款　10 000	不做处理

（3）以未入账的无形资产取得。

经济业务和事项	财务会计处理	预算会计处理
以未入账的无形资产取得	借：长期股权投资 贷：银行存款 其他应交税费 其他收入	借：其他支出（实际支付的相关税费） 贷：资金结存—货币资金

【例15-50】2023年8月20日，甲事业单位以其未入账专利技术投资于乙单位。经评估，该专利技术价值为100 000元，以银行存款支付资产评估和投资活动相关费用26 000元。

经济业务和事项	财务会计处理	预算会计处理
8月20日，以专利技术开展对外投资	借：长期股权投资—成本 126 000 贷：其他收入 100 000 银行存款 26 000	借：其他支出 26 000 贷：资金结存—货币资金 26 000

（4）接受捐赠取得。

经济业务和事项	财务会计处理	预算会计处理
接受捐赠取得长期股权投资	借：长期股权投资 贷：银行存款（相关税费） 捐赠收入	借：其他支出（实际支付的相关税费） 贷：资金结存—货币资金

【例15-51】2023年8月23日，某事业单位接受N公司捐赠其持有的G公司股票100 000股，类似股票的市场价格为每股5元。另以银行存款支付相关费用12 000元。

经济业务和事项	财务会计处理	预算会计处理
8月23日，接受捐赠	借：长期股权投资—成本 512 000 贷：捐赠收入 500 000 银行存款 12 000	借：其他支出 12 000 贷：资金结存—货币资金 12 000

（5）无偿调入取得。

经济业务和事项	财务会计处理	预算会计处理
无偿调入取得长期股权投资	借：长期股权投资 贷：银行存款（相关税费） 无偿调拨净资产	借：其他支出（实际支付的相关税费） 贷：资金结存—货币资金

【例15-52】2023年10月20日，A事业单位的上级主管部门将N事业单位持有的长期股权投资调入A事业单位。该投资在N事业单位的账面价值为200 000元，调入时，A事业单位以银行存款支付相关费用5 000元。

经济业务和事项	财务会计处理	预算会计处理
10月20日，收到无偿调入的长期股权投资	借：长期股权投资—成本 205 000 贷：无偿调拨净资产 200 000 银行存款 5 000	借：其他支出 5 000 贷：资金结存—货币资金 5 000

2.持有期间取得股利

按照财务会计理论，投资单位取得长期股权投资并按初始投资成本计价后，根据对被投资单位实施影响或控制程度，应分别采用成本法或权益法进行核算。

（1）成本法。成本法是指投资按照投资成本计量的方法。成本法下，除投资方追加投资、收回投资等外，长期股权投资的账面价值一般保持不变。被投资单位宣告分派利润或现金股利，投资方按应享有的份额确认为当期投资收益。

经济业务和事项	财务会计处理	预算会计处理
被投资单位宣告发放现金股利或利润	借：应收股利 　贷：投资收益	不做处理
收到上述股利	借：银行存款 　贷：应收股利	借：资金结存—货币资金 　贷：投资预算收益

【例15-53】接【例15-48】，6月30日，乙公司宣告从历年积累中分配利润2 500 000元。甲事业单位按照其持有比例确定可分回的金额为500 000元。7月10日，收到乙公司分派的全部利润并存入银行。

经济业务和事项	财务会计处理	预算会计处理
6月30日，宣告分配利润	借：应收股利　500 000 　贷：投资收益　500 000	不做处理
7月10日，收到分派的股利	借：银行存款　500 000 　贷：应收股利　500 000	借：资金结存—货币资金　500 000 　贷：投资预算收益　500 000

（2）权益法。权益法是指长期股权投资按照实际成本入账后，根据被投资单位经营损益状况，按其持有被投资单位股份的比例以及股利的分配作出相应调整的方法。被投资单位当期实现收益或其他所有者权益增加，投资方按比例相应调增“长期股权投资”科目；发生亏损或其他所有者权益减少，投资方则按比例调减“长期股权投资”科目；收到发放的股利，也要减少“长期股权投资”科目。在权益法下，“长期股权投资”科目的账面价值已不是长期股权投资的原始成本，而是投资方在被投资单位净资产中应享有的份额。

经济业务和事项	财务会计处理	预算会计处理
被投资单位实现净利润，按照其份额	借：长期股权投资—损益调整 　贷：投资收益	不做处理
被投资单位发生净亏损，按照其份额	借：投资收益 　贷：长期股权投资—损益调整	不做处理
被投资单位发生净亏损，但以后年度又实现净利润，按规定恢复确认投资收益	借：长期股权投资—损益调整 　贷：投资收益	不做处理
被投资单位宣告发放现金股利或利润，按照其份额	借：应收股利 　贷：长期股权投资—损益调整	不做处理
被投资单位除净利润以外的所有者权益变动时，按照其份额	借：长期股权投资—其他权益变动 　贷：权益法调整 或： 借：权益法调整 　贷：长期股权投资—其他权益变动	不做处理
收到被投资单位发放的现金股利	借：银行存款 　贷：应收股利	借：资金结存—货币资金 　贷：投资预算收益
追加投资，成本法改权益法	借：长期股权投资—成本 　贷：长期股权投资（成本法下账面余额） 　　银行存款（追加投资）	借：投资支出（实际支付的金额） 　贷：资金结存—货币资金
权益法改成本法	借：长期股权投资 　贷：长期股权投资—成本 　　　　　　　　—损益调整 　　　　　　　　—其他权益变动	不做处理

【例15-54】2022年至2024年，甲事业单位发生长期股权投资业务。2022年1月5日，以银行存款920 000元投资于乙公司，另支付相关交易费用14 500元，享有乙公司所有者权益份额的35%，采用权益法核算长期股权投资。2022年，乙公司全年实现净利润800 000元；其他权益增加285 715元。2023年5月，乙公司宣告分派现金股利1 000 000元。2023年，乙公司全年发生亏损2 800 000元。2024年，乙公司全年实现净利润380 000元。

经济业务和事项	财务会计处理	预算会计处理
2022年1月5日，发生投资业务	借：长期股权投资—成本 934 500 贷：银行存款 934 500	借：投资支出 934 500 贷：资金结存—货币资金 934 500
2022年，乙公司全年实现净利润800 000元，应享有的投资收益=800 000×35%=280 000（元）	借：长期股权投资—损益调整 280 000 贷：投资收益 280 000	不做处理
其他权益增加285 715元，应享有的份额=285 715×35%=100 000.25（元）	借：长期股权投资—其他权益变动 100 000.25 贷：权益法调整 100 000.25	不做处理
2022年末，“长期股权投资”科目余额（不包括其他权益变动）=934 500+280 000=1 214 500（元）		
2023年5月乙公司宣告分派现金股利：1 000 000×35%=350 000（元）	借：应收股利—乙公司 350 000 贷：长期股权投资—损益调整 350 000	不做处理
2023年末，“长期股权投资”科目余额=1 214 500-350 000=864 500（元）		
2023年应承担投资损失： 2 800 000×35%=980 000（元） 尚未弥补亏损额： 980 000-864 500=115 500（元）	借：投资收益 864 500 贷：长期股权投资—损益调整 864 500	不做处理
2024年应确认的投资收益=380 000×35%-115 500=17 500（元）	借：长期股权投资—损益调整 17 500 贷：投资收益 17 500	不做处理

3.出售收回投资

经济业务和事项		财务会计处理	预算会计处理
处置以现金以外的其他资产取得的长期股权投资	(1) 处置净收益上缴财政的	借：资产处置费用 贷：长期股权投资 借：银行存款（实际取得的价款） 贷：应收股利（尚未领取的现金股利或利润） 银行存款（支付的相关税费） 应缴财政款	借：资金结存—货币资金 贷：投资预算收益（获得的现金股利或利润）
	(2) 按规定投资收益纳入单位预算管理的	借：资产处置费用 贷：长期股权投资 借：银行存款（实际取得的价款） 贷：应收股利（尚未领取的现金股利或利润） 银行存款（支付的相关税费） 投资收益（取得的价款扣除投资账面余额、应收股利和相关税费后的差额） 应缴财政款（贷差）	借：资金结存—货币资金（取得的价款扣除投资账面余额和相关税费后的差额） 贷：投资预算收益

【例15-55】接上例，假定2023年1月5日，甲事业单位将持有乙公司股权投资的20%处置，取得价款260 000元存入银行，获得的投资收益纳入单位预算管理。

处置前，“长期股权投资——成本”科目余额为934 500元，“长期股权投资——损益调整”科目借方余额为280 000元，无其他权益。

处置长期股权投资的金额=（934 500+280 000）×20%=242 900（元）

经济业务和事项	财务会计处理	预算会计处理
处置长期股权投资	借：银行存款　260 000 贷：长期股权投资—成本　186 900 —损益调整　56 000 投资收益　17 100	借：资金结存—货币资金　73 100 贷：投资预算收益　73 100

4.其他方式处置

经济业务和事项	财务会计处理	预算会计处理
按规定核销时	借：资产处置费用 贷：长期股权投资（账面余额）	不做处理

5.权益法下，处置时结转原直接计入净资产的相关金额

经济业务和事项	财务会计处理	预算会计处理
权益法下，处置时结转原直接计入净资产的相关金额	借：权益法调整 贷：投资收益 （或编制相反分录）	不做处理

四、长期债券投资

长期债券投资是指事业单位购入的在1年内（不含1年）不能变现或不准备随时变现的国债等债权性质的投资。长期债券投资反映了国债等证券发行单位与投资者（企业、事业单位或个人）之间的债权、债务关系。债券投资者能按约定的利率收取利息，到期收回本金，但无权参与债券发行单位的经营管理决策。长期债券投资可以转让，但在债权债务方约定的期限内一般不能要求债务单位提前偿还本金。

根据《政府会计准则第2号——投资》的规定，长期债券投资在取得时，应当按照实际成本作为初始投资成本。实际支付价款中包含的已到付息期但尚未领取的债券利息，应当单独确认为应收利息，不计入长期债券投资的初始投资成本。

长期债券投资持有期间，应当按期以票面金额与票面利率计算确认利息收入。对于分期付息、一次还本的长期债券投资，应当将计算确定的应收未收利息确认为应收利息，计入投资收益；对于一次还本付息的长期债券投资，应当将计算确定的应收未收利息计入投资收益，并增加长期债券投资的账面余额。

政府会计主体按规定出售或到期收回长期债券投资，应当将实际收到的价款扣除长期债券投资账面余额和相关税费后的差额计入投资损益。

为了反映长期债券投资的增减变动情况，事业单位应设置“长期债券投资”科目。该科目借方登记长期债券投资的增加数；贷方登记长期债券投资的收回、冲减数；期末借方余额，反映事业单位持有的长期债券投资的价值。具体核算方法如下：

1.取得长期债券投资

经济业务和事项	财务会计处理	预算会计处理
取得长期债券投资	借：长期债券投资—成本 应收利息（实际支付价款中包含的已到付息期但尚未领取的利息） 贷：银行存款（实际支付的价款）	借：投资支出（实际支付的价款） 贷：资金结存—货币资金
收到上述利息	借：银行存款 贷：应收利息	借：资金结存—货币资金 贷：投资支出

【例15-56】2023年7月1日，某事业单位购入当日发行的5年期、年利率为4%、面值为600 000元的国库券，到期一次还本付息。另支付有关税费12 000元。全部款项以银行存款付讫。

经济业务和事项	财务会计处理	预算会计处理
7月1日，购入国库券	借：长期债券投资—成本 612 000 贷：银行存款 612 000	借：投资支出 612 000 贷：资金结存—货币资金 612 000

2.持有期间取得利息

经济业务和事项	财务会计处理	预算会计处理
按期以票面金额与票面利率计算确认利息收入	借：应收利息（分期付息、到期还本） 长期债券投资—应计利息（到期一次还本付息） 贷：投资收益	不做处理
收到分期支付的利息	借：银行存款 贷：应收利息	借：资金结存—货币资金 贷：投资预算收益

【例15-57】接上例，2023年12月30日，该事业单位确认债券利息收入时，应确认债券利息收入=600 000×4%×6÷12=12 000（元）。

经济业务和事项	财务会计处理	预算会计处理
12月30日，确认债券利息收入	借：长期债券投资—应计利息 12 000 贷：投资收益 12 000	不做处理
2023年至2026年，每年12月30日应确认债券利息收入=600 000×4%=24 000（元）		
每年底确认利息收入	借：长期债券投资—应计利息 24 000 贷：投资收益 24 000	不做处理

3.出售长期债券投资

经济业务和事项	财务会计处理	预算会计处理
对外出售长期债券投资	借：银行存款（实际收到的款项） 投资收益（借差） 贷：长期债券投资（账面余额） 应收利息 投资收益（贷差）	借：资金结存—货币资金 贷：投资支出/其他结余（投资成本） 投资预算收益

【例15-58】接【例15-56】，假设2026年6月末，该事业单位将国债的60%转让，实

际收到价款450 000元，存入银行。

经济业务和事项	财务会计处理	预算会计处理
确认2026年当年1月至6月应计利息	借：长期债券投资—应计利息 12 000 　贷：投资收益　12 000	不做处理
2026年6月末处置投资	借：银行存款　450 000 　贷：长期债券投资—成本　367 200 　　　　—应计利息　57 600 　　投资收益　25 200	借：资金结存—货币资金 450 000 　贷：其他结余　367 200 　　投资预算收益　82 800

4.到期收回投资本息

经济业务和事项	财务会计处理	预算会计处理
到期收回长期债券投资本息	借：银行存款 　贷：长期债券投资（账面余额） 　　应收利息 　　投资收益	借：资金结存—货币资金 　贷：投资支出/其他结余（投资成本） 　　投资预算收益

【例15-59】接【例15-56】至【例15-58】，2027年7月1日，该事业该单位持有的剩余国库券到期收回本息，存入银行。取得的投资收益纳入单位预算管理。

经济业务和事项	财务会计处理	预算会计处理
2027年7月1日，国库券到期	借：银行存款　292 800 　贷：长期债券投资—成本　244 800 　　　　—应计利息　48 000	借：资金结存—货币资金 292 800 　贷：其他结余　244 800 　　投资预算收益　48 000

第六节　固定资产

一、固定资产概述

（一）固定资产的概念及特点

固定资产是指单位为满足自身开展业务活动或其他活动需要而控制的、使用年限超过1年（不含1年）、单位价值在规定标准以上，并在使用过程中基本保持原有实物形态的资产，一般包括房屋及构筑物、专用设备、通用设备等。单位价值虽未达到规定标准，但是使用年限超过1年（不含1年）的大批同类物资，如图书、家具、用具、装具等，应当确认为固定资产。从上述概念可见，固定资产具有以下特征：

❶固定资产是有形资产。与专利权、商标权等无形资产相比，固定资产是具有实物形态的资产，可以多次参加政府单位的运营活动，在若干会计期间内保持其原有的实物形态，其价值也会随着使用而逐渐、分期转移。

❷固定资产的使用期限超过1年或长于1年的一个经营周期。与存货等资产相比，固定资产不会在1年内或超过1年的一个营业周期内变现或者耗用，能在较长的时期内发挥作用。

❸持有固定资产的目的是用于运营而非销售。单位取得固定资产是为科研、教育、医疗服务或出租给他人或用于日常运营管理，而不是用于出售。

总之，资产单位价值在规定的标准之上，具有持久、耐用性，在使用过程中基本保持原有实物形态，以自用为原则，这些是固定资产的主要特点。

（二）固定资产的分类

根据《政府会计准则第3号——固定资产》，固定资产一般分为六类：房屋及构筑物；专用设备；通用设备；文物和陈列品；图书、档案；家具、用具、装具及动植物。

（1）房屋和构筑物，即单位拥有占有权和使用权的房屋、附属设施及构筑物。其中，房屋包括办公用房、业务用房、库房、职工宿舍用房、职工食堂、锅炉房等；附属设施包括电梯、通信线路、输电线路、水气管道、门禁系统、围墙、采暖设施等。构筑物包括：池、塔、槽、烟囱、井、站、道路、沟、库、场等。

（2）专用设备，即单位根据业务工作的实际需要购置的各种具有专门性能和专门用途的设备，如学校的教学仪器、科研单位的科研仪器、医院的医疗器械、公安及安全部门的技侦设备、海关质检部门的检测设备、水利部门的水质检测设备等。

（3）通用设备，即单位用于业务工作的通用性设备，如办公用的家具、交通工具等。

（4）文物和陈列品，即博物馆、展览馆、纪念馆等文化事业单位的各种文物和陈列品，如古玩、字画、纪念物品等。

（5）图书、档案，即专业图书馆、文化馆贮藏的书籍，以及单位贮藏的统一管理使用的业务用书，如单位图书馆（室）、阅览室的图书、期刊、资料、档案等。

（6）家具、用具、装具及动植物，包括办公桌椅、食堂炊事机械、实验用动物、警用动物、名贵树木花卉等。其中，属于非流动资产的动植物，包括经济林、薪炭林、产畜和役畜等。

（三）固定资产的确认

1.固定资产的确认条件

根据《政府会计准则第3号——固定资产》，固定资产同时满足下列条件，应当予以确认：

（1）与该固定资产相关的服务潜力很可能实现或者经济利益很可能流入政府会计主体；

（2）该固定资产的成本或者价值能够可靠地计量。

2.确认固定资产时应当考虑的因素

（1）购入、换入、接受捐赠、无偿调入不需安装的固定资产，在固定资产验收合格时确认；购入、换入、接受捐赠、无偿调入需要安装的固定资产，在固定资产安装完成交付使用时确认；自行建造、改建、扩建的固定资产，在建造完成交付使用时确认。

（2）固定资产的各组成部分具有不同使用年限或者以不同方式为政府会计主体实现服务潜力或提供经济利益，适用不同折旧率或折旧方法且可以分别确定各自原价的，应当分别将各组成部分确认为单项固定资产。

（3）应用软件构成相关硬件不可缺少的组成部分的，应当将该软件的价值包括在所属的硬件价值中，一并确认为固定资产；不构成相关硬件不可缺少的组成部分的，应当将该软件确认为无形资产。

（4）购建房屋及构筑物时，不能分清购建成本中的房屋及构筑物部分与土地使用权部分的，应当全部确认为固定资产；能够分清购建成本中的房屋及构筑物部分与土地使用权部分的，应当将其中的房屋及构筑物部分确认为固定资产，将其中的土地使用权部分确认为无形资产。

（四）固定资产账簿体系及运用的基本要求

1.“固定资产”与“固定资产累计折旧”总账科目

“固定资产”科目用来核算固定资产的原值。其借方登记增加的固定资产原值，贷方登记减少的固定资产原值；期末借方余额，为实有固定资产的原值。

为反映固定资产增减变动及结存的详细情况，单位应当设置“固定资产登记簿”和“固定资产卡片”，按固定资产类别设置明细账，进行明细核算。

“固定资产累计折旧”科目用来核算固定资产的累计折旧。它是“固定资产”科目的调整科目。该科目贷方登记固定资产累计折旧的增加额；借方登记固定资产因减少而注销的折旧额；期末贷方余额，反映单位提取的固定资产折旧累计数。

2.“固定资产”明细账

单位应当设置“固定资产登记簿”和“固定资产卡片”，按照固定资产类别、项目和使用部门进行明细核算。

（1）固定资产登记簿是按固定资产类别开设账页，并按其来源、使用情况、保管部门设专栏进行登记，主要是以价值形式序时反映固定资产的增减变动情况，并每月结出余额。

（2）固定资产卡片是反映各项固定资产详细情况的明细账，应按固定资产的项目设立，每项一张。在固定资产卡片中，应该记录该项固定资产的编号、名称、规格、技术特征、技术资料编号、附属物、使用单位、存放地点、购建年份、开始使用日期、中间停用日期、原值、预计使用年限、折旧率以及转移调拨、报废清理等情况。

3.固定资产科目运用的基本要求

根据《政府会计准则第3号——固定资产》：

（1）单位购入需要安装的固定资产，应当先通过“在建工程”科目核算，安装完毕交付使用时再转入“固定资产”科目核算。

（2）单位以借入、经营租赁租入方式取得的固定资产，不通过“固定资产”科目核算，应当设置备查簿进行登记。

（3）单位采用融资租入方式取得的固定资产，通过“固定资产”科目核算，并在“固定资产”科目下设置“融资租入固定资产”明细科目。

（4）单位经批准在境外购买具有所有权的土地，作为固定资产，通过“固定资产”科目核算；单位应当在“固定资产”科目下设置“境外土地”明细科目，进行相应明细核算。

二、固定资产的核算

1.取得固定资产

（1）外购取得。

经济业务和事项	财务会计处理	预算会计处理
①不需安装	借：固定资产 　贷：财政拨款收入/零余额账户用款额度/应付账款/银行存款	借：行政支出（行政单位） 　　事业支出（事业单位） 　　经营支出（事业单位） 　贷：财政拨款预算收入/资金结存

续表

经济业务和事项	财务会计处理	预算会计处理
②需安装	借：在建工程 贷：财政拨款收入/零余额账户用款额度/应付账款/银行存款	借：行政支出（行政单位） 事业支出（事业单位） 经营支出（事业单位） 贷：财政拨款预算收入/资金结存
③安装完工交付使用	借：固定资产 贷：在建工程	不做处理
④购入固定资产扣留质量保证金的	借：固定资产（不需安装） 在建工程（需安装） 贷：财政拨款收入/零余额账户用款额度/应付账款/银行存款 其他应付款（扣留期在1年以内（含1年）） 长期应付款（扣留期超过1年）	借：行政支出（行政单位） 事业支出（事业单位） 经营支出等（事业单位） 贷：财政拨款预算收入/资金结存 （购买固定资产实际支付的金额）
⑤质保期满支付质量保证金的	借：其他应付款 长期应付款 贷：财政拨款收入/零余额账户用款额度/银行存款	借：行政支出（行政单位） 事业支出（事业单位） 经营支出等（事业单位） 贷：财政拨款预算收入/资金结存

【例15-60】2023年7月10日，某事业单位用事业经费购买精密专用设备一台，价款28 000元，运杂费200元，以财政授权支付。

经济业务和事项	财务会计处理	预算会计处理
7月10日，购买精密专用设备一台	借：固定资产—专用设备 28 200 贷：零余额账户用款额度 28 200	借：事业支出—基本支出—资本性支出—专用设备 28 200 贷：资金结存—零余额账户用款额度 28 200

（2）自行建造。

经济业务和事项	财务会计处理	预算会计处理
自行建造，完工交付使用	借：固定资产 贷：在建工程	不做处理

（3）融资租入（或跨年度分期付款购入）。

经济业务和事项	财务会计处理	预算会计处理
①签订合同	借：固定资产（不需安装） 在建工程（需安装） 贷：长期应付款（协议或合同确定的租赁价款） 财政拨款收入/零余额账户用款额度/银行存款（实际支付的相关税费、运输费等）	借：行政支出（行政单位） 事业支出（事业单位） 经营支出等（事业单位） 贷：财政拨款预算收入/资金结存 （实际支付的相关税费、运输费等）
②定期支付租金（或分期付款）时	借：长期应付款 贷：财政拨款收入/零余额账户用款额度/银行存款	借：行政支出（行政单位） 事业支出（事业单位） 经营支出等（事业单位） 贷：财政拨款预算收入/资金结存

（4）接受捐赠。

经济业务和事项	财务会计处理	预算会计处理
接受捐赠	借：固定资产（不需安装） 　在建工程（需安装） 　贷：零余额账户用款额度/银行存款（实际支付的相关税费、运输费等） 　　捐赠收入（差额）	借：其他支出（实际支付的相关税费、运输费等） 　贷：资金结存
接受捐赠的固定资产按照名义金额入账的	借：固定资产（名义金额） 　贷：捐赠收入 借：其他费用 　贷：零余额账户用款额度/银行存款（实际支付的相关税费、运输费等）	借：其他支出（实际支付的相关税费、运输费等） 　贷：资金结存

【例 15-61】2023年7月20日，某事业单位接受A公司捐赠的某通用设备50台，该通用设备的市场价值为每台5 000元，共发生其他运杂费3 000元。同时接受B公司捐赠的某种特种专用设备1台，无市场价格，暂时按照名义价格1元入账，发生运杂费5 000元，均用银行存款支付。

经济业务和事项	财务会计处理	预算会计处理
接受A公司捐赠设备	借：固定资产—通用设备 253 000 　贷：银行存款　3 000 　　捐赠收入—A公司　250 000	借：其他支出　3 000 　贷：资金结存—货币资金　3 000
接受B公司捐赠设备	借：固定资产—专用设备　1 　贷：捐赠收入—B公司　1 借：其他费用—运杂费　5 000 　贷：银行存款　5 000	借：其他支出　5 000 　贷：资金结存—货币资金　5 000

（5）无偿调入固定资产。

经济业务和事项	财务会计处理	预算会计处理
无偿调入固定资产	借：固定资产（不需安装） 　在建工程（需安装） 　贷：零余额账户用款额度/银行存款（实际支付的相关税费、运输费等） 　　无偿调拨净资产（差额）	借：其他支出（实际支付的相关税费、运输费等） 　贷：资金结存

【例 15-62】某事业单位6月10日从同一系统内部另一家事业单位无偿调入一台专用仪器，对方账面记载价值为20 000元，另以银行存款支付相关运杂费2 000元。

经济业务和事项	财务会计处理	预算会计处理
无偿调入固定资产	借：固定资产—专用设备　22 000 　贷：无偿调拨净资产　20 000 　　银行存款　2 000	借：其他支出—运杂费　2 000 　贷：资金结存—货币资金　2 000

（6）置换取得。

经济业务和事项	财务会计处理	预算会计处理
置换取得	借：固定资产（换出资产评估价值+其他相关支出） 固定资产累计折旧/无形资产累计摊销 资产处置费用（借差） 贷：库存物品/固定资产/无形资产（账面余额） 银行存款（其他相关支出） 其他收入（贷差）	借：其他支出（实际支付的其他支出） 贷：资金结存
置换换入涉及补价：实际支付补价的	借：固定资产（换出资产评估价值+其他相关支出+补价） 固定资产累计折旧/无形资产累计摊销 资产处置费用（借差） 贷：库存物品/固定资产/无形资产（账面余额） 银行存款（其他相关支出+补价） 其他收入（贷差）	借：其他支出（实际支付的其他支出+补价） 贷：资金结存
置换换入涉及补价：收到补价的	借：固定资产（换出资产评估价值+其他相关支出−补价） 银行存款（补价） 固定资产累计折旧/无形资产累计摊销 资产处置费用（借差） 贷：库存物品/固定资产/无形资产（账面余额） 银行存款（其他相关支出） 应缴财政款（补价−其他相关支出） 其他收入（贷差）	借：其他支出（实际支付的其他支出大于补价的差额） 贷：资金结存

2.固定资产后续支出

经济业务和事项	财务会计处理	预算会计处理
（1）符合固定资产确认条件的，资本化	借：在建工程（固定资产账面价值） 固定资产累计折旧 贷：固定资产（账面余额）	不做处理
	借：在建工程 贷：财政拨款收入/零余额账户用款额度/银行存款/应付账款	借：行政支出（行政单位） 事业支出（事业单位） 经营支出（事业单位） 贷：财政拨款预算收入/资金结存
（2）不符合固定资产确认条件的，费用化	借：业务活动费用/单位管理费用/经营费用 贷：财政拨款收入/零余额账户用款额度/银行存款	借：行政支出（行政单位） 事业支出（事业单位） 经营支出（事业单位） 贷：财政拨款预算收入/资金结存
（3）对于租入等不由本单位入账核算但实际使用的固定资产	发生的符合资产确认条件的后续支出，应当按照《政府会计制度》中“长期待摊费用”科目相关规定进行会计处理。	

3.固定资产处置

（1）出售、转让固定资产。

经济业务和事项	财务会计处理	预算会计处理
出售、转让固定资产	借：资产处置费用（固定资产账面价值） 　　固定资产累计折旧 　贷：固定资产（账面余额）	不做处理
	借：银行存款（处置固定资产收到的价款） 　贷：应缴财政款 　　　银行存款（发生的相关费用）	不做处理

【例 15-63】2023 年 4 月 1 日，某事业单位经批准出售专用设备一台，该设备原价 50 000 元，已提折旧 40 000 元，出售取得价款 15 000 元，发生相关税费 6 000 元，款项均通过银行存款收付。

经济业务和事项	财务会计处理	预算会计处理
4 月 1 日，出售固定资产	借：资产处置费用　10 000 　　固定资产累计折旧—专用设备 40 000 　贷：固定资产　50 000 借：银行存款—基本账户存款　15 000 　贷：应缴财政款—应缴国库款　9 000 　　　银行存款　6 000	不做处理

（2）对外捐赠固定资产。

经济业务和事项	财务会计处理	预算会计处理
对外捐赠固定资产	借：资产处置费用 　　固定资产累计折旧 　贷：固定资产（账面余额） 　　　银行存款（归属于捐出方的相关费用）	按照对外捐赠过程中发生的归属于捐出方的相关费用： 借：其他支出 　贷：资金结存

【例 15-64】2023 年 4 月 10 日，某事业单位经批准对外捐赠专用设备一台，该设备原价 50 000 元，已提折旧 40 000 元，发生相关税费 6 000 元，款项均通过银行存款收付。

经济业务和事项	财务会计处理	预算会计处理
4 月 10 日，捐赠固定资产	借：资产处置费用　16 000 　　固定资产累计折旧—专用设备　40 000 　贷：固定资产—专用设备　50 000 　　　银行存款　6 000	借：其他支出—相关税费　6 000 　贷：资金结存—货币资金　6 000

（3）无偿调出固定资产。

经济业务和事项	财务会计处理	预算会计处理
无偿调出固定资产	借：无偿调拨净资产 　　固定资产累计折旧 　贷：固定资产（账面余额）	不做处理
	借：资产处置费用 　贷：银行存款（归属于调出方的相关费用）	借：其他支出 　贷：资金结存

（4）置换换出固定资产。

经济业务和事项	财务会计处理	预算会计处理
置换换出固定资产	参照“库存物品”科目中置换取得库存物品的规定进行账务处理	不做处理

4.固定资产盘点

经济业务和事项	财务会计处理	预算会计处理
盘盈	借：固定资产 　贷：待处理财产损溢	不做处理
盘亏、毁损或报废	借：待处理财产损溢（账面价值） 　　固定资产累计折旧 　贷：固定资产（账面余额）	不做处理

【例15-65】2023年末，某事业单位经批准报废某通用设备一台，该设备原价14 000元，已提折旧12 000元，支付清理费用600元，残料出售取得收入1 800元。

经济业务和事项	财务会计处理	预算会计处理
12月31日，报废固定资产，转销账面价值	借：待处理财产损溢—固定资产—待处理财产价值 2 000 　　固定资产累计折旧—通用设备 12 000 　贷：固定资产—通用设备 14 000	不做处理
取得残值收入	借：银行存款 1 800 　贷：待处理财产损溢—固定资产—处理净收入 1 800	不做处理
支付清理费用	借：待处理财产损溢—固定资产—处理净收入 600 　贷：银行存款 600	不做处理
净收入上缴国库	借：待处理财产损溢—固定资产—处理净收入 1 200 　贷：应缴财政款—应缴国库款 1 200	不做处理

三、固定资产折旧的核算

1.折旧的概念

折旧是指在固定资产的预计使用年限内，按照确定的方法对应计折旧额进行系统分摊。固定资产的应计折旧额为其成本，计提固定资产折旧时不考虑预计净残值。政府会计主体应当对暂估入账的固定资产计提折旧，实际成本确定后不需调整原已计提的折旧额。

2.固定资产计提折旧的范围

根据《政府会计准则第3号——固定资产》的规定，除了文物和陈列品，动植物，图书、档案，单独计价入账的土地，以名义金额计量的固定资产外，均要计提固定资产折旧。

3.固定资产使用年限

根据《政府会计准则第3号——固定资产》的规定，政府会计主体应当根据相关规定以及固定资产的性质和使用情况，合理确定固定资产的使用年限。固定资产的使用年限一经确定，不得随意变更。政府会计主体确定固定资产使用年限时，应当考虑下列因素：

（1）预计实现服务潜力或提供经济利益的期限；

（2）预计有形损耗和无形损耗；

（3）法律或者类似规定对资产使用的限制。

4.固定资产折旧计提的起止时间

根据《政府会计准则第3号——固定资产》及应用指南的规定，固定资产应当按月计提折旧，并根据用途计入当期费用或者相关资产成本。当月增加的固定资产，当月开始计提折旧；当月减少的固定资产，当月不再计提折旧。固定资产提足折旧后，无论能否继续使用，均不再计提折旧；提前报废的固定资产，也不再补提折旧。已提足折旧的固定资产，可以继续使用的，应当继续使用，规范实物管理。

5.固定资产折旧的计提方法

根据《政府会计准则第3号——固定资产》的规定，政府会计主体一般应当采用年限平均法或者工作量法计提固定资产折旧。在确定固定资产的折旧方法时，应当考虑与固定资产相关的服务潜力或经济利益的预期实现方式。固定资产折旧方法一经确定，不得随意变更。

（1）年限平均法。

年限平均法也称直线法，是指将固定资产的应计折旧金额按均等的数额在其预计使用期内分配于每一会计期间的一种方法。年限平均法是建立在固定资产服务潜力随时间的延续而减退，与其使用程度无关的假设上的。因此，固定资产的折旧费可以均衡地分摊于其使用年限内的各个期间。年限平均法是目前会计实务中应用最为广泛的折旧计算方法。采用年限平均法，固定资产年折旧额的计算公式为：

固定资产年折旧额=应计折旧金额（成本）÷预计使用年限

固定资产月折旧额=固定资产年折旧额÷12

【例15-66】某单位拥有行政管理用设备一台，其原值为280 000元，预计使用年限为10年，采用年限平均法计提折旧。该设备折旧的计算结果如下：

设备年折旧额=280 000÷10=28 000（元）

设备月折旧额=28 000÷12=2 333.33（元）

年限平均法的优点是直观、计算简单，并且是以固定资产的使用时间为计算折旧的基础，所以能够较好地反映无形损耗对固定资产的影响。

（2）工作量法。

工作量法是按照固定资产实际完成的工作总量计算折旧的一种方法。采用这种方法，每期计提的折旧随当期固定资产提供工作量的多少而变动。提供的工作量多，就多提折旧；反之，则少提折旧。每一工作量所负担的折旧费是不变的。这里所讲的工作量可以是车辆行驶的里程数，也可以是机器完成的工作时数或生产产品的产量数。

采用工作量法计提折旧，应先以固定资产在使用年限内的预计总工作量（如总工作时数或总产量）去除应计折旧总额，算出每一工作量应分摊的折旧，然后乘以当期的实际工作量，求出该期应计提的折旧额。其计算公式为：

单位折旧额=应计折旧总额÷预计总工作量（总里程、总工时、总产量等）

当期折旧额=当期工作量×单位折旧额

【例15-67】某单位一台仪器的原价为60 000元，预计可使用40 000小时，按工作量法计提折旧。2023年10月份，该仪器工作3 600小时，其月折旧额的计算如下：

仪器单位小时折旧额=60 000÷40 000=1.5（元/小时）

仪器本月折旧额=3 600×1.5=5 400（元）

工作量法的优点是简单明了、容易计算，且计提的折旧额与固定资产的使用程度相联系，既充分考虑了固定资产有形损耗因素的影响，也符合配比原则。其缺点是只重视有形损耗对固定资产的影响，而忽视了无形损耗对固定资产的作用。另外，要准确预计固定资产在其使用期间的预计总工作量也比较困难。工作量法主要适用于车辆、船舶等运输工具，以及大型精密设备的折旧计算。

6.固定资产折旧的会计处理

（1）固定资产折旧计提。

经济业务和事项	财务会计处理	预算会计处理
按月计提折旧	借：业务活动费用/单位管理费用/经营费用 　贷：固定资产累计折旧	不做处理

【例 15-68】2023年1月，某事业单位固定资产计提折旧情况：行政管理部门255 000元，教学部门70 000元，科研部门38 000元，后勤管理部门52 000元。

经济业务和事项	财务会计处理	预算会计处理
1月31日，计提折旧	借：单位管理费用—固定资产折旧费　307 000 　　业务活动费用—固定资产折旧费　108 000 　贷：固定资产累计折旧　415 000	不做处理

（2）处置转销。

经济业务和事项	财务会计处理	预算会计处理
处置转销	借：待处理财产损溢/无偿调拨净资产/资产处置费用 　　固定资产累计折旧 　贷：固定资产	借：其他支出 　贷：资金结存

第七节　在建工程

一、工程物资的核算

工程物资是指单位为在建工程准备的各种物资，包括工程用材料、设备等。工程物资在工程施工中起着举足轻重的作用，其核算与管理水平直接关系到工程施工能否顺利进行，是影响工程成本高低和工程质量的重要因素。

为了反映工程物资的增减变动情况，单位应设置“工程物资”科目。该科目借方登记工程物资的增加额；贷方登记工程物资的减少额；期末借方余额，反映单位为在建工程准备的各种物资的成本。“工程物资”科目可按照“库存材料”“库存设备”等工程物资类别进行明细核算。具体核算方法如下：

1.取得工程物资

经济业务和事项	财务会计处理	预算会计处理
取得工程物资	借：工程物资 　贷：财政拨款收入/零余额账户用款额度/银行存款 　　　应付账款/其他应付款	借：行政支出（行政单位） 　　事业支出（事业单位） 　　经营支出（事业单位） 　贷：财政拨款预算收入 　　　资金结存

2.领用工程物资

经济业务和事项	财务会计处理	预算会计处理
领用工程物资	借：在建工程 　贷：工程物资	不做处理

3.剩余工程物资转为库存

经济业务和事项	财务会计处理	预算会计处理
剩余工程物资转为库存	借：库存物品 　贷：工程物资	不做处理

【例15-69】某事业单位为增值税一般纳税人，2023年4月初，“工程物资”科目余额为10 000元；4月5日，购进工程专用设备，增值税专用发票注明的价款为200 000元，增值税税额为26 000元，设备已入库，款项尚未支付。增值税专用发票已经税务机关认证。4月10日，以财政零余额账户支付设备款226 000元；4月15日，购进工程物资一批，增值税专用发票注明的价款为300 000元，增值税税额为39 000元，发生运输费等费用20 000元，增值税专用发票注明的增值税1 800元，增值税专用发票已经税务机关认证，全部款项以银行存款支付。4月30日，为工程项目领用设备成本200 000元、材料成本280 000元。工程完工，将剩余工程物资40 000元转为单位存货。

经济业务和事项	财务会计处理	预算会计处理
4月5日，取得工程物资，尚未支付款项	借：工程物资—库存设备　200 000 　应交增值税—应交税金—进项税额 26 000 　贷：应付账款　226 000	不做处理
4月10日，支付欠款	借：应付账款　226 000 　贷：零余额账户用款额度　226 000	借：事业支出　226 000 　贷：资金结存—零余额账户用款额度　226 000
4月15日，购入工程物资，支付款项	借：工程物资—库存材料　320 000 　应交增值税—应交税金—进项税额　40 800 　贷：银行存款　360 800	借：事业支出　360 800 　贷：资金结存—货币资金 360 800
4月30日，工程物资领用	借：在建工程　480 000 　贷：工程物资—库存设备　200 000 　　—库存材料　280 000	不做处理
4月30日，工程物资转库存物品	借：库存物品　40 000 　贷：工程物资—库存材料　40 000	不做处理

二、在建工程的核算

在建工程是指已经发生必要支出，但尚未达到交付使用状态的建设项目工程。单位无论是新建、改建、扩建，还是进行技术改造、设备更新等，在建工程所发生的各种建筑和安装支出均属于资本性支出，所形成的资产为固定资产。在建工程的核算内容包括：

（1）建筑安装工程投资，是指单位发生的构成建设项目实际支出的建筑工程和安装工程发生的实际成本，不包括被安装设备本身的价值以及按照合同规定支付给施工单位的预付备料款和预付工程款。

（2）设备投资，是指单位发生的构成建设项目实际支出的各种设备的实际成本。

（3）待摊投资，是指单位发生的构成建设项目实际支出的、按照规定应当分摊计入有关工程成本和设备成本的各项间接费用和税费支出。

（4）其他投资，是指单位发生的构成建设项目实际支出的房屋购置支出，基本畜禽、林木等购置、饲养、培育支出，办公生活用家具、器具购置支出，软件研发和不能计入设备投资的软件购置等支出，还包括单位为进行可行性研究而购置的固定资产，以及取得土地使用权支付的土地出让金。

（5）待核销基建支出，是指建设项目发生的江河清障、航道清淤、飞播造林、补助群众造林、水土保持、城市绿化、取消项目的可行性研究费以及项目整体报废等不能形成资产部分的基建投资支出。

（6）基建转出投资，是指为建设项目配套而建成的、产权不归属本单位的专用设施的实际成本。

为了反映在建的建设项目工程实际成本的增减变动情况，单位应设置“在建工程”科目。该科目借方登记各项在建工程实际支出；贷方登记工程完工转出成本；期末借方余额，反映政府单位尚未完工的在建工程发生的实际成本。“在建工程”科目应设置“建筑安装工程投资”“设备投资”“待摊投资”“其他投资”“基建转出投资”“待核销基建支出”等明细科目。具体核算方法如下：

1.建筑安装工程投资

经济业务和事项	财务会计处理	预算会计处理
（1）将固定资产等转入改扩建	借：在建工程—建筑安装工程投资 固定资产累计折旧 贷：固定资产	不做处理
（2）发包工程预付工程款	借：预付账款—预付工程款 贷：财政拨款收入/零余额账户用款额度/银行存款	借：行政支出（行政单位） 事业支出（事业单位） 贷：财政拨款预算收入/资金结存
（3）按照进度结算工程款	借：在建工程—建筑安装工程投资 贷：预付账款—预付工程款 财政拨款收入/零余额账户用款额度/银行存款/应付账款	借：行政支出（行政单位） 事业支出（事业单位） 贷：财政拨款预算收入/资金结存（补付款项）
（4）自行施工小型建筑安装工程，发生支出时	借：在建工程—建筑安装工程投资 贷：工程物资/零余额账户用款额度/银行存款/应付职工薪酬	借：行政支出（行政单位） 事业支出（事业单位） 贷：资金结存（实际支付款项）
（5）改扩建过程中替换（拆除）原资产某些组成部分	借：待处理财产损溢 贷：在建工程—建筑安装工程投资	不做处理
（6）工程竣工验收交付使用	借：固定资产 贷：在建工程—建筑安装工程投资	不做处理

【例15-70】2023年，某事业单位发生的在建工程业务如下：1月5日，与甲公司签订发包建筑安装工程合同，对该事业单位科研大楼进行扩建。4月10日，将科研大楼停止使用并转入扩建工程。该大楼的账面原值为16 000 000元，累计折旧4 000 000元。4月20日，扩建中拆除楼房部分设施的账面价值为800 000元。6月30日，按照合同预付工程款1300 000元，款项以财政直接支付结算。12月25日，根据建筑安装工程价款结算账单与施工企业结算工程款共计1 500 000元，工程余款以财政零余额账户结算。12月31日，科

研大楼扩建完工，达到预定可使用状态。

经济业务和事项	财务会计处理	预算会计处理
4月10日，科研大楼转扩建工程	借：在建工程—建筑安装工程投资　12 000 000 　固定资产累计折旧　4 000 000 　贷：固定资产　16 000 000	不做处理
4月20日，拆除部分设施	借：待处理财产损溢—待处理财产价值　800 000 　贷：在建工程—建筑安装工程投资　800 000	不做处理
6月30日，预付工程款	借：预付账款　1 300 000 　贷：财政拨款收入　1 300 000	借：事业支出　1 300 000 　贷：财政拨款预算收入　1 300 000
12月25日，工程结算	借：在建工程—建筑安装工程投资　1 500 000 　贷：预付账款　1 300 000 　　零余额账户用款额度　200 000	借：事业支出　200 000 　贷：资金结存—零余额账户用款额度　200 000
12月31日，在建工程转入固定资产	借：固定资产　12 700 000 　贷：在建工程—建筑安装工程投资　12 700 000	不做处理

2.设备投资

经济业务和事项	财务会计处理	预算会计处理
（1）购入设备时	借：在建工程—设备投资 　贷：财政拨款收入 　　零余额账户用款额度/银行存款/应付账款	借：行政支出（行政单位）实际支付的款项） 　事业支出（事业单位）（实际支付的款项） 　贷：财政拨款预算收入/资金结存
（2）安装完毕，交付使用	借：固定资产 　贷：在建工程—设备投资 　　—建筑安装工程投资	不做处理
(3) 将不需安装的设备和达不到固定资产标准的工具、器具交付使用时	借：固定资产/库存物品 　贷：在建工程—设备投资	不做处理

【例15-71】2023年3月5日，某公立医院以4 000 000元从某医疗设备公司购入医疗设备及其相关器具，见表15-1。另支付相关费用50 000元，不考虑增值税。全部款项以银行存款支付。

表15-1　　医疗设备及器具费用分配表　　金额单位：元

种类	市场价格	分摊成本			
		比例（%）	买价	相关费用	合计
A医疗设备（需安装）	2 310 000	60	2 400 000	30 000	2 430 000
B医疗设备（不需安装）	1 155 000	30	1 200 000	15 000	1 215 000
C工具及器具	385 000	10	400 000	5 000	405 000
合计	3 850 000		4 000 000	50 000	4 050 000

4月10日，以银行存款支付A医疗设备安装费30 000元。4月30日，A医疗设备安装完毕，办妥竣工验收交接手续交付使用，结转完工成本。5月10日，结转不需要安装设备

和达不到固定资产标准的工具、器具的成本。

经济业务和事项	财务会计处理	预算会计处理
3月5日，购置设备	借：在建工程—设备投资—在安装设备 2 430 000 —不需安装设备 1 215 000 —工具及器具 405 000 贷：银行存款 4 050 000	借：事业支出 4 050 000 贷：资金结存—货币资金 4 050 000
4月10日，支付安装费	借：在建工程—设备投资—在安装设备 30 000 贷：银行存款 30 000	借：事业支出 30 000 贷：资金结存—货币资金 30 000
4月30日，安装完成，交付使用	借：固定资产—A医疗设备 2 460 000 贷：在建工程—设备投资—在安装设备 2 460 000	不做处理
5月10日，结转在建工程	借：固定资产——B医疗设备 1 215 000 库存物品 405 000 贷：在建工程—设备投资—不需安装设备 1 215 000 —工具及器具 405 000	不做处理

3.待摊投资

经济业务和事项	财务会计处理	预算会计处理
(1) 发生构成待摊投资的各类费用时	借：在建工程—待摊投资 贷：财政拨款收入/零余额账户用款额度/银行存款/应付利息/长期借款/其他应交税费	借：行政支出（行政单位） 事业支出（事业单位） 贷：财政拨款预算收入/资金结存(实际支付的款项)
(2) 对于建设过程中试生产、设备调试等产生的收入	借：银行存款 贷：在建工程—待摊投资（按规定冲减工程成本的部分） 应缴财政款/其他收入（差额）	借：资金结存—货币资金 贷：其他预算收入
(3) 经批准，将单项工程或单位工程报废净损失计入继续施工的工程成本的	借：在建工程—待摊投资 银行存款/其他应收款（残料变价收入、赔款等） 贷：在建工程—建筑安装工程投资（毁损报废工程成本）	不做处理
(4) 工程交付使用时，按照一定的分配方法进行待摊投资分配	借：在建工程—建筑安装工程投资 —设备投资 贷：在建工程—待摊投资	不做处理

4.其他投资

经济业务和事项	财务会计处理	预算会计处理
(1) 发生其他投资支出时	借：在建工程—其他投资 贷：财政拨款收入/零余额账户用款额度/银行存款	借：行政支出（行政单位） 事业支出（事业单位） 贷：财政拨款预算收入/资金结存（实际支付的款项）
(2) 资产交付使用时	借：固定资产/无形资产 贷：在建工程—其他投资	不做处理

5.基建转出投资

经济业务和事项	财务会计处理	预算会计处理
(1) 建造的产权不归属本单位的专项设施转出	借：在建工程—基建转出投资 　贷：在建工程—建筑安装工程投资	不做处理
(2) 冲销转出的在建工程	借：无偿调拨净资产 　贷：在建工程—基建转出投资	不做处理

6.待核销基建支出

经济业务和事项	财务会计处理	预算会计处理
(1) 发生各类待核销基建支出	借：在建工程—待核销基建支出 　贷：财政拨款收入/零余额账户用款额度/银行存款	借：行政支出（实际支付的款项） 　事业支出（实际支付的款项） 　贷：财政拨款预算收入/资金结存
(2) 取消的项目发生的可行性研究费	借：在建工程—待核销基建支出 　贷：在建工程—待摊投资	不做处理
(3) 由于自然灾害等原因发生的项目整体报废所形成的净损失	借：在建工程—待核销基建支出 　银行存款 　其他应收款（残料变价收入、保险赔款等） 　贷：在建工程—建筑安装工程投资	不做处理
(4) 经批准冲销待核销基建支出	借：资产处置费用 　贷：在建工程—待核销基建支出	不做处理

【例 15-72】2023年某事业单位发生的待核销基建支出业务如下：9月10日，该单位发生航道清淤费500 000元，用银行存款支付。9月20日，M建设项目经可行性研究，确定取消不再建设，将已发生的可行性研究费80 000元转入待核销基建支出。9月28日，N建筑安装工程项目因水灾导致整体报废，该建筑安装工程项目共发生建筑安装工程支出300 000元，发生净损失200 000元，经上级部门批准予以核销。月末，结转待核销基建支出。

经济业务和事项	财务会计处理	预算会计处理
9月10日，支付航道清淤费	借：在建工程—待核销基建支出　500 000 　贷：银行存款　500 000	借：事业支出　500 000 　贷：资金结存—货币资金　500 000
9月20日，取消在建工程建设，待核销	借：在建工程—待核销基建支出　80 000 　贷：在建工程—待摊投资　80 000	不做处理
9月28日，安装工程报废，待核销	借：在建工程—待核销基建支出　200 000 　贷：在建工程—建筑安装工程投资　200 000	不做处理
9月30日，核销基建支出	借：资产处置费用　780 000 　贷：在建工程—待核销基建支出　780 000	不做处理

第八节　无形资产

一、无形资产概述

（一）无形资产的概念和特征

无形资产是指单位控制的没有实物形态的可辨认非货币性资产，如专利权、商标权、著作权、土地使用权、非专利技术等。

资产满足下列条件之一的，即符合无形资产定义中的可辨认性标准：❶能够从单位中分离或者划分出来，并能单独或者与相关合同、资产或负债一起，用于出售、转移、授予许可、租赁或者交换；❷源自合同性权利或其他法定权利，无论这些权利是否可以从单位或其他权利和义务中转移或者分离。

无形资产虽然不存在物质实体，但它体现了基于法律或合同关系所赋予单位的各项特殊的权利，或者反映了单位在运营上能够得到某种优越的经济利益或形成服务潜力，即使没有物质实体，但它们可能具有很大的潜在价值。

无形资产一般具有以下特征：

（1）不具有实物形态。不具有独立的物质实体，是无形资产区别于其他资产的显著标志。虽然无形资产没有实物形态，却具有价值。其价值往往是通过无形的知识形态、法律或合同所赋予的某种法定或特许的权利（如专利权、商标权）等方式来表现的，难以通过人们的感觉器官所直接触摸或感受到。

（2）属于非货币性长期资产。非货币性资产是指货币性资产以外的资产，如存货、固定资产、无形资产、股权投资以及不准备持有至到期的债券投资等。无形资产虽然不具有物质实体，但能在若干运行期内使用或发挥作用，预期能够产生服务潜力或带来未来的经济利益。因而，无形资产属于一项长期资产，并且是非货币性资产。

（3）持有资产的目的是供运营活动使用。无形资产与运营活动密切相关，行政单位持有无形资产的目的是提供公共服务和监管社会事务，其产生的服务潜力或带来的经济利益只能在运营中得以体现。如果脱离了运营活动，它仅是处在一种“准备”状态，只有被利用时方可产生服务能力或经济利益。

（4）带来的服务潜力或经济利益具有不确定性。受单位外部因素、有形资产使用状况的影响，无形资产提供的服务潜力所带来的未来经济利益具有较大的不确定性，有些无形资产确认的账面价值与以后实际价值往往出现较大差距。多数情况下，无形资产的潜在价值可能是分布在零至很大金额的范围内，具有高度不确定性。

（二）无形资产的内容

根据《政府会计准则第4号——无形资产》的规定，单位的无形资产包括专利权、商标权、著作权、土地使用权、非专利技术等。

（1）专利权。专利权是指国家专利注册机构授予专利申请人在法定期限内对其发明创造成果所享有的专有权利，包括独家制造、出售其专利产品或转让其专利等权利。该权利受国家法律保护，任何单位和个人，未经专利人许可，不得擅自使用专利人拥有的专利，否则构成侵权行为，须承担法律责任，赔偿经济损失。需要指出的是，专利权虽然允许专利人独家使用或者控制，但专利权并不能保证一定能够给专利人带来经济效益。有的专利可能没有经济价值或者只有很小的经济价值，有的专利可能会被其他更有经济价值的专利所淘汰等。

（2）商标权。商标权是指专门在某类指定的商品或产品上使用特定的名称或图案的权利。经商标局核准注册的商标为注册商标，商标注册人享有商标专用权，受法律保护。商标权包括独占使用权和禁止权。其中，独占使用权是指商标权享有人在商标注册的范围内独家使用其商标的权利，这种权利是商标权具有独占性的法律表现；禁止权是指商标权享有人排除和禁止他人对商标独占使用权进行侵犯的权利，这种权利是商标权具有排他性的法律表现。

（3）著作权。著作权是指作者对其创作的文学、科学和艺术作品依法享有的某些特殊权利。根据我国《著作权法》的规定，中国公民、法人和非法人单位的作品，不论是否发表，均享有著作权，受国家法律保护。著作权一般包括以下人身权和财产权：发表权、署名权、修改权、保护作品完整权、使用权和获得报酬权。著作权人依法拥有的著作权除法律另有规定者外，未经著作权人许可或者转让，他人不得占有和行使；出版者、表演者、录音录像制作者、广播电台、电视台等依法取得的他人著作权，不得侵犯作者的署名权、修改权、保护作品完整权和获得报酬权。

（4）土地使用权。土地使用权是指国家准许政府单位在规定期间内对国有土地享有开发、利用和经营的权利。根据我国《土地管理法》的规定，我国土地实行公有制，任何单位和个人不得侵占、买卖或者以其他形式非法转让。土地使用权具有以下特点：❶相对独立性。在土地使用权存续期间，其他任何单位和个人，均不得任意收回土地或者非法干预土地使用权人的合法活动。❷使用内容的充分性。土地使用权人在法定范围内拥有对土地实际占有、使用、收益和处分的权利。❸土地使用权是一种物权，即有对物的请求权。如可能丧失占有时，有返还请求权；正常使用受到侵害时，有排除妨害请求权；在发生被妨害的危险时，有防止请求权。

（5）非专利技术。非专利技术又称专有技术，是指不为外界所知、在生产经营活动中已采用了的、不受法律保护的、可以带来经济效益的各种技术和诀窍。政府单位的非专利技术一般是指政府单位在组织事业收入或经营收入过程中取得的有关生产、经营和管理等方面的知识、经验和技巧。需要说明的是，由于非专利技术的发明创造者不愿意或者来不及申请专利，或者虽然提出了专利申请而没有取得专利权，因此，非专利技术不受专利法的保护，主要依靠发明创造者自我保密的方式来维持其独占权。

无形资产按期限可以分为使用年限有限的无形资产和使用年限不确定的无形资产两类。前者的使用年限为法律所规定，例如，专利权、著作权、商标权等；后者法律上未对其使用年限作出规定，即该类资产为单位提供服务的潜力或者带来经济利益的期限不确定。

二、无形资产的会计核算

（一）无形资产的确认

1.无形资产的确认条件

根据《政府会计准则第4号——无形资产》的规定，无形资产同时满足下列条件的，应当予以确认：

（1）与该无形资产相关的服务潜力很可能实现或者经济利益很可能流入政府会计主体；

（2）该无形资产的成本或者价值能够可靠地计量。

政府会计主体在判断无形资产的服务潜力或经济利益是否很可能实现或流入时，应当对无形资产在预计使用年限内可能存在的各种社会、经济、科技因素进行合理估计，并且应当有确凿的证据支持。

政府会计主体购入的不构成相关硬件不可缺少组成部分的软件，应当确认为无形资产。

2.无形资产的自行研发

（1）自行研究开发项目的识别。《政府会计准则第4号——无形资产》（简称“4号准则”）中所指的自行研究开发项目，应当同时满足以下条件：

❶该项目以科技成果创造和运用为目的，预期形成至少一项科技成果。科技成果是指通过科学研究与技术开发所产生的具有实用价值的成果。

❷该项目的研发活动起点可以明确。例如，利用财政资金等单位外部资金设立的科研项目，可以将立项之日作为起点；利用单位自有资金设立的科研项目，可以将单位决策机构批准同意立项之日，或科研人员将研发计划书提交单位科研管理部门审核通过之日作为起点。

（2）自行研究开发项目支出的范围及会计处理。4号准则中所指的自行研究开发项目的支出，包括从事研究开发及其辅助活动（以下简称研发活动）人员计提的薪酬，研发活动领用的库存物品，研发活动使用的固定资产和无形资产计提的折旧和摊销，为研发活动支付的其他各类费用等。其中，计提的薪酬根据《政府会计制度》，包括基本工资、国家统一规定的津贴补贴、规范津贴补贴（绩效工资）、改革性补贴、社会保险费、住房公积金等；为研发活动支付的其他各类费用包括业务费、劳务费、水电气暖费用等。

按照《政府会计制度》的规定，单位应当先通过“研发支出”科目归集自行研究开发项目的支出，借记“研发支出”科目，贷记“应付职工薪酬”“库存物品”“固定资产累计折旧”“无形资产累计摊销”“财政拨款收入”“银行存款”“零余额账户用款额度”“预提费用”等科目。“研发支出”科目下归集的各项研发支出后续按4号准则相关规定转入当期费用或无形资产。

不属于4号准则所指的自行研究开发项目所发生的支出，应当在实际发生时计入当期费用。

（3）自行研究开发项目研究阶段和开发阶段的划分。根据4号准则规定，单位自行研究开发项目的支出，应当区分研究阶段支出与开发阶段支出。对于研究阶段的支出，应当计入当期费用。对于开发阶段的支出，先按合理方法进行归集，最终形成无形资产的，应当确认为无形资产；最终未形成无形资产的，应当计入当期费用。

当单位自行研究开发项目预期形成的无形资产同时满足以下条件时，可以认定该自行研究开发项目进入开发阶段：

❶单位预期完成该无形资产以使其能够使用或出售在技术上具有可行性。

❷单位具有完成该无形资产并使用或出售的意图。

❸单位预期该无形资产能够为单位带来经济利益或服务潜能。该无形资产自身或运用该无形资产生产的产品存在市场，或者该无形资产在内部使用具有有用性。

❹单位具有足够的技术、财务资源和其他资源支持，以完成该无形资产的开发，并有能力使用或出售该无形资产。

❺归属于该无形资产开发阶段的支出能够可靠地计量。

通常情况下，单位可以将样品样机试制成功、可行性研究报告通过评审等作为自行研究开发项目进入开发阶段的标志，但该时点不满足上述进入开发阶段5个条件的除外。

3.无形资产的后续支出

与无形资产有关的后续支出，符合无形资产确认条件的，应当计入无形资产成本；不符合无形资产确认条件的，应当在发生时计入当期费用或者相关资产成本。

（二）无形资产的账务处理

为了反映无形资产的增减变动情况，单位应设置“无形资产”科目。该科目借方登记取得无形资产的成本；贷方登记处置无形资产的成本；期末借方余额，反映政府单位无形资产的原价。其明细账应当按照无形资产的类别等设置并进行明细分类核算。具体核算方法如下：

1.取得无形资产

（1）外购取得。

经济业务和事项	财务会计处理	预算会计处理
外购取得无形资产	借：无形资产 　贷：财政拨款收入/零余额账户用款额度/应付账款/银行存款	借：行政支出（行政单位） 　　事业支出（事业单位） 　　经营支出（事业单位） 　贷：财政拨款预算收入/资金结存

【例 15-73】2023年10月8日，某事业单位购入一项专利权，其价值为150 000元，发生的相关费用为13 200元，全部款项以银行存款支付。

经济业务和事项	财务会计处理	预算会计处理
10月8日，购入专利权	借：无形资产—专利权　163 200 　贷：银行存款　163 200	借：事业支出　163 200 　贷：资金结存—货币资金　163 200

（2）委托开发取得。

经济业务和事项	财务会计处理	预算会计处理
委托软件公司开发，预付开发费用时	借：预付账款 　贷：财政拨款收入/零余额账户用款额度/银行存款	借：行政支出（行政单位） 　　事业支出（事业单位） 　　经营支出等（事业单位） 　贷：财政拨款预算收入/资金结存（预付的款项）
委托开发的软件交付使用，并支付剩余或全部开发费用	借：无形资产（开发费用总额） 　贷：预付账款 　　财政拨款收入/零余额账户用款额度/银行存款（支付的剩余款项）	借：行政支出（行政单位） 　　事业支出（事业单位） 　　经营支出等（事业单位） 　贷：财政拨款预算收入/资金结存（支付剩余的款项）

【例 15-74】2023年3月1日，某事业单位在开展非独立核算经营活动中，委托乙软件公司开发软件，预付开发费300 000元。该事业单位收到代理银行转来的支付乙软件公司软件开发费的“财政直接支付入账通知书”，通知书中注明的金额为300 000元。10月31日，软件开发完成交付使用，收到乙软件公司开具的软件开发结算凭证，共发生支出350 000元。11月5日，以零余额账户支付剩余的费用50 000元。

经济业务和事项	财务会计处理	预算会计处理
3月1日，预付软件开发费	借：预付账款　300 000 　贷：财政拨款收入　300 000	借：经营支出　300 000 　贷：财政拨款预算收入　300 000
10月31日，软件开发完成	借：无形资产　350 000 　贷：预付账款　350 000	不做处理
11月5日，支付尾款	借：预付账款　50 000 　贷：零余额账户用款额度　50 000	借：经营支出　50 000 　贷：资金结存—零余额账户用款额度　50 000

（3）自行开发取得。

经济业务和事项	财务会计处理	预算会计处理
开发完成，达到预定用途形成无形资产的	借：无形资产 　贷：研发支出—开发支出	不做处理
尚未进入开发阶段，或确实无法区分研究阶段支出和开发阶段支出，但按法律程序已申请取得无形资产的	借：无形资产（依法取得时发生的注册费、聘请律师费等费用） 　贷：财政拨款收入/零余额账户用款额度/银行存款	借：行政支出（行政单位） 　　事业支出（事业单位） 　　经营支出等（事业单位） 　贷：财政拨款预算收入/资金结存

【例15-75】2022年至2023年，某事业单位自行研究开发非专利技术。2022年1月至2月为研究阶段，共发生咨询费200 000元、材料费600 000元，全部以银行存款支付，确认研发人员薪酬500 000元。假定2月末集中进行账务处理。2022年3月进入开发阶段，至年末共领用材料1 000 000元，确认开发人员薪酬800 000元、专用设备折旧费用600 000元。年末，自行研究开发项目完成，经确认达到预定用途形成无形资产的开发支出为2 000 000元。

经济业务和事项	财务会计处理	预算会计处理
2月末，支付研究开发相关费用	借：研发支出—研究支出　1 300 000 　贷：银行存款　800 000 　　应付职工薪酬　500 000	借：事业支出　800 000 　贷：资金结存—货币资金　800 000
2月末，将研发支出转入当期费用	借：业务活动费用　1 300 000 　贷：研发支出—研究支出　1 300 000	不做处理
3月31日至12月31日，发生研发支出	借：研发支出—开发支出　2 400 000 　贷：库存物品　1 000 000 　　应付职工薪酬　800 000 　　固定资产累计折旧　600 000	不做处理
12月31日，形成无形资产	借：无形资产—专利权　2 000 000 　　业务活动费用　400 000 　贷：研发支出—开发支出　2 400 000	不做处理

（4）置换取得。

经济业务和事项	财务会计处理	预算会计处理
置换取得	借：无形资产（换出资产评估价值+其他相关支出） 　　固定资产累计折旧/无形资产累计摊销 　　资产处置费用（借差） 　贷：库存物品/固定资产/无形资产（账面余额） 　　银行存款（其他相关支出） 　　其他收入（贷差）	借：其他支出（实际支付的其他支出） 　贷：资金结存—货币资金
置换换入涉及补价：实际支付补价的	借：无形资产（换出资产评估价值+其他相关支出+补价） 　　固定资产累计折旧/无形资产累计摊销 　　资产处置费用（借差） 　贷：库存物品/固定资产/无形资产（账面余额） 　　银行存款（其他相关支出+补价） 　　其他收入（贷差）	借：其他支出（实际支付的其他支出+补价） 　贷：资金结存—货币资金

续表

经济业务和事项	财务会计处理	预算会计处理
置换换入涉及补价：收到补价的	借：无形资产（换出资产评估价值+其他相关支出−补价） 银行存款（补价） 固定资产累计折旧/无形资产累计摊销 资产处置费用（借差） 贷：库存物品/固定资产/无形资产（账面余额） 银行存款（其他相关支出） 应缴财政款（补价−其他相关支出） 其他收入（贷差）	借：其他支出（实际支付的其他支出大于补价的差额） 贷：资金结存—货币资金

【例 15-76】2023年6月30日，甲单位为了提高产品质量，以其持有的对乙公司的长期股权投资交换丙单位拥有的一项专利权。在交换日，甲单位持有的长期股权投资账面余额为3 000 000元，评估价值为3 500 000元，以银行存款支付相关费用6 000元。丙单位专利权的账面原价为3 800 000元，累计已摊销金额为500 000元。

经济业务和事项	财务会计处理	预算会计处理
6月30日，以股权置换专利权	借：无形资产　3 506 000 贷：银行存款　6 000 长期股权投资　3 000 000 其他收入　500 000	借：其他支出　6 000 贷：资金结存—货币资金　6 000

（5）接受捐赠取得。

经济业务和事项	财务会计处理	预算会计处理
接受捐赠	借：无形资产 贷：零余额账户用款额度/银行存款（发生的相关税费） 捐赠收入（差额）	借：其他支出（发生的相关税费） 贷：资金结存
接受捐赠取得的无形资产按名义金额入账的	借：无形资产（名义金额） 贷：捐赠收入 借：其他费用 贷：财政拨款收入/零余额账户用款额度/银行存款（发生的相关税费）	借：其他支出（发生的相关税费） 贷：资金结存

【例 15-77】2023年5月10日，甲单位与乙单位签订捐赠协议。协议规定，乙单位向甲单位捐赠一项著作权。该著作权没有相关凭据，同类或类似无形资产的市场价格也无法取得，按照名义金额1元入账。

经济业务和事项	财务会计处理	预算会计处理
5月10日，接受捐赠无形资产	借：无形资产　1 贷：捐赠收入　1	不做处理

（6）无偿调入。

经济业务和事项	财务会计处理	预算会计处理
无偿调入无形资产	借：无形资产 　贷：零余额账户用款额度/银行存款（发生的相关税费） 　　无偿调拨净资产（差额）	借：其他支出（发生的相关税费） 　贷：资金结存

【例15-78】2023年2月15日，甲事业单位根据财政部门批准，从乙政府单位无偿调入一项专利权。该专利权的账面余额为200 000元，累计摊销为50 000元，用零余额账户支付有关费用6 000元。

经济业务和事项	财务会计处理	预算会计处理
2月15日，无偿调入无形资产	借：无形资产　156 000 　贷：零余额账户用款额度　6 000 　　无偿调拨净资产　150 000	借：其他支出　6 000 　贷：资金结存—零余额账户用款额度　6 000

2.无形资产后续支出

（1）资本化后续支出。

经济业务和事项	财务会计处理	预算会计处理
符合无形资产确认条件的后续支出	借：在建工程 　　无形资产累计摊销 　贷：无形资产 借：在建工程 　　无形资产（无须暂停计提摊销的） 　贷：财政拨款收入/零余额账户用款额度/银行存款	借：行政支出（行政单位） 　　事业支出（事业单位） 　　经营支出（事业单位） 　贷：财政拨款预算收入/资金结存

【例15-79】2022年1月1日，某事业单位取得一项软件系统，其价款为600 000元，摊销期限为5年。2024年3月10日，对该软件系统进行升级改造（无须暂停摊销），用零余额账户用款额度支付软件公司劳务费150 000元。经升级改造，软件系统使用期限延长2年。

经济业务和事项	财务会计处理	预算会计处理
3月10日，支付升级改造费	借：无形资产　150 000 　贷：零余额账户用款额度　150 000	借：事业支出　150 000 　贷：资金结存—零余额账户用款额度 150 000

2024年3月末软件系统账面价值：

软件系统账面价值=600 000−600 000÷（5×12）×（2×12+3）=330 000（元）

软件系统升级后成本：

软件系统升级后成本=330 000+150 000=480 000（元）

2024年4月至12月软件系统摊销：

2024年4月至12月软件系统摊销额=480 000÷（4×12+9）×9=75 789.47（元）

经济业务和事项	财务会计处理	预算会计处理
2024年4月至12月软件系统摊销	借：业务活动费用—无形资产　75 789.47 　贷：无形资产累计摊销　75 789.47	不做处理

（2）费用化后续支出。

经济业务和事项	财务会计处理	预算会计处理
不符合无形资产确认条件的后续支出	借：业务活动费用/单位管理费用/经营费用等 　贷：财政拨款收入/零余额账户用款额度/银行存款	借：行政支出（行政单位） 　　事业支出（事业单位） 　　经营支出（事业单位） 　贷：财政拨款预算收入/资金结存

【例15-80】2023年5月20日，某事业单位对其研究工作采用的软件系统进行技术维护，用零余额账户用款额度支付软件维护费30 000元。

经济业务和事项	财务会计处理	预算会计处理
5月20日，支付软件维护费	借：业务活动费用　30 000 　贷：零余额账户用款额度　30 000	借：事业支出　30 000 　贷：资金结存—零余额账户用款额度　30 000

3.无形资产处置

（1）出售、转让。

经济业务和事项	财务会计处理	预算会计处理
出售、转让无形资产	借：资产处置费用 　　无形资产累计摊销 　贷：无形资产	不做处理
	借：银行存款（收到的价款） 　贷：银行存款等（发生的相关费用） 　　　应缴财政款/其他收入	如转让收入按照规定纳入本单位预算： 借：资金结存 　贷：其他预算收入

【例15-81】2023年3月30日，某事业单位将某项专利权出售。该专利权成本为300 000元，已累计摊销金额为160 000元。出售专利权取得价款80 000元，应交增值税为4 800元，全部价税款存入银行。另以零余额账户支付其他费用1 500元。处置净收入确认为本单位其他收入。

经济业务和事项	财务会计处理	预算会计处理
3月30日，出售专利权	借：资产处置费用　140 000 　　无形资产累计摊销　160 000 　　银行存款　80 000 　贷：无形资产—专利权　300 000 　　　应交增值税—应交税金—销项税额　4 800 　　　零余额账户用款额度　1 500 　　　其他收入　73 700	借：资金结存—货币资金　80 000 　贷：其他预算收入　80 000 借：其他支出　1 500 　贷：资金结存—零余额账户用款额度　1 500

（2）对外捐赠。

经济业务和事项	财务会计处理	预算会计处理
对外捐赠无形资产	借：资产处置费用 　　无形资产累计摊销 　贷：无形资产（账面余额） 　　　银行存款（归属于捐出方的相关费用）	借：其他支出（归属于捐出方的相关费用） 　贷：资金结存—货币资金

（3）无偿调出。

经济业务和事项	财务会计处理	预算会计处理
无偿调出无形资产	借：无偿调拨净资产 无形资产累计摊销 贷：无形资产（账面余额）	不做处理
	借：资产处置费用 贷：银行存款等（相关费用）	借：其他支出（归属于调出方的相关费用） 贷：资金结存—货币资金

【例15-82】2023年12月12日，某行政单位经批准无偿调出一项土地使用权。该资产账面余额为1 800 000元，已提摊销1 200 000元。以银行存款支付与资产调出相关的费用35 000元。

经济业务和事项	财务会计处理	预算会计处理
12月12日，无偿调出土地使用权	借：无形资产累计摊销 1 200 000 无偿调拨净资产 600 000 贷：无形资产 1 800 000	不做处理
核销资产处置费用	借：资产处置费用 35 000 贷：银行存款 35 000	借：其他支出 35 000 贷：资金结存—货币资金 35 000

（4）置换换出。

经济业务和事项	财务会计处理	预算会计处理
置换换出无形资产	参照“库存物品”科目中置换取得库存物品的规定进行账务处理	

（5）经批准核销。

经济业务和事项	财务会计处理	预算会计处理
经批准核销无形资产	借：资产处置费用 无形资产累计摊销 贷：无形资产（账面余额）	不做处理

【例15-83】某事业单位拥有一项专利权，因不能提供未来服务，2023年12月30日予以报废处理。该专利权的账面余额为120 000元，采用直线法摊销，摊销期限为10年，已摊销4年。

经济业务和事项	财务会计处理	预算会计处理
12月30日，报废专利权	借：资产处置费用 72 000 无形资产累计摊销 48 000 贷：无形资产—专利权 120 000	不做处理

三、无形资产摊销

根据《政府会计准则第4号——无形资产》的规定，对于使用年限有限的无形资产，单位应当在持有期间对其取得成本予以摊销。

1.无形资产的摊销期

关于无形资产的摊销年限，《政府会计准则第4号——无形资产》规定如下：❶法律规定了有效年限的，按照法律规定的有效年限作为摊销年限；❷法律没有规定有效年限的，按照相关合同或单位申请书中的受益年限作为摊销年限；❸法律没有规定有效年限，相关合同或单位申请书也没有规定受益年限的，应当根据无形资产为政府会计主体带来服务潜力或经济利益的实际情况，预计其使用年限；❹非大批量购入、单价小于1 000元的无形资产，可以于购买的当期将其成本一次性全部转销。

2.无形资产的摊销方法

从理论上讲，无形资产摊销可能存在多种方法。单位选用不同的摊销方法，将影响无形资产使用寿命期间内不同时期的摊销费用。《政府会计准则第4号——无形资产》规定，单位应当采用年限平均法或者工作量法对无形资产进行摊销，应摊销金额为其成本，不考虑预计残值。

（1）年限平均法。年限平均法又称直线法，是指将无形资产的应计摊销额均衡地分摊到无形资产预计使用寿命期间内的一种方法。采用这种方法计算的每期摊销额均相等。计算公式如下：

每年摊销额=无形资产应计摊销额÷预计摊销年限

每月摊销额=年摊销额÷12

【例15-84】某事业单位自行开发并依法取得一项专利权，取得时发生注册费30 000元、聘请律师费18 000元。按有关法律规定，该专利权的有效年限不超过5年，采用年限平均法进行摊销。

该专利权摊销额的计算方法如下：

专利权年摊销额=（30 000+18 000）÷5=9 600（元）

（2）工作量法。工作量法是指按照无形资产实际完成的工作总量计算摊销额的一种方法。采用这种方法，每期计提的摊销额随当期无形资产提供工作量的多少而变动，提供的工作量多，就多摊销；反之，则少摊销，而每一工作量所负担的摊销额是相同的。

【例15-85】某事业单位持有一项专利权并按工作量法摊销。该专利权的取得成本为100 000元，可为单位提供的服务数量为50 000件。2023年6月，使用专利提供服务的数量为6 000件。

该专利权6月的摊销计算结果如下：

专利权单位摊销额=100 000÷50 000=2（元/件）

6月专利权摊销额=6 000×2=12 000（元）

3.无形资产摊销的核算

为了反映无形资产摊销的增减变动情况，单位应设置“无形资产累计摊销”科目。该科目的贷方登记计提的无形资产摊销额；借方登记因无形资产减少而转销的摊销额。期末贷方余额反映单位计提的无形资产摊销累计数。其明细账应当按照所对应的无形资产设置并进行明细分类核算。具体核算方法如下：

（1）无形资产摊销计提。

经济业务和事项	财务会计处理	预算会计处理
按月摊销	借：业务活动费用/单位管理费用/加工物品 　贷：无形资产累计摊销	不做处理

【例15-86】2023年5月31日，某事业单位无形资产摊销业务如下：甲专利权用于业务部门，每月摊销450元；乙专利权用于加工物品，每月摊销600元；土地使用权每月摊销2 500元。

经济业务和事项	财务会计处理	预算会计处理
5月31日，计提无形资产摊销	借：业务活动费用 450 加工物品 600 单位管理费用 2 500 贷：无形资产累计摊销 3 550	不做处理

（2）处置转销。

经济业务和事项	财务会计处理	预算会计处理
处置转销无形资产	借：资产处置费用/无偿调拨净资产 无形资产累计摊销 贷：无形资产（账面余额）	不做处理

第九节 公共基础设施

一、公共基础设施概述

（一）公共基础设施的内容

一般来说，公共基础设施是指政府部门占有并直接负责维护管理、供社会公众使用的工程性公共基础设施资产，包括城市交通设施、公共照明设施、环保设施、防灾设施、健身设施、广场及公共构筑物等其他公共设施。根据《政府会计准则第5号——公共基础设施》的规定，公共基础设施是指政府会计主体为满足社会公共需求而控制的，同时具有以下特征的有形资产：❶是一个有形资产系统或网络的组成部分；❷具有特定用途；❸一般不可移动。具体来说，公共基础设施主要包括以下内容：

（1）市政基础设施。市政基础设施是指城市道路、桥梁、隧道、公交场站、路灯、广场、公园绿地、室外公共健身器材，以及环卫、排水、供水、供电、供气、供热、污水处理、垃圾处理系统等资产。

（2）交通基础设施。交通基础设施是指公路基础设施（如公路照明、公路通信、通风、景观、防护、防撞、标志标牌、绿化、标示）、航道基础设施（如航道构筑物设施、助航设施、安全设施以及监控设施）、港口基础设施（如码头主体、护岸结构、引桥及作业区域、后方堆场、仓储设施、导助航设施）等资产。

（3）水利基础设施。水利基础设施是指大坝、堤防、水闸、泵站、渠道等资产。

（4）其他公共基础设施。其他公共基础设施是指除市政基础设施、交通基础设施、水利基础设施以外的公共基础设施，如公共厕所、城市景观照明设施等。

需要说明的是：独立于公共基础设施、不构成公共基础设施使用不可缺少组成部分的管理维护用房屋建筑物、设备、车辆等，属于文物文化资产的公共基础设施，采用政府和社会资本合作模式（即PPP模式）形成的公共基础设施，均不作为公共基础设施核算。

（二）公共基础设施的特征

（1）公共基础设施是一个系统或网络的组成部分。如公路设施是由公路构筑物设施、安全设施、通信设施、监控设施、环境保护设施、收费设施、服务设施以及场站设施等构成的系统或网络，尽管每一个子系统或网络有其独立的作用，但组合在一起才产生预期的服务潜力或者带来经济利益。

（2）公共基础设施具有专用性且没有其他用途，也具有不可移动性。公共基础设施的专用性表现在它们为社会生产和居民生活提供公共条件和公共服务而非为特定单位的经营管理所使用。如果不具有公共性和公益性，如政府的某些交通部门为进行交通管理而购建的设备、设施以及购建的房屋建筑物等，则不属于公共基础设施的范畴。公共基础设施具有地点固定，一旦建造完成、不可移动的特点。

（3）公共基础设施具有投资多、施工期限和使用寿命长、投资回报社会化等特点。例如，路基、路面、桥梁、隧道等公路构筑物设施，航道及驳岸、船闸、跨航道建筑物等航道构筑物设施，码头、泊位等船舶靠泊设施等都体现了这些特点。

（三）公共基础设施的确认

根据《政府会计准则第5号——公共基础设施》的规定，公共基础设施同时满足下列条件的，应当予以确认：❶与该公共基础设施相关的服务潜力很可能实现或者经济利益很可能流入政府会计主体；❷该公共基础设施的成本或者价值能够可靠地计量。

通常情况下，对于自建或外购的公共基础设施，政府会计主体应当在该项公共基础设施验收合格并交付使用时确认；对于无偿调入、接受捐赠的公共基础设施，政府会计主体应当在开始承担该项公共基础设施管理维护职责时确认。

政府会计主体应当根据公共基础设施提供公共产品或服务的性质或功能特征对其进行分类确认。公共基础设施的各组成部分具有不同使用年限或者以不同方式提供公共产品或服务，适用不同折旧率或折旧方法且可以分别确定各自原价的，应当分别将各组成部分确认为该类公共基础设施的一个单项公共基础设施。

政府会计主体在购建公共基础设施时，能够分清购建成本中的构筑物部分与土地使用权部分的，应当将其中的构筑物部分和土地使用权部分分别确认为公共基础设施；不能分清购建成本中的构筑物部分与土地使用权部分的，应当整体确认为公共基础设施。公共基础设施在使用过程中发生的后续支出，符合《政府会计准则第5号——公共基础设施》规定的确认条件的，应当计入公共基础设施成本；不符合《政府会计准则第5号——公共基础设施》规定的确认条件的，应当在发生时计入当期费用。通常情况下，为增加公共基础设施使用效能或延长其使用年限而发生的改建、扩建等后续支出，应当计入公共基础设施成本；为维护公共基础设施的正常使用而发生的日常维修、养护等后续支出，应当计入当期费用。

（四）公共基础设施的计量

根据《政府会计准则第5号——公共基础设施》的规定，公共基础设施在取得时应当按照成本进行初始计量。政府会计主体自行建造的公共基础设施，其成本包括完成批准的建设内容所发生的全部必要支出，包括建筑安装工程投资支出、设备投资支出、待摊投资支出和其他投资支出。在原有公共基础设施基础上进行改建、扩建等建造活动后的公共基础设施，其成本按照原公共基础设施账面价值加上改建、扩建等建造活动发生的支出，再扣除公共基础设施被替换部分的账面价值后的金额确定。为建造公共基础设施借入的专门借款的利息，属于建设期间发生的，计入该公共基础设施在建工程成本；不属于建设期间发生的，计入当期费用。已交付使用但尚未办理竣工决算手续的公共基础设施，应当按照估计价值入账，待办理竣工决算后再按照实际成本调整原来的暂估价值。

政府会计主体接受其他会计主体无偿调入的公共基础设施，其成本按照该项公共基础设施在调出方的账面价值加上归属于调入方的相关费用确定。政府会计主体接受捐赠的公共基础设施，其成本按照有关凭据注明的金额加上相关费用确定；没有相关凭据可供取得，但按规定经过资产评估的，其成本按照评估价值加上相关费用确定；没有相关凭据可供取得、也未经资产评估的，其成本比照同类或类似资产的市场价格加上相关费用确定。如受赠的是旧的公共基础设施，在确定其初始入账成本时应当考虑该项资产的新旧程度。

政府会计主体外购的公共基础设施，其成本包括购买价款、相关税费以及公共基础设施交付使用前所发生的可归属于该项资产的运输费、装卸费、安装费和专业人员服务费等。对于包括不同组成部分的公共基础设施，其只有总成本、没有单项组成部分成本的，政府会计主体可以按照各单项组成部分同类或类似资产的成本或市场价格比例对总成本进行分配，分别确定公共基础设施中各单项组成部分的成本。

二、公共基础设施的核算

为了反映公共基础设施及其累计折旧的增减变动情况，单位应设置“公共基础设施”科目。该科目借方登记公共基础设施的增加额；贷方登记公共基础设施的减少额；期末借方余额，反映公共基础设施的原值。其明细账应当按照公共基础设施的类别和项目设置并进行明细核算。具体核算方法如下：

1.取得公共基础设施

（1）自行建造。

经济业务和事项	财务会计处理	预算会计处理
公共基础设施完工交付使用时	借：公共基础设施 　贷：在建工程	不做处理

【例15-87】2023年1月5日，某省公路管理局M连接线工程竣工并确认为公共交通基础设施，其工程成本共计125 000 000元，其中，建筑安装工程投资支出100 000 000元，待摊投资支出20 000 000元，其他投资支出5 000 000元。

经济业务和事项	财务会计处理	预算会计处理
1月5日，确认公共基础设施成本	借：公共基础设施　125 000 000 　贷：在建工程　125 000 000	不做处理

（2）无偿调入。

经济业务和事项	财务会计处理	预算会计处理
接受无偿调入的公共基础设施	借：公共基础设施 　贷：无偿调拨净资产 　　财政拨款收入/零余额账户用款额度/银行存款（发生的归属于调入方的相关费用） 如无偿调入的公共基础设施成本无法可靠取得的： 借：其他费用（发生的归属于调入方的相关费用） 　贷：财政拨款收入/零余额账户用款额度/银行存款	借：其他支出（支付的归属于调入方的相关费用） 　贷：财政拨款预算收入/资金结存

【例15-88】2023年3月8日，从省外某公路管理单位无偿调入通信设备并确认为公共基础

设施，调出单位的账面价值为1 500 000元，调入单位以银行存款支付运输费、安装费30 000元。

经济业务和事项	财务会计处理	预算会计处理
3月8日，无偿调入公共基础设施	借：公共基础设施　1 530 000 贷：银行存款　30 000 无偿调拨净资产　1 500 000	借：其他支出　30 000 贷：资金结存—货币资金　30 000

（3）外购取得。

经济业务和事项	财务会计处理	预算会计处理
外购公共基础设施	借：公共基础设施 贷：财政拨款收入/零余额账户用款额度 银行存款/应付账款	借：行政支出（行政单位） 事业支出（事业单位） 贷：财政拨款预算收入/资金结存

【例15-89】2023年8月20日，某省公路局购入一批公路安全设施并交付使用，共支出256 000元，其中，财政直接支付设施款项200 000元，以零余额账户支付设施的安装费和专业人员服务费56 000元。

经济业务和事项	财务会计处理	预算会计处理
8月20日，外购	借：公共基础设施　256 000 贷：财政拨款收入　200 000 零余额账户用款额度　56 000	借：行政支出　256 000 贷：财政拨款预算收入　200 000 资金结存—零余额账户用款额度　56 000

（4）接受捐赠。

经济业务和事项	财务会计处理	预算会计处理
接受捐赠	借：公共基础设施 贷：捐赠收入 财政拨款收入/零余额账户用款额度/银行存款（发生的归属于受赠方的相关费用） 如接受捐赠的公共基础设施成本无法可靠取得的： 借：其他费用（发生的归属于受赠方的相关费用） 贷：财政拨款收入/零余额账户用款额度/银行存款	借：其他支出（支付的归属于受赠方的相关费用） 贷：财政拨款预算收入/资金结存

【例15-90】2023年6月10日，某省公路管理局接受N公司捐赠公路沿线配套的公共健身器材一批。该批器材相关凭据注明的金额为180 000元。公路管理局以零余额账户支付相关费用20 000元。

经济业务和事项	财务会计处理	预算会计处理
6月10日，接受捐赠	借：公共基础设施　200 000 贷：捐赠收入　180 000 零余额账户用款额度　20 000	借：其他支出　20 000 贷：资金结存—零余额账户用款额度　20 000

2.公共基础设施后续支出

（1）改扩建等后续支出。

经济业务和事项	财务会计处理	预算会计处理
发生改扩建等后续支出	借：在建工程 公共基础设施累计折旧（摊销） 贷：公共基础设施 借：在建工程（发生的相关支出） 贷：财政拨款收入/零余额账户用款额度/银行存款/应付账款	借：行政支出（行政单位） 事业支出（事业单位） 贷：财政拨款预算收入/资金结存（实际支付的相关款项）

【例15-91】2023年3月至9月，某行政单位对城市交通设施进行改扩建。3月31日，将公共基础设施转入改建、扩建，该设施账面原价为50 000 000元，已计提折旧为30 000 000元。改造中购入工程物资6 000 000元，款项以财政直接支付方式结算；以零余额账户支付工程人员薪酬2 000 000元。9月20日，公共基础设施改建、扩建完成，结转在建工程完工成本。

经济业务和事项	财务会计处理	预算会计处理
3月31日，转改扩建	借：在建工程 20 000 000 公共基础设施累计折旧 30 000 000 贷：公共基础设施 50 000 000	不做处理
3月31日，支付相关支出	借：在建工程 8 000 000 贷：财政拨款收入 6 000 000 零余额账户用款额度 2 000 000	借：行政支出 8 000 000 贷：财政拨款预算收入 6 000 000 资金结存—零余额账户用款额度 2 000 000
9月20日，完工	借：公共基础设施 28 000 000 贷：在建工程 28 000 000	不做处理

（2）日常维修、养护等后续支出。

经济业务和事项	财务会计处理	预算会计处理
发生日常维修、养护等后续支出	借：业务活动费用 贷：财政拨款收入/零余额账户用款额度/银行存款	借：行政支出（行政单位） 事业支出（事业单位） 贷：财政拨款预算收入/资金结存（实际支付的相关款项）

3.公共基础设施处置

（1）对外捐赠。

经济业务和事项	财务会计处理	预算会计处理
对外捐赠	借：资产处置费用 公共基础设施累计折旧（摊销） 贷：公共基础设施（账面余额） 银行存款（归属于捐出方的相关费用）	借：其他支出（支付的归属于捐出方的相关支出） 贷：资金结存—货币资金

【例15-92】2023年10月25日，M城市市政管理部门经批准将一批供电设施捐赠给N市，该设施账面余额为3 500 000元，累计折旧为500 000元。捐赠过程中，捐出方以银行存款支付相关费用20 000元。

经济业务和事项	财务会计处理	预算会计处理
10月25日，转销无偿调出公共基础设施已计提的折旧和账面余额	借：公共基础设施累计折旧 500 000 资产处置费用 3 000 000 贷：公共基础设施 3 500 000	不做处理
支付与捐赠资产相关的支出	借：资产处置费用 20 000 贷：银行存款 20 000	借：其他支出 20 000 贷：资金结存—货币资金 20 000

（2）无偿调出。

经济业务和事项	财务会计处理	预算会计处理
无偿调出	借：无偿调拨净资产 公共基础设施累计折旧（摊销） 贷：公共基础设施（账面余额） 借：资产处置费用 贷：银行存款（归属于调出方的相关费用）	借：其他支出（支付的归属于调出方的相关支出） 贷：资金结存—货币资金

4.公共基础设施报废毁损

经济业务和事项	财务会计处理	预算会计处理
报废毁损	借：待处理财产损溢 公共基础设施累计折旧（摊销） 贷：公共基础设施（账面余额）	不做处理

三、公共基础设施折旧

1.公共基础设施折旧的概念

公共基础设施折旧是指在公共基础设施预计使用寿命内，按照确定的方法对应计折旧额进行的系统分摊。一般来说，公共基础设施具有价值高、使用寿命长、能够提供未来服务潜力或经济利益的特征。为了准确核算政府运行费用，监督和考核政府绩效，单位应当在初始确认公共基础设施时分析判断其使用年限，对使用年限有限的公共基础设施应当计提折旧，对于使用年限不确定的公共基础设施不提折旧。

2.计提公共基础设施折旧应考虑的因素

（1）计提公共基础设施折旧的基础。

公共基础设施应计提的折旧总额为其成本，计提公共基础设施折旧时不考虑预计净残值。政府会计主体应当对暂估入账的公共基础设施计提折旧，实际成本确定后不需调整原已计提的折旧额。

（2）公共基础设施折旧的年限。

单位应当根据公共基础设施的性质和使用情况，合理确定公共基础设施的折旧年限。在确定公共基础设施的折旧年限时，应当考虑下列因素：❶设计使用年限或设计基准期；❷预计实现服务潜力或提供经济利益的期限；❸预计有形损耗和无形损耗；❹法律或者类似规定对资产使用的限制。对于政府会计主体接受无偿调入、捐赠的公共基础设施，应当考虑该项资产的新旧程度，按照其尚可使用的年限计提折旧。

3.公共基础设施折旧的要求

公共基础设施应当按月计提折旧，并计入当期费用。当月增加的公共基础设施，当月开始计提折旧；当月减少的公共基础设施，当月不再计提折旧。处于改建、扩建等建造活动期间的公共基础设施，应当暂停计提折旧。因改建、扩建等原因而延长公共基础设施使用年限的，应当按照重新确定的公共基础设施的成本和重新确定的折旧年限计算折旧额，不需调整原已计提的折旧额。

公共基础设施提足折旧后，无论能否继续使用，均不再计提折旧；已提足折旧的公共基础设施，可以继续使用的，应当继续使用，并规范实物管理；提前报废的公共基础设施，不再补提折旧。对于确认为公共基础设施的单独计价入账的土地使用权，应确认为无形资产并按照相关规定进行摊销。

单位应当对公共基础设施计提折旧，但持续进行良好的维护使得其性能得到永久维持的公共基础设施和确认为公共基础设施的单独计价入账的土地使用权除外。

4.公共基础设施折旧的方法

公共基础设施一般应当采用年限平均法或者工作量法计提折旧。年限平均法和工作量法在本章“第六节 固定资产”中已有说明，不再赘述。

5.公共基础设施折旧的账务处理

为了反映公共基础设施累计折旧的增减变动情况，单位应设置“公共基础设施累计折旧（摊销）”科目。该科目贷方登记公共基础设施累计折旧（摊销）的增加额；借方登记公共基础设施累计折旧（摊销）的减少额；期末贷方余额，反映单位提取的公共基础设施累计折旧（摊销）的累计数。其明细账应当按照所对应公共基础设施的类别及项目设置并进行明细核算。具体核算方法如下：

（1）按月计提或摊销。

经济业务和事项	财务会计处理	预算会计处理
按月计提或摊销	借：业务活动费用 　贷：公共基础设施累计折旧（摊销）	不做处理

（2）处置转销。

经济业务和事项	财务会计处理	预算会计处理
处置转销	借：待处理财产损溢/资产处置费用/无偿调拨净资产 　　公共基础设施累计折旧（摊销） 　贷：公共基础设施（账面余额）	不做处理

第十节 政府储备物资

一、政府储备物资概述

（一）政府储备物资的概念及内容

政府储备物资是指单位直接储存管理的各项政府应急或救灾储备物资等。《政府会计准则第6号——政府储备物资》指出，政府储备物资是指政府会计主体为满足实施国家安全与发展战略、进行抗灾救灾、应对公共突发事件等特定公共需求而控制的，同时具有下列特征的有形资产：❶在应对可能发生的特定事件或情形时动用；❷其购入、存储保管、更新（轮换）、动用等由政府及相关部门发布的专门管理制度规范。

需要说明的是，负责采购并拥有储备物资调拨权力的单位（简称“采购单位”）将政府储备物资交由其他单位或企业（简称“代储单位”）代为储存的，由采购单位通过“政府储备物资”科目核算，代储单位将受托代储的政府储备物资作为受托代理资产核算。

政府储备物资是政府资产的重要组成部分，范围十分广泛，主要包括战略及能源物资、抢险抗灾救灾物资、农产品、医药物资和其他重要商品物资。它们对于保障国家安全、实施宏观调控、服务国计民生具有重要的意义。

（二）政府储备物资的特征

与存货相比，政府储备物资具有以下特点：

❶单位取得政府储备物资的目的是满足特定公共需求，如维护社会经济稳定、确保国家安全、应对各类突发事件等，而持有存货的目的则是自身耗用或出售。

❷单位对政府储备物资主要采取委托存储的管理模式。

❸政府储备物资的收储资金来源复杂，除来源于部门预算资金外，还存在来源于银行的专项贷款等；而存货采购资金来源于部门预算资金。

二、政府储备物资的核算

为了反映政府储备物资的增减变动情况，单位应设置“政府储备物资”科目。该科目借方登记政府储备物资的增加额；贷方登记政府储备物资的减少额；期末借方余额，反映单位管理的政府储备物资的实际成本。其明细账应当按照政府储备物资的种类、品种、存放地点等设置并进行明细核算。具体核算方法如下：

1.取得政府储备物资

（1）购入取得。

经济业务和事项	财务会计处理	预算会计处理
购入	借：政府储备物资 　贷：财政拨款收入/零余额账户用款额度 　　应付账款/银行存款	借：行政支出（行政单位） 　　事业支出（事业单位） 　贷：财政拨款预算收入/资金结存

【例 15-93】2023年3月10日，某行政单位根据规定购入政府储备物资一批并验收入库，其成本总额为5 000 000元，以财政直接支付方式结算款项，另以银行存款支付运费等相关费用60 000元。

经济业务和事项	财务会计处理	预算会计处理
3月10日，购入	借：政府储备物资　5 060 000 　贷：财政拨款收入　5 000 000 　　银行存款　60 000	借：行政支出　5 060 000 　贷：财政拨款预算收入　5 000 000 　　资金结存—货币资金　60 000

（2）无偿调入。

经济业务和事项	财务会计处理	预算会计处理
接受无偿调入	借：政府储备物资 　贷：无偿调拨净资产/财政拨款收入/零余额账户用款额度 　　银行存款（调入方承担的相关税费）	借：其他支出（调入方承担的相关费用） 　贷：财政拨款预算收入/资金结存

【例 15-94】2023年10月18日，经批准从丙单位无偿调入政府储备物资并验收入库。

调出时该批物资的账面价值为120 000元，以银行存款支付运输费等6 000元。

经济业务和事项	财务会计处理	预算会计处理
10月18日，无偿调入政府储备物资	借：政府储备物资 126 000 贷：无偿调拨净资产 120 000 银行存款 6 000	借：其他支出 6 000 贷：资金结存—货币资金 6 000

（3）接受捐赠。

经济业务和事项	财务会计处理	预算会计处理
接受捐赠	借：政府储备物资 贷：捐赠收入 财政拨款收入/零余额账户用款额度/银行存款（捐入方承担的相关税费）	借：其他支出（捐入方承担的相关税费） 贷：财政拨款预算收入/资金结存

【例15-95】2023年5月25日，收到乙单位捐赠的政府储备物资一批并验收入库，取得的捐赠凭据上注明的金额为250 000元，以零余额账户支付运输费等20 000元。

经济业务和事项	财务会计处理	预算会计处理
5月25日，接受捐赠	借：政府储备物资 270 000 贷：捐赠收入 250 000 零余额账户用款额度 20 000	借：其他支出 20 000 贷：资金结存—零余额账户用款额度 20 000

2.发出政府储备物资

经济业务和事项	财务会计处理	预算会计处理
（1）动用、发出无须收回的政府储备物资	借：业务活动费用 贷：政府储备物资（账面余额）	不做处理
（2）动用、发出需要收回或预期可能收回的政府储备物资	发出物资时： 借：政府储备物资—发出 贷：政府储备物资—在库 按照规定的质量验收标准收回物资时： 借：政府储备物资—在库（收回物资的账面余额） 业务活动费用（未收回物资的账面余额） 贷：政府储备物资—发出	不做处理
（3）对外销售，收入纳入单位预算	借：业务活动费用 贷：政府储备物资 借：银行存款/应收账款 贷：事业收入等 借：业务活动费用 贷：银行存款（发生的相关税费）	借：资金结存—货币资金（收到的销售价款） 贷：事业预算收入 借：行政支出（行政单位） 事业支出（事业单位） 贷：资金结存—货币资金（支付的相关税费）
（4）对外销售，销售收入扣除相关税费后上缴财政	借：资产处置费用 贷：政府储备物资 借：银行存款等（收到的销售价款） 贷：银行存款（发生的相关税费） 应缴财政款	不做处理

【例 15-96】2023年8月5日，经批准发出需要收回的政府储备物资一批。该批物资账面余额为600 000元；11月20日，收回已发出的该批物资，经质量验收，符合标准的物资账面余额为450 000元。

经济业务和事项	财务会计处理	预算会计处理
8月5日，发出政府储备物资	借：政府储备物资—发出　600 000 贷：政府储备物资—在库　600 000	不做处理
11月20日，收回已发出的该批物资	借：政府储备物资—在库　450 000 业务活动费用　150 000 贷：政府储备物资—发出　600 000	不做处理

【例 15-97】2023年10月20日，某事业单位经批准对外销售甲类和乙类两种政府储备物资，其中，销售甲类物资取得收入1 500 000元存入银行，该物资的账面余额为1 200 000元，规定销售收入纳入单位预算统一管理；销售乙类物资取得收入800 000元存入银行，账面余额为650 000元，按规定已将销售净收入上缴财政。

经济业务和事项		财务会计处理	预算会计处理
销售甲类物资	①发出物资	借：业务活动费用 1 200 000 贷：政府储备物资　1 200 000	不做处理
	②确认实现销售收入	借：银行存款　1 500 000 贷：事业收入　1 500 000	借：资金结存—货币资金 1 500 000 贷：事业预算收入　1 500 000
销售乙类物资	①发出物资	借：资产处置费用　650 000 贷：政府储备物资　650 000	不做处理
	②确认实现销售收入	借：银行存款　800 000 贷：应缴财政款　800 000	不做处理

3.政府储备物资盘点

经济业务和事项	财务会计处理	预算会计处理
盘盈	借：政府储备物资 贷：待处理财产损溢	不做处理
盘亏、报废、毁损	借：待处理财产损溢 贷：政府储备物资	不做处理

第十一节　待处理财产损溢

单位持有的各类资产发生以下情形，应作为待处理财产损溢处理：

❶自然损耗、意外灾害造成的毁损；

❷管理不善或由于责任者的过失造成的毁损；

❸因手续不健全或制度不严密而发生的资产盘盈或盘亏；

❹由于计量或检验不准确，造成多收多付或少收少付等。

待处理财产损溢应及时查明原因，按照规定程序报批处理。

单位应设置“待处理财产损溢”科目，核算其在资产清查过程中查明的各种资产盘盈、盘亏和报废、毁损的价值。该科目借方登记资产盘亏、毁损的金额及盘盈的转销金额；贷方登记资产的盘盈金额及盘亏、毁损的转销金额。期末如为借方余额，反映尚未处理完毕的各种资产的净损失；期末如为贷方余额，反映尚未处理完毕的各种资产净溢余。年末，经批准处理后，“待处理财产损溢”科目一般应无余额。

“待处理财产损溢”科目应当按照待处理的资产项目进行明细核算；对于在资产处理过程中取得收入或发生相关费用的项目，还应当设置“待处理财产价值”“处理净收入”等明细科目进行明细核算。

单位资产清查中查明的资产盘盈、盘亏、报废和毁损，一般应当先记入本科目，按照规定报经批准后及时进行账务处理。年末结账前一般应处理完毕。具体核算方法如下：

1.现金短缺或溢余

经济业务和事项	财务会计处理	预算会计处理
账款核对时发现的现金短缺或溢余	参照“库存现金”的账务处理	

【例15-98】2023年5月20日，某行政单位现金清查时，发现库存现金比其账面余额多150元，原因待查。

❶若经查，20日现金长款原因不明，31日经批准确认为其他收入。

❷若经查，溢余的现金属于出纳工作失误多收某单位的款项，尚未退还该单位。

经济业务和事项	财务会计处理	预算会计处理
现金盘盈	借：库存现金 150 贷：待处理财产损溢 150	借：资金结存—货币资金 150 贷：其他预算收入 150
若现金溢余经批准确认为其他收入	借：待处理财产损溢 150 贷：其他收入 150	不做处理
若属于出纳工作失误多收某单位的款项，尚未退还该单位	借：待处理财产损溢 150 贷：其他应付款 150	不做处理

2.盘盈的非现金资产

经济业务和事项	财务会计处理	预算会计处理
(1) 转入待处理时	借：库存物品/固定资产/无形资产/公共基础设施/政府储备物资/文物文化资产/保障性住房 贷：待处理财产损溢	不做处理
(2) 对于流动资产，报经批准后处理	借：待处理财产损溢 贷：单位管理费用/业务活动费用	不做处理
(3) 对于非流动资产，报经批准后处理	借：待处理财产损溢 贷：以前年度盈余调整	不做处理

【例15-99】2023年6月30日，某单位进行资产清查盘点，发现有一台使用中的设备未入账。该型号设备存在活跃市场，市场价格为60 000元。7月10日，收到上级主管部门批复意见，将盘盈资产作为前期差错处理。

经济业务和事项	财务会计处理	预算会计处理
6月30日，盘盈	借：固定资产 60 000 贷：待处理财产损溢—待处理财产价值 60 000	不做处理
7月10日，经批准处理	借：待处理财产损溢—待处理财产价值 60 000 贷：以前年度盈余调整 60 000	不做处理

3.盘亏、毁损、报废的非现金资产

经济业务和事项	财务会计处理	预算会计处理
(1) 转入待处理时	借：待处理财产损溢—待处理财产价值 固定资产累计折旧/公共基础设施累计折旧（摊销）/无形资产累计摊销/保障性住房累计折旧 贷：库存物品/固定资产/无形资产/公共基础设施/政府储备物资/文物文化资产/保障性住房	不做处理
(2) 报经批准后处理	借：资产处置费用 贷：待处理财产损溢—待处理财产价值	不做处理
(3) 取得的残值变价收入、保险理赔或过失人赔偿	借：库存现金/银行存款/库存物品/其他应收款 贷：待处理财产损溢—处理净收入	不做处理
(4) 发生的相关费用	借：待处理财产损溢—处理净收入 贷：库存现金/银行存款	不做处理
(5) 处理收入大于相关费用的	借：待处理财产损溢—处理净收入 贷：应缴财政款	不做处理
(6) 处理收入小于相关费用的	借：资产处置费用 贷：待处理财产损溢—处理净收入	借：其他支出 贷：资金结存等（支付的处理净支出）

【例15-100】某事业单位为增值税一般纳税人，2023年12月20日，财产清查时，发现材料毁损一批，其成本为60 000元，取得材料时支付的增值税进项税额为7 800元。将毁损的材料转入待处理资产，同时，将增值税一并转出（毁损材料为管理不善所致）。12月22日，处置毁损材料时取得残料变价收入5 000元存入银行，应收保险理赔款20 000元，向责任者索赔10 000元。12月23日，以银行存款支付清理毁损材料的相关费用7 000元。月末，经批准转销待处理财产价值，同时，结转待处理净收入。

经济业务和事项	财务会计处理	预算会计处理
12月20日，发现毁损	借：待处理财产损溢—待处理财产价值　67 800 贷：库存物品　60 000 应交增值税—应交税金—进项税额转出　7 800	不做处理
12月22日，处理	借：银行存款　5 000 其他应收款—某保险公司　20 000 —某责任者　10 000 贷：待处理财产损溢—处理净收入　35 000	不做处理
12月23日，支付清理费用	借：待处理财产损溢—处理净收入　7 000 贷：银行存款　7 000	不做处理
12月30日，年末核销	借：资产处置费用　67 800 贷：待处理财产损溢—待处理财产价值　67 800	不做处理
12月30日，处置收入上缴财政	借：待处理财产损溢—处理净收入　28 000 贷：应缴财政款　28 000	不做处理

第十二节 其他资产

一、文物文化资产

（一）文物文化资产概述

1.文物文化资产的概念

文物文化资产是指用于展览、教育或研究等目的的历史文物、艺术品以及其他具有文化或者历史价值并作长期或者永久保存的典藏等。其中，文物资产是指用于纪念和展出等目的、具有一定价值和历史意义的并作长期或者永久保存的古董和历史文物等；文化资产是指用于纪念和展出等目的、具有一定价值和文化内涵的并作长期或者永久保存的艺术品和文化用品等。

2.文物文化资产的特征

与其他资产相比，文物文化资产一般具有以下显著特征：

（1）在文化、环境、教育和历史方面的价值不可能在纯粹以市场价格为依据的财务价值中得到完全反映；

（2）法律和（或）法定义务可能禁止或严厉限制其通过销售进行处置；

（3）通常具有不可替代性，即使它们的实体状态恶化，其价值却可能日益增长；

（4）使用寿命可能难以估计，有些可能会长达几百年。

（二）文物文化资产的核算

为反映文物文化资产的增减变动情况，单位应设置“文物文化资产”科目。该科目借方登记文物文化资产价值的增加；贷方登记文物文化资产价值的减少；期末借方余额，反映单位期末文物文化资产的价值。单位应当设置文物文化资产登记簿和文物文化资产卡片，按文物文化资产类别等设置明细账，进行明细核算。具体核算方法如下：

1.取得文物文化资产

（1）购入取得。

经济业务和事项	财务会计处理	预算会计处理
购入	借：文物文化资产 贷：财政拨款收入/零余额账户用款额度/应付账款/银行存款	借：行政支出（行政单位） 事业支出（事业单位） 贷：财政拨款预算收入/资金结存

【例15-101】2023年1月10日，某事业单位因开展业务活动的需要，以零余额账户存款购买一件艺术品，其价款为100 000元。另以现金支付运输费和装卸费共计2 000元，不考虑增值税。

经济业务和事项	财务会计处理	预算会计处理
1月10日，购入	借：文物文化资产 102 000 贷：零余额账户用款额度 100 000 库存现金 2 000	借：事业支出 102 000 贷：资金结存—零余额账户用款额度 100 000 —货币资金 2 000

（2）无偿调入。

经济业务和事项	财务会计处理	预算会计处理
接受无偿调入	借：文物文化资产 　贷：无偿调拨净资产 　　　财政拨款收入/零余额账户用款额度/银行存款（调入方承担的相关费用） 如无偿调入的文物文化资产成本无法可靠取得的： 借：其他费用（发生的归属于调入方的相关费用） 　贷：财政拨款收入/零余额账户用款额度/银行存款	借：其他支出（调入方承担的相关费用） 　贷：财政拨款预算收入/资金结存

【例 15-102】2023年5月20日，经批准，某事业单位接受其他单位无偿调入3件文物文化资产。该资产在调出单位的账面价值为150 000元，调入时发生由该事业单位负担的运输费为4 000元，以银行存款付讫。

经济业务和事项	财务会计处理	预算会计处理
5月20日，接受无偿调入	借：文物文化资产　154 000 　贷：无偿调拨净资产　150 000 　　　银行存款　4 000	借：其他支出　4 000 　贷：资金结存—货币资金　4 000

（3）接受捐赠。

经济业务和事项	财务会计处理	预算会计处理
接受捐赠	借：文物文化资产 　贷：捐赠收入 　　　财政拨款收入/零余额账户用款额度/银行存款（受赠方承担的相关费用） 如接受捐赠的文物文化资产成本无法可靠取得： 借：其他费用（发生的归属于受赠方的相关费用） 　贷：财政拨款收入/零余额账户用款额度/银行存款	借：其他支出（受赠方承担的相关费用） 　贷：财政拨款预算收入/资金结存

【例 15-103】2023年10月5日，某事业单位接受某画家捐赠一幅画作。该画家的画作在市场上交易活跃，其所捐赠的画作估计市价为50 000元。以银行存款支付举办捐赠仪式的相关费用3 000元。

经济业务和事项	财务会计处理	预算会计处理
10月5日，接受捐赠	借：文物文化资产　53 000 　贷：捐赠收入　50 000 　　　银行存款　3 000	借：其他支出　3 000 　贷：资金结存—货币资金　3 000

2.文物文化资产处置

（1）对外捐赠。

经济业务和事项	财务会计处理	预算会计处理
对外捐赠	借：资产处置费用 　贷：文物文化资产（账面余额） 　　　银行存款（归属于捐出方的相关费用）	借：其他支出（捐出方承担的相关费用） 　贷：财政拨款预算收入/资金结存

【例 15-104】2023年10月8日，经批准，甲事业单位对外捐赠某文物文化资产。该文物文化资产的账面余额为200 000元，以银行存款支付由甲事业单位负担的相关费用6 000元。

经济业务和事项	财务会计处理	预算会计处理
10月8日，对外捐赠	借：资产处置费用 206 000 贷：文物文化资产 200 000 银行存款 6 000	借：其他支出 6 000 贷：资金结存—货币资金 6 000

（2）无偿调出。

经济业务和事项	财务会计处理	预算会计处理
无偿调出	借：无偿调拨净资产 贷：文化文物资产（账面余额） 借：资产处置费用 贷：银行存款（归属于调出方的相关费用）	借：其他支出（捐出方承担的相关费用） 贷：财政拨款预算收入/资金结存

【例15-105】2023年10月31日，报经批准，甲事业单位无偿调出某文物文化资产。被调出文物文化资产的账面余额为150 000元，调出过程中发生由甲事业单位负担的相关费用2 000元。

经济业务和事项	财务会计处理	预算会计处理
10月31日，无偿调出	借：无偿调拨净资产 150 000 贷：文物文化资产 150 000 借：资产处置费用 2 000 贷：银行存款 2 000	借：其他支出 2 000 贷：资金结存—货币资金 2 000

3.文物文化资产盘点

经济业务和事项	财务会计处理	预算会计处理
盘盈	借：文物文化资产 贷：待处理财产损溢	不做处理
盘亏、毁损、报废	借：待处理财产损溢 贷：文物文化资产（账面余额）	不做处理

二、保障性住房

（一）保障性住房的核算

为了反映保障性住房的增减变动情况，单位应设置“保障性住房”科目。该科目借方登记增加的保障性住房原值；贷方登记减少的保障性住房原值；期末借方余额，反映期末结存的保障性住房的原值。“保障性住房”科目应按照保障性住房的类别、项目等设置明细账并进行明细核算。具体核算方法如下：

1.取得保障性住房

经济业务和事项	财务会计处理	预算会计处理
（1）外购	借：保障性住房 贷：财政拨款收入/零余额账户用款额度/应付账款/银行存款	借：行政支出（行政单位） 事业支出（事业单位） 贷：财政拨款预算收入/资金结存
（2）自行建造保障性住房，工程完工交付使用时	借：保障性住房 贷：在建工程	不做处理
(3) 接受无偿调入	借：保障性住房 贷：银行存款/零余额账户用款额度(发生的相关费用) 无偿调拨净资产（差额）	借：其他支出（支付的相关费用） 贷：资金结存

2.出租保障性住房

经济业务和事项	财务会计处理	预算会计处理
按照收取或应收的租金金额	借：银行存款/应收账款 　贷：应缴财政款	不做处理

3.处置保障性住房

经济业务和事项	财务会计处理	预算会计处理
(1) 出售	借：资产处置费用 　　保障性住房累计折旧 　贷：保障性住房（账面余额） 借：银行存款（出售收到的价款） 　贷：应缴财政款 　　　银行存款（发生的相关费用）	不做处理
(2) 无偿调出	借：无偿调拨净资产 　　保障性住房累计折旧 　贷：保障性住房（账面余额） 借：资产处置费用 　贷：银行存款（归属于调出方的相关费用）	借：其他支出（归属于调出方的相关费用） 　贷：资金结存

4.保障性住房盘点

经济业务和事项	财务会计处理	预算会计处理
(1) 盘盈	借：保障性住房 　贷：待处理财产损溢	不做处理
(2) 盘亏、毁损、报废	借：待处理财产损溢（账面价值） 　　保障性住房累计折旧 　贷：保障性住房（账面余额）	不做处理

（二）保障性住房的折旧

单位持有的保障性住房会随着时间的推移被消耗，预期产生的服务潜力或者带来经济利益的能力会逐渐降低、丧失。根据规定，单位应当参照《政府会计准则第3号——固定资产》及其应用指南的相关规定，按月对其控制的保障性住房计提折旧。

为了反映保障性住房累计折旧的增减变动情况，单位应设置“保障性住房累计折旧”科目，其性质和结构与“固定资产累计折旧”相同。具体核算方法如下：

1.按月计提

经济业务和事项	财务会计处理	预算会计处理
按月计提	借：业务活动费用 　贷：保障性住房累计折旧	不做处理

2.处置转销

经济业务和事项	财务会计处理	预算会计处理
处置转销	借：待处理财产损溢/资产处置费用/无偿调拨净资产 　　保障性住房累计折旧 　贷：保障性住房（账面余额）	涉及资金支付的，参照“保障性住房”科目的相关账务处理

三、长期待摊费用

（一）长期待摊费用的概念

长期待摊费用是指单位已经发生但应由本期和以后各期负担的分摊期限在1年以上（不含1年）的各项费用，如以经营租赁方式租入的固定资产发生的改良支出等。长期待摊费用本质上是一种费用，但由于这些费用所产生的服务潜力或者带来的经济利益要期待于将来，并且这些费用支出数额较大，如果将其全部计入支出年度，则不能正确反映当期的财务状况和运行情况，因此，需要对这些费用进行分期摊销处理。

（二）长期待摊费用的核算

为了反映长期待摊费用的增减变动情况，单位应设置"长期待摊费用"科目。该科目的借方登记单位发生的待摊费用；贷方登记各期摊销的费用；期末借方余额，反映单位尚未摊销完毕的长期待摊费用。其明细账应按长期待摊费用的种类设置并进行明细核算。具体核算方法如下：

1.发生长期待摊费用

经济业务和事项	财务会计处理	预算会计处理
发生长期待摊费用	借：长期待摊费用 贷：财政拨款收入/银行存款/零余额账户用款额度	借：行政支出（行政单位） 事业支出（事业单位） 贷：财政拨款预算收入/资金结存

2.按期摊销或一次性转销

经济业务和事项	财务会计处理	预算会计处理
按期摊销或一次性转销	借：业务活动费用/单位管理费用/经营费用 贷：长期待摊费用	不做处理

【例15-106】2023年，某事业单位（小规模纳税人）对以经营租赁方式租入的研发大楼进行改造：①以财政直接支付方式支付购进大楼改造工程所需物资成本120 000元，增值税15 600元。②研发大楼改造工程耗用工程物资110 000元，应确认的职工薪酬为58 400元，用银行存款支付其他费用23 600元。③研发大楼改造工程完工，将全部工程支出转入长期待摊费用。④研发大楼投入使用，按租期4年、分月摊销研发大楼改造工程支出。

经济业务和事项	财务会计处理	预算会计处理
支付购进大楼改造工程所需物资	借：工程物资 135 600 贷：财政拨款收入 135 600	借：事业支出 135 600 贷：财政拨款预算收入 135 600
支付耗用物资等	借：在建工程—租入固定资产改良支出 192 000 贷：工程物资 110 000 应付职工薪酬 58 400 银行存款 23 600	借：事业支出 23 600 贷：资金结存—货币资金 23 600
工程完工，转入长期待摊费用	借：长期待摊费用—租入固定资产改良支出 192 000 贷：在建工程—租入固定资产改良支出 192 000	不做处理
每月摊销额=192 000÷4÷12=4 000（元）	借：业务活动费用 4 000 贷：长期待摊费用—租入固定资产改良支出 4 000	不做处理

四、受托代理资产

（一）受托代理资产的概念

受托代理资产是指单位接受委托方委托管理的各项资产，包括受托指定转赠的物资、受托储存管理的物资等。在受托代理交易过程中，单位通常只是从委托方收到受托资产，并按照委托人的意愿将资产转赠给指定的其他组织或个人，或者按照有关规定将资产转交给指定的其他组织或个人，单位本身并不拥有受托资产的所有权和使用权，它只是在交易过程中起中介作用。

（二）受托代理资产的核算

为了反映受托转赠物资的增减变动情况，单位应设置“受托代理资产”科目。该科目借方登记受托代理资产的增加；贷方登记受托代理资产的减少；期末为借方余额，反映单位的受托代理资产中实物资产的价值。其明细账应当按照资产的种类和委托人设置并进行明细核算；属于转赠资产的，还应当按照受赠人设置并进行明细核算。

需要说明的是：单位管理的罚没物资也应当通过“受托代理资产”科目核算；单位收到的受托代理资产为现金和银行存款的，不通过“受托代理资产”科目核算，应当通过“库存现金”“银行存款”科目进行核算。

受托代理资产的具体核算方法如下：

1.受托转赠物资

经济业务和事项	财务会计处理	预算会计处理
(1) 接受委托人委托需要转赠给受赠人的物资	借：受托代理资产 　贷：受托代理负债	不做处理
(2) 受托协议约定由受托方承担相关税费、运输费等	借：其他费用 　贷：财政拨款收入/银行存款/零余额账户用款额度	借：其他支出（支付的相关税费、运输费） 　贷：财政拨款预算收入/资金结存
(3) 将受托转赠物资交付受赠人	借：受托代理负债 　贷：受托代理资产	不做处理
(4) 转赠物资的委托人取消了对捐赠物资的转赠要求，且不再收回转赠物资	借：受托代理负债 　贷：受托代理资产 借：库存物品/固定资产 　贷：其他收入	不做处理

【例15-107】某行政单位接受其他单位委托转赠一批物资给另一事业单位A。根据委托单位提供的凭据，该批物资价值100 000元，于2023年4月1日验收入库。双方约定由该行政单位承担相关运杂费2 000元，以银行存款付讫。5月1日，该行政单位将该批物资的一半转赠给事业单位A，剩余一半根据委托人的要求不再转赠，同时委托人也不再收回。

经济业务和事项	财务会计处理	预算会计处理
2023年4月1日，收到受托代理物资	借：受托代理资产—受托转赠物资 100 000 　贷：受托代理负债　100 000	不做处理
	借：其他费用　2 000 　贷：银行存款　2 000	借：其他支出　2 000 　贷：资金结存—货币资金　2 000

续表

经济业务和事项	财务会计处理	预算会计处理
2023年5月1日，转赠受托代理物资的一半	借：受托代理负债　50 000 　贷：受托代理资产—受托转赠物资　50 000	不做处理
另一半不再转赠	借：受托代理负债　50 000 　贷：受托代理资产—受托转赠物资　50 000 借：库存物品　50 000 　贷：其他收入　50 000	不做处理

2.受托储存保管物资

经济业务和事项	财务会计处理	预算会计处理
（1）接受委托人委托储存保管的物资	借：受托代理资产 　贷：受托代理负债	不做处理
（2）支付由受托方承担的与受托储存保管物资相关的运输费、保管费	借：其他费用 　贷：财政拨款收入/银行存款/零余额账户用款额度	借：其他支出（支付的运输费、保管费） 　贷：财政拨款预算收入/资金结存
（3）根据委托人的要求，交付受托储存保管物资时	借：受托代理负债 　贷：受托代理资产	不做处理

【例15-108】某行政单位接受其他单位委托保管一批物资。根据委托单位提供的凭据，该批物资价值200 000元，于2023年4月1日验收入库。双方约定由该行政单位承担相关运杂费5 000元，以银行存款付讫。5月1日，保管结束，根据委托人的要求发出该批委托保管物资。

经济业务和事项	财务会计处理	预算会计处理
2023年4月1日，收到受托保管物资	借：受托代理资产—受托保管物资　200 000 　贷：受托代理负债　200 000	不做处理
	借：其他费用　5 000 　贷：银行存款　5 000	借：其他支出　5 000 　贷：资金结存—货币资金　5 000
2023年5月1日，结束保管受托保管物资	借：受托代理负债　200 000 　贷：受托代理资产—受托保管物资　200 000	不做处理

3.罚没物资

经济业务和事项	财务会计处理	预算会计处理
（1）取得罚没物资	借：受托代理资产 　贷：受托代理负债	不做处理
（2）按照规定处置罚没物资时	借：受托代理负债 　贷：受托代理资产	不做处理
（3）处置时，取得款项	借：银行存款 　贷：应缴财政款	不做处理

【例15-109】某行政单位在执法过程中获得一批罚没物资。根据对方提供的凭据，该批物资价值150 000元，于2023年4月1日验收入库。按照有关规定，该批物资按照程序进行处置。2023年5月1日，完成处置，获得处置收益10 000元。

经济业务和事项	财务会计处理	预算会计处理
2023年4月1日，执法罚没物资	借：受托代理资产—罚没物资　150 000 　贷：受托代理负债　150 000	不做处理
2023年5月1日，处置罚没物资	借：受托代理负债　150 000 　贷：受托代理资产—罚没物资　150 000 借：银行存款　10 000 　贷：应缴财政款—应缴国库款　10 000	不做处理

复习思考题

1.资产的概念和特征是什么？如何理解政府会计主体所拥有的资产？

2.货币资金在政府会计制度中的核算要点是什么？体会一下在财务会计和预算会计两大体系下如何编写平行分录。

3.固定资产是政府会计主体中重要的资产，在不同的取得方式下，如何进行会计处理？新增固定资产的折旧何时开始计提？

4.投资在会计核算中采用的成本法和权益法有什么不同？分别在什么情况下采用这两种方法？

5.政府会计主体中的其他资产包括什么？如何进行分别核算？

第十六章　财务会计负债类科目的核算

第一节　负债概述

一、负债的概念

负债是指政府会计主体过去的经济业务或者事项形成的、预期会导致经济资源流出政府会计主体的现时义务。现时义务是指政府会计主体在现行条件下已承担的义务，强调的是由于过去的经济业务或事项所形成的义务。未来发生的经济业务或者事项形成的义务不属于现时义务，不应当确认为负债。

符合负债定义的义务，在同时满足以下条件时，确认为负债：

（1）履行该义务很可能导致含有服务潜力或者经济利益的经济资源流出政府会计主体；

（2）该义务的金额能够可靠地计量。

二、负债的分类

政府会计主体的负债包括偿还时间与金额基本确定的负债，也包括由或有事项形成的预计负债。偿还时间与金额基本确定的负债按业务性质及风险程度，分为融资活动形成的举借债务及其应付利息、运营活动形成的应付及预收款项和暂收性负债。

政府会计主体的负债按照流动性，分为流动负债和非流动负债。

流动负债是指预计在1年内（含1年）偿还的负债，包括短期借款、应付及预收款项、应付职工薪酬、应交税费、应缴款项等。

非流动负债是指流动负债以外的负债，包括长期借款、长期应付款等。

第二节　借款

借款是指政府会计主体通过融资活动借入的债务，应当在与债权人签订借款合同或协议，并在取得举借资金时确认为负债。从借款主体上看，借款既包括政府举借的债务，也包括其他政府会计主体借入的款项。从借款期限上看，借款既包括短期借款，也包括长期借款。

一、短期借款

短期借款是事业单位经批准后向银行或其他金融机构等借入的期限在1年内（含1年）的各种借款。短期借款应设置“短期借款”科目进行核算，并应按照债权人和借款种类进行明细核算。

根据借款本金和合同或协议约定的利率按期计提的利息，记入“应付利息”科目。“短期借款”科目借方核算短期借款本金的减少，贷方核算短期借款本金的增加，期末贷方余额，反映事业单位尚未偿还的短期借款本金。短期借款核算的主要业务事项和账务处理如下：

经济业务和事项	财务会计账务处理	预算会计账务处理
借入各种短期借款	借：银行存款 　贷：短期借款	借：资金结存—货币资金 　贷：债务预算收入
银行承兑汇票到期后无力支付时，将其转为短期借款	借：应付票据 　贷：短期借款	借：经营支出等 　贷：债务预算收入
归还短期借款	借：短期借款 　贷：银行存款	借：债务还本支出 　贷：资金结存—货币资金

【例16-1】某事业单位由于资金周转困难，经批准后向商业银行借入一笔为期6个月的借款30万元，年利率为6.5%，借款转入其专户。6个月后该事业单位归还银行借款，按月累计计提利息合计8 125元，当月应计利息1 625元。

经济业务和事项	财务会计账务处理	预算会计账务处理
向银行借周转金	借：银行存款　300 000 　贷：短期借款　300 000	借：资金结存—货币资金　300 000 　贷：债务预算收入　300 000
向银行还本付息	借：短期借款　300 000 　　应付利息　8 125 　　其他费用　1 625 　贷：银行存款　309 750	借：债务还本支出　300 000 　　其他支出　9 750 　贷：资金结存—货币资金　309 750

二、长期借款

长期借款是指政府会计主体通过融资活动借入归还期限超过1年（不含1年）的各类债务，包括政府举借的债务以及其他政府会计主体借入的款项。政府举借的债务包括政府发行的政府债券，向外国政府、国际金融组织等借入的款项，以及向上级政府借入转贷资金形成的借入转贷款。其他政府会计主体借入的款项是指除政府以外的其他政府会计主体从银行或其他金融机构等借入的款项。

长期借款应当设置“本金”和“应计利息”明细科目，并按照贷款单位和贷款种类进行明细核算。对于建设项目借款，还应按照具体项目进行明细核算。

对于分期付息、一次还本的长期借款，应当将计算确定的应付未付利息确认为流动负债，计入应付利息；对于其他还本付息方式的长期借款，应当将计算确定的应付未付利息确认为非流动负债，记入长期借款的“应计利息”明细科目。

政府会计主体因举借债务发生的借款费用分别计入工程成本或当期费用。借款费用包括借款利息、辅助费用以及因外币借款而发生的汇兑差额等。其中，辅助费用是指在举借债务过程中发生的手续费、佣金等费用。

政府举借的债务和政府以外的其他政府会计主体的非专门借款所发生的借款费用都计入当期费用。政府以外的其他政府会计主体为购建固定资产等工程项目借入专门借款的，对于发生的专门借款费用，应当按照借款费用减去尚未动用的借款资金产生的利息收入后的金额，属于工程项目建设期间发生的，计入工程成本；不属于工程项目建设期间发生的，计入当期费用。

长期借款核算的主要业务事项和账务处理如下：

经济业务和事项		财务会计账务处理	预算会计账务处理
借入各项长期借款时		借：银行存款 　贷：长期借款—本金	借：资金结存—货币资金 　贷：债务预算收入（本金）
为购建固定资产、公共基础设施等工程项目专门借款的利息	属于工程项目建设期间发生的	借：在建工程 　贷：应付利息（分期付息、到期还本） 　　长期借款—应计利息（到期一次还本付息）	不做处理
	属于工程项目完工交付后发生的	借：其他费用 　贷：应付利息（分期付息、到期还本） 　　长期借款—应计利息（到期一次还本付息）	不做处理
	分期实际支付利息时	借：应付利息 　贷：银行存款	借：其他支出 　贷：资金结存—货币资金
其他长期借款的利息	计提利息时	借：其他费用 　贷：应付利息（分期付息、到期还本） 　　长期借款—应计利息（到期一次还本付息）	不做处理
	分期实际支付利息时	借：应付利息 　贷：银行存款	借：其他支出 　贷：资金结存—货币资金
归还长期借款的本金、利息		借：长期借款—本金 　　—应计利息（到期一次还本付息） 　贷：银行存款	借：债务还本支出（支付的本金） 　贷：资金结存—货币资金 借：其他支出（支付的利息） 　贷：资金结存—货币资金

【例16-2】某事业单位为改善办公条件而扩建一栋办公楼，2022年1月1日向银行借入一笔长期借款6 000 000元，期限2年，年利率为6.5%，每年年末偿还利息，到期一次还本。工程建设期为1年。2023年12月31日归还借款。

经济业务和事项	财务会计账务处理	预算会计账务处理
2022年1月1日，借入长期借款	借：银行存款　6 000 000 　贷：长期借款—本金　6 000 000	借：资金结存—货币资金 6 000 000 　贷：债务预算收入　6 000 000
2022年12月31日，计算并支付利息	借：在建工程　390 000 　贷：应付利息　390 000 借：应付利息　390 000 　贷：银行存款　390 000	借：其他支出　390 000 　贷：资金结存—货币资金　390 000
2023年12月31日，计算利息	借：其他费用　390 000 　贷：应付利息　390 000	不做处理
2023年12月31日，还本付息	借：长期借款—本金 6 000 000 　　应付利息　390 000 　贷：银行存款　6 390 000	借：债务还本支出　6 000 000 　　其他支出　390 000 　贷：资金结存—货币资金　6 390 000

第三节 应付和预收款项

应付及预收款项是指政府会计主体在运营活动中形成的，应当支付而尚未支付的款项及预先收到但尚未实现收入的款项，包括应付职工薪酬、应交增值税、其他应交税费、应付票据、应付账款、应付政府补贴款、应付利息、预收款项、其他应付未付款项和预提费用。

一、应付票据

应付票据是事业单位因购买材料、物资等而开出、承兑的商业汇票，包括银行承兑汇票和商业承兑汇票。本科目应当按照债权人进行明细核算。

事业单位应当设置“应付票据备查簿”，详细登记每一应付票据的种类、号数、出票日期、到期日、票面金额、交易合同号、收款人姓名或单位名称，以及付款日期和金额等。应付票据到期结清票款后，应当在备查簿内逐笔注销。

“应付票据”科目期末贷方余额，反映事业单位开出、承兑的尚未到期的应付票据金额。应付票据核算的主要业务事项和账务处理如下：

<table>
<tr><th colspan="2">经济业务和事项</th><th>财务会计账务处理</th><th>预算会计账务处理</th></tr>
<tr><td colspan="2">开出、承兑商业汇票时</td><td>借：库存物品/固定资产
　贷：应付票据</td><td>不做处理</td></tr>
<tr><td colspan="2">以商业汇票抵付应付账款时</td><td>借：应付账款
　贷：应付票据</td><td>不做处理</td></tr>
<tr><td colspan="2">支付银行承兑汇票的手续费时</td><td>借：业务活动费用/经营费用
　贷：银行存款</td><td>借：事业支出/经营支出
　贷：资金结存—货币资金</td></tr>
<tr><td rowspan="3">商业汇票到期时</td><td>收到银行支付到期票据的付款通知时</td><td>借：应付票据
　贷：银行存款</td><td>借：事业支出/经营支出
　贷：资金结存—货币资金</td></tr>
<tr><td>银行承兑汇票到期，本单位无力支付票款</td><td>借：应付票据
　贷：短期借款</td><td>借：事业支出/经营支出
　贷：债务预算收入</td></tr>
<tr><td>商业承兑汇票到期，本单位无力支付票款</td><td>借：应付票据
　贷：应付账款</td><td></td></tr>
</table>

【例 16-3】某事业单位向 A 单位购买专用材料一批 150 000 元，开具商业承兑汇票。商业承兑汇票到期后，收到银行出具的支付凭证。

经济业务和事项	财务会计账务处理	预算会计账务处理
购买专用材料	借：库存物品 150 000 　贷：应付票据 150 000	不做处理
收到银行支付凭证	借：应付票据 150 000 　贷：银行存款 150 000	借：事业支出 150 000 　贷：资金结存—货币资金 150 000

二、应付账款

应付账款是政府会计主体因购买物资、接受服务、开展工程建设等而应付的偿还期限在 1 年以内（含 1 年）的款项。

“应付账款”科目应当按照债权人进行明细核算。对于建设项目，还应设置“应付器材款”“应付工程款”等明细科目，并按照具体项目进行明细核算。本科目期末贷方余额，反映单位尚未支付的应付账款金额。应付账款核算的主要业务事项和账务处理如下：

经济业务和事项	财务会计账务处理	预算会计账务处理
购入物资、设备或服务以及确认完成工程进度但尚未付款	借：库存物品/固定资产/在建工程 贷：应付账款	不做处理
偿付应付账款时	借：应付账款 贷：财政拨款收入/零余额账户用款额度/银行存款	借：事业支出/行政支出 贷：财政拨款预算收入/资金结存
开出、承兑商业汇票抵付应付账款时	借：应付账款 贷：应付票据	不做处理
无法偿付或债权人豁免应偿还的应付账款	借：应付账款 贷：其他收入	不做处理

【例 16-4】某事业单位购买办公用电脑一批 30 000 元，电脑已验收但未付款。5 日后办理结算手续支付货款。

经济业务和事项	财务会计账务处理	预算会计账务处理
购买电脑	借：固定资产 30 000 贷：应付账款 30 000	不做处理
支付货款	借：应付账款 30 000 贷：银行存款 30 000	借：事业支出 30 000 贷：资金结存—货币资金 30 000

三、应付政府补贴款

应付政府补贴款是负责发放政府补贴的行政单位，按照规定应当支付给政府补贴接受者的各种政府补贴款。

“应付政府补贴款”科目应当按照应支付的政府补贴种类进行明细核算。行政单位还应当根据需要按照补贴接受者进行明细核算，或者建立备查簿对补贴接受者予以登记。本科目期末贷方余额，反映行政单位应付未付的政府补贴金额。应付政府补贴款核算的主要业务事项和账务处理如下：

经济业务和事项	财务会计账务处理	预算会计账务处理
发生（确认）应付而未付政府补贴时	借：业务活动费用 贷：应付政府补贴款	不做处理
支付应付政府补贴款时	借：应付政府补贴款 贷：零余额账户用款额度/银行存款	借：行政支出 贷：资金结存

【例 16-5】某行政单位计算应发放政府补贴款 20 000 元，月底通过单位零余额账户进行了支付。

经济业务和事项	财务会计账务处理	预算会计账务处理
发生应付政府补贴款	借：业务活动费用 20 000 贷：应付政府补贴款 20 000	不做处理
支付应付政府补贴款	借：应付政府补贴款 20 000 贷：零余额账户用款额度 20 000	借：行政支出 20 000 贷：资金结存—零余额账户用款额度 20 000

四、应付利息

应付利息核算事业单位按照合同约定应支付的借款利息，包括短期借款、分期付息到期还本的长期借款等应支付的利息。

"应付利息"科目应当按照债权人等进行明细核算。期末贷方余额，反映事业单位应付未付的利息金额。应付利息核算的主要业务事项和账务处理如下：

经济业务和事项	财务会计账务处理	预算会计账务处理
按期计提利息时	借：其他费用/在建工程 　贷：应付利息	不做处理
实际支付利息时	借：应付利息 　贷：银行存款	借：其他支出 　贷：资金结存—货币资金

【例16-6】某事业单位按月计提短期借款利息6 000元，季末支付利息18 000元。

经济业务和事项	财务会计账务处理	预算会计账务处理
按月计提利息	借：其他费用　6 000 　贷：应付利息　6 000	不做处理
季末支付利息	借：应付利息　18 000 　贷：银行存款　18 000	借：其他支出　18 000 　贷：资金结存—货币资金　18 000

五、预收账款

"预收账款"科目核算事业单位预先收取但尚未结算的款项。本科目应当按照债权人进行明细核算，期末贷方余额，反映事业单位预收但尚未结算的款项金额。预收账款核算的主要业务事项和账务处理如下：

经济业务和事项	财务会计账务处理	预算会计账务处理
预先收取款项时	借：银行存款 　贷：预收账款	借：资金结存—货币资金 　贷：事业预算收入/经营预算收入
确认有关收入时	借：预收账款 　　银行存款（收到补付款） 　贷：事业收入/经营收入 　　　银行存款（退回预收款）	收到补付款时： 借：资金结存—货币资金 　贷：事业预算收入/经营预算收入 退回预收款时： 借：事业预算收入/经营预算收入 　贷：资金结存—货币资金
无法偿付或债权人豁免应偿还的预收账款	借：预收账款 　贷：其他收入	不做处理

【例16-7】某事业单位向A单位提供咨询服务，5月份收到A单位转付的预付款20 000元。双方约定工作期限为6个月，咨询工作结束后A单位再支付60 000元。

经济业务和事项	财务会计账务处理	预算会计账务处理
5月，收到预付款	借：银行存款　20 000 　贷：预收账款　20 000	借：资金结存—货币资金　20 000 　贷：事业预算收入　20 000
11月，收到剩余款项	借：预收账款　20 000 　　银行存款　60 000 　贷：事业收入　80 000	借：资金结存—货币资金　60 000 　贷：事业预算收入　60 000

六、其他应付款

其他应付款核算单位除应交增值税、其他应交税费、应付职工薪酬、应付票据、应付账款、应付政府补贴款、应付利息、预收账款以外，其他各项偿还期限在 1 年内（含 1 年）的应付及暂收款项，如收取的押金、存入保证金、已经报销但尚未偿还银行的本单位公务卡欠款等。

同级政府财政部门预拨的下期预算款和没有纳入预算的暂付款项，以及采用实拨资金方式通过本单位转拨给下属单位的财政拨款，也通过本科目核算。

“其他应付款”科目应当按照其他应付款的类别以及债权人等进行明细核算。期末贷方余额，反映单位尚未支付的其他应付款金额。其他应付款核算的主要业务事项和账务处理如下：

经济业务和事项		财务会计账务处理	预算会计账务处理
发生暂收款项	发生其他应付及暂收款项	借：银行存款 贷：其他应付款	不做处理
	支付（或退回）其他应付及暂收款项时	借：其他应付款 贷：银行存款	不做处理
	将暂收款项转为收入时	借：其他应付款 贷：事业收入	借：资金结存 贷：事业预算收入
收到同级财政部门预拨的下期预算款和没有纳入预算的暂付款项	按照实际收到的金额	借：银行存款 贷：其他应付款	不做处理
	待到下一预算期或批准纳入预算时	借：其他应付款 贷：财政拨款收入	借：资金结存 贷：财政拨款预算收入
发生其他应付义务	确认其他应付款项时	借：业务活动费用/单位管理费用 贷：其他应付款	不做处理
	支付其他应付款项	借：其他应付款 贷：银行存款	借：事业支出/行政支出 贷：资金结存
无法偿付或债权人豁免偿还的其他应付款项		借：其他应付款 贷：其他收入	不做处理

【例 16-8】某事业单位收到 A 公司转入的合同保证金 20 000 元。后来 A 公司同意将保证金转为购货款，不再退回。

经济业务和事项	财务会计账务处理	预算会计账务处理
收到合同保证金	借：银行存款 20 000 贷：其他应付款 20 000	不做处理
保证金转为购货款	借：其他应付款 20 000 贷：事业收入 20 000	借：资金结存—货币资金 20 000 贷：事业预算收入 20 000

七、预提费用

预提费用是指预先提取的已经发生但尚未支付的费用，如预提租金费用等，通过设置“预提费用”科目核算。事业单位按规定从科研项目收入中提取的项目间接费用或管理费，也通过“预提费用”科目核算。事业单位计提的借款利息费用，通过“应付利息”“长期借款”科目核算，不通过本科目核算。

预提费用应当按照种类进行明细核算。对于提取的项目间接费用或管理费，应当在本科目下设置“项目间接费用或管理费”明细科目，并按项目进行明细核算。预提费用期末贷方余额，反映单位已预提但尚未支付的各项费用。预提费用核算的主要业务事项和账务处理如下：

经济业务和事项		财务会计账务处理	预算会计账务处理
租金费用	按期预先提取	借：业务活动费用/单位管理费用/经营费用 贷：预提费用	不做处理
	实际支付	借：预提费用 贷：银行存款	借：行政支出/事业支出/经营支出 贷：资金结存
从科研项目收入中提取项目间接费用或管理费	计提项目间接费用或管理费	借：单位管理费用 贷：预提费用—项目间接费用或管理费	借：非财政拨款结转—项目间接费用或管理费 贷：非财政拨款结余—项目间接费用或管理费
	实际使用项目间接费用或管理费	借：预提费用—项目间接费用或管理费 贷：银行存款	借：事业支出 贷：资金结存

【例 16-9】某事业单位在2023年9月收到省级科研项目经费，按规定计提间接费用10 000元。12月使用间接费用4 000元。

经济业务和事项	财务会计账务处理	预算会计账务处理
9月，计提项目间接费用	借：单位管理费用　10 000 贷：预提费用—项目间接费用或管理费　10 000	借：非财政拨款结转—项目间接费用或管理费　10 000 贷：非财政拨款结余—项目间接费用或管理费　10 000
12月，使用间接费用	借：预提费用—项目间接费用或管理费　4 000 贷：银行存款　4 000	借：事业支出　4 000 贷：资金结存—货币资金　4 000

第四节　应付职工薪酬

应付职工薪酬是政府会计主体按照有关规定应付给职工（含长期聘用人员）及为职工支付的各种薪酬，包括基本工资、国家统一规定的津贴补贴、规范津贴补贴（绩效工资）、改革性补贴、社会保险费（如职工基本养老保险费、职业年金、基本医疗保险费等）、住房公积金等，应设置“应付职工薪酬”科目核算。因辞退等原因而给予职工补偿所形成的负债也通过“应付职工薪酬”进行核算。期末贷方余额，反映单位应付未付的职工薪酬。

应付职工薪酬应当根据国家有关规定按照“基本工资”（含离退休费）、“国家统一规定的津贴补贴”、“规范津贴补贴（绩效工资）”、“改革性补贴”、“社会保险费”、“住房公积金”、“其他个人收入”等进行明细核算。其中，“社会保险费”和“住房公积金”明细科目核算内容包括单位从职工工资中代扣代缴的社会保险费、住房公积金，以及单位为职工计算缴纳的社会保险费、住房公积金。应付职工薪酬核算的主要业务事项和账务处理如下：

<table>
<tr><th colspan="2">经济业务和事项</th><th>财务会计账务处理</th><th>预算会计账务处理</th></tr>
<tr><td rowspan="4">计算确认当期应付职工薪酬</td><td>从事专业及其辅助活动人员的职工薪酬</td><td>借：业务活动费用/单位管理费用
贷：应付职工薪酬</td><td>不做处理</td></tr>
<tr><td>应由在建工程、加工物品、自行研发无形资产负担的职工薪酬</td><td>借：在建工程/加工物品/研发支出
贷：应付职工薪酬</td><td>不做处理</td></tr>
<tr><td>从事专业及其辅助活动以外的经营活动人员的职工薪酬</td><td>借：经营费用
贷：应付职工薪酬</td><td>不做处理</td></tr>
<tr><td>因解除与职工的劳动关系而给予的补偿</td><td>借：单位管理费用
贷：应付职工薪酬</td><td>不做处理</td></tr>
<tr><td colspan="2">向职工实际支付薪酬时</td><td>借：应付职工薪酬
贷：财政拨款收入/零余额账户用款额度/银行存款</td><td>借：行政支出/事业支出/经营支出
贷：财政拨款预算收入/资金结存</td></tr>
<tr><td rowspan="3">从职工薪酬中代扣各种款项</td><td>代扣职工个人所得税</td><td>借：应付职工薪酬—基本工资
贷：其他应交税费—应交个人所得税</td><td>不做处理</td></tr>
<tr><td>代扣社会保险费和住房公积金</td><td>借：应付职工薪酬—基本工资
贷：应付职工薪酬—社会保险费
—住房公积金</td><td>不做处理</td></tr>
<tr><td>代扣为职工垫付的水电费、房租等费用</td><td>借：应付职工薪酬—基本工资
贷：其他应收款</td><td>不做处理</td></tr>
<tr><td colspan="2">按照规定缴纳职工社会保险费和住房公积金</td><td>借：应付职工薪酬—社会保险
—住房公积金
贷：财政拨款收入/零余额账户用款额度/银行存款</td><td>借：行政支出/事业支出/经营支出
贷：财政拨款预算收入/资金结存</td></tr>
<tr><td colspan="2">从应付职工薪酬中支付的其他款项</td><td>借：应付职工薪酬
贷：零余额账户用款额度/银行存款</td><td>借：行政支出/事业支出/经营支出
贷：资金结存</td></tr>
</table>

【例16-10】某事业单位2023年6月1日计算职工薪酬总额为118 400元，其中：工资94 000元，津贴补贴8 500元，社会保险费（单位）6 500元，住房公积金（单位）9 400元。该单位从应付职工薪酬中代扣代缴社会保险费4 500元、住房公积金9 400元，代扣代交个人所得税2 400元。6月5日，该单位通过银行代发工资。6月10日，该单位通过银行转账缴纳社会保险费、住房公积金和个人所得税。

经济业务和事项	财务会计账务处理	预算会计账务处理
6月1日，计算应付职工薪酬	借：业务活动费用 118 400 贷：应付职工薪酬—基本工资 94 000 —国家统一规定的津贴补贴 8 500 —社会保险费 6 500 —住房公积金 9 400	不做处理
代扣社会保险费和住房公积金	借：应付职工薪酬—基本工资 13 900 贷：应付职工薪酬—社会保险费 4 500 —住房公积金 9 400	不做处理

续表

经济业务和事项	财务会计账务处理	预算会计账务处理
代扣个人所得税	借：应付职工薪酬—基本工资　2 400 　贷：其他应交税费—应交个人所得税　2 400	不做处理
6月5日，发放工资	借：应付职工薪酬—基本工资　77 700 　　　　　—国家统一规定的津贴补贴　8 500 　贷：银行存款　86 200	借：事业支出　86 200 　贷：资金结存—货币资金　86 200
6月10日，缴纳社会保险费、住房公积金	借：应付职工薪酬—社会保险费　11 000 　　　　　—住房公积金　18 800 　贷：银行存款　29 800	借：事业支出　29 800 　贷：资金结存—货币资金　29 800
6月10日，缴纳个人所得税	借：其他应交税费—应交个人所得税　2 400 　贷：银行存款　2 400	借：事业支出　2 400 　贷：资金结存—货币资金　2 400

第五节　应缴税费

应交税费是指政府会计主体因发生应税事项按照税法规定应当承担的纳税义务。应纳税费包括应交增值税和其他应交税费。

一、应交增值税

应交增值税核算单位按照税法规定计算应交纳的增值税。

（一）应交增值税明细科目设置

应交增值税根据增值税一般纳税人或增值税小规模纳税人的不同，分设明细科目进行核算。增值税一般纳税人应当在本科目下设置“应交税金”、“未交税金”、“预交税金”、“待抵扣进项税额”、“待认证进项税额”、“待转销项税额”、“简易计税”、“转让金融商品应交增值税”和“代扣代交增值税”等明细科目。增值税小规模纳税人的单位只需在本科目下设置“转让金融商品应交增值税”“代扣代交增值税”明细科目。

（1）“应交税金”明细账内应当设置“进项税额”、“已交税金”、“转出未交增值税”、“减免税款”、“销项税额”、“进项税额转出”和“转出多交增值税”等专栏。其中：“进项税额”专栏，记录单位购进货物、加工修理修配劳务、服务、无形资产或不动产而支付或负担的、准予从当期销项税额中抵扣的增值税额；“已交税金”专栏，记录单位当月已交纳的应交增值税额；“转出未交增值税”和“转出多交增值税”专栏，分别记录一般纳税人月度终了转出当月应交未交或多交的增值税额；“减免税款”专栏，记录单位按照现行增值税制度规定准予减免的增值税额；“销项税额”专栏，记录单位销售货物、加工修理修配劳务、服务、无形资产或不动产应收取的增值税额；“进项税额转出”专栏，记录单位购进货物、加工修理修配劳务、服务、无形资产或不动产等发生非正常损失以及其他原因而不应从销项税额中抵扣、按照规定转出的进项税额。

（2）“未交税金”明细科目，核算单位月度终了从“应交税金”或“预交税金”明细科目转入当月应交未交、多交或预缴的增值税额，以及当月交纳以前期间未交的增值税额。

（3）“预交税金”明细科目，核算单位转让不动产、提供不动产经营租赁服务等，以及其他按照现行增值税制度规定应预缴的增值税额。

（4）“待抵扣进项税额”明细科目，核算单位已取得增值税扣税凭证并经税务机关认证，按照现行增值税制度规定准予以后期间从销项税额中抵扣的进项税额。

（5）“待认证进项税额”明细科目，核算单位由于未经税务机关认证而不得从当期销项税额中抵扣的进项税额，包括一般纳税人已取得增值税扣税凭证并按规定准予从销项税额中抵扣，但尚未经税务机关认证的进项税额；一般纳税人已申请稽核但尚未取得稽核相符结果的海关缴款书注明的进项税额。

（6）“待转销项税额”明细科目，核算单位销售货物、加工修理修配劳务、服务、无形资产或不动产，已确认相关收入（或利得）但尚未发生增值税纳税义务而需于以后期间确认为销项税额的增值税额。

（7）“简易计税”明细科目，核算单位采用简易计税方法发生的增值税计提、扣减、预缴、缴纳等业务。

（8）“转让金融商品应交增值税”明细科目，核算单位转让金融商品发生的增值税额。

（9）“代扣代交增值税”明细科目，核算单位购进在境内未设经营机构的境外单位或个人在境内的应税行为代扣代缴的增值税。

本科目期末贷方余额，反映单位应交未交的增值税；期末如为借方余额，反映单位尚未抵扣或多交的增值税。

（二）应交增值税的主要账务处理

根据增值税一般纳税人或增值税小规模纳税人的不同，应交增值税的主要账务处理有所不同。

1.增值税一般纳税人的账务处理

（1）单位购入资产或接受劳务等业务。

经济业务和事项	财务会计账务处理	预算会计账务处理
购入应税资产或接受劳务时	借：业务活动费用/在途物品/库存物品/工程物资/在建工程/固定资产/无形资产 应交增值税—应交税金—进项税额（当月已认证可抵扣） 应交增值税—待认证进项税额（当月未认证可抵扣） 贷：银行存款/零余额账户用款额度/应付票据/应付账款	借：事业支出/经营支出 贷：资金结存（实际支付的金额）
购入应税资产或接受劳务，用于简易计税方法计税项目、免征增值税项目、集体福利或个人消费等，经税务机关认证为不可抵扣进项税时	借：应交增值税—应交税金—进项税额 贷：应交增值税—待认证进项税额 同时： 借：业务活动费用等 贷：应交增值税—应交税金—进项税额转出	不做处理
购进不动产或不动产在建工程按照规定进项税额不再分年抵扣，实行一次抵扣	借：固定资产、在建工程 应交增值税—应交税金—进项税额 贷：银行存款/零余额账户用款额度/应付票据/应付账款	借：事业支出/经营支出 贷：资金结存（实际支付的金额）

续表

经济业务和事项	财务会计账务处理	预算会计账务处理
购进属于增值税应税项目的资产后，发生非正常损失或改变用途后不得抵扣时	借：待处理财产损溢/固定资产/无形资产 贷：应交增值税—应交税金—进项税额转出 —待认证进项税额 —待抵扣进项税额	不做处理
原不得抵扣且未抵扣进项税额的固定资产、无形资产等，因改变用途等用于允许抵扣进项税额的应税项目的	借：应交增值税—应交税金—进项税额 贷：固定资产/无形资产	不做处理
购进时已全额计入进项税额的货物或服务等转用于不动产在建工程的，对于结转以后期间的进项税额	借：应交增值税—待抵扣进项税额 贷：应交增值税—应交税金—进项税额转出	不做处理
境外单位或个人在境内发生应税行为，在境内未设有经营机构的，以购买方作为扣缴义务人	借：业务活动费用/在途物品/库存物品/工程物资/在建工程/固定资产/无形资产 应交增值税—应交税金—进项税额 贷：银行存款/应付账款 应交增值税—代扣代交增值税	借：事业支出/经营支出 贷：资金结存（实际支付的金额）
	实际缴纳代扣代交增值税时： 借：应交增值税—代扣代交增值税 贷：银行存款/零余额账户用款额度	借：事业支出/经营支出 贷：资金结存（实际支付的金额）

【例 16-11】某事业单位为增值税一般纳税人，2023年4月10日购入一批经营用商品，增值税专用发票注明材料价款20 000元，增值税2 600元，产品验收入库，货款已支付。6月5日，该单位将部分剩余商品作为福利发给职工，商品成本5 000元，增值税进项税额650元。

经济业务和事项	财务会计账务处理	预算会计账务处理
4月10日购入材料	借：库存物品　20 000 应交增值税—应交税金—进项税额 2 600 贷：银行存款　22 600	借：事业支出　22 600 贷：资金结存—货币资金　22 600
6月5日发放福利商品	借：应付职工薪酬　5 650 贷：库存商品　5 000 应交增值税—应交税金—进项税额转出　650	不做处理

（2）单位销售应税产品或提供应税服务等业务。

经济业务和事项	财务会计账务处理	预算会计账务处理
销售应税产品或提供应税服务时	借：银行存款/应收账款/应收票据 贷：事业收入/经营收入 应交增值税—应交税金—销项税额 —简易计税	借：资金结存 贷：事业预算收入/经营预算收入

续表

经济业务和事项		财务会计账务处理	预算会计账务处理
金融商品转让	产生收益	借：投资收益 贷：应交增值税—转让金融商品应交增值税	不做处理
	产生损失	借：应交增值税—转让金融商品应交增值税 贷：投资收益	不做处理
	缴纳时	借：应交增值税—转让金融商品应交增值税 贷：银行存款	借：投资预算收益 贷：资金结存
	年末如有借方余额	借：投资收益 贷：应交增值税—转让金融商品应交增值税	不做处理

【例 16-12】某事业单位为增值税一般纳税人，6月8日销售自产商品，增值税专用发票注明材料价款30 000元，增值税3 900元，货款存入银行。该批商品的成本为18 000元。

经济业务和事项	财务会计账务处理	预算会计账务处理
销售商品	借：银行存款 33 900 贷：经营收入 30 000 应交增值税—应交税金—销项税额 3 900 借：经营费用 18 000 贷：库存商品 18 000	借：资金结存—货币资金 33 900 贷：经营预算收入 33 900

（3）月末转出多交增值税和未交增值税。

经济业务和事项	财务会计账务处理	预算会计账务处理
月末转出本月未交增值税	借：应交增值税—应交税金—转出未交增值税 贷：应交增值税—未交税金	不做处理
月末转出本月多交增值税	借：应交增值税—未交税金 贷：应交增值税—应交税金—转出多交增值税	不做处理

（4）缴纳增值税。

经济业务和事项	财务会计账务处理	预算会计账务处理
本月缴纳本月增值税	借：应交增值税—应交税金—已交税金 贷：银行存款/零余额账户用款额度	借：事业支出/经营支出 贷：资金结存
本月缴纳以前期间未交增值税	借：应交增值税—未交税金 贷：银行存款/零余额账户用款额度	借：事业支出/经营支出 贷：资金结存
按规定预缴增值税	预缴时： 借：应交增值税—预交税金 贷：银行存款/零余额账户用款额度 月末： 借：应交增值税—未交税金 贷：应交增值税—预缴税金	借：事业支出/经营支出 贷：资金结存
当期直接减免的增值税应纳税额	借：应交增值税—应交税金—减免税款 贷：业务活动费用/经营费用	不做处理

【例 16-13】某事业单位为增值税一般纳税人，2023年3月31日通过银行转账缴纳本

月经营活动的增值税1 200元。月末转出当月未交增值税400元。

经济业务和事项	财务会计账务处理	预算会计账务处理
缴纳本月增值税	借：应交增值税—应交税金—已交税金 1 200 贷：银行存款 1 200	借：经营支出 1 200 贷：资金结存——货币资金 1 200
转出当月未交增值税	借：应交增值税—应交税金—转出未交增值税400 贷：应交增值税—未交税金 400	不做处理

2.增值税小规模纳税人账务处理

<table>
<tr><th colspan="3">经济业务和事项</th><th>财务会计账务处理</th><th>预算会计账务处理</th></tr>
<tr><td rowspan="2">购入应税资产或服务</td><td colspan="2">购入应税资产或服务</td><td>借：业务活动费用/在途物品/库存物品
贷：银行存款/应付票据/应付账款</td><td>借：事业支出/经营支出
贷：资金结存</td></tr>
<tr><td colspan="2">购进资产或服务时作为扣缴义务人</td><td>借：在途物品/库存物品/固定资产/无形资产
贷：银行存款/应付账款
应交增值税—代扣代交增值税</td><td>借：事业支出/经营支出
贷：资金结存</td></tr>
<tr><td rowspan="4">销售应税资产或提供应税服务</td><td colspan="2">销售资产或提供服务</td><td>借：银行存款/应收账款/应收票据
贷：事业收入/经营收入
应交增值税</td><td>借：资金结存
贷：事业预算收入/经营预算收入</td></tr>
<tr><td rowspan="3">金融商品转让</td><td>产生收益</td><td>借：投资收益
贷：应交增值税—转让金融商品应交增值税</td><td>不做处理</td></tr>
<tr><td>产生损失</td><td>借：应交增值税—转让金融商品应交增值税
贷：投资收益</td><td>不做处理</td></tr>
<tr><td>缴纳时</td><td>借：应交增值税—转让金融商品应交增值税
贷：银行存款</td><td>借：投资预算收益
贷：资金结存</td></tr>
<tr><td colspan="3">缴纳增值税时</td><td>借：应交增值税
贷：银行存款</td><td>借：事业支出/经营支出
贷：资金结存</td></tr>
<tr><td colspan="3">减免增值税</td><td>借：应交增值税
贷：业务活动费用/经营费用</td><td>不做处理</td></tr>
</table>

【例16-14】某事业单位为增值税小规模纳税人，从海外公司驻境内机构购入一批商品，按照税法规定，事业单位则成为增值税扣缴义务人。收到的增值税专用发票注明材料价款20 000元，增值税进项税额2 600元，货款已通过零余额账户支付。

经济业务和事项	财务会计账务处理	预算会计账务处理
购进商品	借：库存商品 22 600 贷：零余额账户用款额度 20 000 应交增值税—代扣代交增值税 2 600 借：应交增值税—代扣代交增值税 2 600 贷：零余额账户用款额度 2 600	借：事业支出 22 600 贷：资金结存—零余额账户用款额度 22 600

二、其他应交税费

其他应交税费核算单位按照税法等规定计算应交纳的除增值税以外的各种税费，包括城市维护建设税、教育费附加、地方教育附加、车船税、房产税、城镇土地使用税和企业所得税等。单位代扣代缴的个人所得税，也通过本科目核算。

单位应交纳的印花税不需要预提应交税费，直接通过“业务活动费用”“单位管理费用”“经营费用”等科目核算，不通过本科目核算。

本科目应当按照应交纳的税费种类进行明细核算。本科目期末贷方余额，反映单位应交未交的除增值税以外的税费金额；期末如为借方余额，反映单位多交纳的除增值税以外的税费金额。其他应交税费核算的主要业务事项和账务处理如下：

<table>
<tr><th colspan="2">经济业务和事项</th><th>财务会计账务处理</th><th>预算会计账务处理</th></tr>
<tr><td rowspan="2">除增值税、所得税外的其他税费</td><td>按照税法规定计算的应缴税费</td><td>借：业务活动费用/单位管理费用/经营费用
贷：其他应交税费—应交城市维护建设税
—应交教育费附加
—应交地方教育附加
—应交车船税
—应交房产税
—应交城镇土地使用税等</td><td>不做处理</td></tr>
<tr><td>实际缴纳时</td><td>借：其他应交税费—应交城市维护建设税
—应交教育费附加
—应交地方教育附加
—应交车船税
—应交房产税
—应交城镇土地使用税等
贷：银行存款</td><td>借：事业支出/经营支出
贷：资金结存</td></tr>
<tr><td rowspan="3">代扣代缴职工个人所得税</td><td>计算职工代扣代缴的</td><td>借：应付职工薪酬
贷：其他应交税费—应交个人所得税</td><td>不做处理</td></tr>
<tr><td>计算职工以外的其他人员劳务费的</td><td>借：业务活动费用/单位管理费用
贷：其他应交税费—应交个人所得税</td><td>不做处理</td></tr>
<tr><td>实际缴纳时</td><td>借：其他应交税费—应交个人所得税
贷：财政拨款收入/零余额账户用款额度/银行存款</td><td>借：行政支出/事业支出/经营支出
贷：财政拨款预算收入/资金结存</td></tr>
<tr><td rowspan="2">发生企业所得税纳税义务</td><td>按照税法计算的应缴企业所得税</td><td>借：所得税费用
贷：其他应交税费—单位应交所得税</td><td>不做处理</td></tr>
<tr><td>实际缴纳时</td><td>借：其他应交税费—单位应交所得税
贷：银行存款</td><td>借：非财政拨款结余
贷：资金结存</td></tr>
</table>

【例 16-15】某事业单位为增值税一般纳税人，开展相关业务活动时应缴纳企业所得税 8 600 元，已通过银行转账支付。

经济业务和事项	财务会计账务处理	预算会计账务处理
计算应缴纳企业所得税	借：所得税费用 8 600 贷：其他应交税费—单位应交所得税 8 600	不做处理
银行转账支付税款时	借：其他应交税费—单位应交所得税 8 600 贷：银行存款 8 600	借：非财政拨款结余 8 600 贷：资金结存—货币资金 8 600

第六节 应缴财政款

应缴财政款是指政府会计主体取得或应收的按照规定应当上缴财政的款项，包括应缴国库的款项和应缴财政专户的款项。应缴财政款是政府会计主体暂时收取、按规定应当上缴国库或财政专户的款项。

按照国家税法等有关规定应当缴纳的各种税费，不属于应缴财政款，应当通过“应交增值税”“其他应交税费”科目核算。

本科目按照应缴财政款项的类别进行明细核算，期末贷方余额，反映单位应当上缴财政但尚未缴纳的款项。年终清缴后，本科目一般应无余额。

应交财政款核算的主要业务事项和账务处理如下：

经济业务和事项	财务会计账务处理	预算会计账务处理
在取得或应收按照规定应缴财政的款项时	借：银行存款/应收账款 　贷：应缴财政款	不做处理
上缴应缴财政的款项时	借：应缴财政款 　贷：银行存款	不做处理

【例 16-16】某事业单位在开展相关业务活动中，收到应当汇缴财政的款项 5 000 元，并存入单位银行账户。该单位在季末将该笔款项划转至上缴财政专设账户。

经济业务和事项	财务会计账务处理	预算会计账务处理
收到应汇缴财政的款项时	借：银行存款　　5 000 　贷：应缴财政款　　5 000	不做处理
季末上缴时	借：应缴财政款　　5 000 　贷：银行存款　　5 000	不做处理

第七节 其他负债

一、长期应付款

长期应付款是政府会计主体发生的偿还期限超过1年（不含1年）的应付款项，如以融资租赁方式取得固定资产应付的租赁费等。长期应付款应当按照其类别以及债权人进行明细核算。本科目期末贷方余额，反映单位尚未支付的长期应付款金额。长期应付款核算的主要业务事项和账务处理如下：

经济业务和事项	财务会计账务处理	预算会计账务处理
发生长期应付款时	借：固定资产/在建工程 　贷：长期应付款	不做处理
支付长期应付款时	借：长期应付款 　贷：银行存款/零余额账户用款额度/财政拨款收入	借：行政支出/事业支出/经营支出 　贷：财政拨款预算收入/资金结存
无法偿付或债权人豁免偿还的长期应付款	借：长期应付款 　贷：其他收入	不做处理

【例 16-17】某事业单位采用分期付款方式采购一台大型设备，约定每年支付货款

800 000元，连续支付3年，共计支付2 400 000元。

经济业务和事项	财务会计账务处理	预算会计账务处理
购入大型设备	借：固定资产 2 400 000 贷：长期应付款 2 400 000	不做处理
每年末，支付价款时	借：长期应付款 800 000 贷：银行存款 800 000	借：事业支出 800 000 贷：资金结存—货币资金 800 000

二、受托代理负债

受托代理负债是指政府会计主体接受委托，取得受托代理资产时形成的负债，一般包括接受委托收到转赠物资、储存保管物资、罚没物资等形成的债务，通过“受托代理负债”科目核算。期末贷方余额，反映单位尚未交付或发出受托代理资产形成的受托代理负债金额。受托代理负债核算的主要业务事项和账务处理如下：

经济业务和事项	财务会计账务处理	预算会计账务处理
受托转赠物资或储存保管物资	借：受托代理资产 贷：受托代理负债	不做处理
支付相关的运输费、保管费	借：其他费用 贷：财政拨款收入/零余额账户用款额度/银行存款	借：其他支出 贷：财政拨款预算收入/资金结存
交付受托物资时	借：受托代理负债 贷：受托代理资产	不做处理
按照规定处置罚没物资取得款项时	借：受托代理负债 贷：受托代理资产 借：银行存款 贷：应缴财政款	不做处理

【例16-18】某事业单位接收委托代理一笔转赠资金50 000元，之后按照委托协议将该项资金支付给有关受赠人。

经济业务和事项	财务会计账务处理	预算会计账务处理
接收委托资产	借：受托代理资产 50 000 贷：受托代理负债 50 000	不做处理
转赠资金	借：受托代理负债 50 000 贷：受托代理资产 50 000	不做处理

第八节 预计负债

预计负债是指与或有事项相关而形成现时义务，并且满足负债两个条件的债务。或有事项是指由过去的经济业务或者事项形成的，其结果须由某些未来事项的发生或不发生才能决定的不确定事项。未来事项是否发生不在政府会计主体控制范围内。政府会计主体常见的或有事项包括：未决诉讼或未决仲裁、对外国政府或国际经济组织的贷款担保、承诺（补贴、代偿）、自然灾害或公共事件的救助等。对于与或有事项相关的潜在义务和不满足负债条件的不能确认为负债。本科目期末贷方余额，反映单位已确认但尚未支付的预计负债金额。

预计负债应当按照履行相关现时义务所需支出的最佳估计数进行初始计量。对于所需支出存在一个连续范围，且该范围内各种结果发生的可能性相同的，最佳估计数应当按照该范围内的中间值确定。在其他情形下，最佳估计数应当分别下列情况确定：

（1）或有事项涉及单个项目的，按照最可能发生金额确定。

（2）或有事项涉及多个项目的，按照各种可能结果及相关概率计算确定。

政府会计主体清偿预计负债所需支出预期全部或部分由第三方补偿的，补偿金额只有在基本确定能够收到时才能作为资产单独确认。确认的补偿金额不应当超过预计负债的账面余额。

政府会计主体应当在报告日对预计负债的账面余额进行复核。有确凿证据表明该账面余额不能真实反映当前最佳估计数的，应当按照当前最佳估计数对该账面余额进行调整。履行该预计负债的相关义务不是很可能导致经济资源流出政府会计主体时，应当将该预计负债的账面余额予以转销。

预计负债核算的主要业务事项和账务处理如下：

<table>
<tr><th colspan="2">经济业务和事项</th><th>财务会计账务处理</th><th>预算会计账务处理</th></tr>
<tr><td colspan="2">确认预计负债时</td><td>借：业务活动费用/经营费用/其他费用
　贷：预计负债</td><td>不做处理</td></tr>
<tr><td colspan="2">实际偿付预计负债时</td><td>借：预计负债
　贷：银行存款</td><td>借：行政支出/事业支出/经营支出
　贷：资金结存</td></tr>
<tr><td rowspan="2">对预计负债账面余额进行调整时</td><td>调增</td><td>借：业务活动费用/经营费用/其他费用
　贷：预计负债</td><td>不做处理</td></tr>
<tr><td>调减</td><td>借：预计负债
　贷：业务活动费用/经营费用/其他费用</td><td>不做处理</td></tr>
</table>

【例 16-19】某事业单位因为一项专利技术侵权案件，在 2023 年 8 月被 A 公司提起诉讼。在 12 月 31 日，法院尚未判决，法律顾问的意见是单位很可能败诉，如果败诉的话，很可能需要赔偿 600 000 元。2023 年 2 月 6 日，法院判决该单位败诉，赔偿金额为 600 000 元，该单位服从判决并在当月 10 日通过银行转账进行赔偿。

经济业务和事项	财务会计账务处理	预算会计账务处理
2023 年 12 月 31 日	借：其他费用　600 000 　贷：预计负债　600 000	不做处理
2023 年 2 月 10 日	借：预计负债　600 000 　贷：银行存款　600 000	借：事业支出　600 000 　贷：资金结存—货币资金　600 000

复习思考题

1. 负债如何确认？负债的种类包括哪些？

2. 在不同期限以及不同付息方式下，核算借款产生的利息在会计科目上有什么区别？

3. “应交增值税”应该设置哪些明细科目？明细科目“应交税金”应该设置哪些专栏？如何理解这些明细科目和专栏？

4. “应付职工薪酬”应该设置哪些明细科目？如何理解这些明细科目？

第十七章 财务会计净资产类科目的核算

第一节 净资产概述

一、净资产的概念

（一）净资产的定义

净资产是指政府会计主体资产扣除负债后的净额，反映国家和行政事业单位的资产所有权，是属于单位所有并可以自由支配的资产。

（二）净资产的会计科目

财务会计对净资产共设置7个会计科目。其中，事业单位单独使用的科目有2个，行政单位和事业单位共同使用的科目有5个。具体见表17-1。

表17-1 净资产类科目适用范围表

科目编码	科目名称	行政单位	事业单位
3001	累计盈余	√	√
3101	专用基金		√
3201	权益法调整		√
3301	本期盈余	√	√
3302	本年盈余分配	√	√
3401	无偿调拨净资产	√	√
3501	以前年度盈余调整	√	√

二、净资产的分类与计量

（一）净资产的分类

根据净资产类科目的使用情况，可以将净资产类科目分为2大类，分别为过渡类科目和留存类科目。过渡类科目的年末科目要进行结转，结转后无余额，分别为“本期盈余”“本年盈余分配”“无偿调拨净资产”“以前年度盈余调整”。留存类科目年末有余额，余额反映了单位实际拥有的净资产，分别为“累计盈余”“专用基金”“权益法调整”。

（二）净资产的计量

净资产金额取决于资产和负债的计量。资产和负债的差额即为净资产。

“本期盈余”“本年盈余分配”“无偿调拨净资产”“以前年度盈余调整”科目年末无余额，净资产的总额为“累计盈余”“专用基金”“权益法调整”科目余额的汇总数。

本期盈余、本年盈余分配、无偿调拨净资产、以前年度盈余调整与累计盈余、专用基金之间按以下流程进行结转：

（1）期末，单位各项收入、费用结转转入“本期盈余”科目；

（2）年末，“本期盈余”科目结转转入“本年盈余分配”科目；

（3）年末，按照规定从本年度非财政拨款结余或经营结余中提取专用基金；

（4）年末，“本年盈余分配”“无偿调拨净资产”“以前年度盈余调整”结转转入“累计盈余”科目。

第二节　行政事业单位共有净资产类科目核算

一、累计盈余

（一）累计盈余的核算内容

“累计盈余”科目核算单位历年实现的盈余扣除盈余分配后滚存的金额，以及因无偿调入调出资产产生的净资产变动额。

按照规定上缴、缴回、单位间调剂结转结余资金产生的净资产变动额，以及对以前年度盈余的调整金额，也通过本科目核算。

（二）累计盈余的账务处理

（1）年末，将“本年盈余分配”科目的余额转入“累计盈余”科目。

（2）年末，将“无偿调拨净资产”科目的余额转入“累计盈余”科目。

（3）按照规定上缴财政拨款结转结余、缴回非财政拨款结转资金、向其他单位调出财政拨款结转资金时，按照实际上缴、缴回、调出金额，借记“累计盈余”科目。按照规定从其他单位调入财政拨款结转资金时，按照实际调入金额，贷记“累计盈余”科目。

（4）将“以前年度盈余调整”科目的余额转入“累计盈余”科目。

（5）按照规定使用专用基金购置固定资产、无形资产的，按照固定资产、无形资产成本金额，贷记“银行存款”等科目；同时，按照专用基金使用金额，借记“专用基金”科目，贷记本科目。

具体账务处理如下：

经济业务和事项	财务会计处理	预算会计处理
（1）年末，将“本年盈余分配”科目余额转入	借：本年盈余分配 　贷：累计盈余 （或做相反会计分录）	不做处理
（2）年末，将“无偿调拨净资产”科目余额转入	借：无偿调拨净资产 　贷：累计盈余 （或做相反会计分录）	不做处理
（3）分两种情况： ①按照规定上缴财政拨款结转结余、缴回非财政拨款结转资金、向其他单位调出财政拨款结转资金时	借：累计盈余 　贷：财政应返还额度/零余额账户用款额度/银行存款等	借：财政拨款结转—归集上缴 　　　　　　　—归集调出 　财政拨款结余—归集上缴 　非财政拨款结转—缴回资金 　贷：财政应返还额度/零余额账户用款额度/资金结存等
②按照规定从其他单位调入财政拨款结转资金时	借：零余额账户用款额度/银行存款等 　贷：累计盈余	借：资金结存—零余额账户用款额度 　　　　　—货币资金 　贷：财政拨款结转—归集调入
（4）将“以前年度盈余调整”科目的余额转入累计盈余	借：以前年度盈余调整 　贷：累计盈余 （或做相反会计分录）	不做处理

续表

经济业务和事项	财务会计处理	预算会计处理
(5) 使用专用基金购置固定资产、无形资产的	借：固定资产/无形资产（固定资产、无形资产的成本金额） 　贷：银行存款等 借：专用基金（按照专用基金使用金额） 　贷：累计盈余	①使用从收入中提取并列入费用的专用基金： 借：事业支出等 　贷：资金结存 ②使用从非财政拨款结余或经营结余中提取的专用基金： 借：专用结余 　贷：资金结存—货币资金等 ③使用根据有关规定设置的其他专用基金：不需进行账务处理

【例 17-1】某事业单位年终结转后，本年盈余分配贷方余额500 000元，将本年盈余分配转入累计盈余。

经济业务和事项	财务会计处理	预算会计处理
本年盈余分配转入	借：本年盈余分配　500 000 　贷：累计盈余　500 000	不做处理

【例 17-2】某事业单位年终结转后，本年盈余分配借方余额500 000元，需用累计盈余弥补当年赤字。

经济业务和事项	财务会计处理	预算会计处理
本年盈余分配转入	借：累计盈余　500 000 　贷：本年盈余分配　500 000	不做处理

【例 17-3】某事业单位因本年财政拨款资金执行不力，年末仍有财政拨款结转300 000元，应按规定将财政额度上缴。

经济业务和事项	财务会计处理	预算会计处理
财政额度上缴	借：累计盈余　300 000 　贷：零余额账户用款额度　300 000	借：财政拨款结转—归集上缴 300 000 　贷：资金结存　300 000

【例 17-4】某事业单位在本年运用“以前年度盈余调整”科目对以前年度发生需要调整的经济业务事项进行业务处理，该科目年终结转前尚有借方余额15 000元。

经济业务和事项	财务会计处理	预算会计处理
以前年度盈余调整转入	借：累计盈余　15 000 　贷：以前年度盈余调整 15 000	不做处理

【例 17-5】某事业单位从预算收入中提取专用基金300 000元，并购置一台计算机8 000元，该款项通过银行存款支付。

经济业务和事项	财务会计处理	预算会计处理
提取时	借：业务活动费用　300 000 　贷：专用基金　300 000	不做处理
使用专用基金购置一台计算机	借：固定资产　8 000 　贷：银行存款　8 000 借：专用基金　8 000 　贷：累计盈余　8 000	借：事业支出　8 000 　贷：资金结存—货币资金　8 000

二、本期盈余

（一）本期盈余的核算内容

“本期盈余”科目核算单位本期各项收入、费用相抵后的余额。

本科目期末如为贷方余额，反映单位自年初至当期期末累计实现的盈余；如为借方余额，反映单位自年初至当期期末累计发生的亏损。

年末结账后，本科目无余额。

（二）本期盈余的账务处理

（1）期末，将各类收入科目的本期发生额转入本期盈余；将各类费用科目的本期发生额转入本期盈余。

（2）年末，完成上述结转后，将“本期盈余”科目余额转入“本年盈余分配”科目。

具体账务处理如下：

经济业务和事项		财务会计处理	预算会计处理
（1）期末结转	将各收入类科目的本期发生额转入本期盈余	借：财政拨款收入 事业收入 上级补助收入 附属单位上缴收入 经营收入 非同级财政拨款收入 投资收益 捐赠收入 利息收入 租金收入 其他收入 贷：本期盈余 “投资收益”科目发生额为借方净额时，做相反会计分录	不做处理
	将各费用类科目本期发生额转入本期盈余	借：本期盈余 贷：业务活动费用 单位管理费用 经营费用 资产处置费用 上缴上级费用 对附属单位补助费用 所得税费用 其他费用	不做处理
（2）年末将本期盈余余额转入本年盈余分配	“本期盈余”科目为贷方余额时	借：本期盈余 贷：本年盈余分配	不做处理
	“本期盈余”科目为借方余额时	借：本年盈余分配 贷：本期盈余	不做处理

【例 17-6】某事业单位本年取得财政拨款收入 600 万元、事业收入 200 万元、非同级财政拨款收入 100 万元、捐赠收入 50 万元、其他收入 30 万元。本年发生业务活动费用 700 万

元、单位管理费用200万元、其他费用50万元。

经济业务和事项	财务会计处理	预算会计处理
期末结转	借：财政拨款收入　6 000 000 　事业收入　2 000 000 　非同级财政拨款收入　1 000 000 　捐赠收入　500 000 　其他收入　300 000 　贷：本期盈余　9 800 000 借：本期盈余　9 500 000 　贷：业务活动费用　7 000 000 　　单位管理费用　2 000 000 　　其他费用　500 000	不做处理
年末转入本年盈余分配	借：本期盈余　300 000 　贷：本年盈余分配　300 000	不做处理

三、本年盈余分配

（一）本年盈余分配的核算内容

"本年盈余分配"科目核算单位本年度盈余分配的情况和结果。年末结账后，本科目应无余额。

（二）本年盈余分配的主要账务处理

（1）年末，将"本期盈余"科目余额转入"本年盈余分配"科目。

（2）年末，根据有关规定从本年度非财政拨款结余或经营结余中提取专用基金的，按照预算会计下计算的提取金额，借记"本年盈余分配"科目。

（3）年末，按照规定完成上述（1）、（2）处理后，将"本年盈余分配"科目余额转入累计盈余。

具体账务处理如下：

经济业务和事项		财务会计处理	预算会计处理
(1) 年末，将"本期盈余"科目余额转入本年盈余分配	"本期盈余"科目为贷方余额时	借：本期盈余 　贷：本年盈余分配	不做处理
	"本期盈余"科目为借方余额时	借：本年盈余分配 　贷：本期盈余	不做处理
(2) 年末，按照有关规定提取专用基金		借：本年盈余分配（按照预算会计下计算的提取金额） 　贷：专用基金	借：非财政拨款结余分配 　贷：专用结余
(3) 年末，将本科目余额转入累计盈余	本科目为贷方余额时	借：本年盈余分配 　贷：累计盈余	不做处理
	本科目为借方余额时	借：累计盈余 　贷：本年盈余分配	不做处理

【例17-7】某事业单位进行年终结转，并按规定提取专用基金后，"本年盈余分配"

科目贷方尚余15万元。

经济业务和事项	财务会计处理	预算会计处理
转入累计盈余	借：本年盈余分配　150 000 贷：累计盈余　150 000	不做处理

四、无偿调拨净资产

（一）无偿调拨净资产的核算内容

“无偿调拨净资产”科目核算单位无偿调入或调出非现金资产引起的净资产变动金额。年末结账后，本科目应无余额。

（二）无偿调拨净资产的主要账务处理

（1）按照规定取得无偿调入的存货、长期股权投资、固定资产、无形资产、公共基础设施、政府储备物资、文物文化资产、保障性住房等，按照确定的成本，借记“库存商品”“长期股权投资”“固定资产”等科目，按照调入过程中发生的归属于调入方的相关费用，贷记“零余额账户用款额度”“银行存款”等科目，按照其差额，贷记本科目。

（2）按照规定经批准无偿调出存货、长期股权投资、固定资产、无形资产、公共基础设施、政府储备物资、文物文化资产、保障性住房等，按照调出资产的账面余额或账面价值，借记本科目；同时，按照调出过程中发生的归属于调出方的相关费用，借记“资产处置费用”科目，贷记“零余额账户用款额度”“银行存款”等科目。

（3）年末，将本科目余额转入累计盈余。

具体账务处理如下：

<table>
<tr><th colspan="2">经济业务和事项</th><th>财务会计处理</th><th>预算会计处理</th></tr>
<tr><td colspan="2">(1) 取得无偿调入的资产时</td><td>借：库存物品/固定资产/无形资产/长期股权投资/公共基础设施/政府储备物资/保障性住房等
贷：无偿调拨净资产
零余额账户用款额度/银行存款等（发生的归属于调入方的相关费用）</td><td>借：其他支出（发生的归属于调入方的相关费用）
贷：资金结存等</td></tr>
<tr><td colspan="2">(2) 经批准无偿调出资产时</td><td>借：无偿调拨净资产
固定资产累计折旧/无形资产累计摊销/公共基础设施累计折旧（摊销）/保障性住房累计折旧
贷：库存物品/固定资产/无形资产/长期股权投资/公共基础设施/政府储备物资/保障性住房等（账面余额）
借：资产处置费用
贷：银行存款/零余额账户用款额度等（发生的归属于调出方的相关费用）</td><td>借：其他支出（发生的归属于调出方的相关费用）
贷：资金结存等</td></tr>
<tr><td rowspan="2">(3) 年末，将本科目余额转入累计盈余</td><td>本科目余额在贷方时</td><td>借：无偿调拨净资产
贷：累计盈余</td><td>不做处理</td></tr>
<tr><td>本科目余额在借方时</td><td>借：累计盈余
贷：无偿调拨净资产</td><td>不做处理</td></tr>
</table>

五、以前年度盈余调整

（一）以前年度盈余调整的核算内容

“以前年度盈余调整”科目核算单位本年度发生的调整以前年度盈余的事项，包括本年度发生的重要前期差错更正涉及调整以前年度盈余的事项。本科目年末结转后应无余额。

（二）以前年度盈余调整的账务处理

（1）调整增加以前年度收入时，按照调整增加的金额，借记有关科目，贷记本科目；调整减少的，做相反会计分录。

（2）调整增加以前年度费用时，按照调整增加的金额，借记本科目，贷记有关科目；调整减少的，做相反会计分录。

（3）盘盈的各种非流动资产，报经批准后处理时，借记“待处理财产损溢”科目，贷记本科目。

（4）经上述调整后，应将本科目的余额转入累计盈余，借记或贷记“累计盈余”科目，贷记或借记本科目。

具体账务处理如下：

❶调整以前年度收入。

经济业务和事项	财务会计处理	预算会计处理
增加以前年度收入时	借：有关资产或负债科目 　贷：以前年度盈余调整	按照实际收到的金额： 借：资金结存 　贷：财政拨款结转/财政拨款结余/非财政拨款结转/非财政拨款结余（年初余额调整）
减少以前年度收入时	借：以前年度盈余调整 　贷：有关资产或负债科目	按照实际支付的金额： 借：财政拨款结转/财政拨款结余/非财政拨款结转/非财政拨款结余（年初余额调整） 　贷：资金结存

【例 17–8】某事业单位发现上年某员工差旅费票据计算错误，少报销费用 1 500 元。

经济业务和事项	财务会计处理	预算会计处理
调整增加上年度费用	借：以前年度盈余调整　1 500 　贷：库存现金　1 500	借：非财政拨款结余—年初余额调整　1 500 　贷：资金结存　1 500

❷盘盈非流动资产。

经济业务和事项		财务会计处理	预算会计处理
盘盈非流动资产	报经批准处理时	借：待处理财产损溢 　贷：以前年度盈余调整	不做处理

【例 17–9】某事业单位在进行年度财务审计时，发现上年度固定资产中漏记一台电脑，价值 3 500 元，在本年度予以调整。

经济业务和事项	财务会计处理	预算会计处理
盘盈电脑一台	借：待处理财产损溢　3 500 　贷：以前年度盈余调整　3 500	不做处理

❸结转盈余。

经济业务和事项		财务会计处理	预算会计处理
将本科目余额转入累计盈余	本科目为借方余额时	借：累计盈余 　贷：以前年度盈余调整	不做处理
	本科目为贷方余额时	借：以前年度盈余调整 　贷：累计盈余	不做处理

第三节　事业单位专有净资产类科目核算

一、专用基金

（一）专用基金的核算内容

“专用基金”科目核算事业单位按照规定提取或设置的具有专门用途的资金。专用基金包括：

（1）职工福利基金，即按照非财政拨款结余的一定比例提取以及按照其他规定提取转入，用于单位职工的集体福利设施、集体福利待遇等的资金。

（2）其他基金，即按照其他有关规定提取或者设置的专用资金。各项基金的提取比例和管理办法，国家有统一规定的，按照统一规定执行；没有统一规定的，由主管部门会同同级财政部门确定。进一步的详细规定见《财政部关于事业单位提取专用基金比例问题的通知》。

本科目应当按照专用基金的类别进行明细核算。本科目期末贷方余额，反映事业单位累计提取或设置的尚未使用的专用基金。

（二）专用基金的账务处理

（1）年末，根据有关规定从本年度非财政拨款结余或经营结余中提取专用基金的，按照预算会计下计算的提取金额，借记“本年盈余分配”科目，贷记本科目。

（2）根据有关规定从收入中提取专用基金并计入费用的，一般按照预算会计下基于预算收入计算提取的金额，借记“业务活动费用”等科目，贷记本科目。国家另有规定的，从其规定。

（3）根据有关规定设置的其他专用基金，按照实际收到的基金金额，借记“银行存款”等科目，贷记本科目。

（4）按照规定使用提取的专用基金时，借记本科目，贷记“银行存款”等科目。

使用提取的专用基金购置固定资产、无形资产的，按照固定资产、无形资产成本金额，借记“固定资产”“无形资产”科目，贷记“银行存款”等科目；同时，按照专用基金使用金额，借记本科目，贷记“累计盈余”科目。具体账务处理如下：

经济业务和事项	财务会计处理	预算会计处理
（1）年末，按照规定从本年度非财政拨款结余或经营结余中提取专用基金的	借：本年盈余分配 　贷：专用基金（按照预算会计下计算的提取金额）	借：非财政拨款结余分配 　贷：专用结余
（2）根据规定从收入中提取专用基金并计入费用的	借：业务活动费用等 　贷：专用基金（一般按照预算收入计算提取的金额）	不做处理
（3）根据有关规定设置的其他专用基金	借：银行存款等 　贷：专用基金	不做处理
（4）根据规定使用专用基金时	借：专用基金 　贷：银行存款等 如果购置固定资产、无形资产的： 借：固定资产/无形资产 　贷：银行存款 借：专用基金 　贷：累计盈余	使用从收入中提取并列入费用的专用基金： 借：事业支出等 　贷：资金结存 使用从非财政结余或经营结余中提取的专用基金： 借：专用结余 　贷：资金结存—货币资金等 使用根据有关规定设置的其他专用基金： 不需进行账务处理

【例17-10】某事业单位，年末根据规定从非财政拨款结余中提取职工福利基金200 000元。

经济业务和事项	财务会计处理	预算会计处理
提取职工福利基金	借：本年盈余分配　200 000 　贷：专用基金　200 000	借：非财政拨款结余分配　200 000 　贷：专用结余　200 000

【例17-11】某高校按规定从事业收入中提取学生奖助学金100 000元。

经济业务和事项	财务会计处理	预算会计处理
提取学生奖助学金	借：业务活动费用　100 000 　贷：专用基金　100 000	不做处理

二、权益法调整

（一）权益法调整的核算内容

"权益法调整"科目核算事业单位持有的采用权益法核算的长期股权投资，按照被投资单位除净损益和利润分配以外的所有者权益变动份额调整长期股权投资账面余额而计入净资产的金额。

本科目应当按照被投资单位进行明细核算。

本科目期末余额，反映单位在被投资单位除净损益和利润分配以外的所有者权益变动中累计享有（或分担）的份额。

（二）权益法调整的账务处理

（1）年末，按照被投资单位除净损益和利润分配以外的所有者权益变动应享有（或应分担）的份额，借记或贷记"长期股权投资——其他权益变动"科目，贷记或借记本科目。

（2）采用权益法核算的长期股权投资，因被投资单位除净损益和利润分配以外的所有者权益变动而将应享有（或应分担）的份额计入单位净资产的，处置该项投资时，按照原计入净资产的相应部分金额，借记或贷记本科目，贷记或借记"投资收益"科目。

具体账务处理如下：

经济业务和事项		财务会计处理	预算会计处理
（1）资产负债表日	按照被投资单位，除净损益和利润分配以外的所有者权益变动应享有（或应分担）的份额（增加）	借：长期股权投资—其他权益变动 　贷：权益法调整	不做处理
	按照被投资单位，除净损益和利润分配以外的所有者权益变动应享有（或应分担）的份额（减少）	借：权益法调整 　贷：长期股权投资—其他权益变动	不做处理
（2）长期股权投资处置时	"权益法调整"科目为借方余额	借：投资收益 　贷：权益法调整（与所处置投资对应部分的金额）	不做处理
	"权益法调整"科目为贷方余额	借：权益法调整（与所处置投资对应部分的金额） 　贷：投资收益	不做处理

复习思考题

1.简述净资产类科目的定义及各科目的分类计量。

2.专用基金的提取方式有哪几种?

3.简述本期盈余、本年盈余分配、累计盈余科目的区别。

4.简述本期盈余、本年盈余分配、无偿调拨净资产、以前年度盈余调整与累计盈余、专用基金之间的结转流程。

第十八章　财务会计收入类和预算会计预算收入类科目的核算

第一节　收入和预算收入概述

一、收入和预算收入的概念

（一）收入的概念

1.收入的定义

收入是指报告期内导致政府会计主体净资产增加的、含有服务潜力或者经济利益的经济资源的流入。收入是政府会计主体履行职能、完成事业发展目标和计划的财力保障，收入管理是政府会计主体财务管理的重要组成部分。

政府会计由预算会计和财务会计构成。预算会计实行收付实现制，财务会计实行权责发生制。

2.收入的会计科目

政府会计制度中收入类设置11个会计科目。其中，事业单位单独使用的科目有5个；行政单位和事业单位共同使用的科目有6个。见表18-1。

表18-1　收入类会计科目适用范围表

科目编码	科目名称	行政单位	事业单位
4001	财政拨款收入	√	√
4101	事业收入		√
4201	上级补助收入		√
4301	附属单位上缴收入		√
4401	经营收入		√
4601	非同级财政拨款收入	√	√
4602	投资收益		√
4603	捐赠收入	√	√
4604	利息收入	√	√
4605	租金收入	√	√
4609	其他收入	√	√

（二）预算收入的概念

1.预算收入的定义

预算收入是指政府会计主体在预算年度内依法取得并纳入预算管理的现金流入。根据《政府会计准则——基本准则》和《政府会计制度》的规定，行政事业单位的预算收入核算一律采用收付实现制，即以现金的实际收付为标志来确定本期预算收入的会计核算基础。凡当期实际收到的现金收入，均应作为当期的预算收入；凡不属于当期的现金收入，均不应当作为当期的预算收入。

单位对于纳入部门预算管理的现金收支业务，在采用财务会计核算的同时应当进行预算会计核算；对于其他业务，仅需进行财务会计核算。

2.预算收入的会计科目

政府预算会计对预算收入共设置9个会计科目。其中，事业单位单独使用的科目有6个；行政单位和事业单位共同使用的科目有3个。见表18-2。

表18-2　预算收入类会计科目适用范围表

科目编码	科目名称	行政单位	事业单位
6001	财政拨款预算收入	√	√
6101	事业预算收入		√
6201	上级补助预算收入		√
6301	附属单位上缴预算收入		√
6401	经营预算收入		√
6501	债务预算收入		√
6601	非同级财政拨款预算收入	√	√
6602	投资预算收益		√
6609	其他预算收入	√	√

二、收入和预算收入的分类与计量

（一）收入的分类与计量

1.收入的分类

政府会计收入项目包括财政拨款收入、事业收入、上级补助收入、附属单位上缴收入、经营收入、非同级财政拨款收入、投资收益、捐赠收入、利息收入、租金收入以及其他收入。

（1）财政拨款收入是指单位从同级政府财政部门取得的各类财政拨款。

（2）事业收入是指事业单位开展专业业务活动及辅助活动实现的收入，不包括从同级政府财政部门取得的各类财政拨款。

（3）上级补助收入是指事业单位从主管部门和上级单位取得的非财政补助收入。

（4）附属单位上缴收入是指事业单位取得的附属独立核算单位按照有关规定上缴的收入。

（5）经营收入是指事业单位在专业业务活动及辅助活动之外开展非独立核算经营活动取得的收入。

（6）非同级财政拨款收入是指单位从非同级政府财政部门取得的经费拨款，包括从同级政府其他部门取得的横向转拨财政款、从上级或下级政府财政部门取得的经费拨款等。

（7）投资收益是指事业单位股权投资和债券投资所实现的收益或发生的损失。行政单位无此业务。

（8）捐赠收入是指单位接受其他单位或者个人捐赠取得的收入。

（9）利息收入是指单位取得的银行存款利息收入。

（10）租金收入是指单位经批准利用国有资产出租取得并按照规定纳入本单位预算管理的租金收入。

（11）其他收入是指单位取得的除上述10项以外的各项收入，包括现金盘盈收入、按照规定纳入单位预算管理的科技成果转化收入、行政单位收回已核销的其他应收款、无法偿付的应付及预收款项、置换换出资产评估增值等。

2.收入的确认与计量

(1)收入的确认。

收入的确认应当同时满足以下条件：

❶与收入相关的含有服务潜力或者经济利益的经济资源很可能流入政府会计主体；

❷含有服务潜力或者经济利益的经济资源流入会导致政府会计主体资产增加或者负债减少；

❸流入金额能够可靠地计量。

符合收入定义和收入确认条件的项目，应当列入收入费用表。

(2)收入的计量。

收入按照实际收到的金额或者有关凭据注明的金额进行计量。

确认收入应遵循权责发生制原则，即凡属于本期的收入，不论款项是否收到，均作为本期的收入处理；反之，凡不属于本期的收入，即使款项在本期已经收到，也不应作为本期的收入处理。

(二)预算收入的分类与计量

1.预算收入的分类

政府会计主体的预算收入包括财政拨款预算收入、事业预算收入、上级补助预算收入、附属单位上缴预算收入、经营预算收入、债务预算收入、非同级财政拨款预算收入、投资预算收益、其他预算收入。

(1)财政拨款预算收入是指单位从同级政府财政部门取得的各类财政拨款。

(2)事业预算收入是指事业单位开展专业业务活动及辅助活动取得的现金流入。

(3)上级补助预算收入是指事业单位从主管部门和上级单位取得的非财政补助现金流入。

(4)附属单位上缴预算收入是指事业单位取得附属独立核算单位根据有关规定上缴的现金流入。

(5)经营预算收入是指事业单位在专业业务活动及辅助活动之外开展非独立核算经营活动取得的现金流入。

(6)债务预算收入是指事业单位按照规定从银行和其他金融机构等借入的、纳入部门预算管理的、不以财政资金作为偿还来源的债务本金。

(7)非同级财政拨款预算收入是指行政事业单位从非同级政府财政部门取得的财政拨款，包括本级横向转拨财政款和非本级财政拨款。

(8)投资预算收益是指事业单位取得的按照规定纳入部门预算管理的属于投资收益性质的现金流入，包括股权投资收益、出售或收回债券投资所取得的收益和债券投资利息收入。

(9)其他预算收入是指行政事业单位除上述8项之外的纳入部门预算管理的现金流入，包括捐赠预算收入、利息预算收入、租金预算收入、现金盘盈收入等。

2.预算收入的确认与计量

预算会计执行收付实现制，预算收入一般在实际收到资金时予以确认，以实际收到的金额计量。

三、收入类科目与预算收入类科目的衔接

对于纳入事业单位部门预算管理的现金收支业务，在确认财务会计收入时，也要进行预算会计收入核算，即进行财务会计和预算会计的平行记账。收入类科目与预算收入类科目存在的衔接关系，见表18-3。

表 18-3　　收入类科目与预算收入类科目衔接表

预算会计		财务会计	
科目编码	科目名称	科目编码	科目名称
6001	财政拨款预算收入	4001	财政拨款收入
6101	事业预算收入	4101	事业收入
6201	上级补助预算收入	4201	上级补助收入
6301	附属单位上缴预算收入	4301	附属单位上缴收入
6401	经营预算收入	4401	经营收入
6501	债务预算收入		
6601	非同级财政拨款预算收入	4601	非同级财政拨款收入
6602	投资预算收益	4602	投资收益
6609	其他预算收入	4603	捐赠收入
		4604	利息收入
		4605	租金收入
		4609	其他收入

第二节　行政事业单位共有收入类和预算收入类科目核算

一、财政拨款收入与财政拨款预算收入

（一）财政拨款收入与财政拨款预算收入的核算内容

1.财政拨款收入

“财政拨款收入”科目核算从同级财政部门取得的各类财政拨款。同级政府财政部门预拨的下期预算款和没有纳入预算的暂付款项，以及采用实拨资金方式通过本单位转拨给下属单位的财政拨款，通过“其他应付款”科目核算，不通过本科目核算。

本科目可按照一般公共预算财政拨款、政府性基金预算财政拨款等拨款种类进行明细核算。

财政直接支付方式下，收到“财政直接支付入账通知书”及相关原始凭证时确认收入；财政授权支付方式下，收到“财政授权支付额度到账通知书”时确认收入。其他方式下收到财政拨款收入时，按照实际收到的金额确认收入。期末结转后，本科目应无余额。

2.财政拨款预算收入

“财政拨款预算收入”科目核算单位从同级政府财政部门取得的各类财政拨款。

本科目应当设置“基本支出”和“项目支出”两个明细科目，并按照当年政府收支分类科目中“支出功能分类科目”的项级科目进行明细核算；同时，在“基本支出”明细科目下按照“人员支出”和“日常公用支出”进行明细核算，在“项目支出”明细科目下按照具体项目进行明细核算。

有一般公共预算财政拨款、政府性基金预算财政拨款等两种或两种以上财政拨款的单位，还应当按照财政拨款的种类进行明细核算。年末结转后，本科目应无余额。

（二）财政拨款收入与财政拨款预算收入的平行记账

1.收到拨款

财政直接支付方式下，根据收到的“财政直接支付入账通知书”及相关原始凭证，按照通知书中的直接支付入账金额，贷记本科目；财政授权支付方式下，单位根据收到的

“财政授权支付额度到账通知书”，按照通知书中的授权支付额度贷记本科目；其他方式下收到财政拨款时，按照实际收到的金额贷记本科目。具体账务处理如下：

经济业务和事项	财务会计处理	预算会计处理
财政直接支付方式下	借：库存物品/固定资产/业务活动费用/单位管理费用/应付职工薪酬等 贷：财政拨款收入	借：行政支出/事业支出等 贷：财政拨款预算收入
财政授权支付方式下	借：零余额账户用款额度 贷：财政拨款收入	借：资金结存—零余额账户用款额度 贷：财政拨款预算收入
其他方式下	借：银行存款等 贷：财政拨款收入	借：资金结存—货币资金 贷：财政拨款预算收入

【例 18-1】2023年4月，某事业单位收到“财政授权支付额度到账通知书”，列示收到本月日常公用基本支出授权支付额度60万元。

经济业务和事项	财务会计处理	预算会计处理
收到财政授权支付额度到账通知书	借：零余额账户用款额度 600 000 贷：财政拨款收入 600 000	借：资金结存—零余额账户用款额度 600 000 贷：财政拨款预算收入—基本支出—日常公用支出 600 000

2.年末确认拨款差额

年末根据本年度财政直接支付预算指标数与当年财政直接支付实际支付数的差额确认拨款收入；根据本年度财政授权支付预算指标数大于零余额账户用款额度下达数的差额确认拨款收入。具体账务处理如下：

经济业务和事项	财务会计处理	预算会计处理
本年度财政直接支付预算指标数与当年财政直接支付实际支付数的差额	借：财政应返还额度—财政直接支付 贷：财政拨款收入	借：资金结存—财政应返还额度 贷：财政拨款预算收入
本年度财政授权支付预算指标数大于零余额账户用款额度下达数的差额	借：财政应返还额度—财政授权支付 贷：财政拨款收入	借：资金结存—财政应返还额度 贷：财政拨款预算收入

【例 18-2】财政部与某部属高校核对结算，国库集中支付的财政拨款全年预算数与国库实际支付数的差额为“高等教育拨款”70万元、“来华留学教育拨款”10万元。

经济业务和事项	财务会计处理	预算会计处理
年末与财政部门结算	借：财政应返还额度—财政直接支付 800 000 贷：财政拨款收入 800 000	借：资金结存—财政应返还额度 800 000 贷：财政拨款预算收入—专项支出—高等教育 700 000 —专项支出—来华留学教育 100 000

3.因差错更正或购货退回等发生的国库直接支付款项退回

因差错更正、购货退回等发生国库直接支付款项退回的，属于本年度支付的款项，按照退回金额借记本科目。具体账务处理如下：

经济业务和事项	财务会计处理	预算会计处理
属于本年度支付的款项	借：财政拨款收入 　贷：业务活动费用/库存物品等	借：财政拨款预算收入 　贷：行政支出/事业支出等
属于以前年度支付的款项（财政拨款结转资金）	借：财政应返还额度—财政直接支付 　贷：以前年度盈余调整/库存物品等	借：资金结存—财政应返还额度 　贷：财政拨款结转—年初余额调整
属于以前年度支付的款项（财政拨款结余资金）		借：资金结存—财政应返还额度 　贷：财政拨款结余—年初余额调整

【例18-3】某事业单位在申请国库直接支付设备款50万元后，因设备质量问题发生退货。

经济业务和事项	财务会计处理	预算会计处理
退回设备时	借：财政拨款收入　500 000 　贷：固定资产　500 000	借：财政拨款预算收入　500 000 　贷：事业支出　500 000

【例18-4】某事业单位上年度使用财政直接支付购买一批物资10万元，因质量问题，供货商赔付2万元。该资金属于财政拨款结转资金。

经济业务和事项	财务会计处理	预算会计处理
发生售后赔付时	借：财政应返还额度—财政直接支付 20 000 　贷：库存物品等　20 000	借：资金结存—财政应返还额度 20 000 　贷：财政拨款结转—年初余额调整　20 000

4.期末/年末结转

期末，将“财政拨款收入”科目本期发生额转入“本期盈余”科目。

年末，将“财政拨款预算收入”科目本年发生额转入“财政拨款结转”科目。

具体账务处理如下：

经济业务和事项	财务会计处理	预算会计处理
期末/年末结转	借：财政拨款收入 　贷：本期盈余	借：财政拨款预算收入 　贷：财政拨款结转—本年收支结转

二、非同级财政拨款收入与非同级财政拨款预算收入

（一）非同级财政拨款收入与非同级财政拨款预算收入的核算内容

1.非同级财政拨款收入

“非同级财政拨款收入”科目核算单位从非同级政府财政部门取得的经费拨款，包括从同级政府其他部门取得的横向转拨财政款、从上级或下级政府财政部门取得的经费拨款等。

事业单位因开展科研及其辅助活动从非同级政府财政部门取得的经费拨款，应当通过“事业收入——非同级财政拨款”科目核算，不通过本科目核算。

本科目应当按照本级横向转拨财政款和非本级财政拨款进行明细核算，并按照收入来源进行明细核算。期末结转后，本科目应无余额。

2.非同级财政拨款预算收入

“非同级财政拨款预算收入”科目核算单位从非同级政府财政部门取得的财政拨款，包括本级横向转拨财政款和非本级财政拨款。

事业单位对于因开展科研及其辅助活动从非同级政府财政部门取得的经费拨款，应当通过“事业预算收入——非同级财政拨款”科目进行核算，不通过本科目核算。

本科目应当按照非同级财政拨款预算收入的类别、来源、当年政府收支分类科目中“支出功能分类科目”的项级科目等进行明细核算。非同级财政拨款预算收入中如有专项资金收入，还应按照具体项目进行明细核算。年末结转后，本科目应无余额。

（二）非同级财政拨款收入与非同级财政拨款预算收入的平行记账

1.确认收入

确认非同级财政拨款收入与非同级财政拨款预算收入时，按照实际收到的金额贷记本科目。具体账务处理如下：

经济业务和事项	财务会计处理	预算会计处理
按照应收或实际收到的金额	借：其他应收款/银行存款等 贷：非同级财政拨款收入	借：资金结存—货币资金（按照实际收到的金额） 贷：非同级财政拨款预算收入

【例18-5】2023年5月5日，某大学与本地教育部门签订合同，承担培训项目，合同金额50万元。

经济业务和事项	财务会计处理	预算会计处理
签订合同	借：其他应收款 500 000 贷：非同级财政拨款收入 500 000	不做处理

2.收到应收的款项

确认非同级财政拨款收入时，按照实际收到的金额贷记本科目；取得非同级财政拨款预算收入时，按照实际收到的金额贷记本科目。具体账务处理如下：

经济业务和事项	财务会计处理	预算会计处理
按照实际收到的金额	借：银行存款 贷：其他应收款	借：资金结存—货币资金（按照实际收到的金额） 贷：非同级财政拨款预算收入

3.期末/年末结转

期末，将“非同级财政拨款收入”科目本期发生额转入本期盈余。

年末，将“非同级财政拨款预算收入”科目本年发生额中的专项资金收入转入非财政拨款结转；将“非同级财政拨款预算收入”科目本年发生额中的非专项资金收入转入其他结余。具体账务处理如下：

经济业务和事项	财务会计处理	预算会计处理
专项资金	借：非同级财政拨款收入 贷：本期盈余	借：非同级财政拨款预算收入 贷：非财政拨款结转—本年收支结转
非专项资金		借：非同级财政拨款预算收入 贷：其他结余

三、捐赠收入与其他预算收入

（一）捐赠收入的核算内容

“捐赠收入”科目核算单位接受其他单位或者个人捐赠取得的收入。

本科目应当按照捐赠资产的用途和捐赠单位等进行明细核算。期末结转后，本科目应无余额。

（二）捐赠收入与其他预算收入的平行记账

1.接受捐赠货币资金

接受捐赠的货币资金，按照实际收到的金额贷记本科目。具体账务处理如下：

经济业务和事项	财务会计处理	预算会计处理
按照实际收到的金额	借：银行存款/库存现金 　贷：捐赠收入	借：资金结存—货币资金 　贷：其他预算收入—捐赠收入

2.接受捐赠存货、固定资产等

接受捐赠的存货、固定资产等非现金资产，按照确定的成本，借记“库存物品”“固定资产”等科目，按照发生的相关税费、运输费等，贷记“银行存款”等科目，按照其差额，贷记“捐赠收入”科目。

接受捐赠的资产按照名义金额入账的，按照名义金额，贷记“捐赠收入”科目；同时，按照发生的相关税费、运输费等，借记“其他费用”科目，贷记“银行存款”等科目。具体账务处理如下：

经济业务和事项	财务会计处理	预算会计处理
按照确定的成本	借：库存物品/固定资产等 　贷：银行存款等（相关税费、运输费支出） 　　捐赠收入	借：其他支出（支付的相关税费、运输费等） 　贷：资金结存
如按照名义金额入账	借：库存物品/固定资产等（名义金额） 　贷：捐赠收入 借：其他费用 　贷：银行存款等（相关税费支出）	借：其他支出（支付的相关税费等） 　贷：资金结存

【例18-6】某事业单位收到捐赠的科研设备一台，合同价值30万元，支付运输费用0.5万元。

经济业务和事项	财务会计处理	预算会计处理
收到捐赠的科研设备	借：固定资产　300 000 　贷：捐赠收入　300 000 借：其他费用　5 000 　贷：银行存款　5 000	借：其他支出　5 000 　贷：资金结存　5 000

3.期末/年末结转

期末，将“捐赠收入”科目本期发生额转入“本期盈余”科目。

年末，将“其他预算收入”科目中的专项资金转入“非财政拨款结转”科目；将“其他预算收入”科目中的非专项资金转入“其他结余”科目。具体账务处理如下：

经济业务和事项	财务会计处理	预算会计处理
专项资金	借：捐赠收入 　贷：本期盈余	借：其他预算收入—捐赠收入 　贷：非财政拨款结转—本年收支结转
非专项资金		借：其他预算收入—捐赠收入 　贷：其他结余

四、利息收入与其他预算收入

（一）利息收入的核算内容

“利息收入”科目核算单位取得的银行存款利息收入。期末结转后，本科目应无余额。

（二）利息收入与其他预算收入的平行记账

1.确认银行存款利息收入

取得银行存款利息时，按照实际收到的金额贷记“利息收入”科目；同时，按照实际收到的金额贷记“其他预算收入——利息收入”科目。具体账务处理如下：

经济业务和事项	财务会计处理	预算会计处理
实际收到利息时	借：银行存款 　贷：利息收入	借：资金结存—货币资金 　贷：其他预算收入—利息收入

【例18-7】某事业单位收到银行存款进账单，记录本期利息5 000元。

经济业务和事项	财务会计处理	预算会计处理
收到利息时	借：银行存款　5 000 　贷：利息收入　5 000	借：资金结存—货币资金　5 000 　贷：其他预算收入—利息收入　5 000

2.期末/年末结转

期末，将“利息收入”科目本期发生额转入“本期盈余”科目。

年末，将“其他预算收入——利息收入”科目本期发生额转入“其他结余”科目。具体账务处理如下：

经济业务和事项	财务会计处理	预算会计处理
期末/年末结转	借：利息收入 　贷：本期盈余	借：其他预算收入—利息收入 　贷：其他结余

五、租金收入与其他预算收入

（一）租金收入的核算内容

“租金收入”科目核算单位经批准利用国有资产出租取得并按照规定纳入本单位预算管理的租金收入。

本科目应当按照出租国有资产类别和收入来源等进行明细核算。期末结转后，本科目应无余额。

（二）租金收入与其他预算收入的平行记账

国有资产出租收入，应当在租赁期内各个期间按照直线法予以确认。涉及增值税业务的，相关账务处理参见“应交增值税”科目。同时按照制度规定进行财务会计和预算会计的平行记账。

1.预收租金方式

采用预收租金方式的，预收租金时，按照收到的金额，借记“银行存款”等科目，贷记“预收账款”科目，同时，按照收到的金额贷记“其他预算收入——租金收入”科目；分期确认租金收入时，按照各期租金金额，借记“预收账款”科目，贷记“租金收入”科目。具体账务处理如下：

经济业务和事项	财务会计处理	预算会计处理
收到预付的租金时	借：银行存款等 　贷：预收账款	借：资金结存—货币资金 　贷：其他预算收入—租金收入
按照直线法分期确认租金收入时	借：预收账款 　贷：租金收入	不做处理

【例18-8】某事业单位出租临街房屋，年租金12万元，年初预收全年房租。

经济业务和事项	财务会计处理	预算会计处理
收到预收租金	借：银行存款　120 000 　贷：预收账款　120 000	借：资金结存—货币资金　120 000 　贷：其他预算收入—租金收入　120 000
分期确认租金收入	借：预收账款　10 000 　贷：租金收入　10 000	不做处理

2.后付租金方式

采用后付租金方式的，每期确认租金收入时，按照各期租金金额贷记“租金收入”科目；收到租金时，按照实际收到的金额贷记“其他预算收入——租金收入”科目。具体账务处理如下：

经济业务和事项	财务会计处理	预算会计处理
确认租金收入时	借：应收账款 　贷：租金收入	不做处理
收到租金时	借：银行存款等 　贷：应收账款	借：资金结存—货币资金 　贷：其他预算收入—租金收入

【例18-9】某事业单位出租临街房屋，年租金12万元，分四次收款，每季度末收房租一次。

经济业务和事项	财务会计处理	预算会计处理
每月初确认收入时	借：应收账款　10 000 　贷：租金收入　10 000	不做处理
季度末收到租金时	借：银行存款　30 000 　贷：应收账款　30 000	借：资金结存—货币资金　30 000 　贷：其他预算收入—租金收入　30 000

3.分期收取租金方式

采用分期收取租金方式的，每期收取租金时，按照租金金额贷记“租金收入”科目；同时，按照租金金额贷记“其他预算收入——租金收入”科目。具体账务处理如下：

经济业务和事项	财务会计处理	预算会计处理
按期收取租金	借：银行存款等 　贷：租金收入	借：资金结存—货币资金 　贷：其他预算收入—租金收入

4.期末/年末结转

期末，将“租金收入”科目本期发生额转入“本期盈余”科目。

年末，将“其他预算收入——租金收入”科目本期发生额转入“其他结余”科目。具体账务处理如下：

经济业务和事项	财务会计处理	预算会计处理
期末/年末结转	借：租金收入 　贷：本期盈余	借：其他预算收入—租金收入 　贷：其他结余

六、其他收入与其他预算收入

（一）其他收入与其他预算收入的核算内容

1.其他收入

“其他收入”科目核算单位取得的除财政拨款收入、事业收入、上级补助收入、附属单位上缴收入、经营收入、非同级财政拨款收入、投资收益、捐赠收入、利息收入、租金收入以外的各项收入，包括现金盘盈收入，按照规定纳入单位预算管理的科技成果转化收入，行政单位收回已核销的其他应收款，无法偿付的应付及预收款项，置换换出资产评估增值，取得代扣代缴、代收代缴、委托代征税款手续费等。

本科目应当按照其他收入的类别、来源等进行明细核算。期末结转后，本科目应无余额。

2.其他预算收入

“其他预算收入”科目核算单位除财政拨款预算收入、事业预算收入、上级补助预算收入、附属单位上缴预算收入、经营预算收入、债务预算收入、非同级财政拨款预算收入、投资预算收益之外的纳入部门预算管理的现金流入，包括捐赠预算收入、利息预算收入、租金预算收入、现金盘盈收入等。

本科目应当按照其他收入类别、当年政府收支分类科目中“支出功能分类科目”的项级科目等进行明细核算。其他预算收入中如有专项资金收入，还应按照具体项目进行明细核算。

单位发生的捐赠预算收入、利息预算收入、租金预算收入金额较大或业务较多的，可单独设置“6603　捐赠预算收入”“6604　利息预算收入”“6605　租金预算收入”等科目。年末结转后，本科目应无余额。

（二）其他收入与其他预算收入的平行记账

1.现金盘盈收入

每日现金账款核对中发现的现金溢余，属于无法查明原因的部分，报经批准后，借记“待处理财产损溢”科目，贷记“其他收入”科目。具体账务处理如下：

经济业务和事项	财务会计处理	预算会计处理
属于无法查明原因的现金溢余部分，报经批准后	借：待处理财产损溢 　贷：其他收入	不做处理

【例18-10】某大学在对现金账款核对中发现现金溢余1 000元，且无法查明原因，报经批准后进行以下账务处理：

经济业务和事项	财务会计处理	预算会计处理
属于无法查明原因的部分，报经批准后	借：待处理财产损溢　　1 000 　贷：其他收入　　　　1 000	不做处理

2.科技成果转化收入

单位科技成果转化所取得的收入，按照规定留归本单位的，按照所取得收入扣除相关费用之后的净收益，贷记“其他收入”科目；同时，按照净收益贷记“其他预算收入”科目。具体账务处理如下：

经济业务和事项	财务会计处理	预算会计处理
按照规定留归本单位的	借：银行存款等 　贷：其他收入	借：资金结存—货币资金 　贷：其他预算收入

3.行政单位收回已核销的其他应收款

行政单位已核销的其他应收款在以后期间收回的，按照实际收回的金额贷记“其他收入”科目；同时，按照实际收回的金额贷记“其他预算收入”科目。具体账务处理如下：

经济业务和事项	财务会计处理	预算会计处理
按照实际收回的金额	借：银行存款等 贷：其他收入	借：资金结存—货币资金 贷：其他预算收入

【例18-11】某行政单位在本年收到上年已核销的其他应收款8 000元。

经济业务和事项	财务会计处理	预算会计处理
收到款项时	借：银行存款 8 000 贷：其他收入 8 000	借：资金结存—货币资金 8 000 贷：其他预算收入 8 000

4.无法偿付的应付及预收款项

发生无法偿付或债权人豁免偿还的应付账款、预收账款、其他应付款及长期应付款，贷记“其他收入”科目；同时，按照实际收回的金额贷记“其他预算收入”科目。具体账务处理如下：

经济业务和事项	财务会计处理	预算会计处理
无法偿付的应付及预收款项	借：应付账款/预收账款/其他应付款/长期应付款 贷：其他收入	借：资金结存—货币资金 贷：其他预算收入

【例18-12】某事业单位与某公司签订房屋租赁合同，预收定金20 000元，后因对方公司原因，合同无法执行，定金作为违约款计入该事业单位收入。

经济业务和事项	财务会计处理	预算会计处理
确认合同无法执行，定金转为违约款	借：预收账款 20 000 贷：其他收入 20 000	借：资金结存—货币资金 20 000 贷：其他预算收入 20 000

5.置换换出资产评估增值

资产置换过程中，换出资产评估增值的，按照评估价值高于资产账面价值或账面余额的金额贷记“其他收入”科目。

以未入账的无形资产取得的长期股权投资，按照评估价值加相关税费作为投资成本，借记“长期股权投资”科目，按照发生的相关税费，贷记“银行存款”“其他应交税费”等科目，按其差额，贷记“其他收入”科目。具体账务处理如下：

经济业务和事项	财务会计处理	预算会计处理
按照换出资产评估价值高于资产账面价值的金额	借：有关科目 贷：其他收入	不做处理
以未入账的无形资产取得的长期股权投资	借：有关科目 贷：其他收入	不做处理

6.取得的代扣代缴、代收代缴、委托代征税款手续费

单位从税务机关取得的代扣代缴、代收代缴、委托代征税款手续费按规定计入本单位收入，应当按照《政府会计制度》中“其他收入”科目相关规定进行财务会计处理，同时按照“其他预算收入”科目相关规定进行预算会计处理。具体账务处理如下：

经济业务和事项	财务会计处理	预算会计处理
取得的代扣代缴、代收代缴、委托代征税款手续费	借：有关科目 贷：其他收入	借：资金结存—货币资金（按照实际收到的金额） 贷：其他预算收入

7.其他情况

确认1至6以外的其他收入时，按照应收或实际收到的金额，贷记“其他收入”科目；同时，按照实际收到的金额，贷记“其他预算收入”科目。具体账务处理如下：

经济业务和事项	财务会计处理	预算会计处理
按照应收或实际收到的金额	借：其他应收款/银行存款/库存现金等 贷：其他收入	借：资金结存—货币资金（按照实际收到的金额） 贷：其他预算收入

8.期末/年末结转

期末，将“其他收入”科目本期发生额转入“本期盈余”科目。

年末，将“其他预算收入”科目本年发生额中的专项资金收入转入“非财政拨款结转”科目；将“其他预算收入”科目本年发生额中的非专项资金收入转入“其他结余”科目。具体账务处理如下：

经济业务和事项	财务会计处理	预算会计处理
专项资金	借：其他收入 贷：本期盈余	借：其他预算收入 贷：非财政拨款结转—本年收支结转
非专项资金		借：其他预算收入 贷：其他结余

第三节 事业单位专有收入类和预算收入类科目核算

一、事业收入与事业预算收入

（一）事业收入与事业预算收入的核算内容

1.事业收入

“事业收入”科目核算事业单位开展专业业务活动及辅助活动实现的收入，不包括从同级政府财政部门取得的各类财政拨款。

本科目应当按照事业收入的类别、来源等进行明细核算。

事业单位对于因开展科研及其辅助活动从非同级政府财政部门取得的经费拨款，应当在本科目下单设“非同级财政拨款”明细科目进行核算。期末结转后，本科目应无余额。

2.事业预算收入

“事业预算收入”核算事业单位开展专业业务活动及辅助活动取得的现金流入。

本科目应当按照事业预算收入类别、项目、来源、当年政府收支分类科目中“支出功能分类科目”项级科目等进行明细核算。对于事业单位因开展科研及其辅助活动从非同级政府财政部门取得的经费拨款，应当在本科目下单设“非同级财政拨款”明细科目进行明细核算；事业预算收入中如有专项资金收入，还应按照具体项目进行明细核算。年末结转后，本科目应无余额。

（二）事业收入与事业预算收入的平行记账

1.采用财政专户返还方式

实现应上缴财政专户的事业收入时，按照实际收到或应收的金额，借记“银行存款”“应收账款”等科目，贷记“应缴财政款”科目。向财政专户上缴款项时，按照实际上缴的款项金额，借记“应缴财政款”科目，贷记“银行存款”等科目。收到从财政专户返还的事业收入时，按照实际收到的返还金额，借记“银行存款”等科目，贷记“事业收入”科目。同时，按照实际收到的返还金额，借记“资金结存——货币资金”科目，贷记“事业预算收入”科目。具体账务处理如下：

经济业务和事项	财务会计处理	预算会计处理
实际收到或应收应上缴财政专户的事业收入时	借：银行存款/应收账款等 　贷：应缴财政款	不做处理
向财政专户上缴款项时	借：应缴财政款 　贷：银行存款等	不做处理
收到从财政专户返还的款项时	借：银行存款等 　贷：事业收入	借：资金结存—货币资金 　贷：事业预算收入

【例18-13】某大学2023年5月5日收到应上缴财政的学费50万元，于5月10日上缴财政，6月初收到财政返还的学费。

经济业务和事项	财务会计处理	预算会计处理
收到学费	借：银行存款　500 000 　贷：应缴财政款　500 000	不做处理
上缴财政	借：应缴财政款　500 000 　贷：银行存款　500 000	不做处理
收到财政返还款	借：银行存款等　500 000 　贷：事业收入　500 000	借：资金结存—货币资金 500 000 　贷：事业预算收入　500 000

2.采用预收款方式

实际收到预收款项时，按照收到的款项金额，借记“银行存款”等科目，贷记“预收账款”科目。以合同完成进度确认事业收入时，按照基于合同完成进度计算的金额，借记“预收账款”科目，贷记“事业收入”科目。同时，按照实际收到的款项金额贷记“事业预算收入”科目。具体账务处理如下：

经济业务和事项	财务会计处理	预算会计处理
实际收到款项时	借：银行存款等 　贷：预收账款	借：资金结存—货币资金 　贷：事业预算收入
按合同完成进度确认收入时	借：预收账款 　贷：事业收入	不做处理

【例18-14】某事业单位与其他公司签订科研合同，合同金额20万元，同时预收款项。合同约定执行期为两年。第一年年末完成合同的50%。

经济业务和事项	财务会计处理	预算会计处理
实际收到款项	借：银行存款 200 000 贷：预收账款 200 000	借：资金结存—货币资金 200 000 贷：事业预算收入 200 000
第一年年末确认收入时	借：预收账款 100 000 贷：事业收入 100 000	不做处理

3.采用应收款方式

根据合同完成进度计算本期应收的款项，借记“应收账款”科目，贷记“事业收入”科目。实际收到款项时，借记“银行存款”等科目，贷记“应收账款”科目。同时，按照实际收到款项金额贷记“事业预算收入”科目。具体账务处理如下：

经济业务和事项	财务会计处理	预算会计处理
根据合同完成进度计算本期应收的款项	借：应收账款 贷：事业收入	不做处理
实际收到款项时	借：银行存款等 贷：应收账款	借：资金结存—货币资金 贷：事业预算收入

4.采用其他方式

其他方式下确认的事业收入，按照实际收到的金额贷记“事业收入”科目。同时，按照实际收到的款项金额贷记“事业预算收入”科目。具体账务处理如下：

经济业务和事项	财务会计处理	预算会计处理
其他方式下	借：银行存款/库存现金等 贷：事业收入	借：资金结存—货币资金 贷：事业预算收入

5.期末/年末结转

期末，将“事业收入”科目本期发生额转入“本期盈余”科目。

年末，将“事业预算收入”科目本年发生额中的专项资金收入转入“非财政拨款结转”科目；将“事业预算收入”科目本年发生额中的非专项资金收入转入“其他结余”科目。具体账务处理如下：

经济业务和事项	财务会计处理	预算会计处理
专项资金收入	借：事业收入 贷：本期盈余	借：事业预算收入 贷：非财政拨款结转—本年收支结转
非专项资金收入		借：事业预算收入 贷：其他结余

【例18-15】某事业单位本年度事业收入800万元，其中，专项资金收入300万元，非专项资金收入500万元，进行年末结转账务处理。

经济业务和事项	财务会计处理	预算会计处理
年末结转	借：事业收入 8 000 000 贷：本期盈余 8 000 000	借：事业预算收入 8 000 000 贷：非财政拨款结转—本年收支结转 3 000 000 其他结余 5 000 000

二、上级补助收入与上级补助预算收入

（一）上级补助收入与上级补助预算收入的核算内容

1.上级补助收入

“上级补助收入”科目核算事业单位从主管部门和上级单位取得的非财政拨款收入。

本科目应当按照发放补助单位、补助项目等进行明细核算。期末结转后，本科目应无余额。

2.上级补助预算收入

“上级补助预算收入”科目核算事业单位从主管部门和上级单位取得的非财政补助现金流入。

本科目应当按照发放补助单位、补助项目、当年政府收支分类科目中“支出功能分类科目”的项级科目等进行明细核算。上级补助预算收入中如有专项资金收入，还应按照具体项目进行明细核算。年末结转后，本科目应无余额。

（二）上级补助收入与上级补助预算收入的平行记账

1.日常核算

确认收入时，按照应收或实际收到的金额贷记“上级补助收入”科目。收到收入时，按照实际收到的金额，贷记“上级补助预算收入”科目。具体账务处理如下：

经济业务和事项	财务会计处理	预算会计处理
确认时，按照应收或实际收到的金额	借：其他应收款/银行存款等 　贷：上级补助收入	不做处理
收到应收的上级补助收入时	借：银行存款等 　贷：其他应收款	借：资金结存—货币资金（按照实际收到的金额） 　贷：上级补助预算收入

2.期末/年末结转

期末，将“上级补助收入”科目本期发生额转入“本期盈余”科目。

年末，将“上级补助预算收入”科目本年发生额中的专项资金收入转入“非财政拨款结转”科目；将“上级补助预算收入”科目本年发生额中的非专项资金收入转入“其他结余”科目。具体账务处理如下：

<table>
<tr><th>经济业务和事项</th><th>财务会计处理</th><th>预算会计处理</th></tr>
<tr><td>专项资金收入</td><td rowspan="2">借：上级补助收入
　贷：本期盈余</td><td>借：上级补助预算收入
　贷：非财政拨款结转—本年收支结转</td></tr>
<tr><td>非专项资金收入</td><td>借：上级补助预算收入
　贷：其他结余</td></tr>
</table>

三、附属单位上缴收入与附属单位上缴预算收入

（一）附属单位上缴收入与附属单位上缴预算收入的核算内容

1.附属单位上缴收入

“附属单位上缴收入”科目核算事业单位取得的附属独立核算单位按照有关规定上缴的收入。

本科目应当按照附属单位、缴款项目等进行明细核算。期末结转后，本科目应无余额。

2.附属单位上缴预算收入

“附属单位上缴预算收入”科目核算事业单位取得附属独立核算单位根据有关规定上缴的现金流入。

本科目应当按照附属单位、缴款项目、当年政府收支分类科目中“支出功能分类科

目”的项级科目等进行明细核算。附属单位上缴预算收入中如有专项资金收入，还应按照具体项目进行明细核算。年末结转后，本科目应无余额。

（二）附属单位上缴收入与附属单位上缴预算收入的平行记账

1.日常核算

确认附属单位上缴收入时，按照应收或收到的金额贷记“附属单位上缴收入”科目。同时，按照实际收到的金额贷记“附属单位上缴预算收入”科目。具体账务处理如下：

经济业务和事项	财务会计处理	预算会计处理
确认时，按照应收或实际收到的金额	借：其他应收款/银行存款等 贷：附属单位上缴收入	不做处理
实际收到应收附属单位上缴收入款时	借：银行存款等 贷：其他应收款	借：资金结存—货币资金（按照实际收到的金额） 贷：附属单位上缴预算收入

【例18-16】某高校2023年初附属单位上缴收入预算500万元，预算于2023年5月下达，于2023年11月收到附属单位上缴款。

经济业务和事项	财务会计处理	预算会计处理
预算下达时	借：其他应收款 5 000 000 贷：附属单位上缴收入 5 000 000	不做处理
收到上缴款时	借：银行存款 5 000 000 贷：其他应收款 5 000 000	借：资金结存—货币资金 5 000 000 贷：附属单位上缴预算收入 5 000 000

2.期末/年末结转

期末，将“附属单位上缴收入”科目本期发生额转入“本期盈余”科目。

年末，将“附属单位上缴预算收入”科目本年发生额中的专项资金收入转入“非财政拨款结转”科目；将“附属单位上缴预算收入”科目本年发生额中的非专项资金收入转入“其他结余”科目。具体账务处理如下：

经济业务和事项	财务会计处理	预算会计处理
专项资金收入	借：附属单位上缴收入 贷：本期盈余	借：附属单位上缴预算收入 贷：非财政拨款结转—本年收支结转
非专项资金收入		借：附属单位上缴预算收入 贷：其他结余

四、经营收入与经营预算收入

（一）经营收入与经营预算收入的核算内容

1.经营收入

“经营收入”科目核算事业单位在专业业务活动及辅助活动之外开展非独立核算经营活动取得的收入。

本科目应当按照经营活动类别、项目和收入来源等进行明细核算。经营收入应当在提供服务或发出存货，同时收讫价款或者取得索取价款的凭据时，按照实际收到或应收的金额予以确认。期末结转后，本科目应无余额。

2.经营预算收入

“经营预算收入”科目核算事业单位在专业业务活动及辅助活动之外开展非独立核算经营活动取得的现金流入。

本科目应当按照经营活动类别、项目、当年政府收支分类科目中“支出功能分类科目”的项级科目等进行明细核算。年末结转后，本科目应无余额。

（二）经营收入与经营预算收入的平行记账

1.确认经营收入时

实现经营收入时，按照确定的收入金额贷记“经营收入”科目。涉及增值税业务的，相关账务处理参见“应交增值税”科目。同时，按照实际收到的金额，贷记“经营预算收入”科目。具体账务处理如下：

经济业务和事项	财务会计处理	预算会计处理
按照确定的收入金额	借：银行存款/应收账款/应收票据等 　贷：经营收入	不做处理
按照实际收到的金额	借：银行存款等 　贷：应收账款/应收票据	借：资金结存—货币资金（按照实际收到的金额） 　贷：经营预算收入

【例 18-17】某事业单位对外营业的餐厅采用承包制，承包人每月末应付承包费用10万元。

经济业务和事项	财务会计处理	预算会计处理
确认收入	借：应收账款　　100 000 　贷：经营收入　　100 000	不做处理

2.期末/年末结转

期末，将“经营收入”科目本期发生额转入“本期盈余”科目。年末，将“经营预算收入”科目本年发生额转入“经营结余”科目。具体账务处理如下：

经济业务和事项	财务会计处理	预算会计处理
期末/年末结转	借：经营收入 　贷：本期盈余	借：经营预算收入 　贷：经营结余

五、投资收益与投资预算收益

（一）投资收益与投资预算收益的核算内容

1.投资收益

“投资收益”科目核算事业单位股权投资和债券投资所实现的收益或发生的损失。

本科目应当按照投资的种类等进行明细核算。期末结转后，本科目应无余额。

2.投资预算收益

“投资预算收益”科目核算事业单位取得的按照规定纳入部门预算管理的属于投资收益性质的现金流入，包括股权投资收益、出售或收回债券投资所取得的收益和债券投资利息收入。

本科目应当按照当年政府收支分类科目中“支出功能分类科目”的项级科目等进行明细核算。年末结转后，本科目应无余额。

（二）投资收益与投资预算收益的平行记账

1.出售或到期收回短期债券本息

出售或到期收回短期债券本息，按照实际收到的金额，借记“银行存款”科目，按照出售或收回短期投资的成本，贷记“短期投资”科目，按照其差额，贷记或借记“投资收益”科目。涉及增值税业务的，相关账务处理参见“应交增值税”科目。同时，按照实际取得的价款或实际收到的本息金额，借记“资金结存——货币资金”科目；按照取得债券时“投资支出”科目的发生额，贷记“投资支出”科目；按照其差额，贷记或借记“投资预算收益”科目。具体账务处理如下：

经济业务和事项	财务会计处理	预算会计处理
出售或到期收回短期债券本息	借：银行存款 投资收益（借差） 贷：短期投资（成本） 投资收益（贷差）	借：资金结存—货币资金（实际收到的款项） 投资预算收益（借差） 贷：投资支出/其他结余（投资成本） 投资预算收益（贷差）

【例18-18】某事业单位持有的1年期债券到期，面值100 000元，债券利息5 000元。

经济业务和事项	财务会计处理	预算会计处理
收回1年期债券本息	借：银行存款 105 000 贷：短期投资 100 000 投资收益 5 000	借：资金结存—货币资金 105 000 贷：投资支出 100 000 投资预算收益 5 000

2.持有的分期付息、一次还本的长期债券投资

持有的分期付息、一次还本的长期债券投资，按期确认利息收入时，按照计算确定的应收未收利息贷记“投资收益”科目；实际收到利息时，按照实际收到的金额贷记“投资预算收益”科目。具体账务处理如下：

经济业务和事项	财务会计处理	预算会计处理
确认应收未收利息	借：应收利息 贷：投资收益	不做处理
实际收到利息时	借：银行存款 贷：应收利息	借：资金结存—货币资金 贷：投资预算收益

【例18-19】某事业单位持有5年期债券，面值100 000元，票面年利率为6%。

经济业务和事项	财务会计处理	预算会计处理
每年确认应收未收利息	借：应收利息 6 000 贷：投资收益 6 000	不做处理
每年实际收到利息时	借：银行存款 6 000 贷：应收利息 6 000	借：资金结存—货币资金 6 000 贷：投资预算收益 6 000

3.持有的到期一次还本付息的长期债券投资

持有的到期一次还本付息的债券投资，按期确认利息收入时，按照计算确定的应收未收利息，贷记“投资收益”科目。具体账务处理如下：

经济业务和事项	财务会计处理	预算会计处理
计算确定的应收未收利息增加长期债券投资的账面余额	借：长期债券投资—应计利息 贷：投资收益	不做处理

4.出售长期债券投资或到期收回长期债券投资本息

出售长期债券投资或到期收回长期债券投资本息，按照实际收到的金额，借记“银行存款”等科目，按照债券初始投资成本和已计未收利息金额，贷记“长期债券投资——成本”、“长期债券投资——应计利息”科目（到期一次还本付息债券）或“长期债券投资”、“应收利息”科目（分期付息债券），按照其差额，贷记或借记“投资收益”科目。涉及增值税业务的，相关账务处理参见“应交增值税”科目。同时，按照实际取得的价款或实际

收到的本息金额，借记“资金结存——货币资金”科目；按照取得债券时“投资支出”科目的发生额，贷记“投资支出”科目；按照其差额，贷记或借记“投资预算收益”科目。具体账务处理如下：

经济业务和事项	财务会计处理	预算会计处理
出售长期债券投资或到期收回长期债券投资本息	借：银行存款 投资收益（借差） 贷：长期债券投资 投资收益（贷差）	借：资金结存—货币资金（实际收到的款项） 投资预算收益（借差） 贷：投资支出/其他结余 投资预算收益（贷差）

【例 18-20】某事业单位持有的 5 年期、一次性还本付息债券到期，票面价值 100 000 元，票面年利率为 6%。

经济业务和事项	财务会计处理	预算会计处理
到期收回长期债券投资本息	借：银行存款　130 000 贷：长期债券投资　100 000 投资收益　30 000	借：资金结存—货币资金　130 000 贷：投资支出　100 000 投资预算收益　30 000

5.成本法核算下的长期股权投资（持有期间），被投资单位宣告分派利润或股利

采用成本法核算的长期股权投资（持有期间），被投资单位宣告分派现金股利或利润时，按照宣告分派的现金股利或利润中属于单位应享有的份额贷记“投资收益”科目。取得分派的利润或股利，应同时按照实际收到的金额贷记“投资预算收益”科目。具体账务处理如下：

经济业务和事项	财务会计处理	预算会计处理
按照宣告分派的利润或股利中属于单位应享有的份额	借：应收股利 贷：投资收益	不做处理
取得分派的利润或股利，按照实际收到的金额	借：银行存款 贷：应收股利	借：资金结存—货币资金 贷：投资预算收益

【例 18-21】某事业单位收到参股公司通知，获得应收股利 50 000 元。

经济业务和事项	财务会计处理	预算会计处理
收到分派利润通知时	借：应收股利　50 000 贷：投资收益　50 000	不做处理
收到股利	借：银行存款　50 000 贷：应收股利　50 000	借：资金结存—货币资金　50 000 贷：投资预算收益　50 000

6.采用权益法核算的长期股权投资（持有期间）

采用权益法核算的长期股权投资（持有期间），按照应享有或应分担的被投资单位实现的净损益的份额贷记或借记“投资收益”科目；被投资单位发生净亏损，但以后年度又实现净利润的，单位在其收益分享额弥补未确认的亏损分担额等后，恢复确认投资收益，借记“长期股权投资——损益调整”科目，贷记“投资收益”科目。收到被投资单位发放

的现金股利时，贷记“投资预算收益”科目。具体账务处理如下：

经济业务和事项	财务会计处理	预算会计处理
按照应享有或应分担的被投资单位实现的净损益的份额	借：长期股权投资—损益调整 贷：投资收益（被投资单位实现净利润） 借：投资收益（被投资单位发生净亏损） 贷：长期股权投资—损益调整	不做处理
收到被投资单位发放的现金股利	借：银行存款 贷：应收股利	借：资金结存—货币资金 贷：投资预算收益
被投资单位发生净亏损，但以后年度又实现净利润的，按规定恢复确认投资收益	借：长期股权投资—损益调整 贷：投资收益	不做处理

【例18-22】某事业单位参股某公司，采用权益法核算该投资。收到参股公司通知，上年度应获得分配利润80 000元。

经济业务和事项	财务会计处理	预算会计处理
参股公司经审计后，公告盈利时	借：长期股权投资—损益调整 80 000 贷：投资收益 80 000	不做处理
收到参股公司宣告发放股利时	借：银行存款 80 000 贷：应收股利 80 000	借：资金结存—货币资金 80 000 贷：投资预算收益 80 000

7.期末/年末结转

期末，将“投资收益”科目本期发生额转入“本期盈余”科目。

年末，将“投资预算收益”科目本年发生额转入“其他结余”科目。具体账务处理如下：

经济业务和事项	财务会计处理	预算会计处理
投资收益为贷方余额时	借：投资收益 贷：本期盈余	借：投资预算收益 贷：其他结余

六、债务预算收入

（一）债务预算收入的核算内容

“债务预算收入”科目核算事业单位按照规定从银行和其他金融机构等借入的、纳入部门预算管理的、不以财政资金作为偿还来源的债务本金。

本科目应当按照贷款单位、贷款种类、当年政府收支分类科目中“支出功能分类科目”的项级科目等进行明细核算。债务预算收入中如有专项资金收入，还应按照具体项目进行明细核算。年末结转后，本科目应无余额。

（二）债务预算收入的平行记账

1.短期/长期借款

借入各项短期或长期借款时，按照实际借入的金额贷记“债务预算收入”科目。具体账务处理如下：

经济业务和事项	财务会计处理	预算会计处理
借入各种短期/长期借款	借：银行存款 　贷：短期借款 　　　长期借款—本金	借：资金结存—货币资金 　贷：债务预算收入

【例18-23】某高校为建设学生公寓向银行借款1 000万元，借款期限为1年。

经济业务和事项	财务会计处理	预算会计处理
向银行借款	借：银行存款　10 000 000 　贷：短期借款　10 000 000	借：资金结存—货币资金　10 000 000 　贷：债务预算收入　10 000 000

2.期末/年末结转

年末，将“债务预算收入”科目本年发生额中的专项资金收入转入“非财政拨款结转”科目；将“债务预算收入”科目本年发生额中的非专项资金收入转入“其他结余”科目。具体账务处理如下：

经济业务和事项	财务会计处理	预算会计处理
专项资金收入	不做处理	借：债务预算收入 　贷：非财政拨款结转—本年收支结转
非专项资金收入	不做处理	借：债务预算收入 　贷：其他结余

复习思考题

1.简述收入和预算收入确认时点的区别。

2.收到现金不能确认预算收入的情况有哪些？

3.简述其他收入和其他预算收入的具体核算内容。

4.简述“投资收益”科目具体核算的经济业务内容。

第十九章　财务会计费用类和预算会计预算支出类科目的核算

第一节　费用和预算支出概述

一、费用和预算支出的概念

（一）费用的概念

1.费用的定义

费用是指报告期内导致政府会计主体净资产减少的、含有服务潜力或者经济利益的经济资源的流出。费用是行政事业单位履行职能、完成事业发展目标和计划的成本保障，是行政事业单位财务管理的重要组成部分，对费用进行准确理解、确认、计量、核算是有效实施财务管理、控制各单位成本的重要手段。

2.费用的会计科目

政府财务会计对费用共设置8个会计科目，其中，事业单位单独使用科目有5个，行政单位和事业单位共同使用科目有3个。见表19-1。

表19-1　费用类会计科目使用范围及科目名称

科目编码	科目名称	行政单位	事业单位
5001	业务活动费用	√	√
5101	单位管理费用		√
5201	经营费用		√
5301	资产处置费用	√	√
5401	上缴上级费用		√
5501	对附属单位补助费用		√
5801	所得税费用		√
5901	其他费用	√	√

（二）预算支出的概念

1.预算支出的定义

预算支出是指政府会计主体在预算年度内依法发生并纳入预算管理的现金流出。预算支出一般在实际支付时予以确认，以实际支付的金额计量。预算支出是行政事业单位经济活动和财务管理的重要内容，是行政事业单位会计的主要核算对象，也是财政部门和上级单位考核行政事业单位支出预算执行情况的依据。

2.预算支出的会计科目

政府预算会计对预算支出共设置8个会计科目，其中，行政单位单独使用科目为1个，事业单位单独使用科目为6个，行政单位和事业单位共同使用科目为1个。见表19-2。

表 19-2　　预算支出类科目的使用范围表

科目编码	科目名称	行政单位	事业单位
7101	行政支出	√	
7201	事业支出		√
7301	经营支出		√
7401	上缴上级支出		√
7501	对附属单位补助支出		√
7601	投资支出		√
7701	债务还本支出		√
7901	其他支出	√	√

二、费用和预算支出的分类、确认及计量

（一）费用的分类、确认及计量

1.费用的分类

根据费用的性质，可将费用分为业务及辅助活动费用类、转移性费用类、其他费用类。业务及辅助活动费用类包括业务活动费用、单位管理费用和经营费用；转移性费用类包括上缴上级费用和对附属单位补助费用；其他费用类包括资产处置费用、所得税费用、其他费用。

2.费用的确认

费用的确认应当同时满足以下条件：

（1）与费用相关的含有服务潜力或者经济利益的经济资源很可能流出行政事业单位；

（2）含有服务潜力或者经济利益的经济资源流出会导致行政事业单位资产减少或者负债增加；

（3）流出金额能够可靠地计量。

3.费用的计量

确认费用应遵循权责发生制原则，即凡属于本期的费用，不论款项是否支付，均作为本期的费用处理；反之，凡不属于本期的费用，即使款项在本期已经支付，也不应作为本期的费用处理。

（二）预算支出的分类、确认及计量

1.预算支出的分类

行政事业单位预算支出的分类方法有多种，可以按照支出的经济性质分，也可以按照支出的类型分。政府会计制度根据支出的经济性质，将预算支出划分为业务及辅助活动支出类、转移支出类、其他支出类。业务及辅助活动支出类分别为行政支出、事业支出、经营支出；转移支出类分别为上缴上级支出、对附属单位补助支出；其他支出类分别为投资支出、债务还本支出、其他支出。

2.预算支出的确认

预算支出的确认应该满足以下条件：

（1）行政事业单位在预算年度内发生纳入部门预算管理的业务。

（2）该业务为现金支出业务，并能够可靠计量。

3.预算支出的计量

预算支出一般在实际支付时予以确认，以实际支付的金额计量。

三、费用和预算支出的衔接

（一）行政单位科目衔接

对于纳入行政单位部门预算管理的现金收支业务，在确认财务会计费用时，也要进行预算会计支出核算，即进行财务会计和预算会计的平行记账，见表19-3。

表19-3　费用类科目与预算支出类科目衔接关系表

（行政单位）

预算会计		财务会计		衔接关系
科目编码	科目名称	科目编码	科目名称	
7101	行政支出	5001	业务活动费用	预算会计中“行政支出”科目的核算内容在财务会计中记入“业务活动费用”科目
7901	其他支出	5901	其他费用	财务会计中的“其他费用”科目核算内容在预算会计中记入“其他支出”科目
		5301	资产处置费用	资产处置过程中仅发生相关费用时进行预算会计处理，该费用记入“其他支出”科目

（二）事业单位科目衔接

对于纳入事业单位部门预算管理的现金收支业务，在确认财务会计费用时，也要进行预算会计支出核算，即进行财务会计和预算会计的平行记账，见表19-4。

表19-4　费用类科目与预算支出类科目衔接关系表　（事业单位）

预算会计		财务会计		衔接关系
科目编码	科目名称	科目编码	科目名称	
7201	事业支出	5101	单位管理费用	事业单位本级行政及后勤管理部门开展管理活动发生的事业支出对应单位管理费用；事业单位开展专业业务活动及辅助活动发生的事业支出对应业务活动费用
		5001	业务活动费用	
7301	经营支出	5201	经营费用	预算会计中“经营支出”科目的核算内容在财务会计中记入“经营费用”科目
7401	上缴上级支出	5401	上缴上级费用	预算会计中“上缴上级支出”科目的核算内容在财务会计中记入“上缴上级费用”科目
7501	对附属单位补助支出	5501	对附属单位补助费用	预算会计中“对附属单位补助支出”科目的核算内容在财务会计中记入“对附属单位补助费用”科目
8202	非财政拨款结余	5801	所得税费用	事业单位缴纳的企业所得税，预算会计中记入“非财政拨款结余”科目，财务会计中则记入“所得税费用”科目
7601	投资支出	1101	短期投资	事业单位对外进行的投资，财务会计按照投资类别记入“短期投资”、“长期股权投资”和“长期债券投资”科目，预算会计则全部记入“投资支出”科目
		1501	长期股权投资	
		1502	长期债券投资	
7701	债务还本支出	2001	短期借款	事业单位归还借款本金，财务会计按借款期限分别记入“短期借款”和“长期借款”科目，预算会计则全部记入“债务还本支出”科目
		2501	长期借款	
7901	其他支出	5901	其他费用	财务会计中的“其他费用”科目核算内容在预算会计中记入“其他支出”科目
		5301	资产处置费用	资产处置过程中仅发生相关费用时进行预算会计处理，该费用记入“其他支出”科目

第二节 行政事业单位共有费用类和预算支出类科目核算

一、业务活动费用与行政支出/事业支出

（一）业务活动费用/行政支出/事业支出的核算内容

1.业务活动费用

“业务活动费用”科目核算单位为实现其职能目标，依法履职或开展专业业务活动及辅助活动所发生的各项费用。

本科目应当按照项目、服务或者业务类别、支付对象等进行明细核算。

为了满足成本核算需要，“业务活动费用”科目下还可按照“工资福利费用”“商品和服务费用”“对个人和家庭的补助费用”“对企业补助费用”“固定资产折旧费”“无形资产摊销费”“公共基础设施折旧摊销费”“保障性住房折旧费”“计提专用基金”等成本项目设置明细科目，归集能够直接计入业务活动或采用一定方法计算后计入业务活动的费用。

期末结转后，本科目应无余额。

2.行政支出

“行政支出”科目核算行政单位履行其职责实际发生的各项现金流出。

本科目应当分别按照“财政拨款支出”“非财政专项资金支出”“其他资金支出”“基本支出”“项目支出”等进行明细核算，并按照当年政府收支分类科目中“支出功能分类科目”的项级科目进行明细核算；“基本支出”和“项目支出”明细科目下应当按照当年政府收支分类科目中“部门预算支出经济分类科目”的款级科目进行明细核算，同时在“项目支出”明细科目下按照具体项目进行明细核算。

有一般公共预算财政拨款、政府性基金预算财政拨款等两种或两种以上财政拨款的行政单位，还应当在“财政拨款支出”明细科目下按照财政拨款的种类进行明细核算。

年末结转后，本科目应无余额。

3.事业支出

“事业支出”科目核算事业单位开展专业业务活动及辅助活动实际发生的各项现金流出。

单位发生教育、科研、医疗、行政管理、后勤保障等活动的，可在本科目下设置相应的明细科目进行核算，或单设“教育支出”“科研支出”“医疗支出”“行政管理支出”“后勤保障支出”等一级会计科目进行核算。

本科目应当分别按照“财政拨款支出”“非财政专项资金支出”“其他资金支出”“基本支出”“项目支出”等进行明细核算，并按照当年政府收支分类科目中“支出功能分类科目”的项级科目进行明细核算；“基本支出”和“项目支出”明细科目下应当按照当年政府收支分类科目中“部门预算支出经济分类科目”的款级科目进行明细核算，同时在“项目支出”明细科目下按照具体项目进行明细核算。

有一般公共预算财政拨款、政府性基金预算财政拨款等两种或两种以上财政拨款的事业单位，还应当在“财政拨款支出”明细科目下按照财政拨款的种类进行明细核算。

年末结转后，本科目应无余额。

（二）业务活动费用与行政支出/事业支出的平行记账

1.职工薪酬计提与支付

计提职工薪酬时，按照计算确定的金额，借记“业务活动费用”科目。向单位职工个人与外部人员支付薪酬时，按照实际支付的金额，借记“行政支出”科目（行政单位）或“事业支出”科目（事业单位）。具体账务处理如下：

经济业务和事项	财务会计处理	预算会计处理
①为履职或开展业务活动人员计提职工薪酬	借：业务活动费用 贷：应付职工薪酬	不做处理
②实际支付给职工并代扣个人所得税	借：应付职工薪酬 贷：财政拨款收入/零余额账户用款额度/银行存款等 其他应交税费—应交个人所得税	借：行政支出（行政单位）（扣除个人所得税后支付给个人部分） 事业支出（事业单位）（扣除个人所得税后支付给个人部分） 贷：财政拨款预算收入/资金结存
③实际支付税款	借：其他应交税费—应交个人所得税 贷：银行存款/零余额账户用款额度等	借：行政支出（行政单位）（按照实际缴纳额） 事业支出（事业单位）（按照实际缴纳额） 贷：资金结存等

【例 19-1】某行政单位应付在职人员薪酬174 000元，代扣代缴个人所得税18 000元，在职人员薪酬通过财政直接支付方式支付，个人所得税通过财政授权方式支付。

经济业务和事项	财务会计处理	预算会计处理
计提职工薪酬	借：业务活动费用 174 000 贷：应付职工薪酬 174 000	不做处理
支付并代扣个人所得税	借：应付职工薪酬 174 000 贷：财政拨款收入 156 000 其他应交税费—应交个人所得税 18 000	借：行政支出 156 000 贷：财政拨款预算收入 156 000
支付税款	借：其他应交税费—应交个人所得税18 000 贷：零余额账户用款额度 18 000	借：行政支出 18 000 贷：资金结存—零余额账户用款额度 18 000

2.支付外部人员劳务费

具体账务处理如下：

经济业务和事项	财务会计处理	预算会计处理
①为履职或开展业务活动计提外部人员劳务费	借：业务活动费用 贷：其他应付款	不做处理
②实际支付劳务费并代扣个人所得税	借：其他应付款 贷：财政拨款收入/零余额账户用款额度/银行存款等 其他应交税费—应交个人所得税	借：行政支出（行政单位）（扣除个人所得税后支付给个人的部分） 事业支出（事业单位）（扣除个人所得税后支付给个人的部分） 贷：财政拨款预算收入/资金结存
③实际缴纳税款	借：其他应交税费—应交个人所得税 贷：银行存款/零余额账户用款额度等	借：行政支出（行政单位）（按照实际缴纳额） 事业支出（事业单位）（按照实际缴纳额） 贷：资金结存等

【例 19-2】某事业单位计提管理部门聘用临时人员工资费用56 000元，代扣代缴个人所得税2 150元，聘用人员工资和代扣个人所得税均采用银行存款支付。

经济业务和事项	财务会计处理	预算会计处理
计提管理部门聘用临时人员劳务费	借：单位管理费用　56 000 　贷：其他应付款　56 000	不做处理
实际支付并代扣个人所得税	借：其他应付款　56 000 　贷：银行存款　53 850 　　其他应交税费—应交个人所得税　2 150	借：事业支出　53 850 　贷：资金结存—货币资金　53 850
实际支付税款	借：其他应交税费—应交个人所得税　2 150 　贷：银行存款　2 150	借：事业支出　2 150 　贷：资金结存—货币资金　2 150

3.为履职或开展业务活动发生预付款项

为履职或开展业务活动发生预付款项，按照实际支付的金额，借记“行政支出”科目（行政单位）或“事业支出”科目（事业单位）。待结算或报销时，按照结算或报销的金额，借记“业务活动费用”科目。若有补付金额，同时按照补付金额借记“行政支出”科目（行政单位）或“事业支出”科目（事业单位）。具体账务处理如下：

经济业务和事项	财务会计处理	预算会计处理
①支付预付账款	借：预付账款 　贷：财政拨款收入/零余额账户用款额度/银行存款等	借：行政支出（行政单位） 　　事业支出（事业单位） 　贷：财政拨款预算收入/资金结存
②结算预付账款	借：业务活动费用 　贷：预付账款 　　财政拨款收入/零余额账户用款额度/银行存款等（补付金额）	借：行政支出（行政单位） 　　事业支出（事业单位） 　贷：财政拨款预算收入/资金结存（补付金额）
③支付暂付款项	借：其他应收款 　贷：银行存款等	不做处理
④结算或报销暂付款项	借：业务活动费用 　贷：其他应收款	借：行政支出（行政单位） 　　事业支出（事业单位） 　贷：资金结存等

【例 19-3】某行政单位采购了一批办公用品，预付账款33 200元，办公用品入库后，付尾款10 800元，通过财政授权方式支付。

经济业务和事项	财务会计处理	预算会计处理
预付账款时	借：预付账款　33 200 　贷：零余额账户用款额度　33 200	借：行政支出　33 200 　贷：资金结存—零余额账户用款额度　33 200
入库补付尾款	借：业务活动费用　44 000 　贷：零余额账户用款额度　10 800 　　预付账款　33 200	借：行政支出　10 800 　贷：资金结存—零余额账户用款额度　10 800

4.为履职或开展业务活动购买资产或支付在建工程款等

购买资产或支付在建工程款等，按照实际支付的金额，借记“行政支出”科目（行政单位）或“事业支出”科目（事业单位）。具体账务处理如下：

经济业务和事项	财务会计处理	预算会计处理
按实际支付价款	借：库存物品/固定资产/无形资产/在建工程等 贷：财政拨款收入/零余额账户用款额度/银行存款	借：行政支出（行政单位）（按照实际支付金额） 事业支出（事业单位）（按照实际支付金额） 贷：财政拨款预算收入/资金结存

【例19-4】某事业单位管理部门购买一批电脑共计57 000元，该批电脑作为固定资产入库，采用财政直接支付方式支付。

经济业务和事项	财务会计处理	预算会计处理
购买一批电脑	借：固定资产 57 000 贷：财政拨款收入 57 000	借：事业支出 57 000 贷：财政拨款预算收入 57 000

5.为履职或开展业务活动领用库存物品

为履职或开展业务活动领用库存物品，按照领用库存物品的账面余额，借记“业务活动费用”科目。具体账务处理如下：

经济业务和事项	财务会计处理	预算会计处理
领用库存物品	借：业务活动费用 贷：库存物品等	不做处理

6.计提固定资产累计折旧、无形资产累计摊销、公共基础设施累计折旧（摊销）、保障性住房累计折旧

计提固定资产累计折旧、无形资产累计摊销、公共基础设施累计折旧（摊销）、保障性住房累计折旧，按照计提金额，借记“业务活动费用”科目。具体账务处理如下：

经济业务和事项	财务会计处理	预算会计处理
计提折旧、摊销	借：业务活动费用 贷：固定资产累计折旧/无形资产累计摊销/公共基础设施累计折旧（摊销）/保障性住房累计折旧	不做处理

【例19-5】某事业单位教学用实验大楼原值为48 000 000元，预计使用年限为20年，预计净残值为0。使用年限平均法按月计提折旧。

经济业务和事项	财务会计处理	预算会计处理
按月计提折旧	借：业务活动费用 200 000 贷：固定资产累计折旧 200 000	不做处理

7.缴纳为履职或开展业务活动应负担的税金及附加

为履职或开展业务活动发生的城市维护建设税、教育费附加、地方教育附加、车船税、房产税、城镇土地使用税等，按照计算确定应交纳的金额，借记“业务活动费用”科目。按照实际支付的金额，借记“行政支出”科目（行政单位）或“事业支出”科目（事业单位）。发生以前年度购货退回等业务，按照收回或应收的金额，贷记“以前年度盈余调整”等科目。同时，按照收回的金额，借记“资金结存”科目，贷记有关科目。具体账务处理如下：

经济业务和事项	财务会计处理	预算会计处理
①确认其他应交税费	借：业务活动费用 　贷：其他应交税费	不做处理
②支付其他应交税费	借：其他应交税费 　贷：银行存款等	借：行政支出（行政单位） 　　事业支出（事业单位） 　贷：资金结存等

8.为履职或开展业务活动发生其他各项费用

为履职或开展业务活动发生其他各项费用，按照费用确认金额，借记“业务活动费用”科目。同时，按照实际支付的金额，借记“行政支出”科目（行政单位）或“事业支出”科目（事业单位）。具体账务处理如下：

经济业务和事项	财务会计处理	预算会计处理
支付其他各项费用	借：业务活动费用 　贷：财政拨款收入/零余额账户用款额度/银行存款等	借：行政支出（行政单位）（按照实际支付的金额） 　　事业支出（事业单位）（按照实际支付的金额） 　贷：财政拨款预算收入/资金结存

【例19-6】某行政单位本期履职发生其他费用共计3 000元，财政授权方式支付。

经济业务和事项	财务会计处理	预算会计处理
支付其他费用	借：业务活动费用　3 000 　贷：零余额账户用款额度　3 000	借：行政支出　3 000 　贷：资金结存—零余额账户用款额度 3 000

9.计提专用基金

按照规定从收入中提取专用基金并计入费用的，一般按照预算会计下基于预算收入计算提取的金额，借记“业务活动费用”科目。具体账务处理如下：

经济业务和事项	财务会计处理	预算会计处理
从收入中计提专用基金	借：业务活动费用 　贷：专用基金	不做处理

【例19-7】某高等学校按规定从事业收入中计提学生奖助基金250 000元。

经济业务和事项	财务会计处理	预算会计处理
计提学生奖助基金	借：业务活动费用　250 000 　贷：专用基金　250 000	不做处理

10.购货退回

发生当年购货退回等业务，对于已计入本年业务活动费用的，按照收回或应收的金额，贷记“业务活动费用”等科目；同时，按照收回的金额，贷记“行政支出”科目（行政单位）或“事业支出”科目（事业单位）。具体账务处理如下：

经济业务和事项	财务会计处理	预算会计处理
①当年发生购货退回	借：财政拨款收入/零余额账户用款额度/银行存款/应收账款等 　贷：库存物品/业务活动费用	借：财政拨款预算收入/资金结存 　贷：行政支出（行政单位） 　　事业支出（事业单位）
②发生以前年度购货退回	借：财政应返还额度/银行存款/应收账款等 　贷：库存物品 　　以前年度盈余调整	借：资金结存 　贷：财政拨款结转—年初余额调整 　　财政拨款结余—年初余额调整等

【例 19-8】某行政单位将本年度购买的一批专用仪器做退货处理，收到退货款117 000元。该笔仪器购买时使用财政授权方式支付。

经济业务和事项	财务会计处理	预算会计处理
专用仪器因故退货	借：零余额账户用款额度 117 000 贷：固定资产 117 000	借：资金结存—零余额账户用款额度 117 000 贷：行政支出 117 000

【例 19-9】某事业单位将以前年度使用财政资金购买用于教学部门的一批办公用品做退货处理，收到退货款57 000元。该笔货款当时使用银行存款方式支付。

经济业务和事项	财务会计处理	预算会计处理
办公用品退货	借：银行存款 57 000 贷：库存物品 57 000	借：资金结存—银行存款 57 000 贷：财政拨款结转—年初余额调整 57 000

11.期末/年末结转

期末，将“业务活动费用”科目本期发生额转入“本期盈余”科目。

年末，将“行政支出”科目（行政单位）或“事业支出”科目（事业单位）本年发生额中的财政拨款支出转入“财政拨款结转”科目；将“行政支出”科目（行政单位）或“事业支出”科目（事业单位）科目本年发生额中的非财政专项资金支出转入“非财政拨款结转”科目；将“行政支出”科目（行政单位）或“事业支出”科目（事业单位）本年发生额中的其他资金支出（非财政、非专项资金支出）转入“其他结余”科目。具体账务处理如下：

经济业务和事项	财务会计处理	预算会计处理
期末/年末结转	借：本期盈余 贷：业务活动费用	借：财政拨款结转—本年收支结转（财政拨款支出） 非财政拨款结转—本年收支结转（非同级财政专项资金支出） 其他结余（非同级财政、非专项资金支出） 贷：行政支出（行政单位） 事业支出（事业单位）

【例 19-10】假设某行政单位“业务活动费用”科目1月借方余额为33 000元，10月借方余额为83 800元，12月借方余额为8 220元；“行政支出”科目截至12月31日累计借方余额207 300元，其中，财政拨款支出为202 800元，其他资金支出为4 500元，期末/年末进行结转。

经济业务和事项	财务会计处理	预算会计处理
1月结转	借：本期盈余 33 000 贷：业务活动费用 33 000	不做处理
10月结转	借：本期盈余 83 800 贷：业务活动费用 83 800	不做处理
12月结转	借：本期盈余 8 220 贷：业务活动费用 8 220	不做处理
12月31日年末结转	不做处理	借：财政拨款结转—本年收支结转 202 800 其他结余 4 500 贷：行政支出 207 300

二、其他费用与其他支出

（一）其他费用与其他支出的核算内容

1.其他费用

“其他费用”科目核算单位发生的除业务活动费用、单位管理费用、经营费用、资产处置费用、上缴上级费用、对附属单位补助费用、所得税费用以外的各项费用，包括利息费用、坏账损失、罚没支出、现金资产捐赠支出以及相关税费、运输费等。

本科目应当按照其他费用的类别等进行明细核算。

单位发生的利息费用较多的，可以单独设置“利息费用”科目。

年末结转后，本科目无余额。

2.其他支出

“其他支出”科目核算单位除行政支出、事业支出、经营支出、上缴上级支出、对附属单位补助支出、投资支出、债务还本支出以外的各项现金流出，包括利息支出、对外捐赠现金支出、现金盘亏损失、接受捐赠（调入）和对外捐赠（调出）非现金资产发生的税费支出、资产置换过程中发生的相关税费支出、罚没支出等。

本科目应当按照其他支出的类别“财政拨款支出”“非财政专项资金支出”“其他资金支出”及当年政府收支分类科目中“支出功能分类科目”的项级科目和“部门预算支出经济分类科目”的款级科目等进行明细核算。其他支出中如有专项资金支出，还应按照具体项目进行明细核算。

有一般公共预算财政拨款、政府性基金预算财政拨款等两种或两种以上财政拨款的事业单位，还应当在“财政拨款支出”明细科目下按照财政拨款的种类进行明细核算。

单位发生的利息支出、捐赠支出等其他支出金额较大或业务较多的，可以单独设置“利息费用”“捐赠支出”等科目。

年末结转后，本科目应无余额。

（二）其他费用与其他支出的平行记账

1.利息费用

此类业务仅事业单位涉及，行政单位不涉及。

计算确定借款利息费用时，借记“其他费用”科目，实际支付银行借款利息时，按照实际支付金额，借记“其他支出”科目。具体账务处理如下：

经济业务和事项	财务会计处理	预算会计处理
①计算确定借款利息费用	借：其他费用/在建工程 　贷：应付利息/长期借款—应计利息	不做处理
②实际支付利息	借：应付利息等 　贷：银行存款	借：其他支出 　贷：资金结存—货币资金

2.现金资产对外捐赠

对外捐赠现金资产时，按照捐赠金额，借记“其他费用”科目；同时，按照实际捐赠金额，借记“其他支出”科目。具体账务处理如下：

经济业务和事项	财务会计处理	预算会计处理
实际捐赠现金资产	借：其他费用 　贷：银行存款/库存现金等	借：其他支出 　贷：资金结存—货币资金

【例 19-11】某行政单位用自有资金向贫困地区学校捐款600 000元，以支持该学校开展教学活动。

经济业务和事项	财务会计处理	预算会计处理
向贫困地区学校捐款	借：其他费用　600 000 　贷：银行存款　600 000	借：其他支出　600 000 　贷：资金结存—货币资金　600 000

3.坏账损失

此类业务仅事业单位涉及，行政单位不涉及。

按照规定对应收账款和其他应收款计提坏账准备，借记“其他费用”科目；冲减多提的坏账准备时，贷记“其他费用”科目。具体账务处理如下：

经济业务和事项	财务会计处理	预算会计处理
①按照规定对应收账款和其他应收款计提坏账准备	借：其他费用 　贷：坏账准备	不做处理
②冲减多提的坏账准备时	借：坏账准备 　贷：其他费用	不做处理

【例 19-12】某事业单位应收A公司账款20 000元，年末按照规定计提2 000元坏账准备。

经济业务和事项	财务会计处理	预算会计处理
计提坏账准备	借：其他费用　2 000 　贷：坏账准备　2 000	不做处理

4.罚没支出

发生罚没支出时，按照实际支出金额，借记“其他费用”科目；同时，按照实际支出金额，借记“其他支出”科目。具体账务处理如下：

经济业务和事项	财务会计处理	预算会计处理
实际发生罚没支出	借：其他费用 　贷：银行存款/库存现金/其他应付款等	借：其他支出 　贷：资金结存—货币资金（实际支付金额）

【例 19-13】某行政单位由于违反相关规定被处以40 000元罚款。该罚款通过银行存款交纳。

经济业务和事项	财务会计处理	预算会计处理
被处以罚款	借：其他费用　40 000 　贷：银行存款　40 000	借：其他支出　40 000 　贷：资金结存—货币资金　40 000

5.其他相关税费、运输费等

发生的相关税费、运输费，按照实际支付金额，借记“其他费用”科目；同时按照实际支付金额，借记“其他支出”科目。具体账务处理如下：

经济业务和事项	财务会计处理	预算会计处理
发生其他相关税费、运输费等	借：其他费用 　贷：零余额账户用款额度/银行存款等	借：其他支出 　贷：资金结存

【例 19-14】某事业单位收到外界捐赠的多媒体设备一批，该批设备以名义金额确认计量，用银行存款支付运输该批设备产生的费用 1 000 元。

经济业务和事项	财务会计处理	预算会计处理
支付运输费用	借：其他费用　1 000 　贷：银行存款　1 000	借：其他支出　1 000 　贷：资金结存—货币资金　1 000

6.期末/年末结转

期末，将“其他费用”科目结转转入“本期盈余”科目。

年末，将“其他支出”科目本年发生额中的财政拨款支出转入“财政拨款结转”科目；将“其他支出”科目本年发生额中的非财政专项资金支出转入“非财政拨款结转”科目；将“其他支出”科目本年发生额中的其他资金支出（非财政、非专项资金支出）转入“其他结余”科目。具体账务处理如下：

经济业务和事项	财务会计处理	预算会计处理
期末/年末结转	借：本期盈余 　贷：其他费用	借：财政拨款结转—本年收支结转（财政拨款资金支出） 　　非财政拨款结转—本年收支结转（非财政专项资金支出） 　　其他结余（非财政、非专项资金支出） 　贷：其他支出

【例 19-15】假设某事业单位“其他费用”科目 10 月借方余额为 10 000 元，11 月借方余额为 44 000 元，12 月借方余额 2 000 元；“其他支出”科目累计借方余额为 56 000 元，进行期末/年末结转。

经济业务和事项	财务会计处理	预算会计处理
10 月结转	借：本期盈余　10 000 　贷：其他费用　10 000	不做处理
11 月结转	借：本期盈余　44 000 　贷：其他费用　44 000	不做处理
12 月结转	借：本期盈余　2 000 　贷：其他费用　2 000	不做处理
年末结转	不做处理	借：其他结余　56 000 　贷：其他支出　56 000

三、资产处置费用

（一）资产处置费用的核算内容

“资产处置费用”科目核算单位经批准处置资产时发生的费用，包括转销的被处置资产价值，以及在处置过程中发生的相关费用或者处置收入小于相关费用形成的净支出。资产处置的形式按照规定包括无偿调拨、出售、出让、转让、置换、对外捐赠、报废、毁损以及货币性资产损失核销等。

本科目应当按照处置资产的类别、资产处置的形式等进行明细核算。

短期投资、长期股权投资、长期债券投资的处置，按照相关规定进行账务处理。

期末结转后，本科目无余额。

（二）资产处置费用的平行记账

本科目涉及的会计业务主要包括不通过“待处理财产损溢”科目核算的资产处置和通过“待处理财产损溢”科目核算的资产处置两类。具体账务处理如下：

1.不通过“待处理财产损溢”科目核算的资产处置

不通过“待处理财产损溢”科目核算的资产处置包括固定资产、无形资产、公共基础设施、保障性住房等。

按照规定报经批准处置资产时，按照处置资产的账面价值，借记“资产处置费用”科目；处置资产过程中仅发生相关费用的，借记“资产处置费用”科目。同时，按照实际发生金额借记“其他支出”科目。具体账务处理如下：

经济业务和事项	财务会计处理	预算会计处理
①转销被处置资产账面价值	借：资产处置费用 固定资产累计折旧/无形资产累计摊销/公共基础设施累计折旧（摊销）/保障性住房累计折旧 贷：库存物品/固定资产/无形资产/公共基础设施/政府储备物资/文物文化资产/保障性住房/在建工程等（账面余额） 其他应收款（行政单位）	不做处理
②处置资产过程中仅发生相关费用的	借：资产处置费用 贷：银行存款/库存现金等	借：其他支出 贷：资金结存
③处置资产过程中取得收入的	借：库存现金/银行存款等（取得的价款） 贷：银行存款/库存现金等（支付的相关费用） 应缴财政款	不做处理

【例19-16】某行政单位处置一台设备，该设备已使用8年，原值1 000 000元，已计提累计折旧800 000元。

经济业务和事项	财务会计处理	预算会计处理
处置设备	借：固定资产累计折旧　800 000 资产处置费用　200 000 贷：固定资产　1 000 000	不做处理

接上例，若在处置过程中只发生拆卸费用1 000元，已用银行存款付讫。

经济业务和事项	财务会计处理	预算会计处理
处置发生拆卸费用	借：资产处置费用　1 000 贷：银行存款　1 000	借：其他支出　1 000 贷：资金结存—货币资金　1 000

接上例，以银行存款支付在处置过程中发生的人工费900元，因处置该设备取得价款6 000元，款项已存入银行。

经济业务和事项	财务会计处理	预算会计处理
取得处置收入	借：银行存款　6 000 贷：银行存款　900 应缴财政款　5 100	不做处理

2.通过“待处理财产损溢”科目核算的资产处置

单位在资产清查中查明的资产盘亏、毁损以及资产报废等，应当先通过“待处理财产损溢”科目进行核算，报经批准处理后，再将处理资产价值和处理净支出记入“资产处置费用”科目。

单位账款核对中发现的现金短缺，属于无法查明原因的，报经批准核销，借记“资产处置费用”科目；单位资产清查过程中盘亏、毁损、报废资产，报经批准处理，按照处理资产价值，借记“资产处置费用”科目；盘亏、损毁、报废的资产，处理过程中发生的费用大于所取得收入的，借记“资产处置费用”科目。同时，按照净支出，借记“其他支出”科目。具体账务处理如下：

经济业务和事项	财务会计处理	预算会计处理
①账款核对中发现的现金短缺，无法查明原因的，报经批准核销时	借：资产处置费用 　贷：待处理财产报溢	不做处理
②盘亏、毁损、报废的资产经批准处理时	借：资产处置费用 　贷：待处理财产损溢—待处理财产价值	不做处理
③盘亏、损毁、报废的资产，处理过程中发生的费用大于所取得收入的	借：资产处置费用 　贷：待处理财产损溢—处理净收入	借：其他支出（净支出） 　贷：资金结存

【例19-17】某事业单位在资产清查中发现一台价值为20 000元的设备已经不能继续使用，批准后将其进行报废处理。在处理过程中产生人工费用800元、废料收入500元。

经济业务和事项	财务会计处理	预算会计处理
经批准处理	借：资产处置费用　20 000 　贷：待处理财产损溢—待处理财产价值　20 000	不做处理
处理中发生费用并取得处置收入	借：资产处置费用　300 　贷：待处理财产损溢—处理净收入　300	借：其他支出　300 　贷：资金结存—货币资金　300

3.“资产处置费用”科目的期末结转

期末，将“资产处置费用”科目结转转入“本期盈余”科目。

年末，将“其他支出”科目结转转入“其他结余”科目。具体账务处理如下：

经济业务和事项	财务会计处理	预算会计处理
期末结转	借：本期盈余 　贷：资产处置费用	不做处理

【例19-18】某事业单位“资产处置费用”科目7月借方余额为10 300元，期末进行结转。

经济业务和事项	财务会计处理	预算会计处理
期末结转	借：本期盈余　10 300 　贷：资产处置费用　10 300	不做处理

第三节　事业单位专有费用类和预算支出类科目核算

一、单位管理费用与事业支出

（一）单位管理费用与事业支出的核算内容

1.单位管理费用

“单位管理费用”科目核算事业单位本级行政及后勤管理部门开展管理活动发生的各

项费用，包括单位行政及后勤管理部门发生的人员经费、公用经费、资产折旧（摊销）等费用，以及由单位统一负担的离退休人员经费、工会经费、诉讼费、中介费等。

本科目应当按照项目、费用类别、支付对象等进行明细核算。

为了满足成本核算需要，本科目下还可按照“工资福利费用”“商品和服务费用”“对个人和家庭的补助费用”“固定资产折旧费”“无形资产摊销费”等成本项目设置明细科目，归集能够直接计入单位管理活动或采用一定方法计算后计入单位管理活动的费用。

年末结转后，本科目无余额。

2.事业支出

同本章第二节中的“事业支出”的相关内容。

（二）单位管理费用与事业支出的平行记账

1.支付管理人员薪酬

计提管理活动人员薪酬，借记“单位管理费用”科目；实际支付给职工时，按照支付给职工个人的金额，借记“事业支出”科目；实际缴纳税款时，按照实际缴纳额，借记“事业支出”科目。具体账务处理如下：

经济业务和事项	财务会计处理	预算会计处理
①计提管理人员薪酬	借：单位管理费用 贷：应付职工薪酬	不做处理
②实际支付给职工并代扣个人所得税	借：应付职工薪酬 贷：财政拨款收入/零余额账户用款额度/银行存款等 其他应交税费—应交个人所得税	借：事业支出（扣除个人所得税后支付给个人部分） 贷：财政拨款收入/资金结存
③实际缴纳税款	借：其他应交税费—应交个人所得税 贷：银行存款/零余额账户用款额度等	借：事业支出（按照实际缴纳额） 贷：资金结存—货币资金 —零余额账户用款额度等

【例19-19】某事业单位计提管理人员工资70 000元，代扣代缴个人所得税1 400元，11月上缴个人所得税1 400元。工资和税费均使用银行存款支付。

经济业务和事项	财务会计处理	预算会计处理
计提管理人员工资	借：单位管理费用 70 000 贷：应付职工薪酬 70 000	不做处理
实际支付给管理人员并代扣个人所得税	借：应付职工薪酬 70 000 贷：银行存款 68 600 其他应交税费—个人所得税 1 400	借：事业支出 68 600 贷：资金结存—货币资金 68 600
实际缴纳税款	借：其他应交税费—个人所得税 1 400 贷：银行存款 1 400	借：事业支出 1 400 贷：资金结存—货币资金 1 400

2.支付外部人员劳务费

计提外部人员劳务费，借记“单位管理费用”科目；实际支付并代扣个人所得税，按照实际支付给外部人员的金额，借记“事业支出”科目；实际支付税款时，按照实际缴纳的金额，借记“事业支出”科目。具体账务处理如下：

经济业务和事项	财务会计处理	预算会计处理
①计提外部人员劳务费	借：单位管理费用 　贷：其他应付款	不做处理
②实际支付并代扣个人所得税	借：其他应付款 　贷：财政拨款收入/零余额账户用款额度/银行存款等 　　其他应交税费—应交个人所得税	借：事业支出（扣除个人所得税后支付给个人部分） 　贷：财政拨款收入/资金结存
③实际支付税款	借：其他应交税费—应交个人所得税 　贷：银行存款/零余额账户用款额度等	借：事业支出（按照实际缴纳额） 　贷：资金结存—货币资金/零余额账户用款额度等

【例19-20】某事业单位计提管理部门聘用临时人员工资费用60 000元，代扣代缴个人所得税1 500元。聘用人员工资和代扣个人所得税均采用银行存款支付。

经济业务和事项	财务会计处理	预算会计处理
计提临时聘用人员工资	借：单位管理费用　60 000 　贷：其他应付款　60 000	不做处理
实际支付并代扣个人所得税	借：其他应付款　60 000 　贷：银行存款　58 500 　　其他应交税费—应交个人所得税　1 500	借：事业支出　58 500 　贷：资金结存—货币资金　58 500
支付税款	借：其他应交税费—应交个人所得税 1 500 　贷：银行存款　1 500	借：事业支出　1 500 　贷：资金结存—货币资金　1 500

3.发生预付/暂付款项

开展专业业务活动及辅助活动过程中发生预付账款时，按照实际支付的金额，借记“事业支出”科目；结算预付账款，按照实际结算金额，借记“单位管理费用”科目。同时，按照补付金额，借记“事业支出”科目。

对于暂付款项，在支付款项时可不做预算会计处理，待结算或报销时，按照结算或报销的金额，借记“单位管理费用”科目。同时，借记“事业支出”科目。具体账务处理如下：

经济业务和事项	财务会计处理	预算会计处理
①支付预付账款	借：预付账款 　贷：财政拨款收入/零余额账户用款额度/银行存款等	借：事业支出 　贷：财政拨款预算收入/资金结存
②结算预付账款	借：单位管理费用/库存物品等 　贷：预付账款 　　财政拨款收入/零余额账户用款额度/银行存款等（补付金额）	借：事业支出 　贷：财政拨款预算收入/资金结存（补付金额）
③支付暂付款项	借：其他应收款 　贷：银行存款等	不做处理
④结算或报销暂付款项	借：单位管理费用 　贷：其他应收款	借：事业支出 　贷：资金结存等

【例 19-21】某事业单位管理人员购买后勤用办公用品，预付账款50 600元，办公用品入库，开具发票50 600元，采用财政授权方式支付。

经济业务和事项	财务会计处理	预算会计处理
预付办公用品款	借：预付账款 50 600 贷：零余额账户用款额度 50 600	借：事业支出 50 600 贷：资金结存—零余额账户用款额度 50 600
办公用品入库并开具发票	借：库存物品 50 600 贷：预付账款 50 600	不做处理

4.发生其他与管理活动相关的各项费用

发生的其他各项支出，按照实际支付的金额，借记“单位管理费用”科目。同时，借记“事业支出”科目。具体账务处理如下：

经济业务和事项	财务会计处理	预算会计处理
发生其他各项支出	借：单位管理费用 贷：财政拨款收入/零余额账户用款额度/银行存款/应付款项等	借：事业支出（按照实际支付的金额） 贷：财政拨款预算收入/资金结存

5.购买资产或支付在建工程

为开展管理活动购买资产或支付在建工程相关款项时，按照实际支付的金额，借记“事业支出”科目。具体账务处理如下：

经济业务和事项	财务会计处理	预算会计处理
支付购买资产或在建工程	借：库存物品/固定资产/无形资产/在建工程等 贷：财政拨款收入/零余额账户用款额度/银行存款/应付账款等	借：事业支出（按照实际支付的金额） 贷：财政拨款预算收入/资金结存

【例 19-22】某事业单位管理部门购买一批电脑共计57 000元，该批电脑作为固定资产入库，采用财政直接支付方式支付。

经济业务和事项	财务会计处理	预算会计处理
购买一批电脑	借：固定资产 57 000 贷：财政拨款收入 57 000	借：事业支出 57 000 贷：财政拨款预算收入 57 000

6.计提折旧、摊销

计提折旧、摊销，按照折旧、摊销金额，借记“单位管理费用”科目。具体账务处理如下：

经济业务和事项	财务会计处理	预算会计处理
计提折旧、摊销额	借：单位管理费用 贷：固定资产累计折旧 无形资产累计摊销	不做处理

【例 19-23】某事业单位管理用的办公大楼原值为480 000元，预计使用年限20年，预计净残值为0。使用年限平均法按月计提折旧。

经济业务和事项	财务会计处理	预算会计处理
每月计提固定资产折旧	借：单位管理费用 2 000 贷：固定资产累计折旧 2 000	不做处理

7.领用内部库存物品

领用内部库存物品，按照领用库存物品的成本，借记“单位管理费用”科目。具体账务处理如下：

经济业务和事项	财务会计处理	预算会计处理
领用库存物品	借：单位管理费用 　贷：库存物品	不做处理

【例19-24】某事业单位后勤部门领用内部库存物品作为办公物品，其价值为6 000元。

经济业务和事项	财务会计处理	预算会计处理
领用库存物品	借：单位管理费用　6 000 　贷：库存物品　6 000	不做处理

8.发生应负担的税金及附加

发生应负担的税金及附加，按照确定应缴纳的税金及附加，借记“单位管理费用”科目；实际缴纳税金及附加，按照实际缴纳金额，借记“事业支出”科目。具体账务处理如下：

经济业务和事项	财务会计处理	预算会计处理
①确定应缴纳的税金及附加	借：单位管理费用 　贷：其他应交税费	不做处理
②实际缴纳税金及附加	借：其他应交税费 　贷：银行存款等	借：事业支出 　贷：资金结存等

9.购货退回

因购货退回或者发生差错更正的，属于当年支出收回的，按照收回或更正金额，贷记“库存物品”“单位管理费用”等科目；同时，贷记“事业支出”科目。属于以前年度支出收回的，不通过本科目核算，通过“以前年度盈余调整”等科目核算。具体账务处理如下：

经济业务和事项	财务会计处理	预算会计处理
①当年发生购货退回	借：财政拨款收入/零余额账户用款额度/银行存款/应收账款等 　贷：库存物品/单位管理费用等	借：财政拨款预算收入/资金结存 　贷：事业支出
②发生以前年度购货退回	借：财政应返还额度/银行存款/应收账款等 　贷：库存物品/以前年度盈余调整	借：资金结存—财政应返还额度 　　　　　—货币资金 　贷：财政拨款结转—年初余额调整 　　　非财政拨款结余—年初余额调整

【例19-25】某事业单位将本年度购买用于管理部门的一批办公用品做退货处理，收到退货款57 000元。该笔货款当时使用财政授权方式支付。

经济业务和事项	财务会计处理	预算会计处理
收到退货款	借：零余额账户用款额度　57 000 　贷：单位管理费用　57 000	借：资金结存—零余额账户用款额度 57 000 　贷：事业支出　57 000

接上例，若该笔退货为以前年度购货发生的退回。

经济业务和事项	财务会计处理	预算会计处理
收到以前年度退货款	借：财政应返还额度 57 000 贷：以前年度盈余调整 57 000	借：资金结存—财政应返还额度 57 000 贷：财政拨款结转—年初余额调整 57 000

10.期末/年末结转

期末，将“单位管理费用”科目余额结转转入“本期盈余”科目。

年末，将“事业支出”科目本年发生额中的财政拨款支出转入“财政拨款结转”科目；将“事业支出”科目本年发生额中的非财政专项资金支出转入“非财政拨款结转”科目；将“事业支出”科目本年发生额中的其他资金支出（非财政、非专项资金支出）转入“其他结余”科目。具体账务处理如下：

经济业务和事项	财务会计处理	预算会计处理
期末/年末结转	借：本期盈余 贷：单位管理费用	借：财政拨款结转—本年收支结转（财政拨款支出） 非财政拨款结转—本年收支结转（非财政专项资金支出） 其他结余（非财政、非专项资金支出） 贷：事业支出

【例19-26】假设某事业单位“单位管理费用”科目10月借方余额为130 000元，11月借方余额为56 400元，12月借方余额为11 800元，“事业支出”科目截至12月31日累计借方余额1 498 400元，其中，财政拨款支出为1 483 500元，其他资金支出为14 900元。进行期末/年末结转。

经济业务和事项	财务会计处理	预算会计处理
10月末结转	借：本期盈余 130 000 贷：单位管理费用 130 000	不做处理
11月末结转	借：本期盈余 56 400 贷：单位管理费用 56 400	不做处理
12月末结转	借：本期盈余 11 800 贷：单位管理费用 11 800	不做处理
年末结转	不做处理	借：财政拨款结转—本年收支结转 1 483 500 其他结余 14 900 贷：事业支出 1 498 400

二、经营费用与经营支出

（一）经营费用与经营支出的核算内容

1.经营费用

“经营费用”科目核算事业单位在专业业务活动及辅助活动之外开展非独立核算经营活动发生的各项费用。

本科目应当按照经营活动类别、项目、支付对象等进行明细核算。

为了满足成本核算需要，本科目下还可按照“工资福利费用”“商品和服务费用”“对个人和家庭的补助费用”“固定资产折旧费”“无形资产摊销费”等成本项目设置明细科目，归集能够直接计入单位经营活动或采用一定方法计算后计入单位经营活动的费用。

2.经营支出

“经营支出”科目核算事业单位在专业业务活动及辅助活动之外开展非独立核算经营活动实际发生的各项现金流出。

本科目应当按照经营活动类别、项目、当年政府收支分类科目中“支出功能分类科目”的项级科目和“部门预算支出经济分类科目”的款级科目等进行明细核算。

年末结账后，本科目无余额。

（二）经营费用与经营支出的平行记账

1.支付经营活动人员职工薪酬

计提经营活动人员薪酬时，按照计提的金额，借记“经营费用”科目，向职工个人支付薪酬时，按照实际支付的金额，借记“经营支出”科目。具体账务处理如下：

经济业务和事项	财务会计处理	预算会计处理
①计提经营活动人员薪酬	借：经营费用 　贷：应付职工薪酬	不做处理
②实际支付给职工并代扣个人所得税	借：应付职工薪酬 　贷：银行存款等 　　　其他应交税费—应交个人所得税	借：经营支出（扣除个人所得税后支付给个人部分） 　贷：资金结存—货币资金
③实际缴纳税款	借：其他应交税费—应交个人所得税 　贷：银行存款等	借：经营支出（按照实际缴纳额） 　贷：资金结存—货币资金

【例 19-27】某事业单位支付经营活动人员工资 75 000 元。代扣代缴个人所得税 1 500 元，上缴个人所得税 1 500 元。工资及个人所得税均采用银行存款支付。

经济业务和事项	财务会计处理	预算会计处理
计提经营活动人员工资	借：经营费用　75 000 　贷：应付职工薪酬　75 000	不做处理
支付薪酬并代扣个人所得税	借：应付职工薪酬　75 000 　贷：银行存款　73 500 　　　其他应交税费—应交个人所得税　1 500	借：经营支出　73 500 　贷：资金结存—货币资金　73 500
缴纳税款	借：其他应交税费—应交个人所得税　1 500 　贷：银行存款　1 500	借：经营支出　1 500 　贷：资金结存—货币资金　1 500

2.购买资产或支付在建工程相关款项

购买资产或支付在建工程相关款项时，按照实际支付的金额，借记“经营支出”科目。具体账务处理如下：

经济业务和事项	财务会计处理	预算会计处理
支付购买资产或在建工程相关款项	借：库存物品/固定资产/无形资产/在建工程等 　贷：银行存款/应付账款等	借：经营支出（按照实际支付价款） 　贷：资金结存—货币资金

【例 19-28】某事业单位为了开展经营活动购买一批办公桌椅，账面价值 59 000 元，办公桌椅办理固定资产入库。该款项采用银行存款支付。

经济业务和事项	财务会计处理	预算会计处理
购买批办公桌椅	借：固定资产 59 000 　贷：银行存款 59 000	借：经营支出 59 000 　贷：资金结存—货币资金 59 000

3.内部领用材料或出售发出物品等

领用内部库存物品，按照领用库存物品金额借记“经营费用”科目。具体账务处理如下：

经济业务和事项	财务会计处理	预算会计处理
领用材料或出售发出物品	借：经营费用 　贷：库存物品	不做处理

4.发生预付款项

在经营活动过程中发生预付账款时，按照实际支付的金额，借记“经营支出”科目；结算预付账款，按照实际结算金额，借记“经营费用”科目。同时，按照补付金额，借记“经营支出”科目。

对于暂付款项，在支付款项时可不做预算会计处理，待结算或报销时，按照结算或报销的金额，借记“经营费用”科目。同时，借记“经营支出”科目。具体账务处理如下：

经济业务和事项	财务会计处理	预算会计处理
①支付预付账款	借：预付账款 　贷：银行存款等	借：经营支出 　贷：资金结存—货币资金
②结算预付账款	借：经营费用/库存物品 　贷：预付账款 　　　银行存款等（补付金额）	借：经营支出 　贷：资金结存—货币资金（补付金额）

【例 19-29】A 事业单位 2023 年 11 月 3 日为开展经营活动委托 B 企业制作一批科普产品，预付账款 71 000 元，11 月 15 日科普产品制作完毕并交付入库，B 企业给 A 事业单位开具金额为 80 000 元的发票，A 事业单位补付尾款 9 000 元，款项均采用银行存款支付。

经济业务和事项	财务会计处理	预算会计处理
预付账款	借：预付账款 71 000 　贷：银行存款 71 000	借：经营支出 71 000 　贷：资金结存—货币资金 71 000
结算预付账款并支付尾款	借：库存物品 80 000 　贷：预付账款 71 000 　　　银行存款 9 000	借：经营支出 9 000 　贷：资金结存—货币资金 9 000

5.发生应负担的税金及附加

发生应负担的税金及附加，按照确定应缴纳的税金及附加，借记“经营费用”科目，实际缴纳税金及附加，按照实际缴纳金额，借记“经营支出”科目。具体账务处理如下：

经济业务和事项	财务会计处理	预算会计处理
①确定应缴纳的税金及附加	借：经营费用 　贷：其他应交税费	不做处理
②实际缴纳税金及附加	借：其他应交税费 　贷：银行存款等	借：经营支出 　贷：资金结存—货币资金

【例 19-30】某事业单位 2023 年 11 月为开展经营活动发生城市维护建设税、教育费附加以及地方教育附加 2 000 元，2023 年 12 月上缴相关税费，采用银行存款支付。

经济业务和事项	财务会计处理	预算会计处理
确定应缴纳的税金及附加	借：经营费用　2 000 　贷：其他应交税费　2 000	不做处理
缴纳税费	借：其他应交税费　2 000 　贷：银行存款　2 000	借：经营支出　2 000 　贷：资金结存—货币资金　2 000

6.发生其他与经营活动相关的各项费用

发生的其他各项支出，按照实际支付的金额，借记“经营费用”科目，同时借记“经营支出”科目。具体账务处理如下：

经济业务和事项	财务会计处理	预算会计处理
发生各项费用	借：经营费用 　贷：银行存款/应付账款等	借：经营支出（按照实际支付的金额） 　贷：资金结存—货币资金

7.计提折旧、摊销

计提折旧、摊销，按照折旧、摊销额，借记“经营费用”科目。具体账务处理如下：

经济业务和事项	财务会计处理	预算会计处理
计提折旧、摊销额	借：经营费用 　贷：固定资产累计折旧/无形资产累计摊销	不做处理

【例 19-31】某事业单位按规定计提经营活动用无形资产摊销1 200元。

经济业务和事项	财务会计处理	预算会计处理
计提经营活动用无形资产摊销	借：经营费用　1 200 　贷：无形资产累计摊销　1 200	不做处理

8.计提专用基金

年末，根据有关规定从本年度经营结余中提取专用基金，借记“经营费用”科目。具体账务处理如下：

经济业务和事项	财务会计处理	预算会计处理
计提专用基金	借：经营费用 　贷：专用基金	不做处理

【例 19-32】某事业单位根据经营收入的10%计提修购基金31 000元。

经济业务和事项	财务会计处理	预算会计处理
计提修购基金	借：经营费用　31 000 　贷：专用基金　31 000	不做处理

9.购货退回

开展经营活动中发生购货退回或者差错更正的，属于当年支出收回的，按照收回或更正金额，贷记“经营费用”等科目。同时，贷记“经营支出”科目。属于以前年度支出收回的，不通过本科目核算，通过“以前年度盈余调整”等科目核算。具体账务处理如下：

经济业务和事项	财务会计处理	预算会计处理
①当年发生购货退回	借：银行存款/应收账款等 　贷：库存物品/经营费用等	借：资金结存—货币资金 　贷：经营支出
②发生以前年度购货退回	借：银行存款/应收账款等 　贷：库存物品 　　以前年度盈余调整等	借：资金结存—货币资金 　贷：非财政拨款结余—年初余额调整

【例19-33】某事业单位本年为开展经营活动购入价值23 400元的货物一批，由于质量没有达到要求，遂要求退货，2023年12月货款已经返回开户银行账户。

经济业务和事项	财务会计处理	预算会计处理
当年购货退回	借：银行存款 23 400 贷：经营费用 23 400	借：资金结存—货币资金 23 400 贷：经营支出 23 400

接上例，若该批货物为以前年度购入，本年退回。

经济业务和事项	财务会计处理	预算会计处理
以前年度购货退回	借：银行存款 23 400 贷：以前年度盈余调整 23 400	借：资金结存—货币资金 23 400 贷：非财政拨款结余—年初余额调整 23 400

10.期末/年末结转

期末，将“经营费用”科目余额结转转入“本期盈余”科目。

年末，将“经营支出”科目本年发生额转入“经营结余”科目。具体账务处理如下：

经济业务和事项	财务会计处理	预算会计处理
期末/年末结转	借：本期盈余 贷：经营费用	借：经营结余 贷：经营支出

【例19-34】假设该事业单位“经营费用”科目10月借方余额为80 000元，11月借方余额为91 000元，12月借方余额为23 600元，“经营支出”科目截至12月31日累计借方余额为187 600元，全部为自有资金，期末/年末进行结转。

经济业务和事项	财务会计处理	预算会计处理
10月末结转	借：本期盈余 80 000 贷：经营费用 80 000	不做处理
11月末结转	借：本期盈余 91 000 贷：经营费用 91 000	不做处理
12月末结转	借：本期盈余 23 600 贷：经营费用 23 600	不做处理
年末结转	不做处理	借：经营结余 187 600 贷：经营支出 187 600

三、上缴上级费用与上缴上级支出

（一）上缴上级费用与上缴上级支出的核算内容

1.上缴上级费用

“上缴上级费用”科目核算事业单位按照财政部门和主管部门的规定上缴上级单位款项发生的费用。

本科目应当按照收缴款项单位、缴款项目等进行明细核算。本科目期末结转后，应无余额。

2.上缴上级支出

“上缴上级支出”科目核算事业单位按照财政部门和主管部门的规定上缴上级单位款项发生的现金流出。

本科目应当按照收缴款项单位、缴款项目、当年政府收支分类科目中“支出功能分类科目”的项级科目和“部门预算支出经济分类科目”的款级科目等进行明细核算。

期末结转后，本科目无余额。

（二）上缴上级费用与上缴上级支出的平行记账

1.确定应当上缴的金额

按照规定计算出应当上缴的金额，借记“上缴上级费用”科目。具体账务处理如下：

经济业务和事项	财务会计处理	预算会计处理
按照规定计算出应当上缴的金额	借：上缴上级费用 　贷：银行存款/其他应付款等	不做处理

【例19-35】某事业单位按照规定计算出应该上缴上级部门金额为800 000元。

经济业务和事项	财务会计处理	预算会计处理
确定应当上缴的金额	借：上缴上级费用　　800 000 　贷：其他应付款　　800 000	不做处理

2.实际上缴应缴费用

按照规定上缴应缴费用，按照实际上缴的金额，借记“上缴上级支出”科目。具体账务处理如下：

经济业务和事项	财务会计处理	预算会计处理
实际上缴应缴的金额	借：其他应付款 　贷：银行存款等	借：上缴上级支出（实际上缴的金额） 　贷：资金结存—货币资金

接上例，该款项于当年12月份上缴。

经济业务和事项	财务会计处理	预算会计处理
上缴上级部门	借：其他应付款　　800 000 　贷：银行存款　　800 000	借：上缴上级支出　　800 000 　贷：资金结存—货币资金　　800 000

3.期末结转

期末，将“上缴上级费用”科目余额结转转入“本期盈余”科目。

年末，将“上缴上级支出”科目本年发生额转入“其他结余”科目。具体账务处理如下：

经济业务和事项	财务会计处理	预算会计处理
期末/年末结转	借：本期盈余 　贷：上缴上级费用	借：其他结余 　贷：上缴上级支出

接上例，12月31日“上缴上级费用”科目和“上缴上级支出”科目累计借方余额均为800 000元，期末进行结转。

经济业务和事项	财务会计处理	预算会计处理
期末结转	借：本期盈余　　800 000 　贷：上缴上级费用　　800 000	借：其他结余　　800 000 　贷：上缴上级支出　　800 000

四、对附属单位补助费用与对附属单位补助支出

（一）对附属单位补助费用与对附属单位补助支出的核算内容

1.对附属单位补助费用

“对附属单位补助费用”科目核算事业单位用财政拨款收入之外的收入对附属单位补助发生的费用。

本科目应当按照接受补助单位、补助项目等进行明细核算。本科目期末结转后无余额。

2.对附属单位补助支出

“对附属单位补助支出”科目核算事业单位用财政拨款预算收入之外的收入对附属单位补助发生的现金流出。

本科目应当按照接受补助单位、补助项目、当年政府收支分类科目中“支出功能分类科目”的项级科目和“部门预算支出经济分类科目”的款级科目等进行明细核算。

本科目期末结转后无余额。

（二）对附属单位补助费用与对附属单位补助支出的平行记账

1.确定应当补助的金额

单位发生对附属单位补助支出的，按照实际补助的金额或者按照规定计算出应当对附属单位补助的金额，借记“对附属单位补助费用”科目。具体账务处理如下：

经济业务和事项	财务会计处理	预算会计处理
按照实际补助的金额或者按照规定计算出应当补助的金额	借：对附属单位补助费用 贷：其他应付款	不做处理

【例19-36】某事业单位确定对下属事业单位补助40 000元。

经济业务和事项	财务会计处理	预算会计处理
确定补助金额	借：对附属单位补助费用 40 000 贷：其他应付款 40 000	不做处理

2.实际支付补助

实际支付对附属单位补助支出，按照实际补助的金额，借记“对附属单位补助支出”科目。具体账务处理如下：

经济业务和事项	财务会计处理	预算会计处理
实际支出应补助的金额	借：其他应付款 贷：银行存款等	借：对附属单位补助支出（按照实际补助的金额） 贷：资金结存—货币资金

接上例，该补助款于12月份支付。

经济业务和事项	财务会计处理	预算会计处理
支付补助	借：其他应付款 40 000 贷：银行存款 40 000	借：对附属单位补助支出 40 000 贷：资金结存—货币资金 40 000

3.期末/年末结转

期末，将本科目本期发生额转入“本期盈余”科目，贷记“对附属单位补助费用”科目。

年末，将“对附属单位补助支出”科目本年发生额转入“其他结余”科目。具体账务处理如下：

经济业务和事项	财务会计处理	预算会计处理
期末/年末结转	借：本期盈余 贷：对附属单位补助费用	借：其他结余 贷：对附属单位补助支出

接上例，12月31日“对附属单位补助费用”科目和“对附属单位补助支出”科目累计借方余额均为40 000元，年末进行结转。

经济业务和事项	财务会计处理	预算会计处理
期末/年末结转	借：本期盈余　40 000 　贷：对附属单位补助费用　40 000	借：其他结余　40 000 　贷：对附属单位补助支出　40 000

五、所得税费用

（一）所得税费用的核算内容

“所得税费用”科目核算有企业所得税缴纳义务的事业单位按规定缴纳企业所得税所形成的费用。本科目期末结转后无余额。

（二）所得税费用的平行记账

1.发生企业所得税纳税义务

发生企业所得税纳税义务的，按照税法规定计算的应交税金数额，借记“所得税费用”科目。实际缴纳时，按照缴纳金额，借记“其他应交税费—单位应交所得税”科目；同时，借记“非财政拨款结余—累计结余”科目。具体账务处理如下：

经济业务和事项	财务会计处理	预算会计处理
①按照税法规定计算应交税金数额	借：所得税费用 　贷：其他应交税费—单位应交所得税	不做处理
②实际缴纳时	借：其他应交税费—单位应交所得税 　贷：银行存款等	借：非财政拨款结余—累计结余 　贷：资金结存—货币资金

【例 19-37】某事业单位2023年汇算清缴确定应缴纳上年度企业所得税共计570 020元，经单位相关领导批准后于5月份缴纳。

经济业务和事项	财务会计处理	预算会计处理
汇算清缴确定应缴纳上年度企业所得税费用	借：所得税费用　570 020 　贷：其他应交税费—单位应交所得税　570 020	不做处理
缴纳所得税费用	借：其他应交税费—单位应交所得税　570 020 　贷：银行存款　570 020	借：非财政拨款结余—累计结余　570 020 　贷：资金结存—货币资金　570 020

2.年末结转

年末，将“所得税费用”科目本年发生额转入“本期盈余”科目，贷记“所得税费用”科目。具体账务处理如下：

经济业务和事项	财务会计处理	预算会计处理
年末结转	借：本期盈余 　贷：所得税费用	不做处理

接上例，12月31日“所得税费用”科目累计借方发生额为570 020元，年末进行结转。

经济业务和事项	财务会计处理	预算会计处理
年末结转	借：本期盈余　570 020 　贷：所得税费用　570 020	不做处理

六、投资支出

（一）投资支出的核算内容

“投资支出”科目核算事业单位以货币资金对外投资发生的现金流出。

本科目应当按照投资类型、投资对象、当年政府收支分类科目中“支出功能分类科目”的项级科目和“部门预算支出经济分类科目”的款级科目等进行明细核算。

本科目年末结转后无余额。

（二）投资支出的平行记账

1.以货币资金对外投资

以货币资金对外投资时，按照投资金额和所支付的相关税费金额的合计数，借记“短期投资”“长期股权投资”“长期债券投资”科目，同时，借记“投资支出”科目。具体账务处理如下：

经济业务和事项	财务会计处理	预算会计处理
以货币资金对外投资	借：短期投资/长期股权投资/长期债券投资 　贷：银行存款	借：投资支出 　贷：资金结存—货币资金

【例 19-38】某事业单位以银行存款500 000元购买有价债券。

经济业务和事项	财务会计处理	预算会计处理
购买有价债券	借：短期投资　500 000 　贷：银行存款　500 000	借：投资支出　500 000 　贷：资金结存—货币资金　500 000

2.出售、对外转让或到期收回本年度以货币资金取得的对外投资

出售、对外转让或到期收回本年度以货币资金取得的对外投资的，按照账面余额贷记“短期投资”“长期债券投资”等科目。如果按规定将投资收益纳入单位预算，按照实际收到的金额与实际取得投资时的投资成本的差额，贷记或借记“投资预算收益”科目；如果按规定将投资收益上缴财政的，按照取得投资时“投资支出”科目的发生额，贷记“投资支出”科目。具体账务处理如下：

经济业务和事项	财务会计处理	预算会计处理
①实际取得的价款大于投资成本的	借：银行存款等（实际取得或收回的金额） 　贷：短期投资/长期债券投资等（账面余额） 　　应收利息（账面余额） 　　投资收益	借：资金结存—货币资金 　贷：投资支出（投资成本） 　　投资预算收益
②实际取得的价款小于投资成本的	借：银行存款等（实际取得或收回的金额） 　投资收益 　贷：短期投资/长期债券投资等（账面余额） 　　应收利息（账面余额）	借：资金结存—货币资金 　投资预算收益 　贷：投资支出（投资成本）

【例 19-39】某事业单位到期兑付2年期国债全部本息。该国债面值300 000元，年利率为5%，到期一次还本付息，另外用银行存款支付了手续费等5 000元。

2年利息=300 000×5%×2=30 000（元）

2年本息合计=30 000+300 000=330 000（元）

国债成本=300 000+5 000=305 000（元）

经济业务和事项	财务会计处理	预算会计处理
到期收回2年期国债投资	借：银行存款　330 000 　投资收益　5 000 　贷：长期债券投资—成本　305 000 　　应收利息　30 000	借：资金结存—货币资金　330 000 　贷：投资支出　305 000 　　投资预算收益　25 000

【例19-40】某事业单位以45 000元的价格出售持有的短期投资并存至银行。该短期投资账面价值为50 000元。

经济业务和事项	财务会计处理	预算会计处理
出售短期投资	借：银行存款　45 000 　投资收益　5 000 　贷：短期投资　50 000	借：资金结存—货币资金　45 000 　投资预算收益　5 000 　贷：投资支出　50 000

3.年末结转

年末，将“投资支出”科目本年发生额转入“其他结余”科目。具体账务处理如下：

经济业务和事项	财务会计处理	预算会计处理
年末结转	不做处理	借：其他结余 　贷：投资支出

【例19-41】2023年12月31日某事业单位“投资支出”科目累计借方发生额为45 000元，年末进行结转。

经济业务和事项	财务会计处理	预算会计处理
年末结转	不做处理	借：其他结余　45 000 　贷：投资支出　45 000

七、债务还本支出

（一）债务还本支出的核算内容

“债务还本支出”科目核算事业单位偿还自身承担的纳入预算管理的从金融机构举借的债务本金的现金流出。

本科目应当按照贷款单位、贷款种类、当年政府收支分类科目中“支出功能分类科目”的项级科日和“部门预算支出经济分类科日”的款级科日等进行明细核算。本科日年末结转后应无余额。

（二）债务还本支出的平行记账

“债务还本支出”科目为预算会计科目，与财务会计“短期借款”“长期借款”科目平行记账。

1.归还短期借款/长期借款本金

偿还各项短期或长期借款时，按照偿还的借款本金，借记“短期借款”或“长期借款—本金”科目，同时，借记“债务还本支出”科目。具体账务处理如下：

经济业务和事项	财务会计处理	预算会计处理
归还本金	借：短期借款/长期借款—本金 　贷：银行存款等	借：债务还本支出 　贷：资金结存—货币资金

【例19-42】某事业单位2023年1月31日借入短期借款100 000元，期限为10个月，

年利率为12%，到期一次性还本付息，11月30日，该短期借款到期归还。

经济业务和事项	财务会计处理	预算会计处理
1月31日借入短期借款	借：银行存款 100 000 贷：短期借款 100 000	借：资金结存—货币资金 100 000 贷：债务预算收入 100 000
11月30日归还本息	借：短期借款 100 000 贷：银行存款 100 000 借：其他费用 10 000 贷：应付利息 10 000 借：应付利息 10 000 贷：银行存款 10 000	借：债务还本支出 100 000 贷：资金结存—货币资金 100 000 借：其他支出 10 000 贷：资金结存—货币资金 10 000

2.年末结转

年末，将“债务还本支出”科目本年发生额转入“其他结余”科目。具体账务处理如下：

经济业务和事项	财务会计处理	预算会计处理
年末结转	不做处理	借：其他结余 贷：债务还本支出

接上例，2023年12月31日，该事业单位“债务还本支出”科目仅发生以上一笔借款归还。年末进行结转。

经济业务和事项	财务会计处理	预算会计处理
年末结转	不做处理	借：其他结余 100 000 贷：债务还本支出 10 0000

复习思考题

1.事业单位费用的概念是什么？

4.事业单位预算支出的概念是什么？

3.简述事业单位费用和预算支出二者的主要区别与联系。

4.单位在处置资产时，哪几种情况应先通过“待处理财产损溢”科目进行核算？

第二十章　预算会计预算结余类科目的核算

第一节　预算结余概述

一、预算结余的概念

（一）预算结余的定义

预算结余是指政府会计主体预算年度内预算收入扣除预算支出后的资金余额，以及历年滚存的资金余额。预算结余包括结余资金和结转资金。结余资金是指年度预算执行终了，预算收入实际完成数扣除预算支出和结转资金后剩余的资金。结转资金是指预算安排项目的支出年终尚未执行完毕或者因故未执行，且下年需要按照原用途继续使用的资金。

（二）预算结余的会计科目

预算结余共有9个会计科目。其中，事业单位单独使用的科目有3个，行政单位和事业单位共同使用的科目有6个。具体见表20-1。

表 20-1　预算结余类科目适用范围表

科目编码	科目名称	行政单位	事业单位
8001	资金结存	√	√
8101	财政拨款结转	√	√
8102	财政拨款结余	√	√
8201	非财政拨款结转	√	√
8202	非财政拨款结余	√	√
8301	专用结余		√
8401	经营结余		√
8501	其他结余	√	√
8701	非财政拨款结余分配		√

二、预算结余的分类及计量

（一）预算结余的分类

预算结余类科目大致可以归为两类：资金结存类科目和其他预算结余类科目。资金结存类科目用以反映各结存类科目对应的资金形态，明细科目包括“零余额账户用款额度”、“货币资金”和“财政应返还额度”。其他预算结余类科目包括“财政拨款结转”、“财政拨款结余”、“非财政拨款结转”、“非财政拨款结余”、“专用结余”、“经营结余”、“其他结余”和“非财政拨款结余分配”。

资金结存类科目余额与其他预算结余类科目余额方向相反，金额相等。

（二）预算结余的计量

预算结余的计量分为两部分：一部分为预算年度内预算收入和预算支出的差额；另一部分为历年滚存的资金金额。

三、净资产类科目与预算结余类科目衔接

（一）行政单位净资产类科目与预算结余类科目衔接

对于纳入行政单位部门预算管理的现金收支业务，年末财务会计在进行收入和费用结转时，也要进行预算会计收入和支出结转，即进行财务会计和预算会计的平行记账，因此，净资产类科目和预算结余类科目存在以下衔接关系：

（1）核算内容一对多的有3个科目，分别为“累计盈余”“以前年度盈余调整”“本期盈余”。

（2）核算内容不完全一致的有1个科目，即“本年盈余分配”科目。该科目包含“非财政拨款结余分配”科目的核算内容，但除此之外还包括“财政拨款结转”、“财政拨款结余”和“非财政拨款结转”科目的本年收支结转金额。

（3）仅财务会计进行核算的科目有2个，分别为“权益法调整”和“无偿调拨净资产”，这两个科目核算的内容不需要进行预算会计账务处理，故预算会计中无对应科目。

具体衔接方式见表20-2。

表20-2　　行政单位净资产类科目与预算结余类科目衔接表

预算会计		财务会计		衔接关系
科目编码	科目名称	科目编码	科目名称	
8001	资金结存	1001	库存现金	预算会计中“资金结存”科目的核算内容分别在财务会计中的“库存现金”“银行存款”“零余额账户用款额度”“其他货币资金”“财政应返还额度”等5个科目进行核算
		1002	银行存款	
		1011	零余额账户用款额度	
		1021	其他货币资金	
		1201	财政应返还额度	
8202	非财政拨款结余	3001	累计盈余	预算会计中“非财政拨款结余—累计结余”“财政拨款结转—累计结转”“财政拨款结余—累计结余”“非财政拨款结转—累计结转”等4个明细科目的核算内容均在财务会计中的“累计盈余”科目中核算
8101	财政拨款结转			
8102	财政拨款结余			
8201	非财政拨款结转			
8202	非财政拨款结余	3501	以前年度盈余调整	财务会计中的“以前年度盈余调整”科目的核算内容在预算会计中的“非财政拨款结余—年初余额调整”“财政拨款结转—年初余额调整”“财政拨款结余—年初余额调整”“非财政拨款结转—年初余额调整”等4个明细科目中进行核算
8101	财政拨款结转			
8102	财政拨款结余			
8201	非财政拨款结转			
		3201	权益法调整	该科目的核算内容仅在财务会计中进行核算
8501	其他结余	3301	本期盈余	预算会计中的“其他结余”科目以及“财政拨款结转—本年收支结转”“财政拨款结余—本年收支结转”“非财政拨款结转—本年收支结转”等明细科目的核算内容在财务会计中的“本期盈余”科目中核算
8101	财政拨款结转			
8102	财政拨款结余			
8201	非财政拨款结转			
8701	非财政拨款结余分配	3302	本年盈余分配	“本年盈余分配”科目核算的内容还包括“财政拨款结转”、“财政拨款结余”和“非财政拨款结转”的本年收支结转余额
		3401	无偿调拨净资产	该科目的核算内容仅在财务会计中进行核算

（二）事业单位净资产类科目与预算结余类科目衔接

对于纳入事业单位部门预算管理的现金收支业务，年末财务会计在进行收入和费用结转时，也要进行预算会计收入和支出结转，即进行财务会计和预算会计的平行记账，因此，净资产类科目和预算结余类科目存在以下衔接关系：

（1）核算内容直接对应的有1个科目，即“专用基金”科目和“专用结余”科目的核算内容基本一致。

（2）核算内容一对多的有3个科目，分别为“累计盈余”“以前年度盈余调整”“本期盈余”。

（3）核算内容不完全一致的有1个科目，即“本年盈余分配”科目包含“非财政拨款结余分配”科目的核算内容，但除此之外还包括“财政拨款结转”“财政拨款结余”“非财政拨款结转”科目的本年收支结转金额。

（4）仅财务会计进行核算的科目有2个，分别为“权益法调整”和“无偿调拨净资产”，这两个科目核算的内容不需要进行预算会计账务处理，故预算会计中无对应科目。

具体衔接方式见表20-3。

表20-3　**事业单位净资产类科目与预算结余类科目衔接表**

预算会计		财务会计		衔接关系
科目编码	科目名称	科目编码	科目名称	
8001	资金结存	1001	库存现金	预算会计中的“资金结存”科目的核算内容分别在财务会计中的“库存现金”“银行存款”“零余额账户用款额度”“其他货币资金”“财政应返还额度”等5个科目进行核算
		1002	银行存款	
		1011	零余额账户用款额度	
		1021	其他货币资金	
		1201	财政应返还额度	
8202	非财政拨款结余	3001	累计盈余	预算会计中的“非财政拨款结余—累计结余”“财政拨款结转—累计结转”“财政拨款结余—累计结余”“非财政拨款结转—累计结转”等4个明细科目的核算内容均在财务会计中的“累计盈余”科目中核算
8101	财政拨款结转			
8102	财政拨款结余			
8201	非财政拨款结转			
8202	非财政拨款结余	3501	以前年度盈余调整	财务会计中的“以前年度盈余调整”科目的核算内容在预算会计中的“非财政拨款结余—年初余额调整”“财政拨款结转—年初余额调整”“财政拨款结余—年初余额调整”“非财政拨款结转—年初余额调整”等4个明细科目中进行核算
8101	财政拨款结转			
8102	财政拨款结余			
8201	非财政拨款结转			
8301	专用结余	3101	专用基金	预算会计中的“专用结余”科目的核算内容在财务会计中的“专用基金”科目核算
		3201	权益法调整	该科目的核算内容仅在财务会计中进行核算
8401	经营结余	3301	本期盈余	预算会计中的“经营结余”“其他结余”科目以及“财政拨款结转—本年收支结转”“财政拨款结余—本年收支结转”“非财政拨款结转—本年收支结转”等明细科目的核算内容在财务会计中的“本期盈余”科目中核算
8501	其他结余			
8101	财政拨款结转			
8102	财政拨款结余			
8201	非财政拨款结转			
8701	非财政拨款结余分配	3302	本年盈余分配	预算会计中的“非财政拨款结余分配”科目的核算内容在财务会计中的“本年盈余分配”科目中进行核算，但是“本年盈余分配”科目核算的内容还包括“财政拨款结转”、“财政拨款结余”和“非财政拨款结转”的本年收支结转金额
		3401	无偿调拨净资产	该科目的核算内容仅在财务会计中进行核算

第二节 行政事业单位共有预算结余类科目核算

一、资金结存

（一）“资金结存”科目的核算内容

“资金结存”科目核算单位纳入部门预算管理的资金的流入、流出、调整和滚存等情况。“资金结存”科目应当设置下列明细科目：

（1）“零余额账户用款额度”：本明细科目核算实行国库集中支付的单位根据财政部门批复的用款计划收到和支出的零余额账户用款额度。

年末结账后，本明细科目应无余额。

（2）“货币资金”：本明细科目核算单位以库存现金、银行存款、其他货币资金形态存在的资金。

本明细科目年末借方余额，反映单位尚未使用的货币资金。

（3）“财政应返还额度”：本明细科目核算实行国库集中支付的中央级和省级单位可以使用的以前年度财政直接支付资金额度和财政应返还的财政授权支付资金额度。本明细科目下可设置“财政直接支付”“财政授权支付”两个明细科目进行明细核算。

需要说明的是，根据财政部制定的《政府会计准则制度解释第4号》（财会〔2021〕33号）规定，2021年及以后年度，市县级财政国库集中支付结余不再按权责发生制列支，年末不必通过本科目进行相关账务处理。

本明细科目年末借方余额，反映单位应收财政返还的资金额度。

（二）资金结存的平行记账

1.取得预算收入

财政授权支付方式下，单位根据代理银行转来的“财政授权支付额度到账通知书”，按照通知书中的授权支付额度，借记本科目（零余额账户用款额度），贷记“财政拨款预算收入”科目。以国库集中支付以外的其他支付方式取得预算收入时，按照实际收到的金额，借记本科目（货币资金），贷记“财政拨款预算收入”“事业预算收入”“经营预算收入”等科目。同时按照制度规定进行财务会计的平行记账，具体账务处理如下：

经济业务和事项	财务会计处理	预算会计处理
①财政授权支付方式下	借：零余额账户用款额度 　贷：财政拨款收入	借：资金结存—零余额账户用款额度 　贷：财政拨款预算收入
②国库集中支付以外的其他支付方式下	借：银行存款 　贷：财政拨款收入 　　　事业收入（事业单位） 　　　经营收入（事业单位）等	借：资金结存—货币资金 　贷：财政拨款预算收入 　　　事业预算收入（事业单位） 　　　经营预算收入（事业单位）等

【例20-1】某行政单位收到代理银行转来的“财政授权支付额度到账通知书”，通知书列示收到授权支付额度500 000元，收到财政部门拨付的项目经费200 000元。

经济业务和事项	财务会计处理	预算会计处理
收到授权支付额度	借：零余额账户用款额度　500 000 　贷：财政拨款收入　500 000	借：资金结存—零余额账户用款额度 500 000 　贷：财政拨款预算收入　500 000
收到财政部门拨付的项目经费	借：零余额账户用款额度　200 000 　贷：财政拨款收入　200 000	借：资金结存—零余额账户用款额度 200 000 　贷：财政拨款预算收入　200 000

2.从零余额账户提取现金

从零余额账户提取现金时，借记本科目（货币资金），贷记本科目（零余额账户用款额度）。退回现金时，做相反会计分录。同时按照制度规定进行财务会计的平行记账，具体账务处理如下：

经济业务和事项	财务会计处理	预算会计处理
从零余额账户提取现金	借：库存现金 　贷：零余额账户用款额度	借：资金结存—货币资金 　贷：资金结存—零余额账户用款额度

【例20-2】某事业单位从零余额账户提取现金15 000元，用于购买办公用品。

经济业务和事项	财务会计处理	预算会计处理
提取现金	借：库存现金　15 000 　贷：零余额账户用款额度　15 000	借：资金结存—货币资金　15 000 　贷：资金结存—零余额账户用款额度　15 000
购买办公用品	借：单位管理费用　15 000 　贷：库存现金　15 000	借：事业支出　15 000 　贷：资金结存—货币资金　15 000

3.发生预算支出时

财政授权支付方式下，发生相关支出时，按照实际支付的金额，借记“行政支出”“事业支出”等科目，贷记本科目（零余额账户用款额度）。

使用以前年度财政直接支付额度发生支出时，按照实际支付金额，借记“行政支出”“事业支出”等科目，贷记本科目（财政应返还额度）。同时按照制度规定进行财务会计的平行记账。

国库集中支付以外的其他支付方式下，发生相关支出时，按照实际支付的金额，借记“事业支出”“经营支出”等科目，贷记本科目（货币资金）。同时按照制度规定进行财务会计的平行记账，具体账务处理如下：

经济业务和事项	财务会计处理	预算会计处理
①财政授权支付方式下	借：业务活动费用/单位管理费用/库存物品/固定资产等 　贷：零余额账户用款额度	借：行政支出（行政单位） 　　事业支出（事业单位）等 　贷：资金结存—零余额账户用款额度
②使用以前年度财政直接支付额度	借：业务活动费用/单位管理费用/库存物品/固定资产等 　贷：财政应返还额度	借：行政支出（行政单位） 　　事业支出（事业单位）等 　贷：资金结存—财政应返还额度
③国库集中支付以外的其他方式下	借：业务活动费用/单位管理费用/库存物品/固定资产等 　贷：银行存款/库存现金等	借：事业支出/经营支出（事业单位）等 　贷：资金结存—货币资金

【例 20-3】某行政单位计提从事业务活动的职工个人薪酬210 000元，按照规定代扣代缴个人所得税3 200元、社会保险费4 800元、住房公积金52 000元，工资采用财政授权方式支付。

经济业务和事项	财务会计处理	预算会计处理
计提应付职工薪酬	借：业务活动费用 210 000 贷：应付职工薪酬—基本工资 210 000	不做处理
从应付职工薪酬中计提各项代扣代缴费用	借：应付职工薪酬—基本工资 60 000 贷：应交税费—应交个人所得税 3 200 应付职工薪酬—社会保险费 4 800 —住房公积金 52 000	不做处理
支付职工薪酬时	借：应付职工薪酬 150 000 贷：零余额账户用款额度 150 000	借：行政支出 150 000 贷：资金结存—零余额账户用款额度 150 000

【例 20-4】某行政单位使用以前年度财政直接支付额度支付管理部门通信费20 000元。

经济业务和事项	财务会计处理	预算会计处理
支付职工社会保险费	借：业务活动费用 20 000 贷：财政应返还额度 20 000	借：行政支出 20 000 贷：资金结存—财政应返还额度 20 000

【例 20-5】某事业单位购买管理用办公用品3 500元，同时还购入经营用打印机一台，价值2 800元，以上款项均通过银行存款方式支付。

经济业务和事项	财务会计处理	预算会计处理
购买管理用办公用品	借：单位管理费用 3 500 贷：银行存款 3 500	借：事业支出 3 500 贷：资金结存—货币资金 3 500
购入经营用打印机	借：固定资产 2 800 贷：银行存款 2 800	借：经营支出 2 800 贷：资金结存—货币资金 2 800

4.按照规定使用提取的专用基金

“专用基金”科目仅事业单位使用，行政单位无此类业务。按照规定使用提取的专用基金支付相关项目时，按照实际支付金额，借记“专用结余”科目或“事业支出”等科目，贷记本科目（货币资金）。同时按照制度规定进行财务会计的平行记账，具体账务处理如下：

经济业务和事项	财务会计处理	预算会计处理
①一般情况下	借：专用基金 贷：银行存款等	使用从非财政拨款结余或经营结余中计提的专用基金： 借：专用结余 贷：资金结存—货币资金 使用从收入中计提并计入费用的专用基金： 借：事业支出等 贷：资金结存—货币资金
②购买固定资产、无形资产等	借：固定资产／无形资产等 贷：银行存款等 借：专用基金 贷：累计盈余	

5.预算结转结余调整

按照规定上缴财政拨款结转结余资金或注销财政拨款结转结余资金额度的，按照实际上缴资金数额或注销的资金额度数额，借记“财政拨款结转—归集上缴”或“财政拨款结余—归集上缴”科目，贷记本科目（财政应返还额度、零余额账户用款额度、货币资金）。

按规定向原资金拨入单位缴回非财政拨款结转资金的，按照实际缴回的资金数额，借记“非财政拨款结转—缴回资金”科目，贷记本科目（货币资金）。同时按照制度规定进行财务会计的平行记账。

收到从其他单位调入的财政拨款结转资金的，按照实际调入资金数额，借记本科目（财政应返还额度、零余额账户用款额度、货币资金），贷记“财政拨款结转—归集调入”科目。同时按照制度规定进行财务会计的平行记账，具体账务处理如下：

经济业务和事项	财务会计处理	预算会计处理
①按照规定上缴财政拨款结转结余资金或注销财政拨款结转结余额度的	借：累计盈余 　贷：财政应返还额度／零余额账户用款额度／银行存款	借：财政拨款结转—归集上缴 　　财政拨款结余—归集上缴 　贷：资金结存—财政应返还额度 　　　　　　　—零余额账户用款额度 　　　　　　　—货币资金
②按照规定缴回非财政拨款结转资金的	借：累计盈余 　贷：银行存款	借：非财政拨款结转—缴回资金 　贷：资金结存—货币资金
③收到调入的财政拨款结转资金的	借：财政应返还额度／零余额账户用款额度／银行存款 　贷：累计盈余	借：资金结存—财政应返还额度 　　　　　　—零余额账户用款额度 　　　　　　—货币资金 　贷：财政拨款结转—归集调入

【例20-6】某事业单位当年预算项目已完工，年末该项目预算资金结余为30 000元，按规定需上缴财政；年末按规定注销财政拨款结转额度40 000元。

经济业务和事项	财务会计处理	预算会计处理
结余资金上缴财政	借：累计盈余　30 000 　贷：零余额账户用款额度　30 000	借：财政拨款结余—归集上缴　30 000 　贷：资金结存—零余额账户用款额度　30 000
年末注销财政拨款结转额度	借：累计盈余　40 000 　贷：财政应返还额度　40 000	借：财政拨款结转—归集上缴　40 000 　贷：资金结存—财政应返还额度　40 000
实际缴纳	借：财政应返还额度　40 000 　贷：零余额账户用款额度　40 000	借：资金结存—财政应返还额度　40 000 　贷：资金结存—零余额账户用款额度　40 000

【例20-7】某事业单位将上级主管部门上年度拨入的科研项目经费结转资金10 000元按规定缴回。

经济业务和事项	财务会计处理	预算会计处理
缴回科研项目经费结转资金	借：累计盈余　10 000 　贷：银行存款　10 000	借：非财政拨款结转—缴回资金　10 000 　贷：资金结存—货币资金　10 000

【例20-8】财政部门调整项目支出计划，某事业单位收到别的单位调出的项目结转资金40 000元。

经济业务和事项	财务会计处理	预算会计处理
收到调入的财政拨款结转资金	借：零余额账户用款额度 40 000 　贷：累计盈余　40 000	借：资金结存—零余额账户用款额度 40 000 　贷：财政拨款结转—归集调入　40 000

6.因购货退回、发生差错更正退回

因购货退回、发生差错更正等退回国库直接支付、授权支付款项，或者收回货币资金的，属于本年度支付的，借记“财政拨款预算收入”科目或本科目（零余额账户用款额度、货币资金），贷记相关支出类科目。同时按照制度规定进行财务会计的平行记账。

属于以前年度支付的，借记本科目（财政应返还额度、零余额账户用款额度、货币资金），贷记“财政拨款结转”“财政拨款结余”“非财政拨款结转”“非财政拨款结余”科目。同时按照制度规定进行财务会计的平行记账，具体账务处理如下：

经济业务和事项	财务会计处理	预算会计处理
①财政授权支付方式下	借：财政拨款收入 　零余额账户用款额度 　银行存款等 　贷：业务活动费用／库存物品等	借：财政拨款预算收入 　资金结存—零余额账户用款额度 　　—货币资金 　贷：行政支出（行政单位） 　　事业支出（事业单位）等
②属于以前年度的	借：财政应返还额度 　零余额账户用款额度 　银行存款等 　贷：以前年度盈余调整	借：资金结存—财政应返还额度 　　—零余额账户用款额度 　　—货币资金 　贷：财政拨款结转—年初余额调整 　　财政拨款结余—年初余额调整 　　非财政拨款结转—年初余额调整 　　非财政拨款结余—年初余额调整

【例 20-9】某事业单位使用当年财政预算资金购买设备，由于质量问题，将此设备退回商家，商家退回设备款80 000元，假设设备已提折旧8 000元。

经济业务和事项	财务会计处理	预算会计处理
当年购货退回	借：零余额账户用款额度　80 000 　固定资产累计折旧　8 000 　贷：业务活动费用　8 000 　　固定资产　80 000	借：资金结存—零余额账户用款额度 　80 000 　贷：事业支出　80 000
以前年度购货退回	借：财政应返还额度　80 000 　贷：固定资产　80 000 借：以前年度盈余调整　8 000 　贷：固定资产累计折旧　8 000	借：资金结存—财政应返回额度 　80 000 　贷：财政拨款结转—年初余额调整 　80 000

7.缴纳企业所得税

有企业所得税缴纳义务的事业单位缴纳所得税时，按照实际缴纳金额，借记“非财政拨款结余—累计结余”科目，贷记本科目（货币资金）。

“所得税费用”科目仅适用于事业单位，行政单位不涉及此业务。同时按照制度规定进行财务会计的平行记账，具体账务处理如下：

经济业务和事项	财务会计处理	预算会计处理
有企业所得税缴纳义务的事业单位实际缴纳企业所得税时	借：其他应交税费—单位应交所得税 　贷：银行存款等	借：非财政拨款结余—累计结余 　贷：资金结存—货币资金

【例20-10】某事业单位年末缴纳企业所得税480 000元。

经济业务和事项	财务会计处理	预算会计处理
缴纳企业所得税	借：其他应交税费—单位应交所得税　480 000 　贷：银行存款　480 000	借：非财政拨款结余—累计结余　480 000 　贷：资金结存—货币资金　480 000

8.年末确认未下达的财政用款额度

年末，根据本年度财政直接支付预算指标数与当年财政直接支付实际支出数的差额，借记本科目（财政应返还额度），贷记“财政拨款预算收入”科目。同时按照制度规定进行财务会计的平行记账。

本年度财政授权支付预算指标数大于零余额账户用款额度下达数的，根据未下达的用款额度，借记本科目（财政应返还额度），贷记“财政拨款预算收入”科目。同时按照制度规定进行财务会计的平行记账，具体账务处理如下：

经济业务和事项	财务会计处理	预算会计处理
①财政直接支付方式	借：财政应返还额度—财政直接支付 　贷：财政拨款收入	借：资金结存—财政应返还额度 　贷：财政拨款预算收入
②财政授权支付方式	借：财政应返还额度—财政授权支付 　贷：财政拨款收入	

【例20-11】年末，某行政单位本年度财政直接支付预算指标数为1 500 000元，年末确认未下达的财政用款额度50 000元；本年度批复授权支付预算指标3 050 000元，收到零余额账户用款额度3 000 000元，年末确认有50 000元的额度没有下达。

经济业务和事项	财务会计处理	预算会计处理
确认未下达财政直接支付额度	借：财政应返还额度—财政直接支付　50 000 　贷：财政拨款收入　50 000	借：资金结存—财政应返还额度　50 000 　贷：财政拨款预算收入　50 000
确认未下达财政授权支付额度	借：财政应返还额度—财政授权支付　50 000 　贷：财政拨款收入　50 000	借：资金结存—财政应返还额度　50 000 　贷：财政拨款预算收入　50 000

9.年末注销零余额账户用款额度

按照《国务院关于进一步深化预算管理制度改革的意见》（国发〔2021〕5号）/规定，市县级财政国库集中支付结余不再按权责发生制列支，相关单位年末不再进行账务处理。中央级和省级单位根据同级财政部门规范国库集中支付结余权责发生制列支的规定，进行相应会计处理。

年末，中央级和省级单位依据代理银行提供的对账单作注销额度的相关账务处理，借记本科目（财政应返还额度），贷记本科目（零余额账户用款额度）。同时按照制度规定进行财务会计的平行记账，具体账务处理如下：

经济业务和事项	财务会计处理	预算会计处理
年末注销零余额账户用款额度	借：财政应返还额度—财政授权支付 贷：零余额账户用款额度	借：资金结存—财政应返还额度 贷：资金结存—零余额账户用款额度

【例20-12】年末，依据代理银行提供的对账单，某事业单位零余额账户用款额度尚有100 000元没有支出。

经济业务和事项	财务会计处理	预算会计处理
注销零余额账户用款额度	借：财政应返还额度—财政授权支付 100 000 贷：零余额账户用款额度 100 000	借：资金结存—财政应返还额度 100 000 贷：资金结存—零余额账户用款额度 100 000

10.下年初恢复零余额账户用款额度或收到上年末未下达的零余额账户用款额度

下年初，单位依据代理银行提供的额度恢复到账通知书作恢复额度的相关账务处理，借记本科目（零余额账户用款额度），贷记本科目（财政应返还额度）。

单位收到财政部门批复的上年末未下达零余额账户用款额度的，借记本科目（零余额账户用款额度），贷记本科目（财政应返还额度）。同时按照制度规定进行财务会计的平行记账，具体账务处理如下：

经济业务和事项	财务会计处理	预算会计处理
恢复或收到上年末未下达的零余额账户用款额度	借：零余额账户用款额度 贷：财政应返还额度—财政授权支付	借：资金结存—零余额账户用款额度 贷：资金结存—财政应返还额度

接上例，年初，收到代理银行提供的额度恢复到账通知书，恢复该零余额账户用款额度。

经济业务和事项	财务会计处理	预算会计处理
恢复零余额账户用款额度	借：零余额账户用款额度 100 000 贷：财政应返还额度—财政授权支付 100 000	借：资金结存—零余额账户用款额度 100 000 贷：资金结存—财政应返还额度 100 000

二、财政拨款结转

（一）“财政拨款结转”科目的核算内容

“财政拨款结转”科目核算单位取得的同级财政拨款结转资金的调整、结转和滚存情况。本科目年末贷方余额，反映单位滚存的财政拨款结转资金数额。

本科目应当设置下列明细科目：

1.与会计差错更正、以前年度支出收回相关的明细科目

“年初余额调整”：本明细科目核算因发生会计差错更正、以前年度支出收回等原因，需要调整财政拨款结转的金额。年末结账后，本明细科目应无余额。

2.与财政拨款调拨业务相关的明细科目

（1）“归集调入”：本明细科目核算按照规定从其他单位调入财政拨款结转资金时，实际调增的额度数额或调入的资金数额。年末结账后，本明细科目应无余额。

（2）“归集调出”：本明细科目核算按照规定向其他单位调出财政拨款结转资金时，实际调减的额度数额或调出的资金数额。年末结账后，本明细科目应无余额。

（3）“归集上缴”：本明细科目核算按照规定上缴财政拨款结转资金时，实际核销的额度数额或上缴的资金数额。年末结账后，本明细科目应无余额。

（4）“单位内部调剂”：本明细科目核算经财政部门批准对财政拨款结余资金改变用途，调整用于本单位其他未完成项目等的调整金额。年末结账后，本明细科目应无余额。

3.与年末财政拨款结转业务相关的明细科目

（1）“本年收支结转”：本明细科目核算单位本年度财政拨款收支相抵后的余额。年末结账后，本明细科目应无余额。

（2）“累计结转”：本明细科目核算单位滚存的财政拨款结转资金。本明细科目年末贷方余额，反映单位财政拨款滚存的结转资金数额。

“累计结转”科目还应当设置“基本支出结转”“项目支出结转”两个明细科目，并在“基本支出结转”明细科目下按照“人员经费”“日常公用经费”进行明细核算，在“项目支出结转”明细科目下按照具体项目进行明细核算。同时，“累计结转”科目还应按照当年政府收支分类科目中“支出功能分类科目”的相关科目进行明细核算。有一般公共预算财政拨款、政府性基金预算财政拨款等两种或两种以上财政拨款的，还应当在本科目下按照财政拨款的种类进行明细核算。

（二）“财政拨款结转”科目的平行记账

1.因会计差错更正、购货退回、预付款项收回等发生以前年度调整事项

因发生会计差错更正退回以前年度国库直接支付、授权支付款项或财政性货币资金，或者因发生会计差错更正增加以前年度国库直接支付、授权支付支出或财政性货币资金支出，属于以前年度财政拨款结转资金的，借记或贷记“资金结存—财政应返还额度”“资金结存—零余额账户用款额度”“资金结存—货币资金”科目，贷记或借记本科目（年初余额调整）。

因购货退回、预付款项收回等发生以前年度支出又收回国库直接支付、授权支付款项或收回财政性货币资金，属于以前年度财政拨款结转资金的，借记“资金结存—财政应返还额度”“资金结存—零余额账户用款额度”“资金结存—货币资金”科目，贷记本科目（年初余额调整）。同时按照制度规定进行财务会计的平行记账，具体账务处理如下：

经济业务和事项	财务会计处理	预算会计处理
①调整增加相关资产	借：零余额账户用款额度/银行存款等 　贷：以前年度盈余调整	借：资金结存—零余额账户用款额度 　　　　　　—货币资金等 　贷：财政拨款结转—年初余额调整
②因会计差错更正调整减少相关资产	借：以前年度盈余调整 　贷：零余额账户用款额度/银行存款等	借：财政拨款结转—年初余额调整 　贷：资金结存—零余额账户用款额度 　　　　　　—货币资金等

【例 20-13】某事业单位以前年度购买实验试剂一批，今年发现质量有问题，协商后将此批实验试剂退回商家，商家退回款项 83 500元。

经济业务和事项	财务会计处理	预算会计处理
收回退款	借：零余额账户用款额度　83 500 　贷：以前年度盈余调整　83 500	借：资金结存—零余额账户用款额度 　　　　　83 500 　贷：财政拨款结转—年初余额调整 83 500

2.从其他单位调入或调出财政拨款结转资金

按照规定从其他单位调入财政拨款结转资金的，按照实际调增的额度数额或调入的资金数额，借记"资金结存—财政应返还额度""资金结存—零余额账户用款额度""资金结存—货币资金"科目，贷记本科目（归集调入）。同时按照制度规定进行财务会计的平行记账。

按照规定向其他单位调出财政拨款结转资金的，按照实际调减的额度数额或调出的资金数额，借记本科目（归集调出），贷记"资金结存—财政应返还额度""资金结存—零余额账户用款额度""资金结存—货币资金"科目。同时按照制度规定进行财务会计的平行记账，具体账务处理如下：

经济业务和事项	财务会计处理	预算会计处理
①按照实际调增的额度数额或调入的资金数额	借：财政应返还额度／零余额账户用款额度／银行存款 贷：累计盈余	借：资金结存—财政应返还额度 —零余额账户用款额度 —货币资金 贷：财政拨款结转—归集调入
②按照实际调减的额度数额或调出的资金数额	借：累计盈余 贷：财政应返还额度／零余额账户用款额度／银行存款	借：财政拨款结转—归集调出 贷：资金结存—财政应返还额度 —零余额账户用款额度 —货币资金

【例20-14】财政部门调整项目支出计划，某行政单位收到从别的单位调出的项目资金400 000元。

经济业务和事项	财务会计处理	预算会计处理
调入财政拨款结转资金	借：零余额账户用款额度 400 000 贷：累计盈余 400 000	借：资金结存—零余额账户用款额度 400 000 贷：财政拨款结转—归集调入 400 000

【例20-15】某行政单位某项目实施周期为1年，年度财政预算为120 000元，当年已使用预算资金80 000元，因实施计划调整，经财政部门批准将剩余资金拨付其他预算单位。

经济业务和事项	财务会计处理	预算会计处理
调出财政拨款结转资金	借：累计盈余 40 000 贷：零余额账户用款额度 40 000	借：财政拨款结转—归集调出 40 000 贷：资金结存—零余额账户用款额度 40 000

3.按照规定上缴财政拨款结转资金或注销财政拨款结转额度

按照规定上缴财政拨款结转资金或注销财政拨款结转资金额度的，按照实际上缴资金数额或注销的资金额度数额，借记本科目（归集上缴），贷记"资金结存—财政应返还额度""资金结存—零余额账户用款额度""资金结存—货币资金"科目。同时按照制度规定进行财务会计的平行记账，具体账务处理如下：

经济业务和事项	财务会计处理	预算会计处理
上缴或注销财政拨款结转资金额度	借：累计盈余 贷：财政应返还额度／零余额账户用款额度／银行存款	借：财政拨款结转—归集上缴 贷：资金结存—财政应返还额度 —零余额账户用款额度 —货币资金

【例 20-16】某事业单位A项目预算120 000元，实施周期为2年，当年已使用预算资金90 000元，项目未完工，经批准将此结转资金上缴财政。

经济业务和事项	财务会计处理	预算会计处理
上缴财政拨款	借：累计盈余　30 000 　贷：零余额账户用款额度　30 000	借：财政拨款结转—归集上缴　30 000 　贷：资金结存—零余额账户用款额度 30 000

4.单位内部调剂财政拨款结余资金

经财政部门批准对财政拨款结余资金改变用途，调整用于本单位基本支出或其他未完成项目支出的，按照批准调剂的金额，借记“财政拨款结余—单位内部调剂”科目，贷记本科目（单位内部调剂）。财务会计不涉及账务处理，具体账务处理如下：

经济业务和事项	财务会计处理	预算会计处理
单位内部调剂财政拨款结余资金	不做处理	借：财政拨款结余—单位内部调剂 　贷：财政拨款结转—单位内部调剂

5.年末结转

年末，将财政拨款预算收入本年发生额转入本科目，借记“财政拨款预算收入”科目，贷记本科目（本年收支结转）；将各项支出中财政拨款支出本年发生额转入本科目，借记本科目（本年收支结转），贷记各项支出（财政拨款支出）科目。具体账务处理如下（财务会计不涉及账务处理）：

经济业务和事项	财务会计处理	预算会计处理
①结转财政拨款预算收入	不做处理	借：财政拨款预算收入 　贷：财政拨款结转—本年收支结转
②结转财政拨款预算支出	不做处理	借：财政拨款结转—本年收支结转 　贷：行政支出（行政单位）（财政拨款支出部分） 　　事业支出（事业单位）（财政拨款支出部分）等

【例 20-17】某事业单位年末预算会计收支如下：财政拨款预算收入为2 000 000元，事业支出（财政拨款支出部分）为1 400 000元，年底进行收支结转。

经济业务和事项	财务会计处理	预算会计处理
结转财政拨款预算收入	不做处理	借：财政拨款预算收入　2 000 000 　贷：财政拨款结转—本年收支结转　2 000 000
结转财政拨款预算支出	不做处理	借：财政拨款结转—本年收支结转 1 400 000 　贷：事业支出　1 400 000

6.年末冲销本科目有关明细科目余额

年末冲销有关明细科目余额。将本科目（本年收支结转、年初余额调整、归集调入、归集调出、归集上缴、单位内部调剂）余额转入本科目（累计结转）。结转后，本科目除“累计结转”明细科目外，其他明细科目应无余额。具体账务处理如下（财务会计不涉及账务处理）：

经济业务和事项	财务会计处理	预算会计处理
冲销本科目有关明细科目	不做处理	明细科目为贷方余额时： 借：财政拨款结转—年初余额调整 —归集调入 —单位内部调剂 —本年收支结转 贷：财政拨款结转—累计结转 明细科目为借方余额时： 借：财政拨款结转—累计结转 贷：财政拨款结转—归集上缴 —年初余额调整 —归集调出 —单位内部调剂 —本年收支结转

【例20-18】某事业单位年末财政拨款结转借方余额："财政拨款结转—年初余额调整"31 000元，"财政拨款结转—单位内部调剂"200 000元；财政拨款结转贷方余额："财政拨款结转—归集调入"620 000元，"财政拨款结转—本年收支结转"405 000元。年末进行明细科目结转。

经济业务和事项	财务会计处理	预算会计处理
年末冲销	不做处理	借：财政拨款结转—归集调入 620 000 —本年收支结转 405 000 贷：财政拨款结转—累计结转 1 025 000 借：财政拨款结转—累计结转 231 000 贷：财政拨款结转—年初余额调整 31 000 —单位内部调剂 200 000

7.转入财政拨款结余

年末完成上述结转后，应当对财政拨款结转各明细项目执行情况进行分析，按照有关规定将符合财政拨款结余性质的项目余额转入财政拨款结余，借记本科目（累计结转），贷记"财政拨款结余—结转转入"科目。具体账务处理如下：

经济业务和事项	财务会计处理	预算会计处理
按照有关规定将符合财政拨款结余性质的项目余额转入财政拨款结余	不做处理	借：财政拨款结转—累计结转 贷：财政拨款结余—结转转入

【例20-19】某事业单位年底分析"财政拨款结转—累计结转"各明细科目，发现以下两项按规定可以转入财政拨款结余：

①A项目实施完成，未用完的预算资金为450 000元；

②当年批复的部门机动经费中有203 000元未使用完毕。

经济业务和事项	财务会计处理	预算会计处理
财政拨款结转转入财政拨款结余	不做处理	借：财政拨款结转—累计结转 653 000 贷：财政拨款结余—结转转入 653 000

三、财政拨款结余

（一）“财政拨款结余”科目的核算内容

“财政拨款结余”科目核算单位取得的同级财政拨款项目支出结余资金的调整、结转和滚存情况。

“财政拨款结余”科目应当设置下列明细科目：

1.与会计差错更正、以前年度支出收回相关的明细科目

“年初余额调整”：本明细科目核算因发生会计差错更正、以前年度支出收回等原因，需要调整财政拨款结余的金额。年末结账后，本明细科目应无余额。

2.与财政拨款结余资金调整业务相关的明细科目

（1）“归集上缴”：本明细科目核算按照规定上缴财政拨款结余资金时，实际核销的额度数额或上缴的资金数额。年末结账后，本明细科目应无余额。

（2）“单位内部调剂”：本明细科目核算经财政部门批准对财政拨款结余资金改变用途，调整用于本单位其他未完成项目等的调整金额。年末结账后，本明细科目应无余额。

3.与年末财政拨款结余业务相关的明细科目

（1）“结转转入”：本明细科目核算单位按照规定转入财政拨款结余的财政拨款结转资金。年末结账后，本明细科目应无余额。

（2）“累计结余”：本明细科目核算单位滚存的财政拨款结余资金。本明细科目年末贷方余额，反映单位财政拨款滚存的结余资金数额。

本科目还应当按照具体项目、当年政府收支分类科目中“支出功能分类科目”的相关科目等进行明细核算。有　般公共预算财政拨款、政府性基金预算财政拨款等两种或两种以上财政拨款的，还应当在本科目下按照财政拨款的种类进行明细核算。

（二）“财政拨款结余”科目的平行记账

1.因会计差错更正、购货退回等发生以前年度调整事项

因发生会计差错更正退回以前年度国库直接支付、授权支付款项或财政性货币资金，或者因发生会计差错更正增加以前年度国库直接支付、授权支付支出或财政性货币资金支出，属于以前年度财政拨款结余资金的，借记或贷记“资金结存—财政应返还额度”“资金结存—零余额账户用款额度”“资金结存—货币资金”科目，贷记或借记本科目（年初余额调整）。

因购货退回、预付款项收回等发生以前年度支出又收回国库直接支付、授权支付款项或收回财政性货币资金，属于以前年度财政拨款结余资金的，借记“资金结存—财政应返还额度”“资金结存—零余额账户用款额度”“资金结存—货币资金”科目，贷记本科目（年初余额调整）。同时按照制度规定进行财务会计的平行记账，具体账务处理如下：

经济业务和事项	财务会计处理	预算会计处理
①调整增加相关资产	借：零余额账户用款额度／银行存款等 　贷：以前年度盈余调整	借：资金结存—零余额账户用款额度 　　　　　　—货币资金等 　贷：财政拨款结余—年初余额调整
②因会计差错更正调整减少相关资产	借：以前年度盈余调整 　贷：零余额账户用款额度／银行存款等	借：财政拨款结余—年初余额调整 　贷：资金结存—零余额账户用款额度 　　　　　　—货币资金等

【例 20-20】某行政单位审计发现，以前年度发生的春游费用20 900元列支行政支出，违反中央文件要求，故要求相关人员退回资金，并退至零余额账户。

经济业务和事项	财务会计处理	预算会计处理
以前年度费用退回	借：零余额账户用款额度 20 900 　贷：以前年度盈余调整　　20 900	借：资金结存—零余额账户用款额度 　　　　　　　　　　　　20 900 　贷：财政拨款结余—年初余额调整　20 900

2.按照规定上缴财政拨款结余资金或注销财政拨款结余资金额度

按照规定上缴财政拨款结余资金或注销财政拨款结余资金额度的，按照实际上缴资金数额或注销的资金额度，借记本科目（归集上缴），贷记“资金结存—财政应返还额度”“资金结存—零余额账户用款额度”“资金结存—货币资金”科目。同时按照制度规定进行财务会计的平行记账，具体账务处理如下：

经济业务和事项	财务会计处理	预算会计处理
按照实际上缴资金数额或注销的资金额度	借：累计盈余 　贷：财政应返还额度／零余额账户用款额度／银行存款	借：财政拨款结余—归集上缴 　贷：资金结存—财政应返还额度 　　　　　　—零余额账户用款额度 　　　　　　—货币资金

【例 20-21】某事业单位以前年度对实验室进行维修改造，当年申请项目资金500 000元。该项目目前已全部完工，剩余项目资金为40 000元，经批准于年底上缴财政。

经济业务和事项	财务会计处理	预算会计处理
上缴财政拨款结余资金	借：累计盈余　　40 000 　贷：财政应返还额度　　40 000	借：财政拨款结余—归集上缴 40 000 　贷：资金结存—财政应返还额度　40 000

3.单位内部调剂财政拨款结余资金

经财政部门批准对财政拨款结余资金改变用途，调整用于本单位基本支出或其他未完成项目支出的，按照批准调剂的金额，借记本科目（单位内部调剂），贷记“财政拨款结转—单位内部调剂”科目。具体账务处理如下：

经济业务和事项	财务会计处理	预算会计处理
内部调剂财政拨款结余资金	不做处理	借：财政拨款结余—单位内部调剂 　贷：财政拨款结转—单位内部调剂

【例 20-22】某事业单位完成雷达项目的建设，剩余资金为15 000元，经批准调剂至其他项目继续使用。

经济业务和事项	财务会计处理	预算会计处理
内部调剂财政拨款结余资金	不做处理	借：财政拨款结余—单位内部调剂　15 000 　贷：财政拨款结转—单位内部调剂　15 000

4.年末，转入财政拨款结余

年末，对财政拨款结转各明细项目执行情况进行分析，按照有关规定将符合财政拨款结余性质的项目余额转入财政拨款结余，借记“财政拨款结转—累计结转”科目，贷记本科目（结转转入）。具体账务处理如下：

经济业务和事项	财务会计处理	预算会计处理
按照有关规定将符合财政拨款结余性质的项目余额转入财政拨款结余	不做处理	借：财政拨款结转—累计结转 　贷：财政拨款结余—结转转入

5.年末冲销本科目有关明细科目余额

年末冲销有关明细科目余额，将本科目（年初余额调整、归集上缴、单位内部调剂、结转转入）余额转入本科目（累计结余）。结转后，本科目除“累计结余”明细科目外，其他明细科目应无余额。具体账务处理如下：

经济业务和事项	财务会计处理	预算会计处理
年末冲销有关明细科目余额	不做处理	借：财政拨款结余—年初余额调整（该明细科目为贷方余额时） 　贷：财政拨款结余—累计结余 借：财政拨款结余—累计结余 　贷：财政拨款结余—年初余额调整（该明细科目为借方余额时） 　　　　　　　　—归集上缴 　　　　　　　　—单位内部调剂 借：财政拨款结余—结转转入 　贷：财政拨款结余—累计结余

【例20-23】某事业单位年底财政拨款结余明细科目借方余额为：“财政拨款结余—年初余额调整”31 000元，“财政拨款结余—单位内部调剂”24 000元，“财政拨款结余—归集上缴”106 000元；贷方余额为：“财政拨款结余—结转转入”320 000元。

经济业务和事项	财务会计处理	预算会计处理
年末冲销	不做处理	借：财政拨款结余—结转转入　320 000 　贷：财政拨款结余—累计结余　320 000 借：财政拨款结余—累计结余　161 000 　贷：财政拨款结余—年初余额调整　31 000 　　　　　　　　—单位内部调剂　24 000 　　　　　　　　—归集上缴　106 000

四、非财政拨款结转

（一）“非财政拨款结转”科目的核算内容

“非财政拨款结转”科目核算单位除财政拨款收支、经营收支以外各非同级财政拨款专项资金的调整、结转和滚存情况。

本科目应当设置下列明细科目：

❶“年初余额调整”：本明细科目核算因发生会计差错更正、以前年度支出收回等原因，需要调整非财政拨款结转的资金。年末结账后，本明细科目应无余额。

❷“缴回资金”：本明细科目核算按照规定缴回非财政拨款结转资金时，实际缴回的资金数额。年末结账后，本明细科目应无余额。

❸“项目间接费用或管理费”：本明细科目核算单位取得的科研项目预算收入中，按照规定计提项目间接费用或管理费的数额。年末结账后，本明细科目应无余额。

❹“本年收支结转”：本明细科目核算单位本年度非同级财政拨款专项收支相抵后的余额。年末结账后，本明细科目应无余额。

❺“累计结转”：本明细科目核算单位滚存的非同级财政拨款专项结转资金。本明细科目年末贷方余额，反映单位非同级财政拨款滚存的专项结转资金数额。

本科目还应当按照具体项目、当年政府收支分类科目中“支出功能分类科目”的相关科目等进行明细核算。

（二）“非财政拨款结转”科目的平行记账

1.按照规定从科研项目预算收入中提取项目间接费用或管理费

“单位管理费用”科目仅事业单位使用，行政单位无此类业务。按照提取金额，借记本科目（项目间接费用或管理费），贷记“非财政拨款结余—项目间接费用或管理费”科目。同时按照制度规定进行财务会计的平行记账，具体账务处理如下：

经济业务和事项	财务会计处理	预算会计处理
按照规定从科研项目预算收入中提取项目间接费用或管理费	借：单位管理费用 　贷：预提费用—项目间接费用或管理费	借：非财政拨款结转—项目间接费用或管理费 　贷：非财政拨款结余—项目间接费用或管理费

【例 20-24】某事业单位科研项目预算收入为 100 000 元，单位根据相关文件规定，从科研项目预算收入中提取项目管理费、间接费共计 10 000 元。

经济业务和事项	财务会计处理	预算会计处理
提取项目管理费、间接费	借：单位管理费用　10 000 　贷：预提费用—项目间接费用或管理费　10 000	借：非财政拨款结转—项目间接费用或管理费　10 000 　贷：非财政拨款结余—项目间接费用或管理费　10 000

2.因会计差错更正等发生以前年度调整事项

因会计差错更正收到或支出非同级财政拨款货币资金，属于非财政拨款结转资金的，按照收到或支出的金额，借记或贷记“资金结存—货币资金”科目，贷记或借记本科目（年初余额调整）。因购货退回收回以前年度支出等收到非同级财政拨款货币资金，属于非财政拨款结转资金的，按照收到的金额，借记“资金结存—货币资金”科目，贷记本科目（年初余额调整）。同时按照制度规定进行财务会计的平行记账，具体账务处理如下：

经济业务和事项	财务会计处理	预算会计处理
①调整增加相关资产	借：银行存款等 　贷：以前年度盈余调整	借：资金结存—货币资金 　贷：非财政拨款结转—年初余额调整
②调整减少相关资产	借：以前年度盈余调整 　贷：银行存款等	借：非财政拨款结转—年初余额调整 　贷：资金结存—货币资金

【例20-25】某事业单位财务检查发现，上年使用科研项目资金支付劳务费2 200元。该劳务费单据上列明的金额为2 400元，该项目尚未完工，对上述会计差错予以更正，需支付资金200元。

经济业务和事项	财务会计处理	预算会计处理
更正差错	借：以前年度盈余调整　200 　贷：库存现金　200	借：非财政拨款结转—年初余额调整　200 　贷：资金结存—货币资金　200

3.按照规定缴回非财政拨款结转资金

按照规定缴回非财政拨款结转资金的，按照实际缴回资金数额，借记本科目（缴回资金），贷记“资金结存—货币资金”科目。同时按照制度规定进行财务会计的平行记账，具体账务处理如下：

经济业务和事项	财务会计处理	预算会计处理
按照规定缴回非财政拨款结转资金	借：累计盈余 　贷：银行存款等	借：非财政拨款结转—缴回资金 　贷：资金结存—货币资金

4.年末结转

年末，将事业预算收入、上级补助预算收入、附属单位上缴预算收入、非同级财政拨款预算收入、债务预算收入、其他预算收入本年发生额中的专项资金收入转入本科目，借记“事业预算收入”“上级补助预算收入”“附属单位上缴预算收入”“非同级财政拨款预算收入”“债务预算收入”“其他预算收入”科目下各专项资金收入明细科目，贷记本科目（本年收支结转）；将行政支出、事业支出、其他支出本年发生额中的非财政拨款专项资金支出转入本科目，借记本科目（本年收支结转），贷记“行政支出”“事业支出”“其他支出”科目下非财政拨款专项资金支出明细科目。具体账务处理如下：

经济业务和事项	财务会计处理	预算会计处理
①结转非财政拨款专项收入	不做处理	借：事业预算收入/上级补助预算收入/附属单位上缴预算收入/债务预算收入（事业单位） 　　非同级财政拨款预算收入 　　其他预算收入 　贷：非财政拨款结转—本年收支结转
②结转非财政拨款专项支出	不做处理	借：非财政拨款结转—本年收支结转 　贷：行政支出（行政单位）/事业支出（事业单位） 　　其他支出

5.年末冲销本科目相关明细科目金额

年末冲销有关明细科目余额，将本科目（年初余额调整、项目间接费用或管理费、缴回资金、本年收支结转）余额转入本科目（累计结转）。结转后，本科目除“累计结转”

明细科目外，其他明细科目应无余额。具体账务处理如下：

经济业务和事项	财务会计处理	预算会计处理
冲销本科目相关明细科目金额	不做处理	借：非财政拨款结转—年初余额调整（该明细科目为贷方余额时） —本年收支结转（该明细科目为贷方余额时） 贷：非财政拨款结转—累计结转 借：非财政拨款结转—累计结转 贷：非财政拨款结转—年初余额调整（该明细科目为借方余额时） —缴回资金 —项目间接费用或管理费 —本年收支结转（该明细科目为借方余额时）

【例 20-26】某单位年末非财政拨款结转下明细科目情况如下：年初余额调整贷方余额为 200 000 元，项目间接费用借方余额为 100 000 元，本年收支结转贷方余额为 300 000 元。

经济业务和事项	财务会计处理	预算会计处理
年末冲销	不做处理	借：非财政拨款结转—年末余额调整　200 000 —本年收支结转　300 000 贷：非财政拨款结转—累计结转　500 000 借：非财政拨款结转—累计结转　100 000 贷：非财政拨款结转—项目间接费用或管理费　100 000

年末完成上述结转后，应当对非财政拨款专项结转资金各项目情况进行分析，将留归本单位使用的非财政拨款专项（项目已完成）剩余资金转入非财政拨款结余，借记本科目（累计结转），贷记“非财政拨款结余—结转转入”科目。

五、非财政拨款结余

（一）“非财政拨款结余”科目的核算内容

“非财政拨款结余”科目核算单位历年滚存的非限定用途的非同级财政拨款结余资金，主要为非财政拨款结余扣除结余分配后滚存的金额。

本科目应当设置下列明细科目：

❶“年初余额调整”：本明细科目核算因发生会计差错更正、以前年度支出收回等原因，需要调整非财政拨款结余的资金。年末结账后，本明细科目应无余额。

❷“项目间接费用或管理费”：本明细科目核算单位取得的科研项目预算收入中，按照规定计提的项目间接费用或管理费数额。年末结账后，本明细科目应无余额。

❸“结转转入”：本明细科目核算按照规定留归单位使用，由单位统筹调配，纳入单位非财政拨款结余的非同级财政拨款专项剩余资金。年末结账后，本明细科目应无余额。

❹“累计结余”：本明细科目核算单位历年滚存的非同级财政拨款、非专项结余资金。本明细科目年末贷方余额，反映单位非同级财政拨款滚存的非专项结余资金数额。

本科目还应当按照当年政府收支分类科目中“支出功能分类科目”的相关科目进行明细核算。

（二）“非财政拨款结余”科目的平行记账

1.按照规定从科研项目预算收入中提取项目间接费用或管理费

按照规定从科研项目预算收入中提取项目间接费用或管理费时，借记“非财政拨款结转—项目间接费用或管理费”科目，贷记本科目（项目间接费用或管理费）。“单位管理费用”科目仅事业单位使用，行政单位无此类业务。同时按照制度规定进行财务会计的平行记账，具体账务处理如下：

经济业务和事项	财务会计处理	预算会计处理
按照规定从科研项目预算收入中提取项目间接费用或管理费	借：单位管理费用 　贷：预提费用—项目间接费用或管理费	借：非财政拨款结转—项目间接费用或管理费 　贷：非财政拨款结余—项目间接费用或管理费

2.实际缴纳企业所得税

有企业所得税缴纳义务的事业单位实际缴纳企业所得税时，按照缴纳金额，借记本科目（累计结余），贷记“资金结存—货币资金”科目。“其他应交税费—单位应交所得税”科目仅事业单位使用，行政单位无此类业务。同时按照制度规定进行财务会计的平行记账，具体账务处理如下：

经济业务和事项	财务会计处理	预算会计处理
实际缴纳企业所得税	借：其他应交税费—单位应交所得税 　贷：银行存款等	借：非财政拨款结余—累计结余 　贷：资金结存—货币资金

【例20-27】某事业单位按税法规定计算缴纳当年企业所得税12 000元。

经济业务和事项	财务会计处理	预算会计处理
缴纳企业所得税	借：其他应交税费—单位应交所得税　12 000 　贷：银行存款　12 000	借：非财政拨款结余—累计结余　12 000 　贷：资金结存—货币资金　12 000

3.因购货退回、会计差错更正等发生以前年度调整事项

因会计差错更正收到或支出非同级财政拨款货币资金，属于非财政拨款结余资金的，按照收到或支出的金额，借记或贷记“资金结存—货币资金”科目，贷记或借记本科目（年初余额调整）。因收回以前年度支出等收到非同级财政拨款货币资金，属于非财政拨款结余资金的，按照收到的金额，借记“资金结存—货币资金”科目，贷记本科目（年初余额调整）。同时按照制度规定进行财务会计的平行记账，具体账务处理如下：

经济业务和事项	财务会计处理	预算会计处理
①调整增加相关资产	借：银行存款等 　贷：以前年度盈余调整	借：资金结存—货币资金 　贷：非财政拨款结余—年初余额调整
②调整减少相关资产	借：以前年度盈余调整 　贷：银行存款等	借：非财政拨款结余—年初余额调整 　贷：资金结存—货币资金

【例20-28】某事业单位发现上年度已完项目少计算缴纳个人所得税4 000元，该事项属于会计差错更正。

经济业务和事项	财务会计处理	预算会计处理
差错更正	借：以前年度盈余调整　4 000 　贷：银行存款　4 000	借：非财政拨款结余—年初余额调整 4 000 　贷：资金结存—货币资金　4 000

4.将留归本单位使用的非财政拨款专项剩余资金转入非财政拨款结余

年末，将留归本单位使用的非财政拨款专项（项目已完成）剩余资金转入本科目，借

记“非财政拨款结转—累计结转”科目，贷记本科目（结转转入）。具体账务处理如下：

经济业务和事项	财务会计处理	预算会计处理
将留归本单位使用的非财政拨款专项剩余资金转入非财政拨款结余	不做处理	借：非财政拨款结转—累计结转 贷：非财政拨款结余—结转转入

5.年末冲销本科目相关明细科目余额

年末冲销有关明细科目余额，将本科目（年初余额调整、项目间接费用或管理费、结转转入）余额结转入本科目（累计结余）。结转后，本科目除“累计结余”明细科目外，其他明细科目应无余额。具体账务处理如下：

经济业务和事项	财务会计处理	预算会计处理
冲销本科目相关明细科目余额	不做处理	借：非财政拨款结余—年初余额调整（该明细科目为贷方余额时） —项目间接费用或管理费 —结转转入 贷：非财政拨款结转—累计结余 借：非财政拨款结余—累计结余 贷：非财政拨款结余—年初余额调整（该明细科目为借方余额时） —缴回资金

6.年末结转

年末，事业单位将“非财政拨款结余分配”科目余额转入非财政拨款结余。“非财政拨款结余分配”科目为借方余额的，借记本科目（累计结余），贷记“非财政拨款结余分配”科目。“非财政拨款结余分配”科目为贷方余额的，借记“非财政拨款结余分配”科目，贷记本科目（累计结余）。“非财政拨款结余分配”科目仅事业单位使用，行政单位无此类业务。具体账务处理如下：

经济业务和事项	财务会计处理	预算会计处理
①非财政拨款结余分配为贷方余额	不做处理	借：非财政拨款结余分配 贷：非财政拨款结余—累计结余
②非财政拨款结余分配为借方余额	不做处理	借：非财政拨款结余—累计结余 贷：非财政拨款结余分配

六、其他结余

（一）“其他结余”科目的核算内容

“其他结余”科目核算行政事业单位本年度除财政拨款收支、非同级财政专项资金收支和经营收支以外各项收支相抵后的余额。年末结账后，本科目应无余额。

（二）“其他结余”科目的平行记账

1.年末结转

年末，将事业预算收入、上级补助预算收入、附属单位上缴预算收入、非同级财政拨款预算收入、债务预算收入、其他预算收入本年发生额中的非专项资金收入以及投资预算收益本年发生额转入本科目，借记“事业预算收入”“上级补助预算收入”“附属单位上缴预算收入”“非同级财政拨款预算收入”“债务预算收入”“其他预算收入”科目下各非专项资金收入明细科目和“投资预算收益”科目，贷记本科目（“投资预算收益”科目本年发生额为借方净额时，借记本科目，贷记“投资预算收益”科目)。

将行政支出、事业支出、其他支出本年发生额中的非同级财政、非专项资金支出，以及上缴上级支出、对附属单位补助支出、投资支出、债务还本支出本年发生额转入本科目，借记本科目，贷记“行政支出”“事业支出”“其他支出”科目下各非同级财政、非专项资金支出明细科目和“上缴上级支出”“对附属单位补助支出”“投资支出”“债务还本支出”科目。具体账务处理如下：

经济业务和事项	财务会计处理	预算会计处理
①结转预算收入（除财政拨款收入、非同级财政专项收入、经营收入以外）	不做处理	借：事业预算收入（事业单位） 上级补助预算收入（事业单位） 附属单位上缴预算收入（事业单位） 非同级财政拨款预算收入 债务预算收入（事业单位） 其他预算收入（非专项资金收入部分） 投资预算收益（事业单位）（为贷方余额时） 贷：其他结余 借：其他结余 贷：投资预算收益（事业单位）（为借方余额时）
②结转预算支出（除同级财政拨款支出、非同级财政专项支出、经营支出以外）	不做处理	借：其他结余 贷：行政支出（行政单位） 事业支出（事业单位） 其他支出（非财政、非专项资金支出部分） 上缴上级支出（事业单位） 对附属单位补助支出（事业单位） 投资支出（事业单位） 债务还本支出（事业单位）

【例20-29】某事业单位年底上级补助预算收入为400 000元，附属单位上缴预算收入为640 000元，非同级财政拨款预算收入为120 000元，债务预算收入为200 000元，其他预算收入（非专项资金收入部分）为43 000元，其他支出（非财政、非专项资金支出部分）为20 500元，上缴上级支出为300 000元，对附属单位补助支出为200 000元，投资支出为100 000元，年底进行收支结转。

经济业务和事项	财务会计处理	预算会计处理
年末收支结转	不做处理	借：上级补助预算收入　400 000 附属单位上缴预算收入　640 000 非同级财政拨款预算收入　120 000 债务预算收入　200 000 其他预算收入　43 000 贷：其他结余　1 403 000 借：其他结余　620 500 贷：其他支出　20 500 上缴上级支出　300 000 对附属单位补助支出　200 000 投资支出　100 000

2.行政单位年末转入非财政拨款结余

完成结转后，行政单位将本科目余额转入“非财政拨款结余—累计结余”科目。当本科目为贷方余额时，借记本科目，贷记“非财政拨款结余—累计结余”科目；当本科目为借方余额时，借记“非财政拨款结余—累计结余”科目，贷记本科目。具体账务处理如下：

经济业务和事项	财务会计处理	预算会计处理
①其他结余为贷方余额	不做处理	借：其他结余 贷：非财政拨款结余—累计结余
②其他结余为借方余额	不做处理	借：非财政拨款结余—累计结余 贷：其他结余

3.事业单位年末转入结余分配

完成结转后，事业单位将本科目余额转入“非财政拨款结余分配”科目。当本科目为贷方余额时，借记本科目，贷记“非财政拨款结余分配”科目；当本科目为借方余额时，借记“非财政拨款结余分配”科目，贷记本科目。具体账务处理如下：

经济业务和事项	财务会计处理	预算会计处理
①其他结余为贷方余额	不做处理	借：其他结余 贷：非财政拨款结余分配
②其他结余为借方余额	不做处理	借：非财政拨款结余分配 贷：其他结余

第三节 事业单位专有预算结余类科目核算

一、专用结余

（一）“专用结余”科目的核算内容

“专用结余”科目核算事业单位按照规定从非财政拨款结余中提取的具有专门用途的资金的变动和滚存情况。本科目年末贷方余额，反映事业单位从非同级财政拨款结余中提取的专用基金的累计滚存数额。

本科目应当按照专用结余的类别进行明细核算。

（二）“专用结余”科目的平行记账

1.计提专用基金

从预算收入中按照一定比例提取基金并计入费用以及根据有关规定设置的其他专用基金，预算会计不涉及账务处理。

根据有关规定从本年度非财政拨款结余或经营结余中提取基金的，按照提取金额，借记“非财政拨款结余分配”科目，贷记“专用结余”科目。具体账务处理如下：

经济业务和事项	财务会计处理	预算会计处理
①从预算收入中按照一定比例提取基金并计入费用	借：业务活动费用等 贷：专用基金	不做处理
②从本年度非财政拨款结余或经营结余中提取基金	借：本年盈余分配 贷：专用基金	借：非财政拨款结余分配 贷：专用结余
③根据有关规定设置的其他专用基金	借：银行存款等 贷：专用基金	不做处理

【例 20-30】某事业单位从预算收入中计提专用基金 50 000 元。

经济业务和事项	财务会计处理	预算会计处理
从预算收入中计提专用基金	借：业务活动费用　　50 000 　贷：专用基金　　　　　50 000	不做处理

【例 20-31】某事业单位当年非财政拨款结余为 80 000 元，经营结余为 150 000 元，按规定年末计算提取职工福利基金 92 000 元（该单位职工福利基金提取比例为 40%）。

经济业务和事项	财务会计处理	预算会计处理
从非财政拨款结余和经营结余中提取	借：本年盈余分配　　92 000 　贷：专用基金　　　　　92 000	借：非财政拨款结余分配　92 000 　贷：专用结余　　　　　92 000

2.按照规定使用提取的专用基金

根据《事业单位财务规则》（财政部令第 108 号）的规定，事业单位应当将专用基金纳入预算管理。事业单位按照规定使用从非财政拨款结余或经营结余中提取的专用基金时，应当在财务会计下借记“业务活动费用”等费用科目，贷记“银行存款”等科目，并在有关费用科目的明细核算或辅助核算中注明“使用专用基金”（使用专用基金购置固定资产、无形资产的，按照《政府会计制度》中“专用基金”科目相关规定进行处理）；同时，在预算会计下借记“事业支出”等预算支出科目，贷记“资金结存”科目，并在有关预算支出科目的明细核算或辅助核算中注明“使用专用结余”。具体账务处理如下：

经济业务和事项	财务会计处理	预算会计处理
使用专用基金	借：业务活动费用—使用专用基金 　贷：银行存款等 使用专用基金购置固定资产、无形资产的： 借：固定资产／无形资产 　贷：银行存款等 借：专用基金 　贷：累计盈余	使用从非财政拨款结余或经营结余中提取的基金： 借：事业支出—使用专用结余 　贷：资金结存—货币资金 使用从预算收入中提取并计入费用的基金： 借：事业支出等 　贷：资金结存—货币资金

事业单位应当在期末将有关费用中使用专用基金的本期发生额转入专用基金，在财务会计下借记“专用基金”科目，贷记“业务活动费用”等科目；在年末将有关预算支出中使用专用结余的本年发生额转入专用结余，在预算会计下借记“专用结余”科目，贷记“事业支出”等科目。具体账务处理如下：

经济业务和事项	财务会计处理	预算会计处理
期末结转专用基金	借：专用基金 　贷：业务活动费用—使用专用基金	使用从非财政拨款结余或经营结余中提取的基金： 借：专用结余 　贷：事业支出—使用专用结余

【例 20-32】某事业单位使用从非财政拨款结余中提取的专用基金支付职工福利费 30 000 元。

经济业务和事项	财务会计处理	预算会计处理
支付职工福利费	借：业务活动费用—使用专用基金 30 000 　贷：银行存款　　　　　　　　30 000	借：事业支出—使用专用结余 30 000 　贷：资金结存—货币资金　　30 000
期末结转专用基金	借：专用基金　　　　　30 000 　贷：业务活动费用—使用专用基金　30 000	借：专用结余　　　　　30 000 　贷：事业支出—使用专用结余　30 000

【例 20-33】某事业单位使用从预算收入中计提的专用基金 30 000 元购买职工福利用品。

经济业务和事项	财务会计处理	预算会计处理
购买福利用品	借：专用基金 30 000 　贷：银行存款 30 000	借：事业支出—使用专用结余 30 000 　贷：资金结存—货币资金 30 000

【例 20-34】某事业单位使用从非财政拨款结余中提取的专用基金支付购置电脑款 5 200 元，用银行存款支付。

经济业务和事项	财务会计处理	预算会计处理
购置电脑	借：固定资产 5 200 　贷：银行存款 5 200	借：事业支出—使用专用结余 5 200 　贷：资金结存—货币资金 5 200
期末结转专用基金	借：专用基金 5 200 　贷：累计盈余 5 200	借：专用结余 5 200 　贷：事业支出—使用专用结余 5 200

二、经营结余

（一）“经营结余”科目的核算内容

“经营结余”科目核算事业单位本年度经营活动收支相抵后余额弥补以前年度经营亏损后的余额。

本科目可以按照经营活动类别进行明细核算。

（二）“经营结余”科目的平行记账

1.年末经营收支结转

年末，将经营预算收入本年发生额转入本科目，借记“经营预算收入”科目，贷记本科目；将经营支出本年发生额转入本科目，借记本科目，贷记“经营支出”科目。具体账务处理如下：

经济业务和事项	财务会计处理	预算会计处理
年末经营收支结转	不做处理	借：经营预算收入 　贷：经营结余 借：经营结余 　贷：经营支出

2.年末转入结余分配

完成结转后，如本科目为贷方余额，将本科目贷方余额转入“非财政拨款结余分配”科目，借记本科目，贷记“非财政拨款结余分配”科目；如本科目为借方余额，为经营亏损，不予结转。具体账务处理如下：

经济业务和事项	财务会计处理	预算会计处理
年末转入结余分配	不做处理	借：经营结余 　贷：非财政拨款结余分配 （年末结余在借方，则不予结转）

【例 20-35】某事业单位年底经营预算收入为 70 000 元，经营支出为 64 000 元，年底进行收支结转。

经济业务和事项	财务会计处理	预算会计处理
年末经营收支结转	不做处理	借：经营预算收入　70 000 　贷：经营结余　70 000 借：经营结余　64 000 　贷：经营支出　64 000
年末转入结余分配	不做处理	经营结余期末贷方余额=70 000−64 000=6 000（元） 借：经营结余　6 000 　贷：非财政拨款结余分配　6 000

三、非财政拨款结余分配

（一）“非财政拨款结余分配”科目的核算内容

“非财政拨款结余分配”科目核算事业单位本年度非财政拨款结余分配的情况和结果。

（二）“非财政拨款结余分配”科目的平行记账

1.年末结余转入

年末，将“其他结余”科目余额转入本科目，当“其他结余”科目为贷方余额时，借记“其他结余”科目，贷记本科目；当“其他结余”科目为借方余额时，借记本科目，贷记“其他结余”科目。年末，将“经营结余”科目贷方余额转入本科目，借记“经营结余”科目，贷记本科目。具体账务处理如下：

经济业务和事项	财务会计处理	预算会计处理
①其他结余为借方余额时	不做处理	借：非财政拨款结余分配 　贷：其他结余
②其他结余为贷方余额时	不做处理	借：其他结余 　贷：非财政拨款结余分配
③经营结余为贷方余额时	不做处理	借：经营结余 贷：非财政拨款结余分配

2.计提专用基金

根据有关规定提取专用基金的，按照提取的金额，借记本科目，贷记“专用结余”科目。具体账务处理如下：

经济业务和事项	财务会计处理	预算会计处理
从非财政拨款结余中提取专用基金	借：本年盈余分配 　贷：专用基金	借：非财政拨款结余分配 　贷：专用结余

3.年末转入非财政拨款结余

完成结转处理后，将本科目余额转入非财政拨款结余。当本科目为借方余额时，借记“非财政拨款结余—累计结余”科目，贷记本科目；当本科目为贷方余额时，借记本科目，贷记“非财政拨款结余—累计结余”科目。具体账务处理如下：

经济业务和事项	财务会计处理	预算会计处理
①非财政拨款结余分配为贷方余额	不做处理	借：非财政拨款结余分配 　贷：非财政拨款结余—累计结余
②非财政拨款结余分配为借方余额	不做处理	借：非财政拨款结余—累计结余 　贷：非财政拨款结余分配

复习思考题

1. 简述行政单位净资产类科目与预算结余类科目的衔接关系。
2. 简述事业单位净资产类科目与预算结余类科目的衔接关系。
3. 简述事业单位的年终结转结余。
4. 简述“资金结存”与“货币资金”二者的关系。

第二十一章　行政事业单位会计报表格式与编制

第一节　报表概述

一、会计报表的概念

行政事业单位会计报表是反映行政事业单位财务状况运行情况以及预算执行情况等信息的书面文件，由财务报表和预算会计报表构成。财务报表和预算会计报表两者互为补充，有机衔接，形成科学、完整的政府单位会计报表体系。

行政事业单位财务报表是反映单位一定时期财务状况、收支情况和现金流量的书面文件。它由会计报表和附注组成。

行政事业单位预算会计报表是反映单位财务状况和预算执行结果的书面文件。它由报表和报表说明书组成。

二、会计报表的构成

行政事业单位财务报表包括资产负债表、收入费用表、净资产变动表、现金流量表及附注，其中，资产负债表、收入费用表为月度、年度报表；净资产变动表、现金流量表为年度报表。

行政事业单位预算会计报表包括预算收入支出表、预算结转结余变动表、财政拨款预算收入支出表，均为年度报表。政府会计报表的构成详见表21-1。

表21-1　　政府会计报表

编号	报表名称	编制期
财务报表		
会政财01表	资产负债表	月度、年度
会政财02表	收入费用表	月度、年度
会政财03表	净资产变动表	年度
会政财04表	现金流量表	年度
	附注	年度
预算会计报表		
会政预01表	预算收入支出表	年度
会政预02表	预算结转结余变动表	年度
会政预03表	财政拨款预算收入支出表	年度

三、会计报表的编制要求

各级各类行政事业单位应当根据《政府会计制度——行政事业单位会计科目和报表》（简称《政府会计制度》）的规定编制并提供真实、完整的会计报表。

行政事业单位不得违反规定，随意改变会计报表的格式、编制依据和方法，不得随意改变会计报表有关数据的会计口径。

行政事业单位的会计报表应当根据登记完整、核对无误的账簿记录和其他有关资料编制，做到数字真实、内容完整、报送及时。

行政事业单位会计报表应当由单位负责人和主管会计工作的负责人、会计机构负责人或会计主管人员签名并盖章。

四、会计报表的分类

行政事业单位会计报表依据不同的标准可以进行不同的分类。

（一）按照内容和形式分类

❶资产负债表。资产负债表是反映行政事业单位在某一特定日期财务状况的报表。资产负债表的项目应当按照会计要素的类别分别列示。

❷收入费用表。收入费用表是反映行政事业单位在一定会计期间内收支总规模的报表。收入费用表按单位实有各项收支项目汇总列示。

❸净资产变动表。净资产变动表是反映行政事业单位在某一会计年度内净资产项目变动情况的报表。

❹现金流量表。现金流量表是反映单位在某一会计期间内现金流入和流出信息的报表。

❺预算收入支出表。预算收入支出表反映单位在某一会计年度内各项预算收入、预算支出和预算收支差额等情况的报表。

❻预算结转结余变动表。预算结转结余变动表是反映单位在某一会计年度内预算结转结余变动情况的报表。

❼财政拨款预算收入支出表。财政拨款预算收入支出表是反映单位本年财政拨款预算资金收入、支出及相关变动具体情况的报表。

（二）按照编报时间分类

❶月报。月报是反映行政事业单位截至报告月度资金活动和经费收支情况的报表。

❷季报。季报是反映行政事业单位季度资金活动和经费收支情况的报表，一般是在月报基础上编制而成。

❸年报。年报是全面反映行政事业单位年度资金活动和经费收支情况的报表。

（三）按照层次分类

❶本级报表。本级报表是反映各单位资金活动和经费收支情况的报表。

❷汇总报表。汇总报表是各主管部门和二级部门对本单位和所属单位的报表进行汇总后编制的报表。基层单位只编制本级报表，二级单位和主管部门要先编制本级报表，然后再编制汇总报表。

第二节 财务报表的构成和格式

财务报表是对行政事业单位财务状况、运行情况和现金流量等信息的结构性表述，包括会计报表和附注。行政事业单位会计报表包括资产负债表、收入费用表、净资产变动表和现金流量表，单位可自行选择编制现金流量表。资产负债表和收入费用表有月报和年报，而净资产变动表和现金流量表只有年报。财务报表的编制主要以权责发生制为基础，以财务会计核算生成的数据为准。

一、资产负债表

（一）资产负债表的概念和作用

资产负债表是反映行政事业单位在某一特定日期全部资产、负债和净资产情况的报表。

资产负债表的作用主要表现在：可以反映某一特定日期单位资产总额及其构成情况的信息；可以反映某特定日期单位负债总额及其构成情况的信息；可以反映某特定日期单位净资产总额及其构成情况的信息。通过资产负债表，可以分析单位所掌握的经济资源及这些资源的分布和构成情况，了解单位的资金情况和负债情况；了解单位的财务实力、支付能力和短期偿债能力。通过资产负债表年初和期末余额的对照分析，还可以看出单位资产负债的变化情况及财务状况的发展趋势。

资产负债表是单位最基础、最主要的报表，按照规定，行政事业单位的资产负债表应当按月度和年度编制。

（二）资产负债表的格式

行政事业单位资产负债表应当分别资产、负债和净资产反映相应组成项目期末余额和年初余额的信息，采用的平衡等式为：资产=负债+净资产。行政事业单位资产负债表的格式见表21-2。

表 21-2　　**资产负债表**　　会政财01表

编制单位：　　年　月　日　　单位：元

资产	期末余额	年初余额	负债和净资产	期末余额	年初余额
流动资产：			**流动负债：**		
货币资金			短期借款		
短期投资			应交增值税		
财政应返还额度			其他应交税费		
应收票据			应缴财政款		
应收账款净额			应付职工薪酬		
预付账款			应付票据		
应收股利			应付账款		
应收利息			应付政府补贴款		
其他应收款净额			应付利息		
存货			预收账款		
待摊费用			其他应付款		
一年内到期的非流动资产			预提费用		
其他流动资产			一年内到期的非流动负债		
流动资产合计			其他流动负债		
非流动资产：			**流动负债合计**		
长期股权投资			**非流动负债：**		
长期债券投资			长期借款		
固定资产原值			长期应付款		

续表

资产	期末余额	年初余额	负债和净资产	期末余额	年初余额
减：固定资产累计折旧			预计负债		
固定资产净值			其他非流动负债		
工程物资			**非流动负债合计**		
在建工程			受托代理负债		
无形资产原值			**负债合计**		
减：无形资产累计摊销					
无形资产净值					
研发支出					
公共基础设施原值					
减：公共基础设施累计折旧（摊销）					
公共基础设施净值					
政府储备物资					
文物文化资产					
保障性住房原值					
减：保障性住房累计折旧			**净资产：**		
保障性住房净值			累计盈余		
长期待摊费用			专用基金		
待处理财产损溢			权益法调整		
其他非流动资产			无偿调拨净资产*		—
非流动资产合计			本期盈余*		—
受托代理资产			**净资产合计**		
资产总计			**负债和净资产总计**		

注："*"标识项目为月报项目，年报中不需列示。

二、收入费用表

（一）收入费用表的概念和作用

收入费用表是反映行政事业单位在一定会计期间内发生的收入、费用及当期盈余情况的报表。

收入费用表的作用主要表现在：可以提供某一会计期间收入总额及其构成情况的信息；可以提供某一会计期间费用总额及其构成情况的信息；可以提供某一会计期间本期盈余的信息。收入费用表是反映行政事业单位在一定会计期间内运行情况的报表，通过该表可以判断单位的成果，评价业绩。

按照规定，行政事业单位的收入费用表应当按月度和年度编制。

（二）收入费用表的格式

行政事业单位收入费用表包含本期收入、本期费用和本期盈余及相应组成项目的本月数和本年累计数的信息，采用的计算公式为：本期收入-本期费用=本期盈余。行政事业单位收入费用表的格式见表21-3。

表 21-3　　收入费用表　　会政财02表

编制单位：　　年　月　　单位：元

项　目	本月数	本年累计数
一、本期收入		
（一）财政拨款收入		
其中：政府性基金收入		
（二）事业收入		
（三）上级补助收入		
（四）附属单位上缴收入		
（五）经营收入		
（六）非同级财政拨款收入		
（七）投资收益		
（八）捐赠收入		
（九）利息收入		
（十）租金收入		
（十一）其他收入		
二、本期费用		
（一）业务活动费用		
（二）单位管理费用		
（三）经营费用		
（四）资产处置费用		
（五）上缴上级费用		
（六）对附属单位补助费用		
（七）所得税费用		
（八）其他费用		
三、本期盈余		

三、净资产变动表

（一）净资产变动表的概念和作用

净资产变动表是反映行政事业单位在某一会计年度内净资产项目变动情况的报表。

净资产变动表的作用主要表现在：可以提供某一会计期间内累计盈余变动情况的信息；可以提供某一会计期间内专用基金变动情况的信息；可以提供某一会计期间内权益法调整变动情况的信息。

按照规定，行政事业单位的净资产变动表应当按年度编制。

（二）净资产变动表的格式

行政事业单位净资产变动表采用矩阵的格式，即纵列列示净资产的各组成部分，如列示累计盈余、专用基金、权益法调整等，横列列示净资产各组成部分增减变动的具体原因，如列示本年盈余、无偿调拨净资产、归集调整预算结转结余、提取或设置专用基金、使用专用基金、权益法调整等，净资产各组成部分的增减变动原因与净资产的相应组成部分形成对应。行政事业单位净资产变动表的格式见表21-4。

表21-4　　　　　　　　　　　　净资产变动表　　　　　　　　　　　　会政财03表

编制单位：　　　　　　　　　　　　　年　　　　　　　　　　　　　单位：元

项目	本年数				上年数			
	累计盈余	专用基金	权益法调整	净资产合计	累计盈余	专用基金	权益法调整	净资产合计
一、上年年末余额								
二、以前年度盈余调整（减少以“-”号填列）			—			—	—	
三、本年年初余额								
四、本年变动金额（减少以“-”号填列）								
（一）本年盈余			—			—	—	
（二）无偿调拨净资产			—			—	—	
（三）归集调整预算结转结余			—			—	—	
（四）提取或设置专用基金			—				—	
其中：从预算收入中提取			—		—		—	
从预算结余中提取			—				—	
设置的专用基金			—		—		—	
（五）使用专用基金			—				—	
（六）权益法调整					—	—		
五、本年年末余额								

注：“—”表示单元格不需要填列。

四、现金流量表

（一）现金流量表的概念和作用

现金流量表是反映单位在某一会计期间内现金流入和流出信息的报表。

现金流量表的作用主要表现在：可以反映某一会计期间内日常活动、投资活动、筹资活动产生的现金流量的信息。

按照规定，行政事业单位的现金流量表应当按年度编制。行政事业单位可以自行选择编制现金流量表。

（二）现金流量表的格式

行政事业单位现金流量表应当按照日常活动、投资活动、筹资活动产生的现金流量分别反映。本表所指的现金流量，是指现金的流入和流出。采用的计算公式为：现金流入-现金流出=现金流量净额。行政事业单位现金流量表的格式见表21-5。

表 21-5　　现金流量表　　会政财04表

编制单位：　　年　　单位：元

项　目	本年金额	上年金额
一、日常活动产生的现金流量		
财政基本支出拨款收到的现金		
财政非资本性项目拨款收到的现金		
事业活动收到的除财政拨款以外的现金		
收到的其他与日常活动有关的现金		
日常活动的现金流入小计		
购买商品、接受劳务支付的现金		
支付给职工以及为职工支付的现金		
支付的各项税费		
支付的其他与日常活动有关的现金		
日常活动的现金流出小计		
日常活动产生的现金流量净额		
二、投资活动产生的现金流量		
收回投资收到的现金		
取得投资收益收到的现金		
处置固定资产、无形资产、公共基础设施等收回的现金净额		
收到的其他与投资活动有关的现金		
投资活动的现金流入小计		
购建固定资产、无形资产、公共基础设施等支付的现金		
对外投资支付的现金		
上缴处置固定资产、无形资产、公共基础设施等净收入支付的现金		
支付的其他与投资活动有关的现金		
投资活动的现金流出小计		
投资活动产生的现金流量净额		
三、筹资活动产生的现金流量		
财政资本性项目拨款收到的现金		
取得借款收到的现金		
收到的其他与筹资活动有关的现金		
筹资活动的现金流入小计		
偿还借款支付的现金		
偿还利息支付的现金		
支付的其他与筹资活动有关的现金		
筹资活动的现金流出小计		
筹资活动产生的现金流量净额		
四、汇率变动对现金的影响额		
五、现金净增加额		

第三节 资产负债表编制

一、资产负债表“年初余额”的填列内容和方法

资产负债表中“年初余额”栏内各项数字，应当根据上年年末资产负债表“期末余额”栏内数字填列。如果本年度资产负债表规定的项目的名称和内容同上年度不一致，应当对上年年末资产负债表项目的名称和数字按照本年度的规定进行调整，将调整后数字填入本表“年初余额”栏内。如果本年度单位发生了因前期差错更正、会计政策变更等调整以前年度盈余的事项，还应当对“年初余额”栏中的有关项目金额进行相应调整。在资产负债表中，“资产总计”项目期末（年初）余额应当与“负债和净资产总计”项目期末（年初）余额相等。

二、资产负债表“期末余额”的填列内容和方法

第一步，期末冲转后，分别打印资产类、负债类、净资产类一级科目余额表和到底级的科目余额表。

第二步，根据科目余额表数值，试算平衡“资产总计”=“负债合计”+“净资产合计”。

第三步，根据科目余额表的期末数，按照下列方法，将数值分别填入资产负债表中“期末余额”栏。

（一）资产类项目

1.按一级科目余额直接填列的项目

“短期投资”“财政应返还额度”“应收票据”“预付账款”“应收股利”“应收利息”“待摊费用”“长期待摊费用”“长期股权投资”“工程物资”“在建工程”“研发支出”“政府储备物资”“文物文化资产”等项目，应当根据相应科目的期末余额填列。

2.按科目余额分析或合并填列的项目

（1）“货币资金”项目，应当根据“库存现金”“银行存款”“零余额账户用款额度”“其他货币资金”等科目的期末余额的合计数填列；若单位存在通过“库存现金”“银行存款”科目核算的受托代理资产，还应当按照前述合计数扣减“库存现金”和“银行存款”科目下“受托代理资产”明细科目期末余额后的差额填列。

（2）“应收账款净额”项目，反映单位期末尚未收回的应收账款减去已计提的坏账准备后的净额。本项目应当根据“应收账款”科目的期末余额，减去“坏账准备”科目中对应收账款计提的坏账准备的期末余额后的金额填列。

（3）“其他应收款净额”项目反映单位期末尚未收回的其他应收款减去已计提的坏账准备后的净额。本项目应当根据“其他应收款”科目的期末余额减去“坏账准备”科目中对其他应收款计提的坏账准备的期末余额后的金额填列。

（4）“存货”项目，反映单位期末存储的存货的实际成本。本项目应当根据“在途物品”“库存物品”“加工物品”科目的期末余额的合计数填列。

（5）“一年内到期的非流动资产”项目，反映单位期末非流动资产项目中将在1年内（含1年）到期的金额，如事业单位将在1年内（含1年）到期的长期债券投资金额。本项目应当根据“长期债券投资”等科目的明细科目的期末余额分析填列。

（6）“长期债券投资”项目，反映事业单位期末持有的长期债券投资的账面余额。本

项目应当根据“长期债券投资”科目的期末余额减去其中将于1年内（含1年）到期的长期债券投资余额后的金额填列。

（7）“固定资产原值”项目，反映单位期末固定资产的原值。本项目应当根据“固定资产”科目的期末余额填列。

“固定资产累计折旧”项目，反映单位期末固定资产已计提的累计折旧金额。本项目应当根据“固定资产累计折旧”科目的期末余额填列。

“固定资产净值”项目，反映单位期末固定资产的账面价值。本项目应当根据“固定资产”科目期末余额减去“固定资产累计折旧”科目期末余额后的金额填列。

（8）“无形资产原值”项目，反映单位期末无形资产的原值。本项目应当根据“无形资产”科目的期末余额填列。

“无形资产累计摊销”项目，反映单位期末无形资产已计提的累计摊销金额。本项目应当根据“无形资产累计摊销”科目的期末余额填列。

“无形资产净值”项目，反映单位期末无形资产的账面价值。本项目应当根据“无形资产”科目期末余额减去“无形资产累计摊销”科目期末余额后的金额填列。

（9）“公共基础设施原值”项目，反映单位期末控制的公共基础设施的原值。本项目应当根据“公共基础设施”科目的期末余额填列。

“公共基础设施累计折旧（摊销）”项目，反映单位期末控制的公共基础设施已计提的累计折旧和累计摊销金额。本项目应当根据“公共基础设施累计折旧（摊销）”科目的期末余额填列。

（10）“保障性住房原值”项目，反映单位期末控制的保障性住房的原值。本项目应当根据“保障性住房”科目的期末余额填列。

“保障性住房累计折旧”项目，反映单位期末控制的保障性住房已计提的累计折旧金额。本项目应当根据“保障性住房累计折旧”科目的期末余额填列。

“保障性住房净值”项目，反映单位期末控制的保障性住房的账面价值。本项目应当根据“保障性住房”科目期末余额减去“保障性住房累计折旧”科目期末余额后的金额填列。

（11）“待处理财产损溢”项目，反映单位期末尚未处理完毕的各种资产的净损失或净溢余。本项目应当根据“待处理财产损溢”科目的期末借方余额填列；如“待处理财产损溢”科目期末为贷方余额，以“-”号填列。

（12）“其他流动资产”和“其他非流动资产”项目，反映单位期末除资产负债表中明确可归集的各项之外的其他流动或非流动资产的合计数。本项目应当根据有关科目的期末余额合计数填列。

（13）“受托代理资产”项目，反映单位期末受托代理资产的价值。本项目应当根据“受托代理资产”科目的期末余额与“库存现金”和“银行存款”科目下“受托代理资产”明细科目的期末余额的合计数填列。

3.合计填报项目

（1）“流动资产合计”项目，反映单位期末流动资产的合计数。本项目应当根据资产负债表中“货币资金”“短期投资”“财政应返还额度”“应收票据”“应收账款净额”“预付账款”“应收股利”“应收利息”“其他应收款净额”“存货”“待摊费用”“一年内到期的非流动资产”“其他流动资产”项目金额的合计数填列。

（2）“非流动资产合计”项目，反映单位期末非流动资产的合计数。本项目应当根据本表中“长期股权投资”“长期债券投资”“固定资产净值”“工程物资”“在建工程”“无形资产净值”“研发支出”“公共基础设施净值”“政府储备物资”“文物文化资产”“保障性住房净值”“长期待摊费用”“待处理财产损溢”“其他非流动资产”项目金额的合计数填列。

（3）“资产总计”项目，反映单位期末资产的合计数。本项目应当根据本表中“流动资产合计”“非流动资产合计”“受托代理资产”项目金额的合计数填列。

（二）负债类项目

1.按一级科目余额直接填报的项目

“短期借款”“应缴财政款”“应付职工薪酬”“应付票据”“应付账款”“应付政府补贴款”“应付利息”“预收账款”“其他应付款”“预提费用”“预计负债”“受托代理负债”项目，应当根据相应一级科目的期末余额填列。

2.按科目余额分析或合并填列的项目

（1）“应交增值税”项目，反映单位期末应缴未缴的增值税税额。本项目应当根据“应交增值税”科目的期末余额填列；如“应交增值税”科目期末为借方余额，以“-”号填列。

（2）“其他应交税费”项目，反映单位期末应缴未缴的除增值税以外的税费金额。本项目应当根据“其他应交税费”科目的期末余额填列；如“其他应交税费”科目期末为借方余额，以“-”号填列。

（3）“一年内到期的非流动负债”、“长期借款”和“长期应付款”项目，应当根据“长期应付款”“长期借款”等科目的明细科目的期末余额分析填列。

（4）“其他流动负债”和“其他非流动负债”项目，应当根据有关科目的期末余额合计数填列。

3.合计填报项目

（1）“流动负债合计”项目，反映单位期末流动负债合计数。本项目应当根据本表“短期借款”“应交增值税”“其他应交税费”“应缴财政款”“应付职工薪酬”“应付票据”“应付账款”“应付政府补贴款”“应付利息”“预收账款”“其他应付款”“预提费用”“一年内到期的非流动负债”“其他流动负债”项目金额的合计数填列。

（2）“非流动负债合计”项目，反映单位期末非流动负债合计数。本项目应当根据本表中“长期借款”“长期应付款”“预计负债”“其他非流动负债”项目金额的合计数填列。

（3）“负债合计”项目，反映单位期末负债的合计数。本项目应当根据本表中“流动负债合计”“非流动负债合计”“受托代理负债”项目金额的合计数填列。

（三）净资产类项目

（1）“累计盈余”和“专用基金”项目，应当根据相应一级会计科目的期末余额填列。

（2）“权益法调整”项目，应当根据“权益法调整”科目的期末余额填列。如“权益法调整”科目期末为借方余额，以“-”号填列。

（3）“无偿调拨净资产”和“本期盈余”项目，仅在月度报表中列示，年度报表中不列示。月度报表中这两个项目应当根据相应一级科目的期末余额填列；若科目期末为借方余额时，以“-”号填列。

（4）“净资产合计”项目，反映单位期末净资产合计数。本项目应当根据本表中“累计盈余”、“专用基金”、“权益法调整”、“无偿调拨净资产”（月度报表）、“本期盈余”（月度报表）项目金额的合计数填列。

（5）“负债和净资产总计”项目，应当按照本表中“负债合计”“净资产合计”项目金额的合计数填列。

填报完成后，“资产总计”和“负债和净资产总计”应相等。

第四节　收入费用表编制

一、收入费用表“本年累计数”的填报方法

收入费用表中“本年累计数”栏反映各项目自年初至报告期期末的累计实际发生数。编制年度收入费用表时，应当将本栏改为“上年数”，反映上年度各项目的实际发生数，“上年数”栏应当根据上年年度收入费用表中“本年数”栏内所列数字填列。

如果本年度收入费用表规定的项目的名称和内容同上年度不一致，应当对上年度收入费用表项目的名称和数字按照本年度的规定进行调整，将调整后的金额填入本年度收入费用表的“上年数”栏内。如果本年度单位发生了因前期差错更正、会计政策变更等调整以前年度盈余的事项，还应当对年度收入费用表中“上年数”栏中的有关项目金额进行相应调整。

二、收入费用表“本月数”的填报方法

收入费用表中“本月数”栏反映各项目的本月实际发生数。编制年度收入费用表时，应当将本栏改为“本年数”，反映本年度各项目的实际发生数。在收入费用表中，“本月数”（或“本年数”）栏各项目的内容和填列方法如下：

（一）本期收入

“本期收入”项目，反映单位本期收入总额。本项目应当根据本表中“财政拨款收入”“事业收入”“上级补助收入”“附属单位上缴收入”“经营收入”“非同级财政拨款收入”“投资收益”“捐赠收入”“利息收入”“租金收入”“其他收入”项目金额的合计数填列。

（1）“财政拨款收入”项目，反映单位本期从同级政府财政部门取得的各类财政拨款。本项目应当根据“财政拨款收入”科目的本期发生额填列。“政府性基金收入”项目，反映单位本期取得的财政拨款收入中属于政府性基金预算拨款的金额。本项目应当根据“财政拨款收入”相关明细科目的本期发生额填列。

（2）“事业收入”项目，反映事业单位本期开展专业业务活动及辅助活动实现的收入。本项目应当根据“事业收入”科目的本期发生额填列。

（3）“上级补助收入”项目，反映事业单位本期从主管部门和上级单位收到或应收的非财政拨款收入。本项目应当根据“上级补助收入”科目的本期发生额填列。

（4）“附属单位上缴收入”项目，反映事业单位本期收到或应收的独立核算的附属单位按照有关规定上缴的收入。本项目应当根据“附属单位上缴收入”科目的本期发生额填列。

（5）“经营收入”项目，反映事业单位本期在专业业务活动及辅助活动之外开展非独立核算经营活动实现的收入。本项目应当根据“经营收入”科目的本期发生额填列。

（6）“非同级财政拨款收入”项目，反映单位本期从非同级政府财政部门取得的财政拨款，不包括事业单位因开展科研及其辅助活动从非同级财政部门取得的经费拨款。本项

目应当根据“非同级财政拨款收入”科目的本期发生额填列。

(7)“投资收益”项目，反映事业单位本期股权投资和债券投资所实现的收益或发生的损失。本项目应当根据“投资收益”科目的本期发生额填列；如为投资净损失，以“-”号填列。

(8)“捐赠收入”项目，反映单位本期接受捐赠取得的收入。本项目应当根据“捐赠收入”科目的本期发生额填列。

(9)“利息收入”项目，反映单位本期取得的银行存款利息收入。本项目应当根据“利息收入”科目的本期发生额填列。

(10)“租金收入”项目，反映单位本期经批准利用国有资产出租取得并按规定纳入本单位预算管理的租金收入。本项目应当根据“租金收入”科目的本期发生额填列。

(11)“其他收入”项目，反映单位本期取得的除以上收入项目外的其他收入的总额。本项目应当根据“其他收入”科目的本期发生额填列。

（二）本期费用

“本期费用”项目，反映单位本期费用总额。本项目应当根据本表中“业务活动费用”、“单位管理费用”、“经营费用”、“资产处置费用”、“上缴上级费用”、“对附属单位补助费用”、“所得税费用”和“其他费用”项目金额的合计数填列。

(1)“业务活动费用”项目，反映单位本期为实现其职能目标，依法履职或开展专业业务活动及辅助活动所发生的各项费用。本项目应当根据“业务活动费用”科目的本期发生额填列。

(2)“单位管理费用”项目，反映事业单位本期本级行政及后勤管理部门开展管理活动发生的各项费用，以及由单位统一负担的离退休人员经费、工会经费、诉讼费、中介费等。本项目应当根据“单位管理费用”科目的本期发生额填列。

(3)“经营费用”项目，反映事业单位本期在专业业务活动及辅助活动之外开展非独立核算经营活动发生的各项费用。本项目应当根据“经营费用”科目的本期发生额填列。

(4)“资产处置费用”项目，反映单位本期经批准处置资产时转销的资产价值以及在处置过程中发生的相关费用或者处置收入小于处置费用形成的净支出。本项目应当根据“资产处置费用”科目的本期发生额填列。

(5)“上缴上级费用”项目，反映事业单位按照规定上缴上级单位款项发生的费用。本项目应当根据“上缴上级费用”科目的本期发生额填列。

(6)“对附属单位补助费用”项目，反映事业单位用财政拨款收入之外的收入对附属单位补助发生的费用。本项目应当根据“对附属单位补助费用”科目的本期发生额填列。

(7)“所得税费用”项目，反映有企业所得税缴纳义务的事业单位本期计算应交纳的企业所得税。本项目应当根据“所得税费用”科目的本期发生额填列。

(8)“其他费用”项目，反映单位本期发生的除以上费用项目外的其他费用的总额。本项目应当根据“其他费用”科目的本期发生额填列。

（三）本期盈余

“本期盈余”项目，反映单位本期收入扣除本期费用后的净额。本项目应当根据本表中“本期收入”项目金额减去“本期费用”项目金额后的金额填列；如为负数，以“-”号填列。

第五节　净资产变动表编制

一、净资产变动表"上年数"的填报方法

净资产变动表"上年数"栏反映上年度各项目的实际变动数，应当根据上年度净资产变动表中"本年数"栏内所列数字填列。如果上年度净资产变动表规定的项目的名称和内容与本年度不一致，应对上年度净资产变动表项目的名称和数字按照本年度的规定进行调整，将调整后的金额填入本年度净资产变动表"上年数"栏内。

二、净资产变动表"本年数"的填报方法

净资产变动表"本年数"栏反映本年度各项目的实际变动数。在净资产变动表中，"本年数"栏各项目的内容和填列方法如下：

（1）"上年年末余额"行，反映单位净资产各项目上年年末的余额。根据"累计盈余""专用基金""权益法调整"科目的上年年末余额填列。

（2）"以前年度盈余调整"行，反映单位本年度调整以前年度盈余的事项对累计盈余进行调整的金额。本行"累计盈余"项目应当根据本年度"以前年度盈余调整"科目转入"累计盈余"科目的金额填列；如调整减少累计盈余，以"-"号填列。

（3）"本年年初余额"行，反映经过以前年度盈余调整后，单位净资产各项目的本年年初余额。本行"累计盈余""专用基金""权益法调整"项目应当根据其各自在"上年年末余额"和"以前年度盈余调整"行对应项目金额的合计数填列。

（4）"本年变动金额"行，反映单位净资产各项目本年变动总金额。本行"累计盈余""专用基金""权益法调整"项目应当根据其各自在"本年盈余""无偿调拨净资产""归集调整预算结转结余""提取或设置专用基金""使用专用基金""权益法调整"行对应项目金额的合计数填列。

（5）"本年盈余"行，反映单位本年发生的收入、费用对净资产的影响。本行"累计盈余"项目应当根据年末由"本期盈余"科目转入"本年盈余分配"科目的金额填列；如转入时借记"本年盈余分配"科目，则以"-"号填列。

（6）无偿调拨净资产"行，反映单位本年无偿调入、调出非现金资产事项对净资产的影响。本行"累计盈余"项目应当根据年末由"无偿调拨净资产"科目转入"累计盈余"科目的金额填列；如转入时借记"累计盈余"科目，则以"-"号填列。

（7）"归集调整预算结转结余"行，反映单位本年财政拨款结转结余资金归集调入、归集上缴或调出，以及非财政拨款结转资金缴回对净资产的影响。本行"累计盈余"项目应当根据"累计盈余"科目明细账记录分析填列；如归集调整减少预算结转结余，则以"-"号填列。

（8）"提取或设置专用基金"行，反映单位本年提取或设置专用基金对净资产的影响。本行"累计盈余"项目应当根据"从预算结余中提取"行"累计盈余"项目的金额填列。本行"专用基金"项目应当根据"从预算收入中提取"、"从预算结余中提取"和"设置的专用基金"行"专用基金"项目金额的合计数填列。

"从预算收入中提取"行，反映单位本年从预算收入中提取专用基金对净资产的影响。本行"专用基金"项目应当通过对"专用基金"科目明细账记录的分析，根据本年按有关

规定从预算收入中提取基金的金额填列。

“从预算结余中提取”行，反映单位本年根据有关规定从本年度非财政拨款结余或经营结余中提取专用基金对净资产的影响。本行“累计盈余”“专用基金”项目应当通过对“专用基金”科目明细账记录的分析，根据本年按有关规定从本年度非财政拨款结余或经营结余中提取专用基金的金额填列；本行“累计盈余”项目以“-”号填列。

“设置的专用基金”行，反映单位本年根据有关规定设置的其他专用基金对净资产的影响。本行“专用基金”项目应当通过对“专用基金”科目明细账记录的分析，根据本年按有关规定设置的其他专用基金的金额填列。

(9)“使用专用基金”行，反映单位本年按规定使用专用基金对净资产的影响。本行“累计盈余”“专用基金”项目应当通过对“专用基金”科目明细账记录的分析，根据本年按规定使用专用基金的金额填列；本行“专用基金”项目以“-”号填列。

(10)“权益法调整”行，反映单位本年按照被投资单位除净损益和利润分配以外的所有者权益变动份额而调整长期股权投资账面余额对净资产的影响。本行“权益法调整”项目应当根据“权益法调整”科目本年发生额填列；若本年净发生额为借方，以“-”号填列。

(11)“本年年末余额”行，反映单位本年各净资产项目的年末余额。本行“累计盈余”“专用基金”“权益法调整”项目应当根据其各自在“本年年初余额”和“本年变动金额”行对应项目金额的合计数填列。

(12)本表各行“净资产合计”项目，应当根据所在行“累计盈余”“专用基金”“权益法调整”项目金额的合计数填列。

第六节 现金流量表编制

现金流量表所指的现金，是指行政事业单位的库存现金以及其他可以随时用于支付的款项，包括库存现金、可以随时用于支付的银行存款、其他货币资金、零余额账户用款额度、财政应返还额度，以及通过财政直接支付方式支付的款项。现金流量表应当按照日常活动、投资活动、筹资活动的现金流量分别反映。现金流量表所指的现金流量，是指现金的流入和流出。行政事业单位应当采用直接法编制现金流量表。

一、现金流量表“上年金额”的填报方法

现金流量表“上年金额”栏反映各项目的上年实际发生数，应当根据上年现金流量表中“本年金额”栏内所列数字填列。

二、现金流量表“本年金额”的填报方法

现金流量表中“本年金额”栏反映各项目的本年实际发生数。在现金流量表中，“本年金额”栏各项目的内容和填列方法如下：

1.日常活动产生的现金流量

(1)“财政基本支出拨款收到的现金”项目，反映单位本年接受财政基本支出拨款取得的现金。本项目应当根据“零余额账户用款额度”“财政拨款收入”“银行存款”等科目及其所属明细科目的记录分析填列。

(2)“财政非资本性项目拨款收到的现金”项目，反映单位本年接受除用于购建固定

资产、无形资产、公共基础设施等资本性项目以外的财政项目拨款取得的现金。本项目应当根据“银行存款”“零余额账户用款额度”“财政拨款收入”等科目及其所属明细科目的记录分析填列。

（3）“事业活动收到的除财政拨款以外的现金”项目，反映事业单位本年开展专业业务活动及辅助活动取得的除财政拨款以外的现金。本项目应当根据“库存现金”“银行存款”“其他货币资金”“应收账款”“应收票据”“预收账款”“事业收入”等科目及其所属明细科目的记录分析填列。

（4）“收到的其他与日常活动有关的现金”项目，反映单位本年收到的除以上项目之外的与日常活动有关的现金。本项目应当根据“库存现金”“银行存款”“其他货币资金”“上级补助收入”“附属单位上缴收入”“经营收入”“非同级财政拨款收入”“捐赠收入”“利息收入”“租金收入”“其他收入”等科目及其所属明细科目的记录分析填列。

（5）“日常活动的现金流入小计”项目，反映单位本年日常活动产生的现金流入的合计数。本项目应当根据本表中“财政基本支出拨款收到的现金”“财政非资本性项目拨款收到的现金”“事业活动收到的除财政拨款以外的现金”“收到的其他与日常活动有关的现金”项目金额的合计数填列。

（6）“购买商品、接受劳务支付的现金”项目，反映单位本年在日常活动中用于购买商品、接受劳务支付的现金。本项目应当根据“库存现金”“银行存款”“财政拨款收入”“零余额账户用款额度”“预付账款”“在途物品”“库存物品”“应付账款”“应付票据”“业务活动费用”“单位管理费用”“经营费用”等科目及其所属明细科目的记录分析填列。

（7）“支付给职工以及为职工支付的现金”项目，反映单位本年支付给职工以及为职工支付的现金。本项目应当根据“库存现金”“银行存款”“零余额账户用款额度”“财政拨款收入”“应付职工薪酬”“业务活动费用”“单位管理费用”“经营费用”等科日及其所属明细科目的记录分析填列。

（8）“支付的各项税费”项目，反映单位本年用于缴纳日常活动相关税费而支付的现金。本项目应当根据“库存现金”“银行存款”“零余额账户用款额度”“应交增值税”“其他应交税费”“业务活动费用”“单位管理费用”“经营费用”“所得税费用”等科目及其所属明细科目的记录分析填列。

（9）“支付的其他与日常活动有关的现金”项目，反映单位本年支付的除上述项目之外与日常活动有关的现金。本项目应当根据“库存现金”“银行存款”“零余额账户用款额度”“财政拨款收入”“其他应付款”“业务活动费用”“单位管理费用”“经营费用”“其他费用”等科目及其所属明细科目的记录分析填列。

（10）“日常活动的现金流出小计”项目，反映单位本年日常活动产生的现金流出的合计数。本项目应当根据本表中“购买商品、接受劳务支付的现金”“支付给职工以及为职工支付的现金”“支付的各项税费”“支付的其他与日常活动有关的现金”项目金额的合计数填列。

（11）“日常活动产生的现金流量净额”项目，应当按照本表中“日常活动的现金流入小计”项目金额减去“日常活动的现金流出小计”项目金额后的金额填列；如为负数，以

“-”号填列。

2.投资活动产生的现金流量

（1）“收回投资收到的现金”项目，反映单位本年出售、转让或者收回投资收到的现金。本项目应该根据“库存现金”“银行存款”“短期投资”“长期股权投资”“长期债券投资”等科目的记录分析填列。

（2）“取得投资收益收到的现金”项目，反映单位本年因对外投资而收到被投资单位分配的股利或利润，以及收到投资利息而取得的现金。本项目应当根据“库存现金”“银行存款”“应收股利”“应收利息”“投资收益”等科目的记录分析填列。

（3）“处置固定资产、无形资产、公共基础设施等收回的现金净额”项目，反映单位本年处置固定资产、无形资产、公共基础设施等非流动资产所取得的现金，减去为处置这些资产而支付的有关费用之后的净额。由于自然灾害所造成的固定资产等长期资产损失而收到的保险赔款收入，也在本项目反映。本项目应当根据“库存现金”“银行存款”“待处理财产损溢”等科目的记录分析填列。

（4）“收到的其他与投资活动有关的现金”项目，反映单位本年收到的除上述项目之外与投资活动有关的现金。对于金额较大的现金流入，应当单列项目反映。本项目应当根据“库存现金”“银行存款”等有关科目的记录分析填列。

（5）“投资活动的现金流入小计”项目，反映单位本年投资活动产生的现金流入的合计数。本项目应当根据本表中“收回投资收到的现金”“取得投资收益收到的现金”“处置固定资产、无形资产、公共基础设施等收回的现金净额”“收到的其他与投资活动有关的现金”项目金额的合计数填列。

（6）“购建固定资产、无形资产、公共基础设施等支付的现金”项目，反映单位本年购买和建造固定资产、无形资产、公共基础设施等非流动资产所支付的现金；融资租入固定资产支付的租赁费不在本项目反映，在筹资活动的现金流量中反映。本项目应当根据“库存现金”“银行存款”“固定资产”“工程物资”“在建工程”“无形资产”“研发支出”“公共基础设施”“保障性住房”等科目的记录分析填列。

（7）“对外投资支付的现金”项目，反映单位本年为取得短期投资、长期股权投资、长期债券投资而支付的现金。本项目应当根据“库存现金”“银行存款”“短期投资”“长期股权投资”“长期债券投资”等科目的记录分析填列。

（8）“上缴处置固定资产、无形资产、公共基础设施等净收入支付的现金”项目，反映本年单位将处置固定资产、无形资产、公共基础设施等非流动资产所收回的现金净额予以上缴财政所支付的现金。本项目应当根据“库存现金”“银行存款”“应缴财政款”等科目的记录分析填列。

（9）“支付的其他与投资活动有关的现金”项目，反映单位本年支付的除上述项目之外与投资活动有关的现金。对于金额较大的现金流出，应当单列项目反映。本项目应当根据“库存现金”“银行存款”等有关科目的记录分析填列。

（10）“投资活动的现金流出小计”项目，反映单位本年投资活动产生的现金流出的合计数。本项目应当根据本表中“购建固定资产、无形资产、公共基础设施等支付的现金”“对外投资支付的现金”“上缴处置固定资产、无形资产、公共基础设施等净收入支付的现金”“支付的其他与投资活动有关的现金”项目金额的合计数填列。

（11）“投资活动产生的现金流量净额”项目，应当按照本表中“投资活动的现金流入小计”项目金额减去“投资活动的现金流出小计”项目金额后的金额填列；如为负数，以“-”号填列。

3.筹资活动产生的现金流量

（1）“财政资本性项目拨款收到的现金”项目，反映单位本年接受用于购建固定资产、无形资产、公共基础设施等资本性项目的财政项目拨款取得的现金。本项目应当根据“银行存款”“零余额账户用款额度”“财政拨款收入”等科目及其所属明细科目的记录分析填列。

（2）“取得借款收到的现金”项目，反映事业单位本年举借短期、长期借款所收到的现金。本项目应当根据“库存现金”“银行存款”“短期借款”“长期借款”等科目记录分析填列。

（3）“收到的其他与筹资活动有关的现金”项目，反映单位本年收到的除上述项目之外与筹资活动有关的现金。对于金额较大的现金流入，应当单列项目反映。本项目应当根据“库存现金”“银行存款”等有关科目的记录分析填列。

（4）“筹资活动的现金流入小计”项目，反映单位本年筹资活动产生的现金流入的合计数。本项目应当根据本表中“财政资本性项目拨款收到的现金”“取得借款收到的现金”“收到的其他与筹资活动有关的现金”项目金额的合计数填列。

（5）“偿还借款支付的现金”项目，反映事业单位本年偿还借款本金所支付的现金。本项目应当根据“库存现金”“银行存款”“短期借款”“长期借款”等科目的记录分析填列。

（6）“偿付利息支付的现金”项目，反映事业单位本年支付的借款利息等。本项目应当根据“库存现金”“银行存款”“应付利息”“长期借款”等科目的记录分析填列。

（7）“支付的其他与筹资活动有关的现金”项目，反映单位本年支付的除上述项目之外与筹资活动有关的现金，如融资租入固定资产所支付的租赁费。本项目应当根据“库存现金”“银行存款”“长期应付款”等科目的记录分析填列。

（8）“筹资活动的现金流出小计”项目，反映单位本年筹资活动产生的现金流出的合计数。本项目应当根据本表中“偿还借款支付的现金”“偿付利息支付的现金”“支付的其他与筹资活动有关的现金”项目金额的合计数填列。

（9）“筹资活动产生的现金流量净额”项目，应当按照本表中“筹资活动的现金流入小计”项目金额减去“筹资活动的现金流出小计”项目金额后的金额填列；如为负数，以“-”号填列。

4.汇率变动对现金的影响额

“汇率变动对现金的影响额”项目，反映单位本年外币现金流量折算为人民币时，所采用的现金流量发生日的汇率折算的人民币金额与外币现金流量净额按期末汇率折算的人民币金额之间的差额。

5.现金净增加额

“现金净增加额”项目，反映单位本年现金变动的净额。本项目应当根据本表中

“日常活动产生的现金流量净额”“投资活动产生的现金流量净额”“筹资活动产生的现金流量净额”“汇率变动对现金的影响额”项目金额的合计数填列；如为负数，以“-”号填列。

第七节 预算会计报表的构成和格式

行政事业单位预算会计报表包括预算收入支出表、预算结转结余变动表和财政拨款预算收入支出表。

一、预算收入支出表

（一）预算收入支出表的概念和作用

预算收入支出表反映单位在某一会计年度内各项预算收入、预算支出和预算收支差额的情况。

预算收入支出表的作用有：

（1）反映单位某一会计年度内预算收入总额及其收入来源情况。通过预算收入总额，可以大致判断出单位运转规模大小；通过对预算收入构成的比例分析，可以看出单位对财政拨款的依赖度和自我造血功能情况等。

（2）反映单位某一会计年度内预算支出总额及其构成情况的信息。通过预算支出构成分析，可以反映单位预算支出投入的方向。

（3）预算收支差额可以反映单位某一会计年度内预算管理状况。

按照规定，行政事业单位的预算收入支出表应当按年度编制。

（二）预算收入支出表的格式

行政事业单位预算收入支出表应当分本年预算收入、本年预算支出和本年预算收支差额反映相应组成项目本年数和上年数的信息，采用的计算公式为：本年预算收入-本年预算支出=本年预算收支差额。行政事业单位预算收入支出表的格式见表21-6。

表21-6　　预算收入支出表　　会政预01表

编制单位：　　____年　　单位：元

项目	本年数	上年数
一、本年预算收入		
（一）财政拨款预算收入		
其中：政府性基金收入		
（二）事业预算收入		
（三）上级补助预算收入		
（四）附属单位上缴预算收入		
（五）经营预算收入		
（六）债务预算收入		
（七）非同级财政拨款预算收入		
（八）投资预算收益		
（九）其他预算收入		
其中：利息预算收入		

续表

项目	本年数	上年数
捐赠预算收入		
租金预算收入		
二、本年预算支出		
（一）行政支出		
（二）事业支出		
（三）经营支出		
（四）上缴上级支出		
（五）对附属单位补助支出		
（六）投资支出		
（七）债务还本支出		
（八）其他支出		
其中：利息支出		
捐赠支出		
三、本年预算收支差额		

二、预算结转结余变动表

（一）预算结转结余变动表的概念和作用

预算结转结余变动表是反映单位在某一会计年度内预算结转结余变动情况的报表。

预算结转结余变动表的作用有：

（1）反映单位某一会计年度内预算结转结余变动情况的信息，如单位某一会计年度内由本年财政拨款收支差额、归集调入、归集上缴或调出等原因引起的财政拨款结转结余变动情况的信息。

（2）反映年末预算结转结余构成情况的信息，如年末财政拨款结转、财政拨款结余、非财政拨款结转、非财政拨款结余、专用结余、经营结余等信息。

按照规定，行政事业单位的预算结转结余变动表应当按年度编制。

（二）预算结转结余变动表的格式

预算结转结余变动表包含财政拨款结转结余和其他资金结转结余的年初余额、年初余额调整、本年变动金额和年末余额等信息，计算公式为：年初预算结转结余±年初余额调整±本年变动金额=年末预算结转结余。行政事业单位预算结转结余变动表的格式见表21-7。

三、财政拨款预算收入支出表

（一）财政拨款预算收入支出表概述

财政拨款预算收入支出表是反映单位本年财政拨款预算资金收入、支出及相关变动情况的报表。

财政拨款预算收入支出表是专门针对某一会计年度内单位财政拨款预算资金及其增减变动情况进行具体的反映。例如，归集反映单位某一会计年度内基本支出、各项目支出的年初财政拨款结转结余、本年归集调入、本年归集上缴或调出、单位内部调剂、本年财政拨款收入、本年财政拨款支出、年末财政拨款结转结余等信息。

表 21-7　　　　　　　　　　　　预算结转结余变动表　　　　　　　　　　　　会政预02表

编制单位：　　　　　　　　　　　　　　____年　　　　　　　　　　　　　　　单位：元

项目	本年数	上年数
一、年初预算结转结余		
（一）财政拨款结转结余		
（二）其他资金结转结余		
二、年初余额调整（减少以"-"号填列）		
（一）财政拨款结转结余		
（二）其他资金结转结余		
三、本年变动金额（减少以"-"号填列）		
（一）财政拨款结转结余		
1.本年收支差额		
2.归集调入		
3.归集上缴或调出		
（二）其他资金结转结余		
1.本年收支差额		
2.缴回资金		
3.使用专用结余		
4.支付所得税		
四、年末预算结转结余		
（一）财政拨款结转结余		
1.财政拨款结转		
2.财政拨款结余		
（二）其他资金结转结余		
1.非财政拨款结转		
2.非财政拨款结余		
3.专用结余		
4.经营结余（如有余额，以"-"号填列）		

按照规定，行政事业单位财政拨款预算收入支出表应当按年度编制。

（二）财政拨款预算收入支出表的格式

行政事业单位财政拨款预算收入支出表应当分基本支出和项目支出反映年初结转结余数、本年增减变动数和年末结转结余数。本年增减变动数包括调整年初结转结余数、本年归集调入数、本年归集上缴或调出数、单位内部调剂数、本年财政拨款收入数、本年财政拨款支出数。同时有一般公共预算财政拨款和政府性基金预算财政拨款的，应当分别一般公共预算财政拨款和政府性基金预算财政拨款反映上述相关信息。行政事业单位财政拨款预算收入支出表的格式见表21-8。

表 21-8　　　　财政拨款预算收入支出表　　　　会政预03表

编制单位：　　　　＿＿＿＿年　　　　单位：元

项目	年初财政拨款结转结余		调整年初财政拨款结转结余	本年归集调入	本年归集上缴或调出	单位内部调剂		本年财政拨款收入	本年财政拨款支出	年末财政拨款结转结余	
	结转	结余				结转	结余			结转	结余
一、一般公共预算财政拨款											
（一）基本支出											
1.人员经费											
2.日常公用经费											
（二）项目支出											
1.×× 项目											
2.×× 项目											
⋮											
二、政府性基金预算财政拨款											
（一）基本支出											
1.人员经费											
2.日常公用经费											
（二）项目支出											
1.×× 项目											
2.×× 项目											
⋮											
总计											

第八节　预算收入支出表编制

一、预算收入支出表“上年数”填报方法

预算收入支出表“上年数”栏反映各项目上年度的实际发生数，应当根据上年度预算收入支出表中“本年数”栏内所列数字填列。如果本年度预算收入支出表规定的项目的名称和内容同上年度不一致，应当对上年度预算收入支出表项目的名称和数字按照本年度的规定进行调整，将调整后金额填入本年度预算收入支出表的“上年数”栏。

二、预算收入支出表“本年数”填报方法

预算收入支出表“本年数”栏反映各项目的本年实际发生数。在预算收入支出表中，“本年数”栏各项目的内容和填列方法如下：

（一）本年预算收入

“本年预算收入”项目，反映单位本年预算收入总额。本项目应当根据本表中“财政拨款预算收入”“事业预算收入”“上级补助预算收入”“附属单位上缴预算收入”“经营预算收入”“债务预算收入”“非同级财政拨款预算收入”“投资预算收益”“其他预算收入”项目金额的合计数填列。

(1)“财政拨款预算收入”项目，反映单位本年从同级政府财政部门取得的各类财政拨款。本项目应当根据“财政拨款预算收入”科目的本年发生额填列。“政府性基金收入”项目，反映单位本年取得的财政拨款收入中属于政府性基金预算拨款的金额。本项目应当根据“财政拨款预算收入”相关明细科目的本年发生额填列。

（2）“事业预算收入”项目，反映事业单位本年开展专业业务活动及辅助活动取得的预算收入。本项目应当根据“事业预算收入”科目的本年发生额填列。

（3）“上级补助预算收入”项目，反映事业单位本年从主管部门和上级单位取得的非财政补助预算收入。本项目应当根据“上级补助预算收入”科目的本年发生额填列。

（4）“附属单位上缴预算收入”项目，反映事业单位本年收到的独立核算的附属单位按照有关规定上缴的预算收入。本项目应当根据“附属单位上缴预算收入”科目的本年发生额填列。

（5）“经营预算收入”项目，反映事业单位本年在专业业务活动及辅助活动之外开展非独立核算经营活动取得的预算收入。本项目应当根据“经营预算收入”科目的本年发生额填列。

（6）“债务预算收入”项目，反映事业单位本年按照规定从金融机构等借入的、纳入部门预算管理的债务预算收入。本项目应当根据“债务预算收入”的本年发生额填列。

（7）“非同级财政拨款预算收入”项目，反映单位本年从非同级政府财政部门取得的财政拨款。本项目应当根据“非同级财政拨款预算收入”科目的本年发生额填列。

（8）“投资预算收益”项目，反映事业单位本年取得的按规定纳入单位预算管理的投资收益。本项目应当根据“投资预算收益”科目的本年发生额填列。

（9）“其他预算收入”项目，反映单位本年取得的除上述收入以外的纳入单位预算管理的各项预算收入，如利息预算收入、捐赠预算收入、租金预算收入等。本项目应当根据“其他预算收入”科目的本年发生额填列。

❶“利息预算收入”项目，反映单位本年取得的利息预算收入。本项目应当根据“其他预算收入”科目明细账记录分析填列。单位单设“利息预算收入”科目的，应当根据“利息预算收入”科目的本年发生额填列。

❷“捐赠预算收入”项目，反映单位本年取得的捐赠预算收入。本项目应当根据“其他预算收入”科目明细账记录分析填列。单位单设“捐赠预算收入”科目的，应当根据“捐赠预算收入”科目的本年发生额填列。

❸“租金预算收入”项目，反映单位本年取得的租金预算收入。本项目应当根据“其他预算收入”科目明细账记录分析填列。单位单设“租金预算收入”科目的，应当根据“租金预算收入”科目的本年发生额填列。

（二）本年预算支出

“本年预算支出”项目，反映单位本年预算支出总额。本项目应当根据本表中“行政支出”、“事业支出”、“经营支出”、“上缴上级支出”、“对附属单位补助支出”、“投资支出”、“债务还本支出”和“其他支出”项目金额的合计数填列。

（1）“行政支出”项目，反映行政单位本年履行职责实际发生的支出。本项目应当根据“行政支出”科目的本年发生额填列。

（2）“事业支出”项目，反映事业单位本年开展专业业务活动及辅助活动发生的支出。本项目应当根据“事业支出”科目的本年发生额填列。

（3）“经营支出”项目，反映事业单位本年在专业业务活动及辅助活动之外开展非独立核算经营活动发生的支出。本项目应当根据“经营支出”科目的本年发生额填列。

（4）“上缴上级支出”项目，反映事业单位本年按照财政部门和主管部门的规定上缴上级单位的支出。本项目应当根据“上缴上级支出”科目的本年发生额填列。

（5）“对附属单位补助支出”项目，反映事业单位本年用财政拨款收入之外的收入对附属单位补助发生的支出。本项目应当根据“对附属单位补助支出”科目的本年发生额填列。

（6）“投资支出”项目，反映事业单位本年以货币资金对外投资发生的支出。本项目应当根据“投资支出”科目的本年发生额填列。

（7）“债务还本支出”项目，反映事业单位本年偿还自身承担的纳入预算管理的从金融机构举借的债务本金的支出。本项目应当根据“债务还本支出”科目的本年发生额填列。

（8）“其他支出”项目，反映单位本年除以上支出以外的各项支出。本项目应当根据“其他支出”科目的本年发生额填列。“其他支出”科目中的“利息支出”和“捐赠支出”需要根据科目明细账分析填列。

❶“利息支出”项目，反映单位本年发生的利息支出。本项目应当根据“其他支出”科目明细账记录分析填列。单位单设“利息支出”科目的，应当根据“利息支出”科目的本年发生额填列。

❷“捐赠支出”项目，反映单位本年发生的捐赠支出。本项目应当根据“其他支出”科目明细账记录分析填列。单位单设“捐赠支出”科目的，应当根据“捐赠支出”科目的本年发生额填列。

（三）本年预算收支差额

“本年预算收支差额”项目，反映单位本年各项预算收支相抵后的差额。本项目应当根据本表中“本期预算收入”项目金额减去“本期预算支出”项目金额后的金额填列；如相减后金额为负数，以“-”号填列。

第九节　预算结转结余变动表编制

一、预算结转结余变动表“上年数”填报方法

预算结转结余变动表中“上年数”栏反映各项目的上年实际发生数，应当根据上年度预算结转结余变动表中“本年数”栏内所列数字填列。如果本年度预算结转结余变动表规定的项目的名称和内容同上年度不一致，应当对上年度预算结转结余变动表项目的名称和数字按照本年度的规定进行调整，将调整后金额填入本年度预算结转结余变动表的“上年数”栏。

二、预算结转结余变动表“本年数”填报方法

预算结转结余变动表中“本年数”栏反映各项目的本年实际发生数。在预算结转结余变动表中，“本年数”栏各项目的内容和填列方法如下：

（一）年初预算结转结余

“年初预算结转结余”项目，反映单位本年预算结转结余的年初余额。本项目应当根据本项目下“财政拨款结转结余”和“其他资金结转结余”项目金额的合计数填列。

（1）“财政拨款结转结余”项目，反映单位本年财政拨款结转结余资金的年初余额。本项目应当根据“财政拨款结转”“财政拨款结余”科目本年年初余额合计数填列。

（2）“其他资金结转结余”项目，反映单位本年其他资金结转结余的年初余额。本项目应当根据“非财政拨款结转”“非财政拨款结余”“专用结余”“经营结余”科目本年年初余额的合计数填列。

（二）年初余额调整

“年初余额调整”项目，反映单位本年预算结转结余年初余额调整的金额。本项目应

当根据本项目下“财政拨款结转结余”和“其他资金结转结余”项目金额的合计数填列。

（1）“财政拨款结转结余”项目，反映单位本年财政拨款结转结余资金的年初余额调整金额。本项目应当根据“财政拨款结转”和“财政拨款结余”科目下“年初余额调整”明细科目的本年发生额的合计数填列；如调整减少年初财政拨款结转结余，以“-”号填列。

（2）“其他资金结转结余”项目，反映单位本年其他资金结转结余的年初余额调整金额。本项目应当根据“非财政拨款结转”和“非财政拨款结余”科目下“年初余额调整”明细科目的本年发生额的合计数填列；如调整减少年初其他资金结转结余，以“-”号填列。

（三）本年变动金额

“本年变动金额”项目，反映单位本年预算结转结余变动的金额。本项目应当根据本项目下“财政拨款结转结余”和“其他资金结转结余”项目金额的合计数填列。

（1）“财政拨款结转结余”项目，反映单位本年财政拨款结转结余资金的变动。本项目应当根据本项目下“本年收支差额”“归集调入”“归集上缴或调出”项目金额的合计数填列。

❶“本年收支差额”项目，反映单位本年财政拨款资金收支相抵后的差额。本项目应当根据“财政拨款结转”科目下“本年收支结转”明细科目本年转入的预算收入与预算支出的差额填列；差额为负数的，以“-”号填列。

❷“归集调入”项目，反映单位本年按照规定从其他单位归集调入的财政拨款结转资金。本项目应当根据“财政拨款结转”科目下“归集调入”明细科目的本年发生额填列。

❸“归集上缴或调出”项目，反映单位本年按照规定上缴的财政拨款结转结余资金及按照规定向其他单位调出的财政拨款结转资金。本项目应当根据“财政拨款结转”和“财政拨款结余”科目下“归集上缴”明细科目，以及“财政拨款结转”科目下“归集调出”明细科目本年发生额的合计数填列，以“-”号填列。

（2）“其他资金结转结余”项目，反映单位本年其他资金结转结余的变动。本项目应当根据本项目下“本年收支差额”“缴回资金”“使用专用结余”“支付所得税”项目金额的合计数填列。

❶“本年收支差额”项目，反映单位本年除财政拨款外的其他资金收支相抵后的差额。本项目应当根据“非财政拨款结转”科目下“本年收支结转”明细科目、“其他结余”科目、“经营结余”科目本年转入的预算收入与预算支出的差额的合计数填列；如为负数，以“-”号填列。

❷“缴回资金”项目，反映单位本年按照规定缴回的非财政拨款结转资金。本项目应当根据“非财政拨款结转”科目下“缴回资金”明细科目本年发生额的合计数填列，以“-”号填列。

❸“使用专用结余”项目，反映本年事业单位根据规定使用从非财政拨款结余或经营结余中提取的专用基金的金额。本项目应当根据“专用结余”科目明细账中本年使用专用结余业务的发生额填列，以“-”号填列。

❹“支付所得税”项目，反映有企业所得税缴纳义务的事业单位本年实际缴纳的企业所得税金额。本项目应当根据“非财政拨款结余”明细账中本年实际缴纳企业所得税业务的发生额填列，以“-”号填列。

（四）年末预算结转结余

“年末预算结转结余”项目，反映单位本年预算结转结余的年末余额。本项目应当根据本项目下“财政拨款结转结余”“其他资金结转结余”项目金额的合计数填列。

（1）“财政拨款结转结余”项目，反映单位本年财政拨款结转结余的年末余额。本项目应当根据本项目下“财政拨款结转”和“财政拨款结余”项目金额的合计数填列。本项目下“财政拨款结转”和“财政拨款结余”项目，应当分别根据“财政拨款结转”和“财政拨款结余”科目的本年年末余额填列。

（2）“其他资金结转结余”项目，反映单位本年其他资金结转结余的年末余额。本项目应当根据本项目下“非财政拨款结转”“非财政拨款结余”“专用结余”“经营结余”项目金额的合计数填列。本项目下“非财政拨款结转”“非财政拨款结余”“专用结余”“经营结余”项目，应当分别根据“非财政拨款结转”“非财政拨款结余”“专用结余”“经营结余”科目的本年年末余额填列。

第十节　财政拨款预算收入支出表编制

财政拨款预算收入支出表“项目”栏内各项目，应当根据单位取得的财政拨款种类分项设置。其中“项目支出”项目下，根据每个项目设置；单位取得除一般公共财政预算拨款和政府性基金预算拨款以外的其他财政拨款的，应当按照财政拨款种类增加相应的资金项目及其明细项目。财政拨款预算收入支出表中，各栏及其对应项目的内容和填列方法如下：

（1）“年初财政拨款结转结余”栏中各项目，反映单位年初各项财政拨款结转结余的金额。各项目应当根据“财政拨款结转”“财政拨款结余”及其明细科目的年初余额填列。本栏中各项目的数额应当与上年度财政拨款预算收入支出表中“年末财政拨款结转结余”栏中各项目的数额相等。

（2）“调整年初财政拨款结转结余”栏中各项目，反映单位对年初财政拨款结转结余的调整金额。各项目应当根据“财政拨款结转”“财政拨款结余”科目下“年初余额调整”明细科目及其所属明细科目的本年发生额填列；如调整减少年初财政拨款结转结余，以“–”号填列。

（3）“本年归集调入”栏中各项目，反映单位本年按规定从其他单位调入的财政拨款结转资金金额。各项目应当根据“财政拨款结转”科目下“归集调入”明细科目及其所属明细科目的本年发生额填列。

（4）“本年归集上缴或调出”栏中各项目，反映单位本年按规定实际上缴的财政拨款结转结余资金，及按照规定向其他单位调出的财政拨款结转资金金额。各项目应当根据“财政拨款结转”“财政拨款结余”科目下“归集上缴”科目和“财政拨款结转”科目下“归集调出”明细科目，及其所属明细科目的本年发生额填列，以“–”号填列。

（5）“单位内部调剂”栏中各项目，反映单位本年财政拨款结转结余资金在单位内部不同项目之间的调剂金额。各项目应当根据“财政拨款结转”和“财政拨款结余”科目下的“单位内部调剂”明细科目及其所属明细科目的本年发生额填列；对单位内部调剂减少的财政拨款结余金额，以“–”号填列。

（6）“本年财政拨款收入”栏中各项目，反映单位本年从同级财政部门取得的各类财政预算拨款金额。各项目应当根据“财政拨款预算收入”科目及其所属明细科目的本年发生额填列。

（7）“本年财政拨款支出”栏中各项目，反映单位本年发生的财政拨款支出金额。各项目应当根据“行政支出”“事业支出”等科目及其所属明细科目本年发生额中的财政拨款支出数的合计数填列。

（8）“年末财政拨款结转结余”栏中各项目，反映单位年末财政拨款结转结余的金额。各项目应当根据“财政拨款结转”“财政拨款结余”科目及其所属明细科目的年末余额填列。

第二十二章　会计实务案例（事业单位）

第一节　单位基础资料

一、单位基本情况和主要科目设置

该单位为一家省属事业单位，2019年初已做好新旧会计制度衔接工作。2019年1月1日起实行政府会计制度，单位已纳入财政国库集中支付改革。单位非税收入实行“收支两条线”管理，所有非税收入全额上缴财政专户，以预算收入形式批复下达。

在科目设置方面，一般事业单位应注意以下几个科目：

1.“受托代理资产”和“受托代理负债”科目

这两个科目分别核算单位接受委托方委托管理的各项资产和同时接受委托取得受托代理资产时形成的负债。但当单位收到的受托代理资产为现金或银行存款时，需在“库存现金”和“银行存款”科目下分别设置“受托代理资产”二级明细科目进行单独核算。

2.“业务活动费用”和“单位管理费用”科目

事业单位应分别设置“业务活动费用”和“单位管理费用”科目。“业务活动费用”科目用于核算单位业务部门开展专业业务活动及辅助活动所发生的各项费用，应当按照项目、服务或者业务类别、支付对象等进行明细核算；“单位管理费用”科目用于核算单位行政及后勤管理部门开展管理活动发生的各项费用，应当按照项目、费用类别、支付对象等进行明细核算。两个科目还需按照“工资福利支出”“商品和服务费用”“对个人和家庭的补助费用”“固定资产折旧费”“无形资产摊销费”等设置明细科目。

3.“财政拨款预算收入”和“事业预算收入”科目

“财政拨款预算收入”科目应当设置“基本支出”和“项目支出”两个二级明细科目，在“基本支出”下还需按照“人员经费”和“日常公用经费”进行明细核算，在“项目支出”下按照具体项目进行明细核算。

“事业预算收入”中如有专项资金收入，应按照具体项目进行明细核算。

4.“事业支出”科目

事业单位发生教育、科研、医疗、行政管理、后勤保障等活动的，可在“事业支出”科目下设置相应的明细科目进行核算，或单设“教育支出”“科研支出”“医疗支出”“行政管理支出”“后勤保障支出”等一级会计科目进行核算。事业支出应当分别按照“财政拨款支出”“非财政拨款支出”“其他资金支出”以及“基本支出”“项目支出”等进行明细核算，并按照当年政府收支分类科目中“支出功能分类科目”的项级科目进行明细核算。“基本支出”和“项目支出”明细科目下还应当按照当年政府收支分类科目中“部门预算支出经济分类科目”的款级科目进行明细核算，同时在“项目支出”明细科目下按照具体项目进行明细核算。

本章“事业支出”中设置了“基本支出”和“项目支出”二级明细科目，并下设“财政”和“非财政”三级明细科目，单位也可以选择下设“财政”和“非财政”二级明细科目，再下设“基本支出”和“项目支出”三级明细科目进行核算。为简便起见，本章省略了经济分类科目的设置。

关于其他科目，各事业单位可根据单位实际情况和需要进行明细科目设置。

二、单位会计科目余额情况

为全面展示会计实务全过程，本章先虚拟了单位2023年11月末会计科目余额情况。单位2023年11月末财务会计科目和预算会计科目余额见表22-1和表22-2。

表 22-1　　单位11月末财务会计科目余额表　　单位：元

科目名称	期末余额		科目名称	期末余额	
	方向	余额		方向	余额
库存现金	借	8 000	其他应交税费	贷	15 000
银行存款	借	4 310 000	应付账款	贷	380 000
其中：受托代理资产	借	20 000	预收账款	贷	640 000
零余额账户用款额度	借	1 252 000	其他应付款	贷	260 000
应收账款	借	50 000	预提费用	贷	50 000
预付账款	借	300 000	长期借款	贷	230 000
其他应收款	借	20 000	长期应付款	贷	230 000
坏账准备	贷	1 000	受托代理负债	贷	150 000
库存物品	借	35 000			
待摊费用	借	1 000	负债小计	贷	1 955 000
固定资产	借	2 500 000			
固定资产累计折旧	贷	600 000	累计盈余	贷	3 634 000
工程物资	借	200 000	专用基金	贷	180 000
在建工程	借	230 000	本期盈余	贷	2 652 000
无形资产	借	200 000	无偿调拨净资产	贷	200 000
无形资产累计摊销	贷	14 000			
受托代理资产	借	130 000	净资产小计	贷	6 666 000
资产合计	借	8 621 000	负债及净资产合计	贷	8 621 000
财政拨款收入	贷	7 000 000	业务活动费用	借	10 520 000
其中：基本支出	贷	4 350 000	单位管理费用	借	5 635 000
项目支出	贷	2 650 000	资产处置费用	借	20 000
事业收入	贷	11 840 000	其他费用	借	160 000
非同级财政拨款收入	贷	32 000			
捐赠收入	贷	36 000			
利息收入	贷	15 000			
租金收入	贷	21 000			
其他收入	贷	43 000			
合计	贷	18 987 000	合计	借	16 335 000

表 22-2 单位11月末预算会计科目余额表 单位：元

科目名称	期末余额		科目名称	期末余额	
	方向	余额		方向	余额
财政拨款预算收入	贷	7 000 000	事业支出	借	17 332 500
其中：基本支出	贷	4 350 000	其中：基本支出	借	12 742 000
项目支出	贷	2 650 000	1. 财政	借	3 882 000
事业预算收入	贷	11 840 000	2. 非财政	借	8 860 000
其中：项目资金收入	贷	3 000 000	项目支出	借	4 590 500
非同级财政拨款预算收入	贷	32 000	1. 财政	借	1 966 000
其他预算收入	贷	115 000	2. 非财政	借	2 624 500
	贷		其他支出	借	160 000
合计	贷	18 987 000	合计	借	17 492 500

注：财政拨款结转结余为0，其他资金结转结余为500 000元。

第二节 经济业务

单位2023年12月份发生以下经济业务，具体业务及账务处理如下：

经济业务和事项	财务会计处理	预算会计处理
1. 12月1日，单位从零余额账户提取现金10万元。		
提现	借：库存现金 100 000 贷：零余额账户用款额度 100 000	借：资金结存—货币资金 100 00 贷：资金结存—零余额账户用款额度 100 000
2. 12月2日，单位收到代理银行转来的“财政授权支付额度到账通知书”，收到项目财政授权支付额度30万元。		
收到财政专项项目拨款	借：零余额账户用款额度 300 000 贷：财政拨款收入—项目支出 300 000	借：资金结存—零余额账户用款额度 300 000 贷：财政拨款预算收入—项目支出 300 000
3. 12月3日，单位业务部门员工出差，报销差旅费5 000元，以银行存款支付。		
支付差旅费	借：业务活动费用 5 000 贷：银行存款 5 000	借：事业支出—基本支出—非财政 5 000 贷：资金结存—货币资金 5 000
4. 12月4日，单位收到代理银行转来的“财政授权支付额度到账通知书”，收到用于单位人员经费支出的财政授权支付额度30万元、公用经费支出的财政授权支付额度10万元。		
收到财政基本支出拨款	借：零余额账户用款额度 400 000 贷：财政拨款收入—基本支出—人员经费 300 000 财政拨款收入—基本支出—日常公用经费 100 000	借：资金结存—零余额账户用款额度 400 000 贷：财政拨款预算收入—基本支出—人员经费 300 000 —基本支出—日常公用经费 100 000

续表

经济业务和事项	财务会计处理	预算会计处理
5. 12月4日，单位收到培训收入50万元，以银行存款收讫。		
收到培训收入	借：银行存款　500 000 　贷：应缴财政款—应缴财政专户　500 000	不做处理
6. 12月5日，单位预付某公司2万元教学项目设备采购款，以授权支付方式支付。		
预付设备采购款	借：预付账款　20 000 　贷：零余额账户用款额度　20 000	借：事业支出—项目支出—财政　20 000 　贷：资金结存—零余额账户用款额度　20 000
7. 12月5日，单位支付某单位应付材料款3万元，以银行转账支付。		
支付材料款	借：应付账款　30 000 　贷：银行存款　30 000	借：事业支出—基本支出—非财政　30 000 　贷：资金结存—货币资金　30 000
8. 12月5日，单位购入一台业务用打印机，以授权支付方式支付0.5万元，已验收使用。		
购入业务用打印机	借：固定资产　5 000 　贷：零余额账户用款额度　5 000	借：事业支出—基本支出—财政　5 000 　贷：资金结存—零余额账户用款额度　5 000
9.12月5日，单位将收到的培训收入50万元上缴财政专户。		
上缴培训收入	借：应缴财政款—应缴财政专户　500 000 　贷：银行存款　500 000	不做处理
10. 12月6日，单位收到市卫生局转来补助款10万元。		
收到市卫生局补助款	借：银行存款　100 000 　贷：非同级财政拨款收入　100 000	借：资金结存—货币资金　100 000 　贷：非同级财政拨款预算收入　100 000
11. 12月6日，单位缴纳11月代扣个人所得税15 000元。		
缴纳代扣个人所得税	借：其他应交税费—应交个人所得税　15 000 　贷：银行存款　15 000	借：事业支出—基本支出—非财政　15 000 　贷：资金结存—货币资金　15 000
12. 12月7日，单位银行账户收到个人捐赠款10万元。		
收到个人捐赠款	借：银行存款　100 000 　贷：捐赠收入　100 000	借：资金结存—货币资金　100 000 　贷：其他预算收入—捐赠收入　100 000
13. 12月7日，单位预付下一年度杂志费1万元，款项通过银行转账支付。		
预付下一年度杂志费	借：待摊费用　10 000 　贷：银行存款　10 000	借：事业支出—基本支出—非财政　10 000 　贷：资金结存—货币资金　10 000
14. 12月8日，单位购买一项专利权，价值3万元，以授权支付方式支付。		
购买一项专利权	借：无形资产　30 000 　贷：零余额账户用款额度　30 000	借：事业支出—项目支出—财政　30 000 　贷：资金结存—零余额账户用款额度　30 000

续表

经济业务和事项	财务会计处理	预算会计处理
15. 12月8日，单位收到A公司设备并通过验收，设备总价为5万元，前期已预付2万元，以授权支付方式结清设备费3万元。		
购买设备，冲预付款	借：固定资产 50 000 贷：预付账款 20 000 零余额账户用款额度 30 000	借：事业支出—项目支出—财政 30 000 贷：资金结存—零余额账户用款额度 30 000
16.12月8日，单位发放专家咨询费2 300元，代扣个人所得税300元，以银行存款支付。		
发放专家咨询费	借：业务活动费用 2 300 贷：其他应交税费—应交个人所得税 300 银行存款 2 000	借：事业支出—基本支出—非财政 2 000 贷：资金结存—货币资金 2 000
17.12月9日，单位经批准捐赠专用设备一台，该设备原价5万元，已计提折旧4万元，捐赠过程中发生的归属于捐出方的相关费用300元，以现金支付。		
捐赠设备	借：固定资产累计折旧 40 000 资产处置费用 10 000 贷：固定资产 50 000 借：资产处置费用 300 贷：库存现金 300	借：其他支出 300 贷：资金结存—货币资金 300
18.12月9日，单位管理部门借备用金3 000元，以现金支付。		
管理部门借备用金	借：其他应收款 3 000 贷：库存现金 3 000	不做处理
19.12月10日，单位为研究科研项目课题，购买专用设备一台，价值2.5万元，通过银行转账支付，设备已验收交付使用。		
科研项目购买专用设备	借：固定资产 25 000 贷：银行存款 25 000	借：事业支出—项目支出—非财政 25 000 贷：资金结存—货币资金 25 000
20.12月10日，单位根据月工资发放表计发工资：其中，业务部门45万元，管理部门14万元，代扣职工社保和住房公积金8.85万元、个人所得税1.15万元。		
计发工资	借：业务活动费用 450 000 单位管理费用 140 000 贷：应付职工薪酬—工资 590 000 借：应付职工薪酬—工资 100 000 贷：应付职工薪酬—社保及公积金 88 500 其他应交税费—应交个人所得税 11 500	不做处理
21.12月10日，单位以授权支付方式支付购入一台项目专用设备6万元，支付货款90%，另10%作为质保金一年半之后支付。		
购入设备，扣质保金	借：固定资产 60 000 贷：零余额账户用款额度 54 000 长期应付款—质保金 6 000	借：事业支出—项目支出—财政 54 000 贷：资金结存—零余额账户用款额度 54 000

续表

经济业务和事项	财务会计处理	预算会计处理
22.12月11日，单位银行账户收到委托管理的协会会费2万元。		
收到代管某协会会费	借：银行存款—受托代理资产 20 000 贷：受托代理负债 20 000	不做处理
23.12月12日，单位收到某公司的押金0.5万元，一年后归还。		
收取押金	借：银行存款 5 000 贷：其他应付款—押金 5 000	不做处理
24.12月12日，单位领用工程物资5万元，用于二期工程建设。		
领用工程物资	借：在建工程 50 000 贷：工程物资 50 000	不做处理
25.12月12日，单位收到通知支付水费0.3万元、电费0.5万元，以授权支付方式支付。		
支付水电费	借：单位管理费用 8 000 贷：零余额账户用款额度 8 000	借：事业支出—基本支出—财政 8 000 贷：资金结存—零余额账户用款额度 8 000
26.12月13日，单位课题组成员购买3万元实验材料，已验收，以银行转账方式支付。		
购买实验材料	借：库存物品 30 000 贷：银行存款 30 000	借：事业支出—项目支出—非财政 30 000 贷：资金结存—货币资金 30 000
27.12月14日，单位管理部门报销交通费0.2万元，以授权支付方式支付。		
管理部门报销交通费	借：单位管理费用 2 000 贷：零余额账户用款额度 2 000	借：事业支出—基本支出—财政 2 000 贷：资金结存—零余额账户用款额度 2 000
28.12月15日，单位在清理固定资产时报废设备一批，原值30万元，累计折旧25万元，变卖残值2万元，发生相关费用2万元。		
报废设备一批	借：固定资产累计折旧 250 000 待处理财产损溢 50 000 贷：固定资产 300 000 借：资产处置费用 50 000 贷：待处理财产损溢 50 000 借：银行存款 20 000 贷：待处理财产损溢 20 000 借：待处理财产损溢 20 000 贷：银行存款 20 000	不做处理 （因处置净收入为0，故不做处理）
29.12月15日，单位通过零余额账户发放本月职工工资49万元。		
发放本月职工工资	借：应付职工薪酬—工资 490 000 贷：零余额账户用款额度 490 000	借：事业支出—基本支出—财政 490 000 贷：资金结存—零余额账户用款额度 490 000

续表

经济业务和事项	财务会计处理	预算会计处理
30.12月16日，单位报销受托管理的协会活动支出2.5万元，同时借款0.5万元。		
支付受托代理会费	借：受托代理资产 5 000 受托代理负债 25 000 贷：银行存款—受托代理资产 30 000	不做处理
31.12月16日，单位收到银行回单，代扣本月电话费0.2万元。		
代扣电话费	借：业务活动费用 2 000 贷：银行存款 2 000	借：事业支出—基本支出—非财政 2 000 贷：资金结存—货币资金 2 000
32.12月18日，单位收到某企业单位转来的科研项目课题费30万元，按规定提取管理费1.5万元。		
收到科研项目经费	借：银行存款 300 000 贷：预收账款 300 000 借：单位管理费用 15 000 贷：预提费用 15 000	借：资金结存—货币资金 300 000 贷：事业预算收入 300 000 借：非财政拨款结转 15 000 贷：非财政拨款结余 15 000
33.12月19日，单位教学部门报销职工培训费0.5万元，以银行转账支付。		
报销职工培训费	借：业务活动费用 5 000 贷：银行存款 5 000	借：事业支出—基本支出—非财政 5 000 贷：资金结存—货币资金 5 000
34.12月20日，单位用其他资金捐赠扶贫单位2万元。		
捐赠扶贫单位	借：其他费用 20 000 贷：银行存款 20 000	借：其他支出 20 000 贷：资金结存—货币资金 20 000
35.12月21日，单位收到财政返还的上缴收入50万元。		
收到财政返还的上缴收入	借：银行存款 500 000 贷：事业收入 500 000	借：资金结存—货币资金 500 000 贷：事业预算收入 500 000
36.12月22日，单位维修教学设备报销1.5万元，以授权支付方式支付。		
支付维修费	借：业务活动费用 15 000 贷：零余额账户用款额度 15 000	借：事业支出—基本支出—财政 15 000 贷：资金结存—零余额账户用款额度 15 000
37.12月23日，单位管理部门召开管理会议，以银行转账方式支付会议费2万元。		
支付会议费	借：单位管理费用 20 000 贷：银行存款 20 000	借：事业支出—基本支出—非财政 20 000 贷：资金结存—货币资金 20 000
38.12月24日，单位收到第四季度银行存款利息0.5万元。		
收到银行存款利息	借：银行存款 5 000 贷：利息收入 5 000	借：资金结存—货币资金 5 000 贷：其他预算收入—利息收入 5 000

续表

经济业务和事项	财务会计处理	预算会计处理
39. 12月25日，单位缴纳职工社保和住房公积金33.6万元，其中，业务部门单位负担18.9万元，管理部门单位负担5.85万元，以授权支付方式支付。		
缴纳职工社保和住房公积金	借：业务活动费用　189 000 　单位管理费用　58 500 　应付职工薪酬—社保及公积金　88 500 　贷：零余额账户用款额度　336 000	借：事业支出—基本支出—财政　336 000 　贷：资金结存—零余额账户用款额度　336 000
40.12月25日，单位收回前欠账款2万元（不需上缴财政），以银行转账收讫。		
收回前欠款	借：银行存款　20 000 　贷：应收账款　20 000	借：资金结存—货币资金　20 000 　贷：事业预算收入　20 000
41.12月25日，单位摊销本月报刊费0.1万元。		
摊销本月报刊费	借：业务活动费用　1 000 　贷：待摊费用　1 000	不做处理
42.12月26日，单位管理部门报销租赁费0.1万元，以银行转账支付。		
报销租赁费	借：单位管理费用　1 000 　贷：银行存款　1 000	借：事业支出—基本支出—非财政　1 000 　贷：资金结存—货币资金　1 000
43.12月26日，单位购买科研用试剂0.6万元，直接发放使用，以银行转账支付。		
购买科研用试剂	借：业务活动费用　6 000 　贷：银行存款　6 000	借：事业支出—项目支出—非财政　6 000 　贷：资金结存—货币资金　6 000
44.12月27日，单位报销宣传用印刷费1.2万元，以授权支付方式支付。		
报销印刷费	借：业务活动费用　12 000 　贷：零余额账户用款额度　12 000	借：事业支出—基本支出—财政　12 000 　贷：资金结存　零余额账户用款额度　12 000
45.12月28日，单位支付工程价款110万元，按合同规定扣回备料款20万元，扣回工程保留金5万元，余款通过财政授权支付。		
支付工程款	借：在建工程　1 100 000 　贷：预付账款　200 000 　　其他应付款　50 000 　　零余额账户用款额度　850 000	借：事业支出—项目支出—财政　850 000 　贷：资金结存—零余额账户用款额度　850 000
46.12月29日，单位对应收账款进行全面检查，发现应收A单位的账款1万元存在不能收回的迹象，按照个别分析法，计提坏账准备1万元。		
计提坏账准备	借：其他费用　10 000 　贷：坏账准备　10 000	不做处理
47.12月30日，计提本月长期借款利息0.6万元。		
计提长期借款利息	借：其他费用　6 000 　贷：长期借款—应计利息　6 000	不做处理

续表

经济业务和事项	财务会计处理	预算会计处理
48.12月30日，单位本年度财政授权支付项目预算指标数为300万元，零余额账户实际收到用款额度为295万元，当年未下达授权支付额度5万元。		
确认财政应返还额度	借：财政应返还额度 50 000 贷：财政拨款收入—项目支出 50 000	借：资金结存—财政应返还额度 50 000 贷：财政拨款预算收入—项目支出 50 000
49.12月30日，单位项目课题组完成合同规定任务的30%，根据完成进度确认收入9万元。		
按进度确认科研收入	借：预收账款 90 000 贷：事业收入 90 000	不做处理
50.12月30日，单位根据固定资产折旧和无形资产摊销表，计提固定资产折旧和无形资产摊销，其中，教学部门的折旧费用为5万元，累计摊销为1万元；管理部门的折旧费用为2万元，累计摊销为0.6万元。		
计提固定资产折旧和无形资产摊销	借：业务活动费用 50 000 单位管理费用 20 000 贷：固定资产累计折旧 70 000 借：业务活动费用 10 000 单位管理费用 6 000 贷：无形资产累计摊销 16 000	不做处理
51.12月30日，单位年终盘点固定资产，发现盘亏某专用设备一台，价值0.6万元，已提折旧0.5万元，属正常原因，按规定程序报批后批准核销。		
盘亏固定资产	借：待处理财产损溢 1 000 固定资产累计折旧 5 000 贷：固定资产 6 000 借：资产处置费用 1 000 贷：待处理财产损溢 1 000	不做处理
52.12月30日，单位库存现金10万元存银行。		
存现	借：银行存款 100 000 贷：库存现金 100 000	不做处理
53.12月30日，单位盘点现金库发现，现金库存比账面溢余1 000元，无法查明原因，报经批准后转作收入。		
现金盘点溢余	借：库存现金 1 000 贷：待处理财产损溢 1 000 借：待处理财产损溢 1 000 贷：其他收入 1 000	借：资金结存—货币资金 1 000 贷：其他预算收入 1 000
54.12月30日，单位盘盈一项固定资产，确定的成本为2.5万元，经核实，为以前年度取得，未予入账按规定报经批准后，作为前期重要差错，做更正处理。		
盘盈固定资产	借：固定资产 25 000 贷：待处理财产损溢 25 000 借：待处理财产损溢 25 000 贷：以前年度盈余调整 25 000	不做处理

第三节　年末结转

一、单位年末财务会计结转

根据单位2023年12月发生的经济业务所做的账务处理，得出单位2023年12月末财务会计科目余额，见表22-3。

表 22-3　　单位12月末财务会计科目余额表　　单位：元

科目名称	期初余额		本期发生额		期末余额		科目名称	期初余额		本期发生额		期末余额	
	方向	余额	借方	贷方	方向	余额		方向	余额	借方	贷方	方向	余额
库存现金	借	8 000	101 000	103 300	借	5 700	其他应交税费	贷	15 000	15 000	11 800	贷	11 800
银行存款	借	4 310 000	1 670 000	721 000	借	5 259 000	应缴财政款	平		500 000	500 000	平	
其中：受托代理资产	借	20 000	20 000	30 000	借	10 000	应付职工薪酬	平		678 500	678 500	平	
零余额账户用款额度	借	1 252 000	700 000	1 952 000	平		应付账款	贷	380 000	30 000		贷	350 000
财政应返还额度	借		50 000		借	50 000	预收账款	贷	640 000	90 000	300 000	贷	850 000
应收账款	借	50 000		20 000	借	30 000	其他应付款	贷	260 000		55 000	贷	315 000
预付账款	借	300 000	20 000	220 000	借	100 000	预提费用	贷	50 000		15 000	贷	65 000
其他应收款	借	20 000	3 000		借	23 000	长期借款	贷	230 000		6 000	贷	236 000
坏账准备	贷	1 000		10 000	贷	11 000	长期应付款	贷	230 000		6 000	贷	236 000
库存物品	借	35 000	30 000		借	65 000	受托代理负债	贷	150 000	25 000	20 000	贷	145 000
待摊费用	借	1 000	10 000	1 000	借	10 000	负债小计	贷	1 955 000	160 000	413 800	贷	2 208 800
固定资产	借	2 500 000	165 000	356 000	借	2 309 000							
固定资产累计折旧	贷	600 000	295 000	70 000	贷	375 000	累计盈余	贷	3 634 000			贷	3 634 000
工程物资	借	200 000		50 000	借	150 000	专用基金	贷	180 000			贷	180 000
在建工程	借	230 000	1 150 000		借	1 380 000	本期盈余	贷	2 652 000		430 900	贷	3 082 900
无形资产	借	200 000	30 000		借	230 000	以前年度余额调整	贷			25 000	贷	25 000
无形资产累计摊销	贷	14 000		16 000	贷	30 000	无偿调拨净资产	贷	200 000			贷	200 000
受托代理资产	借	130 000	5 000		借	135 000	净资产小计	贷	6 666 000		455 900	贷	7 121 900
资产合计	借	8 621 000	4 229 000	3 519 300	借	9 330 700	负债和净资产合计	贷	8 621 000	160 000	869 700	贷	9 330 700
财政拨款收入	贷	7 000 000		750 000	贷	7 750 000	业务活动费用	借	10 520 000	747 300		借	11 267 300
其中：基本支出	贷	4 350 000		400 000	贷	4 750 000	单位管理费用	借	5 635 000	270 500		借	5 905 500
项目支出	贷	2 650 000		350 000	贷	3 000 000	资产处置费用	借	20 000	61 300		借	81 300
事业收入	贷	11 840 000		590 000	贷	12 430 000	其他费用	借	160 000	36 000		借	196 000
非同级财政拨款收入	贷	32 000		100 000	贷	132 000							
捐赠收入	贷	36 000		100 000	贷	136 000							
利息收入	贷	15 000		5 000	贷	20 000							
租金收入	贷	21 000			贷	21 000							
其他收入	贷	43 000		1 000	贷	44 000							
合计	贷	18 987 000		1 546 000	贷	20 533 000	合计	借	16 335 000	1 115 100		借	17 450 100

依据单位2023年12月末财务会计科目余额表（见表22-3），进行财务会计年末结转。

经济业务和事项	财务会计处理	预算会计处理
55.结转12月收入。		
12月31日	借：财政拨款收入　750 000 　　事业收入　590 000 　　非同级财政拨款收入　100 000 　　捐赠收入　100 000 　　利息收入　5 000 　　其他收入　1 000 　贷：本期盈余　　1 546 000	不做处理
56.结转12月费用。		
12月31日	借：本期盈余　1 115 100 　贷：业务活动费用　　747 300 　　　单位管理费用　　270 500 　　　资产处置费用　　61 300 　　　其他费用　　36 000 （“本期盈余”年末贷方余额=2 652 000+1 546 000−1 115 100=3 082 900）	不做处理
57.将“本期盈余”转入“本年盈余分配”。		
12月31日	借：本期盈余　3 082 900 　贷：本年盈余分配　　3 082 900	不做处理
58.按照预算会计计算的提取金额（非财政拨款结余的20%）计提职工福利基金。		
12月31日	借：本年盈余分配　116 540 　贷：专用基金　　116 540 （职工福利基金提取参见预算会计结转中“对非财政拨款结余进行结转分配”）	不做处理
59.将“本年盈余分配”账户的余额转入“累计盈余”。		
12月31日	借：本年盈余分配　2 966 360 　贷：累计盈余　　2 966 360 （“本年盈余分配”账户贷方余额=3 082 900−116 540=2 966 360）	不做处理
60.调整事项。		
12月31日	借：无偿调拨净资产　200 000 　贷：累计盈余　　200 000 借：以前年度盈余调整　25 000 　贷：累计盈余　　25 000 （“累计盈余”年末贷方余额=3 634 000+2 966 360+200 000+25 000=6 825 360）	不做处理

二、单位年末预算会计结转

根据单位2023年12月发生的经济业务所做的账务处理，得出单位12月末预算会计科目余额，见表22-4。

表 22-4　　　　单位12月末预算会计科目余额表　　　　单位：元

科目名称	期初累计余额		本期发生额		期末累计余额		科目名称	期初累计余额		本期发生额		期末累计余额	
	方向	余额	借方	贷方	方向	余额		方向	余额	借方	贷方	方向	余额
财政拨款预算收入	贷	7 000 000		750 000	贷	7 750 000	事业支出	借	17 332 500	2 003 000		借	19 335 500
其中：基本支出	贷	4 350 000		400 000	贷	4 750 000	其中：基本支出	借	12 742 000	958 000		借	13 700 000
项目支出	贷	2 650 000		350 000	贷	3 000 000	1.财政	借	3 882 000	868 000		借	4 750 000
事业预算收入	贷	11 840 000		820 000	贷	12 660 000	2.非财政	借	8 860 000	90 000		借	8 950 000
其中：专项资金收入	贷	3 000 000		300 000	贷	3 300 000	项目支出	借	4 590 500	1 045 000		借	5 635 500
非同级财政拨款预算收入	贷	32 000		100 000	贷	132 000	1.财政	借	1 966 000	984 000		借	2 950 000
其他预算收入	贷	115 000		106 000	贷	221 000	2.非财政	借	2 624 500	61 000		借	2 685 500
							其他支出	借	160 000	20 300		借	180 300
合计	贷	18 987 000		1 776 000	贷	20 763 000	合计	借	17 492 500	2 023 300		借	19 515 800

依据单位2023年12月末预算会计科目余额表（见表22-4），进行预算会计年末结转。

经济业务和事项	财务会计账务处理	预算会计账务处理
61.结转财政拨款预算收入和支出。		
12月31日	不做处理	借：财政拨款预算收入—基本支出　4 750 000 —项目支出　3 000 000 贷：财政拨款结转—本年收支结转—基本支出　4 750 000 —本年收支结转—项目支出　3 000 000 借：财政拨款结转—本年收支结转—基本支出　4 750 000 —本年收支结转—项目支出　2 950 000 贷：事业支出—基本支出—财政　4 750 000 —项目支出—财政　2 950 000 （本年收支结转基本支出贷方余额=4 750 000−4 750 000=0； 本年收支结转项目支出贷方余额=3 000 000−2 950 000=50 000（元））
62.年末冲销“财政拨款结转”账户有关明细账户余额。		
12月31日	不做处理	借：财政拨款结转—本年收支结转—项目支出　50 000 贷：财政拨款结转—累计结转　50 000
63.结转非财政拨款项目资金收支。		

续表

经济业务和事项	财务会计账务处理	预算会计账务处理
12月31日	不做处理	借：事业收入—专项资金收入 3 300 000 贷：非财政拨款结转—本年收支结转—项目支出 3 300 000 借：非财政拨款结转—本年收支结转—项目支出 2 685 500 贷：事业支出—项目支出—非财政 2 685 500 借：非财政拨款结转—本年收支结转—项目支出（3 300 000–2 685 500） 614 500 贷：非财政拨款结转—累计结转 614 500 借：非财政拨款结转—累计结转 614 500 贷：非财政拨款结余—结转转入 614 500
64.结转其他结余。		
12月31日	不做处理	借：事业预算收入—非专项资金收入（12 660 000–3 300 000） 9 360 000 非同级财政拨款收入 132 000 其他预算收入 221 000 贷：其他结余 9 713 000 借：其他结余 9 130 300 贷：事业支出—基本支出—非财政 8 950 000 其他支出 180 300 借：其他结余（9 713 000–9 130 300） 582 700 贷：非财政拨款结余分配 582 700
65.假设单位按照非财政拨款结余的20%计提职工福利基金，对非财政拨款结余进行结转分配。		
12月31日	不做处理	（计提职工福利基金，则：职工福利基金=582 700×20%=116 540） 借：非财政拨款结余分配 116 540 贷：专用结余 116 540 借：非财政拨款结余分配（582 700–116 540） 466 160 贷：非财政拨款结余—累计结余 466 160

三、年末结转后科目余额情况

年末结转后，财务会计科目余额情况见表22-5。

表22-5 单位年终转账后财务会计科目余额表

单位：元

科目名称	期末余额		科目名称	期末余额	
	方向	余额		方向	余额
库存现金	借	5 700	其他应交税费	贷	11 800
银行存款	借	5 259 000	应付账款	贷	350 000
其中：受托代理资产	借	10 000	预收账款	贷	850 000
财政应返还额度	借	50 000	其他应付款	贷	315 000
应收账款	借	30 000	预提费用	贷	65 000
预付账款	借	100 000	长期借款	贷	236 000
其他应收款	借	23 000	长期应付款	贷	236 000

续表

科目名称	期末余额		科目名称	期末余额	
	方向	余额		方向	余额
坏账准备	贷	11 000	受托代理负债	贷	145 000
库存物品	借	65 000	负债小计	贷	2 208 800
待摊费用	借	10 000			
固定资产	借	2 309 000	累计盈余	贷	6 825 360
固定资产累计折旧	贷	375 000	专用基金	贷	296 540
工程物资	借	150 000			
在建工程	借	1 380 000			
无形资产	借	230 000			
无形资产累计摊销	贷	30 000			
受托代理资产	借	135 000	净资产小计	贷	7 121 900
资产合计	借	9 330 700	负债及净资产合计	贷	9 330 700

第四节　会计报表

根据单位年末结转后余额编制会计报表，见表22-6至表22-11。

表 22-6

资产负债表

会政财01表

编制单位：××单位

2023年12月31日

单位：元

资产	期末余额	年初余额	负债和净资产	期末余额	年初余额
流动资产：		略	流动负债：		略
货币资金	5 254 700		短期借款		
短期投资			应交增值税		
财政应返还额度	50 000		其他应交税费	11 800	
应收票据			应缴财政款		
应收账款净额	19 000		应付职工薪酬		
预付账款	100 000		应付票据		
应收股利			应付账款	350 000	
应收利息			应付政府补贴款		
其他应收款净额	23 000		应付利息		
存货	65 000		预收账款	850 000	
待摊费用	10 000		其他应付款	315 000	
一年内到期的非流动资产			预提费用	65 000	
其他流动资产			一年内到期的非流动负债		
流动资产合计	5 521 700		其他流动负债		
非流动资产：			**流动负债合计**	1 591 800	
长期股权投资			**非流动负债：**		
长期债券投资			长期借款	236 000	
固定资产原值	2 309 000		长期应付款	236 000	
减：固定资产累计折旧	375 000		预计负债		
固定资产净值	1 934 000		其他非流动负债		
工程物资	150 000		**非流动负债合计**	472 000	
在建工程	1 380 000		受托代理负债	145 000	

续表

资产	期末余额	年初余额	负债和净资产	期末余额	年初余额
无形资产原值	230 000		负债合计	2 208 800	
减：无形资产累计摊销	30 000				
无形资产净值	200 000				
研发支出					
公共基础设施原值					
减：公共基础设施累计折旧（摊销）					
公共基础设施净值					
政府储备物资					
文物文化资产					
保障性住房原值					
减：保障性住房累计折旧			净资产：		
保障性住房净值			累计盈余	6 825 360	
长期待摊费用			专用基金	296 540	
待处理财产损溢			权益法调整		
其他非流动资产			无偿调拨净资产*		—
非流动资产合计	3 664 000		本期盈余*		—
受托代理资产	145 000		净资产合计	7 121 900	
资产总计	9 330 700		负债和净资产合计	9 330 700	

注："*"标识项目为月报项目，年报中不需列示。

表 22-7

收入费用表

会政财02表

编制单位：××单位　　　　2023年12月31日　　　　单位：元

项目	本年数	上年数
一、本期收入	20 533 000	略
（一）财政拨款收入	7 750 000	
其中：政府性基金收入		
（二）事业收入	12 430 000	
（三）上级补助收入		
（四）附属单位上缴收入		
（五）经营收入		
（六）非同级财政拨款收入	132 000	
（七）投资收益		
（八）捐赠收入	136 000	
（九）利息收入	20 000	
（十）租金收入	21 000	
（十一）其他收入	44 000	
二、本期费用	17 450 100	
（一）业务活动费用	11 267 300	
（二）单位管理费用	5 905 500	
（三）经营费用		
（四）资产处置费用	81 300	
（五）上缴上级费用		
（六）对附属单位补助费用		
（七）所得税费用		
（八）其他费用	196 000	
三、本期盈余	3 082 900	

表22-8

净资产变动表

会政财03表

2023年12月31日

编制单位：××单位　　　　单位：元

项目	本年数				上年数			
	累计盈余	专用基金	权益法调整	净资产合计	累计盈余	专用基金	权益法调整	净资产合计
一、上年年末余额	3 634 000	180 000		3 814 000				
二、以前年度盈余调整（减少以“-”号填列）	25 000		—	25 000		—	—	
三、本年年初余额	3 659 000	180 000		3 839 000				
四、本年变动金额（减少以“-”号填列）	3 166 360	116 540		3 282 900				
（一）本年盈余	3 082 900		—	3 082 900		—	—	
（二）无偿调拨净资产	200 000		—	200 000		—	—	
（三）归集调整预算结转结余			—			—	—	
（四）提取或设置专用基金	-116 540	116 540	—				—	
其中：从预算收入中提取			—		—		—	
从预算结余中提取	-116 540	116 540	—				—	
设置的专用基金			—		—		—	
（五）使用专用基金			—				—	
（六）权益法调整					—	—		
五、本年年末余额	6 825 360	296 540		7 121 900				

注：“—”表示单元格不需要填列。

表 22-9

预算收入支出表

会政预01表

编制单位：××单位　　2023年12月31日　　单位：元

项目	本年数	上年数
一、本年预算收入	20 763 000	略
（一）财政拨款预算收入	7 750 000	
其中：政府性基金收入		
（二）事业预算收入	12 660 000	
（三）上级补助预算收入		
（四）附属单位上缴预算收入		
（五）经营预算收入		
（六）债务预算收入		
（七）非同级财政拨款预算收入	132 000	
（八）投资预算收益		
（九）其他预算收入	221 000	
其中：利息预算收入	20 000	
捐赠预算收入	136 000	
租金预算收入	21 000	
二、本年预算支出	19 515 800	
（一）行政支出		
（二）事业支出	19 335 500	
（三）经营支出		
（四）上缴上级支出		
（五）对附属单位补助支出		
（六）投资支出		
（七）债务还本支出		
（八）其他支出	180 300	
其中：利息支出		
捐赠支出	20 000	
三、本年预算收支差额	1 247 200	

表 22-10　　预算结转结余变动表　　会政预02表

编制单位：××单位　　2023年12月31日　　单位：元

项目	本年数	上年数
一、年初预算结转结余	500 000	
（一）财政拨款结转结余		
（二）其他资金结转结余	500 000	
二、年初余额调整（减少以“-”号填列）		
（一）财政拨款结转结余		
（二）其他资金结转结余		
三、本年变动金额（减少以“-”号填列）	1 247 200	
（一）财政拨款结转结余	50 000	
1.本年收支差额	50 000	
2.归集调入		
3.归集上缴或调出		
（二）其他资金结转结余	1 197 200	
1.本年收支差额	1 197 200	
2.缴回资金		
3.使用专用结余		
4.支付所得税		
四、年末预算结转结余	1 747 200	
（一）财政拨款结转结余	50 000	
1.财政拨款结转	50 000	
2.财政拨款结余		
（二）其他资金结转结余	1 697 200	
1.非财政拨款结转		
2.非财政拨款结余	1 400 660	
3.专用结余	296 540	
4.经营结余（如有余额，以“-”号填列）		

表 22-11

财政拨款预算收入支出表

2023年12月31日

编制单位：××单位　　　　会政预03表

单位：元

项目	年初财政拨款结转结余		调整年初财政拨款结转结余	本年归集调入	本年归集上缴或调出	单位内部调剂		本年财政拨款收入	本年财政拨款支出	年末财政拨款结转结余	
	结转	结余				结转	结余			结转	结余
一、一般公共预算财政拨款								7 750 000	7 700 000	50 000	
（一）基本支出								4 750 000	4 750 000		
1.人员经费											
2.日常公用经费											
（二）项目支出								3 000 000	2 950 000	50 000	
1.×× 项目											
2.×× 项目											
⋮											
二、政府性基金预算财政拨款											
（一）基本支出											
1.人员经费											
2.日常公用经费											
（二）项目支出											
1.×× 项目											
2.×× 项目											
⋮											
总计								7 750 000	7 700 000	50 0000	

主要参考文献

［1］许娟，齐军，刘京平，等．《政府会计制度》核算指南——行政单位会计实务案例精讲［M］．北京：中国财政经济出版社，2018.

［2］李春友．新编政府会计——行政事业单位财务会计与预算会计［M］．北京：中国财政经济出版社，2018.

［3］政府会计制度编审委员会．政府会计制度详解与实务［M］．北京：人民邮电出版社，2018.

［4］赵建勇．政府会计［M］．上海：上海财经大学出版社，2018.

［5］邢俊英．政府会计［M］．3版．大连：东北财经大学出版社，2021.

［6］施锦明．政府会计（含非营利组织会计）［M］．北京：中国财政经济出版社，2018.

［7］李建发，等．政府财务报告研究［M］．厦门：厦门大学出版社，2006.

［8］刘京平，尉敏，齐军，等．《政府会计制度》核算指南——事业单位会计实务案例精讲［M］．北京：中国财政经济出版社，2018.

［9］武月华，李卫超．政府会计准则与制度解读［M］．北京：人民邮电出版社，2019.

［10］赵建勇．预算会计［M］．上海：上海财经大学出版社，2014.

［11］财政部国库司．政府会计的国际趋势与经验［M］．北京：中国财政经济出版社，2009.

［12］中华人民共和国财政部．政府会计制度［M］．北京：中国财政经济出版社，2017.

［13］刘菊英，刘宁飞．政府会计［M］．北京：中国财政经济出版社，2018.

［14］厉国威，李连华，黄志雄．新时代中国特色政府会计的改革与创新——第九届“政府会计改革理论与实务研讨会”综述［J］．会计研究，2018（6）.

［15］应唯，张娟，杨海峰．政府会计准则体系建设中的相关问题及研究视角［J］．会计研究，2016（6）.